ISMAEL NAFRÍA

La reinvención de The New York Times

Knight Center for
Journalism in the Americas
AT THE UNIVERSITY OF TEXAS AT AUSTIN

La reinvención de The New York Times
© Ismael Nafría, 2017

1ª edición: Marzo de 2017

Ilustración de portada: Gabi Campanario
(www.estudiocampanario.com)
© Gabi Campanario *por la ilustración de portada*

© Rosental C. Alves *por el prólogo*

Edición: Cristina Sarró

Diseño de los gráficos: Pablo González

ISBN: 978-1544822792

Printed by CreateSpace, An Amazon.com Company

Ismael Nafría: www.ismaelnafria.com
Web del libro: www.ismaelnafria.com/nytimes

Este libro ha sido posible gracias al apoyo del Centro Knight para el Periodismo en las Américas de la Universidad de Texas en Austin
knightcenter.utexas.edu

*Para Tina,
que siempre ha creído en este libro,
y para Clara, Laura y Blanca,
cuyo apoyo e ilusión
han sido también fundamentales.
El 'Times' forma ya parte de sus vidas.*

*Y para todos los colegas de profesión
que defienden la información de calidad,
en un momento en el que
el buen periodismo es,
quizás,
más necesario que nunca.*

AGRADECIMIENTOS

Todo libro lleva la firma de su autor, al que se puede considerar, justamente, su principal responsable. Pero detrás de esa firma siempre hay una serie de personas sin las cuales el libro simplemente no existiría o, en el mejor de los casos, sería mucho peor. A todas estas personas quiero agradecer, de corazón, su apoyo durante los largos meses de gestación de este proyecto.

En primer lugar quiero mencionar a mi familia. Le debo muchísimo a Tina, que una vez más ha mostrado una confianza ciega en el libro y en su autor, y ha apoyado el proyecto de mil maneras, interviniendo tanto en la preparación y organización de esta obra como en su edición y revisión final. *Moltes gràcies!*

A mis tres hijas, Clara, Laura y Blanca, les quiero agradecer la enorme ilusión que siempre han mostrado por el proyecto y la naturalidad con que han acogido durante todo este tiempo la "presencia" del *Times* en nuestra vida familiar. ¡Espero que os guste el resultado final! Los consejos de Clara han sido los de una joven y muy prometedora profesional de la publicidad y relaciones públicas, experta en marketing digital. Laura -a quien le hubiera encantado que, de un modo u otro, Taylor Swift apareciera en estas páginas- ha mostrado gran interés y preocupación por el modelo de negocio del libro. Y Blanca, que ha descubierto este año en Austin el mundo de la escritura creativa, no ha dejado de darme consejos sobre cómo hacer más interesantes estas páginas para el lector.

A Rosental Alves, director del Centro Knight para el Periodismo en las Américas de la Universidad de Texas en Austin -y gran amigo para siempre-, quiero agradecerle el apoyo incondicional que ha mostrado por el proyecto desde el primer minuto en que supo del mismo. Se lo conté durante una conferencia internacional sobre periodismo celebrada en Barcelona, y ya entonces sembró en mí la idea que ha permitido que el libro sea hoy una realidad: pasar un tiempo en Austin (Estados Unidos) como *visiting scholar* y periodista en residencia del Centro Knight. *Muito obrigado meu amigo!*

Quiero expresar mi agradecimiento a todos los nuevos amigos del Centro Knight por su apoyo personal durante estos meses, y también al director de la escuela de periodismo de la Universidad de Texas, R.B. Brenner, que ha seguido con gran interés los avances del libro.

Un agradecimiento muy particular va dirigido a mi buen amigo Gabi Campanario, autor de la magnífica ilustración que aparece en la portada de este libro. Admiro profundamente el trabajo artístico y periodístico de Gabi como *urban sketcher*, que os invito a descubrir en www.estudiocampanario.com.

También quiero darle las gracias a Pablo González, que se ha encargado –con infinita paciencia- del diseño de los gráficos que aparecen en el libro y del diseño de la portada. Y a Marc Argemí por la colaboración de su empresa Sibilare en el análisis de las cuentas de Twitter del *Times*.

Muchísimas gracias a mis grandes y generosos amigos Magda Carrera, Carlos González y Jordi Canyissà. He perdido la cuenta de las veces que hemos hablado sobre el libro y me han ayudado con sus sugerencias.

Igualmente, muchas gracias a Ivan Lacasa –¡feliz coincidencia la de Austin!- y a Carolina Chagas por su gran implicación en la fase final del libro. Y gracias también al resto de amigos y compañeros de profesión –imposible citarlos a todos aquí sin correr el imperdonable riesgo de olvidarme de muchos- con los que, en un momento u otro, he hablado del libro. Sus comentarios han ayudado más de lo que ellos creen a dar forma a este proyecto.

ÍNDICE

- Prólogo – Rosental C. Alves   I
- Introducción: ¿Por qué este libro?   V

PARTE I

1. Diez conclusiones y lecciones de la reinvención digital de *The New York Times*   1
2. Catorce gráficos que explican la transformación del negocio de The New York Times Company y del diario *The New York Times*   27
3. 25 cosas interesantes que puedes hacer en la web de *The New York Times*   43

PARTE II   47

La crónica de dos décadas de reinvención digital de *The New York Times* (1994-2017)

4. 1994: Lanzamiento de "@times" en America Online   49
5. 1995: Versión beta de NYTimes.com   51
6. 1996: Lanzamiento de NYTimes.com   52
7. 1997: La muerte de Lady Di, primer gran test para la prensa digital   64
8. 1998: Primer rediseño de NYTimes.com   66
9. 1999: Creación de New York Times Digital (NYTD)   68
10. 2000: Creación de un equipo de actualización de la web en la redacción impresa   71
11. 2001: Los atentados del 11-S   77
12. 2002: Siete premios Pulitzer para el *Times*   86
13. 2003: Propietario único del *International Herald Tribune*   90
14. 2004: El *Times* vuelve a ingresar más de mil millones de dólares en publicidad   94
15. 2005: Integración de las redacciones impresa y digital   97
16. 2006: Nace la web móvil y se lanzan los primeros podcasts y blogs   105
17. 2007: Inauguración del nuevo edificio del *Times*   114
18. 2008: La publicidad cae un 13% y primera app para iPhone   120
19. 2009: El peor año en décadas para la prensa de Estados Unidos   124
20. 2010: El 16% de los ingresos, digitales   130

21.	2011: Lanzamiento de la suscripción digital al *Times*	133
22.	2012: Por primera vez, más ingresos por circulación que por publicidad	139
23.	2013: *The New York Times*, único foco de la compañía	144
24.	2014: El año del "Innovation Report"	148
25.	2015: Más de un millón de suscriptores digitales	154
26.	2016: Donald Trump y el espectacular aumento de las suscripciones digitales	162
27.	2017: Más de tres millones de suscriptores (entre impresos y digitales)	181

PARTE III

28.	¿Cuántos contenidos publica al día *The New York Times*?	187
29.	Los tres documentos clave en la transformación digital del *Times*	191
30.	Más premios Pulitzer que nadie	210
31.	"All the News That's Fit to Print": El eslogan periodístico más famoso del mundo	214
32.	Las mejores historias y los contenidos más populares en *The New York Times*	220
33.	The Upshot: La apuesta por el periodismo de análisis y datos del *Times*	230
34.	"Snow Fall": la revolución del periodismo narrativo *longform*	238
35.	El vídeo, elemento central de la apuesta del *Times* por el periodismo visual	245
36.	El *Times* cree en la realidad virtual	258
37.	NYT Beta: Un equipo para impulsar nuevos proyectos digitales	275
38.	NYT Cooking: más de 18.000 recetas de cocina	287
39.	La renovada apuesta del *Times* por los podcasts	297
40.	NYT Global: 50 millones de dólares para la expansión internacional	308
41.	*The New York Times* en Español	315
42.	Times Insider: Bienvenidos a la redacción	324
43.	Más de 50 newsletters	330
44.	La historia de los blogs del *Times*	340
45.	Los comentarios de los lectores en la web del *Times*	351
46.	La lista de *best sellers* más importante del mundo editorial	360
47.	Otros contenidos y servicios de la web del *Times*	369
48.	"Smarter Living": una apuesta por el periodismo de servicio	379
49.	El departamento de I+D del *Times*	382

50. *The New York Times* en las redes sociales	388
51. Orígenes y evolución de la publicidad nativa en *The New York Times*	399
52. El defensor del lector del *Times*	414
53. El fondo solidario del *Times*	429

PARTE IV

54. Los otros negocios de *The New York Times*	431
55. NYTLive: el negocio de las conferencias y eventos en vivo del *Times*	438
56. Times Journeys: viajes educativos en compañía de expertos del *Times*	444
57. Iniciativas del *Times* en el ámbito educativo	447

EPÍLOGO

58. La chica más guapa de la fiesta	461
59. Más de tres millones de suscriptores	465

PRÓLOGO

Rosental C. Alves

Es cierto que lo que es bueno para *The New York Times* no es necesariamente bueno para todos los periódicos, pues el diario más importante del mundo tiene características especiales o únicas. Sin embargo, *La reinvención de The New York Times* muestra tantas innovaciones, tantas iniciativas originales y audaces que seguramente se encontrarán aquí lecciones útiles para cualquier periódico interesado en adaptarse al nuevo ecosistema mediático creado por la revolución digital. Y lecciones útiles también para cualquier persona interesada en la evolución del buen periodismo frente a tantos retos y amenazas a su sustentabilidad en el nuevo mundo digital.

Conozco a muchos periodistas, editores y ejecutivos de medios de todo el mundo que tratan de mantenerse al tanto de las novedades de *The New York Times*, pues lo ven como una especie de laboratorio de experimentación desde donde podrían salir soluciones para los problemas que la industria de periódicos enfrenta en todas partes hoy día. Pero nunca he conocido a nadie que haga un monitoreo más sistemático del *Times* que el periodista catalán Ismael Nafría, autor de este libro.

Hace más de una década, cuando lo conocí en Madrid, él trabajaba para Prisa, el mayor grupo de comunicación de España, que publica el periódico *El País*, quizás el más importante del mundo en idioma español. Más recientemente, cuando nos encontramos en Barcelona, Ismael trabajaba para el Grupo Godó, que publica el periódico *La Vanguardia*, el más importante de Catalunya. En todas las ocasiones en que nos vimos, en España o en conferencias en otras partes del mundo, yo siempre me sorprendía con cuanto sabía Ismael sobre lo que estaba pasando en *The New York Times*.

Por eso mismo, no me sorprendí, en nuestro último encuentro en Barcelona, cuando Ismael me contó que su próximo libro sería sobre las más de dos décadas de esfuerzos de *The New York Times* por reinventarse. Ismael estaba entusiasmado con el proyecto y me contó que tuvo la idea en el verano de 2013, cuando se anunció que

Jeff Bezos había comprado el *Washington Post* por 250 millones de dólares. En 2014, la idea del libro se reforzó cuando salió *Innovation*, el seminal informe interno sobre las transformaciones del *Times*.

Como consultor de empresas periodísticas en varios países y como ejecutivo de medios en España, Ismael se había tornado hace tiempo una especie de "explicador" de las experiencias innovadoras del *Times*. Espontáneamente, él siempre traducía al español memorandos internos y todos los documentos sobre los cambios adoptados por el *Times* que lograba conseguir, y los compartía con sus colegas.

Su versión al español del informe *Innovation* tuvo tanta repercusión que Ismael ya no tuvo ninguna duda sobre la necesidad de escribir este libro. Había llegado la hora de compartir sus observaciones y estudios sobre el *Times* con una audiencia más amplia que sus colegas de trabajo y clientes de consultoría. El interés internacional por el informe *Innovation* dejaba claro que había una gran audiencia de periodistas, ejecutivos de medios, académicos y ciudadanos consumidores de noticias ávidos por saber más sobre el proceso de transformación que estaba en marcha en el periódico más importante del mundo.

Para que pudiera encontrar el tiempo y el espacio para escribir el libro, tuvimos entonces la idea: Ismael pasaría un año en la Escuela de Periodismo de la Universidad de Texas en Austin, como *visiting scholar*, parte del programa Periodista en Residencia del Centro Knight para el Periodismo en las Américas. Desde septiembre del 2016, hace ya siete meses, por lo tanto, he sido testigo del enorme trabajo desarrollado por Ismael Nafría en Austin para producir este libro.

Lo que Ismael tenía en mente era un proyecto muy ambicioso. Aunque no esté basado en entrevistas (lo que Ismael considera para futuras ediciones), este libro se fundamenta en múltiples fuentes de información oficiales de la propia compañía, una vasta documentación que tendría que analizarse. Fue un trabajo de tiempo completo por siete meses en la Universidad de Texas en Austin, adicional a todas las observaciones y estudios que el autor ya había empezado en España.

Ismael ha analizado en detalle las memorias anuales de The New York Times Company de las dos últimas décadas. Pero fue mucho más allá, haciendo un cuidadoso escrutinio de todas las presentaciones trimestrales de resultados, todos los discursos públicos, las noticias relacionadas con el negocio y la actividad del *Times*, todos los comunicados de prensa de la compañía y todas las notas internas que se han hecho públicas, entre otros materiales. Además, ha seguido y analizado decenas de intervenciones de representantes del diario en congresos, conferencias y otros foros públicos.

Desde que tuvo la idea inicial del libro, en 2013, Ismael pasó a leer *The New York Times* aún más intensamente de lo que lo hacía antes, de una manera aún más metódica, con la curiosidad intelectual y la disciplina de un científico que estudia y documenta un fenómeno con paciencia y precisión. Visitaba el *Times* en diferentes plataformas, varias veces al día, inclusive una lectura atenta y diaria en la edición impresa, desde que se mudó para Austin en el verano de 2016.

El resultado que se encuentra en este libro es capaz de sorprender hasta a quienes, como yo, pensaban saber mucho sobre el *Times* y sus cambios a lo largo de los últimos años. Creo que no sería exagerado decir que hasta periodistas del *Times* pueden descubrir en este libro muchos datos y hasta servicios que el periódico ofrece que ellos no conocían.

La reinvención de The New York Times está organizado de una manera extremadamente práctica, con resúmenes al final de cada capítulo destacando las lecciones o los principales puntos del tema. Los capítulos están divididos de una manera que facilita no solo la lectura lineal del libro completo, sino consultas más específicas. Hay, por ejemplo, un capítulo dedicado solamente a gráficas que cuentan historias importantes como la situación financiera del periódico y el extraordinario crecimiento reciente de las suscripciones digitales. También hay capítulos específicos para cada año, desde 1994, destacando los hechos o eventos más significativos de la historia reciente del *Times*.

La conclusión a la que se llega al final de este libro es que el mayor ícono de la industria de periódicos en Estados Unidos está logrando reinventarse exitosamente, gracias a un esfuerzo auténtico por comprender el nuevo ecosistema mediático creado por la revolución digital y cambios arriesgados para tratar de adaptarse al nuevo entorno.

Este es un libro optimista sobre el futuro del *Times* y, por ende, del periodismo. Desde el subtítulo del libro –*Cómo la "dama gris" del periodismo se está adaptando (con éxito) a la era móvil*– el autor no oculta en ningún momento su admiración por los esfuerzos de reinvención de *The New York Times*, y su convicción de que va por el camino correcto. No se trata, sin embargo, de una admiración platónica, basada en una impresión superficial. En estas casi 500 páginas, Ismael Nafría sostiene esa admiración con abundantes datos y hechos, compilados y analizados con precisión.

La lectura de *La reinvención de The New York Times* sirve para renovar nuestra esperanza de que las compañías periodísticas tradicionales pueden sobrevivir y prosperar en el nuevo mundo que emerge de la revolución digital. Pero primero tienen que comprender las enormes dimensiones de los cambios que están ocurriendo en el mundo, para luego tratar de reinventarse y reubicarse. El ejemplo de lo que ha pasado con *The New York Times*, analizado de forma sin precedentes en este libro, será de gran ayuda para quienes estén interesados en ayudar a los periódicos en la difícil transición que tienen que hacer.

Rosental Calmon Alves es profesor de la Escuela de Periodismo de la Universidad de Texas en Austin, donde ocupa la Cátedra Knight de Periodismo y dirige el Centro Knight para el Periodismo en las Américas, desde su fundación en 2002.

INTRODUCCIÓN

¿Por qué este libro?

Llevo casi treinta años dedicado al mundo del periodismo. Los últimos veinte, al periodismo digital. Durante este tiempo, tanto la profesión como el negocio periodístico se han transformado de manera radical, como también lo ha hecho el consumo de información por parte de los ciudadanos, a los que ahora llamamos usuarios.

Como ha sucedido en otros ámbitos económicos, el sector periodístico se ha visto totalmente invadido por la revolución digital. Los medios tradicionales —especialmente los periódicos— han entrado en crisis tras ver cómo se desmoronaba un modelo de negocio que, durante décadas, había sido muy sólido y estable.

La publicidad, principal sostén de los medios, empezó a emigrar hacia las nuevas plataformas digitales; más en concreto, hacia unas pocas empresas como el buscador Google o la red social Facebook, convertidas en los nuevos gigantes económicos de la era digital por su habilidad para acumular enormes audiencias y ofrecer soluciones publicitarias eficaces.

Las cifras son muy contundentes. Durante los últimos 15 años, los ingresos por publicidad impresa de los diarios de Estados Unidos se han reducido en más de 40.000 millones de dólares, según datos ofrecidos por la asociación mundial de diarios WAN-IFRA. Por consiguiente, el esquema de ingresos se ha transformado totalmente: en 2005, por cada dólar que ingresaban los periódicos estadounidenses por circulación (ventas o suscripciones), lograban 4,6 dólares por publicidad. Diez años después, en 2015, esos 4,6 dólares habían pasado a ser únicamente 1,5. En otros mercados del mundo occidental la evolución ha sido muy parecida.

Los usuarios, por su parte, han ido modificando drásticamente su manera de consumir noticias. Primero, con los ordenadores personales. En fechas más recientes, con los cada vez más omnipresentes teléfonos móviles, convertidos de la noche a la mañana en la vía principal de consumo de información. De hecho, en ningún otro momento de la historia los medios de comunicación han contado con tantos consumidores como en la actualidad, aunque eso no se esté traduciendo necesariamente en negocio.

Tantos —y tan profundos— cambios en un periodo tan breve son muy difíciles de asumir, como ha podido dolorosamente comprobar la industria periodística. Todos en el sector han buscado y siguen buscando soluciones, pero la verdad es que, de momento, pocos las han encontrado.

Durante mis años como profesional y como consultor especializado en medios digitales he dedicado mucho tiempo y energía precisamente a esto: a buscar e idear soluciones y a intentar aplicarlas en medios de todo tipo —grandes, medianos o pequeños— y que actuaban en distintos ámbitos geográficos.

En este entorno, el diario *The New York Times*, considerado por muchos como el periódico más influyente del mundo, ha sido siempre una referencia obligada. Como líder del sector, sus movimientos se han seguido con mucha atención por parte de la competencia.

Personalmente, a lo largo de los últimos años he tenido la oportunidad de visitar en varias ocasiones el diario neoyorquino y de hablar con bastantes de sus profesionales. También he podido escuchar a sus directivos en numerosos foros internacionales. Además, he seguido durante años, con mucho detalle, su actividad, y he sido consumidor diario de su producto informativo.

El objetivo principal de este libro es explicar el proceso de reinvención que ha vivido el *Times* durante las dos últimas décadas para adaptarse a la nueva era digital y móvil. Estoy convencido de que el caso del *Times* ofrece un buen número de lecciones que pueden ser muy útiles para otros medios con independencia de su tamaño o localización.

El libro está organizado en cuatro partes. En la primera, se ofrecen las principales conclusiones del análisis realizado así como las lecciones que se pueden extraer de la experiencia del *Times*.

Además, se presentan diversos gráficos que ilustran la evolución y transformación del negocio del diario neoyorquino.

La segunda parte es una larga crónica de las algo más de dos décadas de reinvención digital de *The New York Times* en la que se realiza un detallado repaso cronológico –desde 1994 hasta 2017– de la actividad de la compañía editora y del diario, con especial incidencia en los cambios.

Durante estas más de dos décadas, la compañía se ha transformado de manera radical: ha pasado de ser una empresa multimedia con propiedades en múltiples sectores (prensa, radio, televisión o internet) e intereses en distintos negocios (distribución o industria papelera) a centrar toda su actividad únicamente en su diario y la marca *The New York Times*.

En la tercera parte se abordan numerosos aspectos concretos del producto que ofrece *The New York Times*. Cada capítulo está dedicado a un tema específico. La cuarta parte permite repasar los otros negocios que impulsa el diario y que complementan los ingresos por circulación (suscripciones y ventas de ejemplares) y publicitarios.

La transformación vivida –y que todavía sigue en marcha– por *The New York Times* es uno de los procesos de reinvención más remarcables ocurridos en la historia de la industria periodística. Ha cambiado el producto periodístico, el modelo de negocio, la relación con los lectores y anunciantes, la manera de trabajar, la configuración del equipo... Solo una cosa se ha mantenido invariable durante todo este tiempo: la inequívoca voluntad de la empresa editora de apostar en todo momento por el periodismo y la información de la más alta calidad posible como base principal de su negocio.

La "dama gris" (*The Gray Lady*) del periodismo, apodo que se le puso al diario antes de que las fotografías empezaran a ser parte esencial del diseño de los periódicos, sigue luchando por representar en este siglo XXI, dominado por la tecnología digital, lo mejor de las esencias periodísticas más tradicionales.

Ismael Nafría
Austin, Texas
Marzo de 2017

¿Cómo descargar, comprar una edición impresa o consultar información actualizada sobre el libro?

El libro *La reinvención de The New York Times* se puede conseguir en varios sitios y en distintos formatos:

Descarga gratuita (PDF):

- En la biblioteca digital de la web del **Knight Center for Journalism in the Americas** de la Universidad de Texas en Austin (PDF).
- En la web del libro.

Compra de una edición impresa:

- En Amazon. El enlace directo para comprar el libro impreso está disponible en la web del libro. La edición impresa conserva el subrayado en todos los enlaces que están activos tanto en la versión en PDF como en la web del libro.

    NOTA: Esta es una magnífica opción si prefieres leer el libro en formato impreso, si deseas hacer un fantástico regalo a alguien o si quieres que algún día te pueda dedicar y firmar el ejemplar. ☺
    Además, si te parece valioso el material ofrecido, la compra de la edición impresa me ayudará a seguir realizando proyectos similares en el futuro.
    ¡Mil gracias!

Web del libro: www.ismaelnafria.com/nytimes

- En la web del libro están publicados **todos los capítulos** del mismo de manera independiente, para facilitar su consulta y poder compartir más fácilmente cada tema en función de los intereses de cada usuario.

- Además, en la web se irá **actualizando la información** siempre que se produzcan novedades interesantes sobre *The New York Times*. Por ejemplo, se irán analizando los resultados trimestrales y anuales, entre otros asuntos.

- **Gráficos dinámicos**: todos los gráficos incluidos en el libro cuentan con su versión interactiva en la web del libro. Los gráficos se van actualizando siempre que aparecen nuevos datos.

- **Vídeos sobre *The New York Times***: en la web se van recopilando vídeos actuales e históricos sobre el *Times* que ayudan a entender mejor la actividad del diario.

*****

Conferencias y cursos a medida para universidades

El caso de la transformación digital del diario *The New York Times* que se analiza a fondo en este libro ofrece numerosas lecciones que pueden resultar muy útiles a otros medios, al sector periodístico en general y a los actuales y futuros profesionales del mundo de la comunicación.

Puedes contactar conmigo si te interesa que desarrolle este caso en tu universidad o centro educativo —con sesiones a medida en función de las necesidades e intereses formativos— o que lo presente en algún congreso o conferencia.

*****

Contacto

Para cualquier asunto relacionado con el libro o con mi actividad como periodista, consultor, profesor o conferenciante, puedes contactar a través mi web www.ismaelnafria.com o directamente por correo electrónico (ismaelnafria@gmail.com).

PARTE I

1

Diez conclusiones y lecciones de la reinvención digital de *The New York Times*

---

1. Decidida apuesta por el periodismo de calidad y por ofrecer a los usuarios un producto imprescindible.
2. El modelo de negocio está cambiando: los usuarios aportan más que los anunciantes.
3. El foco, en los usuarios, especialmente los más fieles.
4. Misión y propuesta de valor muy bien definidas.
5. Equipos adaptados a la era digital y móvil.
6. El futuro (y el presente) está en los móviles.
7. Un periodismo cada vez más visual.
8. El camino de la transformación digital es largo y complejo.
9. Repensar el diario impreso.
10. Trabajo colaborativo entre todos los departamentos.

Los enormes retos que plantea la revolución digital aplican, de un modo u otro, a cualquier medio de comunicación, con independencia de su tamaño, su historia, su ubicación, su mercado o su especialización temática. El modo de producir, publicar y consumir noticias e información está cambiando para todos por igual, por lo que la necesidad de transformación y adaptación al entorno digital y móvil es algo común a todos.

En las empresas de mayor tamaño el reto es especialmente complejo, ya que las dinámicas y los hábitos establecidos son, muchas veces, más difíciles de cambiar.

Por esta razón, el proceso de reinvención digital en el que se haya inmerso el diario *The New York Times* desde hace dos décadas ofrece numerosas lecciones a otros medios de todo el mundo, sean cuales sean sus características.

Cada medio es distinto, es cierto, pero todos tienen –o han tenido– algo que los ha hecho diferentes y que los ha convertido en la referencia para su público. Es evidente que no todos los medios son *The New York Times*. De hecho, no existe otro *The New York Times*. Pero todos los medios pueden aspirar a ser "el *New York Times*" de su área geográfica, de su ámbito temático, de su público objetivo. Y por ser "el *New York Times*" me refiero a ser el medio de referencia, el medio imprescindible, el medio por el que vale la pena pagar (con dinero o con tiempo), el medio que marca la pauta, el medio que se convierte en un elemento imprescindible para la vida de sus usuarios.

A continuación se presentan las diez conclusiones y lecciones esenciales que pueden extraerse de la experiencia de reinvención de *The New York Times* desarrollada a lo largo de este libro. Al final, se ofrece un listado de preguntas dirigidas a propietarios, directivos o directores de medios que pueden ser de ayuda a la hora de plantear los cambios necesarios para triunfar en la era digital y de los móviles.

1. DECIDIDA APUESTA POR EL PERIODISMO DE CALIDAD Y POR OFRECER A LOS USUARIOS UN PRODUCTO IMPRESCINDIBLE

Si algo define con claridad la propuesta de *The New York Times* es su decidida apuesta por el periodismo de calidad y por intentar ofrecer un producto informativo y de servicio que resulte imprescindible en la vida de sus usuarios.

El diario mantiene desde hace años una redacción formada por unos 1.300 profesionales, la mayor entre los periódicos de Estados Unidos. Pero aunque el tamaño es similar al de hace diez años, la configuración de la redacción no lo es, ya que el equipo se ha ido renovando para introducir los nuevos perfiles que demanda el producto digital.

Gracias a ello, hoy *The New York Times* sigue ofreciendo un magnífico producto impreso –que los domingos, con su amplia variedad de suplementos, es un verdadero espectáculo informativo– y está presente en la web y en los móviles con un producto digital de primer orden. Es muy difícil visitar la web del *Times* y no encontrar cada día algo distinto y especial, alguna propuesta de periodismo visual –en forma de reportaje multimedia, de gráfico interactivo o de cualquier otro formato– destinada a sorprender y atrapar al usuario.

El *Times* apuesta más por la calidad que por la cantidad. Como se explica en uno de los capítulos del libro, el diario produce y publica cada día entre 200 y 250 piezas informativas propias. Se trata de una cantidad inferior a la que ofrecen algunos medios de la competencia.

El *Times* quiere ser "una parte aun más esencial de la vida cotidiana" de sus lectores. Por ello, además del periodismo de calidad, está apostando decididamente también por el llamado periodismo de servicio con productos como Cooking (cocina), Well (salud y bienestar) o Watching (guía de tv y cine), que ayudan a sus lectores a tomar decisiones sobre asuntos prácticos de su vida diaria.

Los máximos responsables de The New York Times Company siempre han considerado que, a pesar del impresionante aumento del número de voces disponibles en el espacio informativo digital, la gente sigue valorando –y deseando consumir– información en la que puedan confiar. Información con autoridad, contrastada y que aporte elementos para un debate constructivo. Es el espacio que siempre ha querido ocupar el *Times*.

En la era de las noticias falsas, el *Times* ha mantenido en todo momento su inversión en el periodismo, convencido de que los usuarios demandan productos en los que se pueda confiar. En su documento estratégico "Our Path Forward", publicado en octubre de 2015, la dirección de la compañía señalaba que "el trabajo que tenemos por delante es más importante que simplemente asegurar el futuro del *Times*. Nuestro objetivo –de hecho, nuestra responsabilidad– es demostrar que existe un modelo de negocio para el tipo de periodismo ambicioso, original y de alta calidad que es esencial para una sociedad bien informada."

LECCIONES PRÁCTICAS:

- *Los medios deben buscar el modo de seguir siendo **imprescindibles** para su audiencia.*

- *Los usuarios demandan información **fiable** y de calidad. Si su medio tradicional no la ofrece, la buscarán en otros sitios.*

- *Importa más la **calidad** que la cantidad si se quiere ofrecer un producto de gran valor a la audiencia.*

- *La apuesta por la calidad hay que practicarla cada día, intentando sorprender continuamente a los usuarios con contenidos **únicos y diferenciales**.*

2. EL MODELO DE NEGOCIO ESTÁ CAMBIANDO: LOS USUARIOS APORTAN MÁS QUE LOS ANUNCIANTES

En el año 2012 se produjo un cambio histórico en el modelo de negocio del diario *The New York Times*. Por primera vez en su historia, los ingresos generados por los usuarios (en la jerga del sector, los ingresos por circulación, donde se suman las suscripciones impresas y digitales y las ventas de ejemplares impresos) fueron superiores a los ingresos aportados por los anunciantes del *Times*.

En el capítulo sobre los gráficos que ilustran la transformación del diario se puede apreciar perfectamente el enorme cambio producido en el modelo de negocio del *Times*. En el año 2016, la circulación representó el 56,6% del total de ingresos, mientras que la publicidad se quedó en el 37,3%. Los otros ingresos aportaron el 6,1% restante. Además, la tendencia es que la publicidad siga perdiendo peso en el reparto de los ingresos, y lo gane la circulación gracias, especialmente, al aumento de las suscripciones digitales. En febrero de 2017 el *Times* anunció que había superado la cifra de los tres millones de suscriptores entre impresos y digitales.

El otro cambio trascendental que se está produciendo es el aumento del peso de los ingresos digitales frente a los generados por la edición impresa. Aún así, en 2016 el *Times* todavía dependía bastante más de los ingresos impresos (65,6% del total) que de los digitales (28,4%), aunque a estos últimos habría que sumar la parte del 6,1% de otros ingresos que tiene relación directa con la actividad digital (como los ingresos por comercio electrónico).

El objetivo fijado por la dirección del diario es el de multiplicar por dos los ingresos digitales entre el año 2015 y 2020, para alcanzar ese año un mínimo de 800 millones de dólares de ingresos derivados de la actividad digital. Si el *Times* logra ese objetivo, sus directivos calculan que generará suficiente dinero como para seguir manteniendo una redacción de la máxima calidad y de un tamaño suficiente para mantener el producto periodístico al que aspira la compañía.

Que el futuro debe ser digital –y especialmente móvil– lo confirman la evolución de los ingresos, el cambio en los hábitos de consumo de los usuarios y la caída de la circulación del diario impreso. Entre los años 2005 y 2016, la circulación de la edición papel del

Times se redujo a la mitad de lunes a viernes, pasando de 1,13 millones de ejemplares en 2005 a 571.000 en 2016. En el caso de la edición de los domingos, que es la que aporta mayores ingresos publicitarios, la caída fue de 600.000 ejemplares. En 2005, el *Times* vendía casi 1,7 millones de periódicos cada domingo; en 2016, la cifra se había reducido a 1,08 millones.

El *Times* también apuesta por generar ingresos con otras muchas actividades que se apoyan en el peso y el prestigio de su marca. Es el caso de los eventos, los viajes organizados, la educación o el comercio electrónico, entre otras.

LECCIONES PRÁCTICAS:

- *La **publicidad** no será suficiente para pagar por el periodismo de calidad.*

- *Los medios deben apostar por obtener más **ingresos** directamente de los **usuarios** a través de suscripciones, membresías u otros sistemas.*

- *Los medios, especialmente los que dependen de ediciones impresas, deben intentar acelerar la generación de **ingresos digitales** ya que el negocio impreso seguirá a la baja. Los usuarios consumen cada vez más noticias en plataformas digitales y menos en soportes físicos.*

- *Los medios deben aprovechar el prestigio y el valor de su marca para lanzar **nuevas líneas de negocio** que puedan aportar ingresos adicionales.*

3. EL FOCO, EN LOS USUARIOS, ESPECIALMENTE LOS MÁS FIELES

Los lectores, especialmente los más fieles al producto, son la base fundamental del negocio de *The New York Times*.

Uno de los principales objetivos del diario es aumentar el grado de compromiso (*engagement*) de los lectores o usuarios con su producto, ya que son los usuarios más fieles los que aportan más al negocio, tanto en forma de suscripción como de publicidad (al generar muchas más visitas y páginas vistas). Los números son contundentes: el 90% de los ingresos digitales del *Times* procede del 12% de sus usuarios más leales.

Es por ello que los directivos del diario trabajan con una idea fundamental: convertir el *Times* en un hábito diario de los usuarios, y hacerlo tanto por las noticias de actualidad como por la información práctica mencionada en el punto anterior. "Nuestra aspiración primordial es la de cultivar una nueva generación de lectores que no puedan imaginar un día sin *The New York Times*", se afirmaba en el documento "Our Path Forward" de 2015.

El informe World Press Trends 2016 elaborado por la asociación mundial de diarios WAN-IFRA revela precisamente que la tendencia más destacada en el sector de la prensa mundial es el mayor foco que están poniendo muchas de las principales cabeceras en estrechar y ampliar la relación con sus lectores. La publicidad digital no parece que vaya a poder compensar nunca la caída de la publicidad impresa, de manera que los nuevos ingresos deben llegar necesariamente de los lectores.

Fruto de esta estrategia, el diario ha conseguido superar la cifra de los 3 millones de suscriptores, entre impresos y digitales, y aspira a seguir aumentando este número durante los próximos meses y años.

El *Times* no busca clics fáciles para generar páginas vistas sin valor. Su meta es fidelizar al usuario y conseguir que pase el mayor tiempo posible consumiendo su producto.

En cualquier caso, el primer e imprescindible paso para incrementar la cifra de usuarios fieles es aumentar la base de usuarios globales. Y para ello, el *Times* se ha fijado en dos ámbitos: el de los jóvenes y el del público internacional.

Entre las iniciativas concretas para llegar a los jóvenes, el *Times* desarrolla diversos programas relacionados con el mundo educativo. Quiere acompañar a las nuevas generaciones desde el principio, ser parte de sus vidas desde una edad temprana. Por ejemplo, una de las iniciativas más recientes es un programa de donaciones para que decenas de miles de estudiantes puedan acceder gratuitamente al diario.

El crecimiento internacional es una de las metas en las que el *Times* está invirtiendo más dinero. El 2016 creó el grupo interno NYT Global, dedicado a la expansión de la audiencia internacional. Entre 2016 y 2018 el diario invertirá 50 millones de dólares en sus planes internacionales. En 2016 se lanzó *The New York Times* en Español para llegar al público de habla hispana. En los meses recientes, el diario ha expandido su cobertura informativa en dos mercados en los que quiere crecer de manera especial: Australia y Canadá. Los directivos del diario han comparado este posible crecimiento internacional al que se produjo hace un par de décadas cuando *The New York Times* pasó de ser un diario fundamentalmente metropolitano con presencia en el área de Nueva York a convertirse en un periódico de ámbito nacional, con ventas y suscriptores en todos los rincones del país.

Además, el diario pretende llegar a los usuarios allí donde estén, aplicando estrategias concretas para conectar con ellos en el entorno móvil, en las redes sociales o en el correo electrónico, entre otras posibles plataformas. El *Times* quiere adaptar su producto a los nuevos hábitos de consumo manteniendo, en todo momento, el alma del producto y de la marca.

Poner el foco en los lectores supone también conocerlos lo mejor posible. El diario cuenta con un importante grupo de trabajo dedicado a analizar a fondo el comportamiento de los usuarios y a estudiar sus gustos y preferencias.

> *LECCIONES PRÁCTICAS:*
>
> - *Los medios deben aprovechar el prestigio y el valor de su **marca** para lanzar **nuevas líneas de negocio** que puedan aportar ingresos adicionales.*
> - ***Conocer lo mejor posible a los usuarios** es el punto de partida imprescindible para cimentar el*

negocio de un medio en la era digital. Hay que estar en contacto con ellos, analizar su comportamiento, preguntarles para conocer sus gustos e intereses, saber qué quieren y cómo desean estar informados, descubrir qué es lo que esperan del medio.

- *Los medios deben saber perfectamente qué es lo que les **aporta más valor** al negocio y cuidar eso de manera muy especial. En el caso del Times, son sus usuarios más fieles, que son los que generan más ingresos por suscripción y también por publicidad gracias a su mayor consumo del producto digital.*

- *La meta final es que el producto digital ofrecido por el medio llegue a formar parte **esencial** de las vidas de sus usuarios.*

- ***Todos los lectores son valiosos** y hay que llegar a ellos a través de cualquier vía o plataforma. De ese amplio grupo surgirán los usuarios más fieles que serán la base del negocio.*

4. MISIÓN Y PROPUESTA DE VALOR MUY BIEN DEFINIDAS

Una de las cosas que llama más la atención cuando se estudia la evolución del diario *The New York Times* y de su empresa editora, The New York Times Company, es la claridad con que está expresada —y transmitida de manera constante a toda la compañía— su misión y su propuesta de valor.

"The New York Times Company es una organización global de medios de comunicación dedicada a fortalecer a la sociedad al crear, reunir y distribuir noticias e información de la más alta calidad. La compañía incluye a *The New York Times*, NYTimes.com y propiedades relacionadas. Es reconocida internacionalmente por su periodismo de excelencia, y por la innovación en la manera de contar historias impresas y digitales y en su modelo de negocio".

Esta es la descripción de la compañía que puede leerse al final de todos los comunicados de prensa del *Times*. Los conceptos e ideas fundamentales son los mismos que llevan repitiendo por activa y por pasiva los directivos del diario durante las dos últimas décadas.

Estos principios fundamentales aparecen reflejados en todos los productos y servicios que lanza el *Times*. La información de calidad, la búsqueda de la excelencia o el espíritu innovador son fácilmente distinguibles en cualquier elemento de la amplia oferta del diario. En la tercera parte de este libro se describen de manera detallada muchos de los productos y servicios que ofrece el *Times*.

La dirección del diario también suele ser muy clara a la hora de definir los objetivos de todas las acciones de la compañía. Lo hace tanto para los grandes planes como para movimientos internos más modestos. Muchos de los mensajes internos, publicados en la web corporativa, permiten comprobarlo.

Una de las metas más ambiciosas, expresada públicamente con absoluta claridad en el documento "Our Path Forward" de octubre de 2015, es la de multiplicar por dos los ingresos digitales en el año 2020. Este ejercicio de fijar un objetivo económico concreto a medio o largo plazo encierra riesgos para una compañía que cotiza en bolsa, pero al mismo tiempo lanza un mensaje interno muy claro, con una meta muy específica, a todo el equipo, y eso permite saber hacia dónde quiere ir la compañía.

Es lo que sucedió, quizás de manera más espectacular, cuando se publicó el "Innovation Report" en 2014. Después de leer ese informe, nadie en el diario podía seguir teniendo dudas sobre hacia dónde quería ir la compañía, lo que sin lugar a dudas ayuda a conseguir las metas fijadas.

En la última reunión anual interna *State of The Times*, celebrada en noviembre de 2016, el editor del diario, Arthur Sulzberger, Jr., recordó a todo el equipo que el principal reto de la compañía era el de "construir un negocio digital suficientemente grande como para mantener las ambiciones periodísticas que hacen que el *Times* sea tan especial". El editor del *Times* quiso recordar que se estaban haciendo avances, pero señaló que "queda mucho trabajo por hacer".

LECCIONES PRÁCTICAS:

- *Hay que tener muy clara cuál es la **misión del medio** y transmitirla de manera firme y constante a toda la organización. Es importante que todos los integrantes de la empresa, desde el primero al último, estén alineados con los objetivos, las metas y las vías para lograrlos.*

- *Los **valores esenciales** del medio deben verse claramente reflejados en cualquier producto o servicio que se lance.*

- *El medio no debe olvidar nunca cuál es su **propuesta esencial de valor**. Los esfuerzos deben centrarse en ese ámbito.*

- ***Fijar metas y objetivos** concretos a corto, medio y largo plazo ayuda a que todo el equipo sepa hacia dónde se quiere ir, lo que de hecho facilita la consecución de los objetivos marcados.*

5. EQUIPOS ADAPTADOS A LA ERA DIGITAL Y MÓVIL

Durante los años más recientes, la redacción del *Times*, formada en total por unas 1.300 personas, ha incorporado cada año a unos 70 nuevos profesionales que han ocupado las plazas dejadas por otros profesionales, a veces a través de bajas incentivadas o despidos. Así, el número total de profesionales en la redacción del diario se ha mantenido bastante estable, pero la configuración del equipo ha variado considerablemente.

Según se explica en el informe del grupo 2020 publicado en enero de 2017, titulado "Journalism That Stands Apart", "a grandes rasgos, cerca de la mitad de estas contrataciones han sido en las categorías con un impacto más directo en el periodismo: líderes de coberturas, reporteros, videógrafos, editores gráficos y otros". Según los autores de este informe interno, el ritmo de renovación de la redacción debería incluso acelerarse para adaptarse más rápidamente a las nuevas necesidades del entorno digital y móvil.

La renovación del equipo del *Times* se ha visto también reflejada en la creación de nuevas áreas o departamentos que no existían hace apenas tres años. Por ejemplo, el equipo de desarrollo de audiencia, cuya creación fue propuesta en el informe "Innovation" de 2014, o el equipo NYT Beta, dedicado al lanzamiento de nuevos productos como Cooking o Watching, entre otros. El equipo de vídeo, integrado por algo más de 60 personas, es otro de los que permiten visualizar cómo ha cambiado la redacción del *Times* respecto a la de hace cinco o diez años. Otros nuevos perfiles incorporados al equipo del *Times* son un reflejo de la apuesta por el periodismo visual que está realizando el diario.

Las novedades también se han producido en otras áreas de la compañía. Por ejemplo, el equipo de Publicidad cuenta ahora con más de cien personas que trabajan en el T Brand Studio, convertido en una completa agencia de marketing del *Times* que presta servicio a sus anunciantes.

Además de incorporar a nuevos perfiles, el *Times* también está realizando un importante esfuerzo de formación para que sus profesionales puedan adquirir nuevas habilidades útiles para la era digital y móvil. Un buen ejemplo de ello es la formación recibida a lo largo de 2016 por unos 300 periodistas del diario para poder realizar emisiones de vídeo en directo a través de Facebook Live. El director del diario, Dean Baquet, explicó en el encuentro interno *State of the*

Times de 2016 que los planes de formación se ampliarían "para que los periodistas que quieran tener nuevas habilidades para esta nueva era puedan adquirirlas".

Una frase que aparece en el documento "Our Path Forward" resume perfectamente la necesidad de renovación y actualización del equipo del diario: "Nuestra organización fue construida para la era impresa y ahora debe ser rediseñada para la era móvil".

LECCIONES PRÁCTICAS:

- *Es imprescindible que los medios vayan **adaptando sus equipos** a las nuevas necesidades que plantea el mercado.*

- *Los medios tradicionales fueron diseñados para una época con necesidades distintas a las de la actual era digital y móvil. Los **nuevos competidores** nacen ya en este entorno, lo que les otorga algunas ventajas competitivas.*

- *Para adaptar los equipos existen dos vías principales: la **renovación** natural de los mismos o la **formación interna**.*

- *La formación para que los profesionales del medio puedan adquirir **nuevas habilidades** debería formar parte obligatoriamente de los planes de actualización de cualquier medio. Sin equipos realmente adaptados al nuevo entorno es imposible ser líder.*

6. EL FUTURO (Y EL PRESENTE) ESTÁ EN LOS MÓVILES

"En los próximos años, la batalla se ganará o se perderá en los teléfonos inteligentes. Esta sigue siendo nuestra principal área de enfoque en cada parte de la organización. Pero a largo plazo tenemos que construir una organización flexible que pueda dar una rápida respuesta a los futuros cambios en tecnología y comportamiento del usuario".

Este es el enfoque planteado por el equipo directivo del *Times* en el mencionado documento estratégico "Our Path Forward" de 2015.

En este mismo documento se afirma que "el móvil no es simplemente otro método de distribución; está transformando la manera en que las personas consumen noticias e información". Esto obliga a cambiar "la manera en que contamos nuestras historias, el diseño de la experiencia y la velocidad y la funcionalidad de los productos", según la dirección de la compañía.

Y por si quedaran dudas sobre la dirección a tomar, esta frase, incluida en ese mismo documento –hecho público pocas semanas después de que el *Times* alcanzara el primer millón de suscriptores digitales–, las aclara: "El siguiente millón de suscriptores se tiene que ganar con el *Times* en su teléfono móvil, no en la mesa de su cocina".

Como sucede con el resto de medios digitales, la mayor parte de la audiencia del *Times* consume su producto digital a través del teléfono móvil, que ha desbancado definitivamente al PC. De hecho, la distancia entre el móvil y el ordenador personal como dispositivo de consulta aumenta cada año a favor del móvil.

Todos los productos que ha desarrollado *The New York Times* durante los últimos años han tenido muy presentes al usuario móvil. El diseño de los nuevos productos es *responsive*, de manera que se adapta automáticamente al tamaño de la pantalla de cualquier dispositivo desde el que se acceda.

Uno de los productos pensados específicamente para el móvil fue la app NYT Now. Esta aplicación nativa permitió experimentar con nuevos formatos que luego –cuando la app dejó de actualizarse en agosto de 2016– fueron incorporados tanto a la app general del *Times* como en forma de nuevos productos informativos. En este sentido, uno de los casos de más éxito es el de los "briefings" diarios, ofrecidos cada mañana y cada tarde en la web móvil, en la app y en forma de *newsletter* para resumir en un formato totalmente ideado para el consumo móvil los temas principales de la actualidad.

> ### *LECCIONES PRÁCTICAS:*
>
> - *El **móvil** se ha convertido en **el dispositivo más utilizado** por los usuarios para consumir noticias. Si el medio no está preparado para el móvil, corre un riesgo muy serio de quedar rápidamente fuera del mercado.*
>
> - *Todos los productos y servicios ofrecidos por los medios digitales deben estar orientados a facilitar, en primer lugar, la **consulta desde dispositivos móviles**. Es donde está la mayor parte de la audiencia, cada vez en mayor proporción.*
>
> - *Los teléfonos móviles permiten contactar con el usuario en cualquier momento del día. Los medios deben idear **productos pensados específicamente** para su audiencia móvil.*

7. UN PERIODISMO CADA VEZ MÁS VISUAL

El 12% de las historias publicadas cada día por *The New York Times* contienen algún elemento visual –un vídeo, un gráfico, un mapa, un interactivo o cualquier otro elemento multimedia– como parte esencial de las mismas.

Este porcentaje es muy superior al apenas 3% del año 2014, pero debería ser muy inferior al que la dirección del diario pretende alcanzar en los próximos años. El periodismo visual, según se explica en el mencionado informe del grupo 2020 y según han explicado diversos miembros de la dirección del diario durante el último año, es una de las principales apuestas que quiere realizar el *Times*. En algún caso se ha llegado a hablar de que la mitad de los contenidos tengan un carácter visual.

El modo de consumir información por parte de los usuarios y las preferencias por el tipo de contenido consumido están cambiando rápidamente. Y en este nuevo escenario, los contenidos visuales forman parte de la oferta ganadora.

En algunos ámbitos, *The New York Times* parte ya de una posición privilegiada. Por ejemplo, goza de un amplio reconocimiento internacional por la calidad del trabajo de su departamento gráfico o de su equipo de interactivos, y ha ganado incontables premios en estos campos.

Aún así, la dirección del diario considera que el componente visual debería formar parte de muchas más de las historias que cuenta el *Times*. Los elementos visuales permiten, en muchos casos, explicar mejor un tema, o facilitar su comprensión, o proporcionan una experiencia mucho más gratificante al usuario. Adicionalmente, la distribución de contenidos a través de las redes sociales sale beneficiada si cuenta con elementos visuales que consiguen captar mejor la atención de los usuarios.

Parte de la renovación del equipo que ha ido realizando *The New York Times* durante los últimos años ha venido propiciada por la necesidad de contar con profesionales expertos en cualquiera de los formatos propios del periodismo visual.

Además, al equipo de dirección de la redacción se han ido incorporando perfiles profesionales con experiencia explícita en periodismo visual con el objetivo de inculcar más eficazmente en el conjunto de la redacción la necesidad de apostar por los elementos visuales.

> ### *LECCIONES PRÁCTICAS:*
>
> - *Los medios deben adaptar su oferta informativa a las preferencias de los usuarios. Los **elementos visuales** deben formar parte esencial de la misma.*
>
> - *¿Cuál es el **formato más adecuado para contar esta historia**? Es la pregunta que debe hacerse la redacción a la hora de plantearse la cobertura informativa de cualquier tema.*
>
> - *La dirección del medio debe contar con **profesionales expertos** en periodismo visual.*
>
> - *El medio debe dotarse de profesionales adecuados para ofrecer **periodismo visual de calidad en distintos formatos**: gráficos, interactivos, vídeos, fotografía, etc.*
>
> - *El ADN del medio debe estar siempre presente en toda su oferta informativa, pero los productos deben intentar **adaptarse** a los gustos y preferencias formales de los usuarios.*

8. EL CAMINO DE LA TRANSFORMACIÓN DIGITAL ES LARGO Y COMPLEJO

Repasar con detalle la evolución del diario *The New York Times* durante las dos últimas décadas es descubrir que el camino de la transformación digital de una compañía de medios es muy largo y muy complejo y, además, requiere de una voluntad muy firme y decidida por parte de la dirección de la compañía.

El *Times* anunció ya en el año 2005 la integración de sus redacciones impresa y digital, que hasta entonces, aunque colaboraban entre ellas, habían trabajado de manera totalmente separada, ocupando incluso edificios distintos.

Han pasado desde entonces más de 11 años y lo digital, sin lugar a dudas, ha ido ganando mucho terreno. Pero todavía hoy puede apreciarse el peso y la gran influencia que tiene el producto impreso en el trabajo diario del *Times*, a pesar de los múltiples esfuerzos aplicados por dar prioridad a lo digital.

El informe "Innovation" del año 2014 es, posiblemente, una de las mejores muestras que pueden encontrarse —no únicamente en el mundo de los medios sino en cualquier otro sector económico— de la firme voluntad de una compañía de transformarse y adaptarse a un nuevo y cambiante entorno. Ese trabajo planteó de manera muy sincera y honesta, y sin contemplaciones, cómo se estaban haciendo las cosas y la necesidad de que el diario se adaptara urgentemente a la nueva realidad digital si no quería verse superado por la competencia.

En el último informe interno publicado por el *Times* en enero de 2017 se afirma que, a pesar del largo camino recorrido, "la revolución digital no ha cesado. En todo caso, los cambios en los hábitos de nuestros lectores —las formas en que reciben noticias e información y se relacionan con el mundo— se han acelerado en los últimos años. Debemos mantenernos al día con estos cambios".

Si analizamos no únicamente el caso del *Times* sino el del conjunto de la compañía editora, The New York Times Company, vemos que la transformación sufrida por la empresa durante las dos últimas décadas ha sido realmente remarcable, como ilustran con mucha claridad los gráficos incluidos en este libro.

The New York Times Company es, en 2017, una empresa muy distinta a la del año 2000. Sus propiedades se han reducido notablemente: ya no tiene estaciones de televisión, ni otros periódicos regionales, ni emisoras de radio, ni revistas. Toda su actividad se centra en el diario y la marca *The New York Times*. Fruto de este cambio, la compañía ha reducido enormemente su plantilla, pasando de 14.000 empleados en el año 2000 a únicamente 3.710 a finales de 2016. Los ingresos totales, lógicamente, también se han visto afectados por el cambio de modelo: de la cifra récord de 3.374 millones de dólares ingresados en el año 2000 se ha pasado a los 1.555 del año 2016.

En 2013, en un encuentro sobre liderazgo empresarial organizado por la escuela de negocios Wharton, le preguntaron al editor del *Times*, Arthur Sulzberger, Jr., cuál era la decisión tomada durante sus años de mandato al frente de la compañía de la que se sentía más orgulloso. El editor del diario no dudó ni un momento al responder: "La velocidad a la que empezamos a abordar la revolución digital y que hemos trabajado muy duro para construir nuestra musculatura digital tanto desde el punto de vista periodístico como del negocio".

LECCIONES PRÁCTICAS:

- *El camino de **la transformación digital es inevitable**. Si algún medio todavía se encuentra en la fase inicial del mismo, debe acelerar el paso de manera inmediata. Si el proceso está encallado por cualquier motivo, se debe desatascar lo antes posible.*

- *El plan de transformación debe ser conocido por todo el equipo. La dirección lo debe explicar con la mayor claridad posible para **implicar** a todos los profesionales de la compañía.*

- *Se deben fijar **objetivos claros y ambiciosos** y metas concretas para que toda la organización tenga muy claro hacia dónde hay que ir y para poder visualizar los avances que se van logrando.*

- *La transformación **no termina nunca**, ya que las demandas de los usuarios seguirán evolucionando. Pero un equipo habituado al cambio podrá responder con mucha más agilidad a los nuevos retos que puedan surgir.*

9. REPENSAR EL DIARIO IMPRESO

Como ya se ha indicado, el diario impreso sigue siendo la principal fuente de ingresos del *Times*, aunque su peso en el conjunto del negocio sigue a la baja, en detrimento de la actividad digital.

Durante años se ha especulado con el fin de las ediciones impresas de los periódicos. De hecho, en el mercado de Estados Unidos decenas de ellos han tenido que cerrar sus puertas estos últimos años al no poder superar la caída de los ingresos publicitarios y de las ventas de ejemplares.

En el caso del *Times*, sin embargo, sus directivos siguen considerando que a la edición impresa le quedan bastantes años de vida. Tantos como sea posible, afirman.

Pero para que el diario de papel siga jugando un rol relevante en el negocio del *Times*, es necesario adaptar su fórmula a los nuevos tiempos, al nuevo entorno, a los nuevos modos de consumir información. El modelo de periódico de hace 20 años, cuando internet estaba empezando, ya no sirve. El auge de los móviles y de las redes sociales también obliga a realizar cambios en el producto.

The New York Times está abordando estos cambios desde distintos frentes.

Por un lado, ha creado un equipo especializado (*Print Hub*) dedicado exclusivamente a preparar la edición impresa del *Times*. Este equipo de expertos en el papel permitirá que numerosos recursos de las secciones del diario que ahora todavía se dedican a preparar la edición en papel del día siguiente puedan concentrarse en potenciar, todavía más, la oferta informativa digital del *Times*, considerada prioritaria.

Por otra parte, el diario está abordando un trabajo de rediseño de distintas secciones de su edición impresa para hacerlas más atractivas y funcionales. Por ejemplo, en diciembre de 2016 se presentó el nuevo diseño de la cobertura sobre artes y cultura del *Times*, y a principios de marzo de 2017 se relanzaron, con un diseño y un concepto totalmente novedosos, las páginas 2 y 3 del periódico para ofrecer una ágil y entretenida mirada a la oferta informativa del *Times* en el papel y en las plataformas digitales.

Uno de los elementos más novedosos relacionados con la edición impresa del *Times* es el desarrollo de suplementos especiales exclusivos, disponibles únicamente en papel, que intentan dotar al diario impreso de un valor diferencial. El *Times* explica que estos proyectos intentan "reimaginar los usos del diario impreso" con ofertas que puedan deleitar a sus lectores. El caso más reciente es el suplemento especial sobre crucigramas y otros juegos que se publicó el domingo 18 de diciembre de 2016. Ese suplemento contenía el mayor crucigrama publicado por el *Times* a lo largo de su historia. Unos meses antes, en agosto de 2016, se publicó un suplemento especial con un fragmento de la novela *The Underground Railroad* de Colson Whitehead. El diario planea publicar varios suplementos especiales más a lo largo de 2017.

Adicionalmente, el *Times* está analizando de manera detallada el trabajo de edición que se realiza en la redacción para intentar simplificarlo. Es uno de los puntos abordados especialmente en el informe del grupo 2020. Parte de este trabajo de edición se centra en la versión impresa del *Times*, aunque también afecta al producto digital.

LECCIONES PRÁCTICAS:

- *El modelo de diario impreso de **hace 20 ó 10 años ya no es válido**. El producto debe cambiar para adaptarse al nuevo entorno y a los nuevos hábitos de consumo de información de los lectores.*

- *El diario debe crear un **equipo experto en el medio impreso** dedicado en exclusiva a preparar la edición en papel del día siguiente. Esto permitirá liberar recursos para el producto digital.*

- *Este mismo equipo, en colaboración con la dirección de la compañía, debe **repensar el producto impreso** en su conjunto, buscando elementos que permitan dar valor diferencial a la edición impresa.*

10. TRABAJO COLABORATIVO ENTRE TODOS LOS DEPARTAMENTOS

Romper barreras entre los distintos departamentos de la compañía y conseguir que los equipos trabajen de manera colaborativa. Esta ha sido una de las principales transformaciones que ha intentado impulsar la dirección de The New York Times Company durante las dos últimas décadas.

Este tipo de colaboración abierta se considera fundamental para tener éxito en la era digital. En el *Times*, especialmente desde hace tres años, tras la publicación del informe "Innovation", se han impulsado proyectos en los que han trabajado de manera conjunta, y con los mismos objetivos, profesionales de todas las áreas de la compañía: redacción, diseño, tecnología, producto, marketing...

Así trabaja, desde los inicios, el equipo NYT Beta, que impulsa nuevos proyectos. Uno de ellos, Cooking, se utiliza internamente como modelo de lo que puede lograrse trabajando de ese modo.

En la redacción, periodistas, editores gráficos, diseñadores o programadores hace años que colaboran en todo tipo de proyectos informativos. Gracias a esta forma de trabajar el *Times* goza hoy de un enorme prestigio en el ámbito del periodismo visual e interactivo, como se ha señalado en uno de los puntos anteriores.

La voluntad de fomentar el trabajo colaborativo tendrá este año 2017 una manifestación física muy evidente. El diario está rediseñando sus instalaciones en el edificio de la Octava Avenida de Manhattan. Además de reducir el número de plantas ocupadas, uno de los principales objetivos de la reorganización física es el de favorecer el trabajo colaborativo. Por ello, se crearán más espacios abiertos que permitan la colaboración entre los distintos equipos del diario.

> ### *LECCIONES PRÁCTICAS:*
>
> - *Todos los departamentos de la empresa deben **trabajar de manera colaborativa** para ser competitivos en el mundo digital.*
>
> - *El éxito de los productos y servicios digitales depende de la **participación activa**, durante todas las fases del proceso, de los profesionales de distintos **departamentos**: redacción, producto, tecnología, diseño, marketing, etc.*
>
> - *El **entorno físico** debe poder propiciar el trabajo colaborativo. Conviene contar con espacios abiertos de trabajo que fomenten la colaboración entre los distintos equipos.*

28 preguntas que todos los medios deberían hacerse si quieren triunfar en la era digital

Estas preguntas van dirigidas especialmente a propietarios, directivos y directores de medios, sea cual sea su tamaño, ubicación o especialización temática, aunque también pueden resultar útiles para cualquier profesional relacionado con el mundo de la información:

1. ¿Tiene mi medio una misión claramente definida? ¿Por escrito? ¿La conoce realmente toda la compañía?

2. ¿Cuál es la propuesta de valor de mi medio? ¿Qué lo hace realmente distinto de la competencia?

3. ¿Tengo totalmente claro cuál es mi mercado objetivo?

4. ¿Sé qué es lo que los lectores valoran más de mi medio? ¿Lo sabe todo el equipo? ¿Qué hago para reforzarlo?

5. ¿Dispongo de un equipo adecuado para ofrecer el producto de calidad que reclama mi audiencia?

6. ¿Estoy diversificando mis vías de ingresos?

7. ¿Qué pasos estoy dando para que una parte de mis usuarios pague por mis productos o servicios digitales?

8. ¿Conozco realmente a mis lectores? ¿Analizo de manera detallada mi audiencia? ¿Sé que la mayor parte de la audiencia me consulta, muy probablemente, desde un teléfono móvil?

9. ¿Tengo un plan concreto y detallado para hacer partícipes de mi medio a los lectores y usuarios, para involucrarlos en el mismo, para que se sientan parte de él?

10. ¿Sigo atentamente la evolución del mercado de los medios?

11. ¿Tengo definido un plan de digitalización a corto, medio y largo plazo?

12. ¿Trabaja toda mi organización de manera colaborativa y con un objetivo común? ¿Siguen existiendo unidades que trabajan aisladas del resto o con objetivos contrapuestos?

13. ¿Tiene clara toda la organización que la publicación digital es prioritaria? ¿Es consciente el equipo de la necesaria orientación hacia el producto móvil?

14. ¿He creado un equipo especial para seguir dando valor al producto impreso?

15. ¿He lanzado un plan de renovación y adaptación del diario impreso para que siga siendo relevante en la era digital y móvil?

16. ¿Con qué estoy sorprendiendo hoy a mi audiencia? ¿Qué historias distintas a las de la competencia y de claro valor añadido estoy ofreciendo? ¿Con qué sorprenderé mañana a mi audiencia? ¿Y el próximo fin de semana?

17. ¿Qué contenidos o servicios prácticos ofrece hoy mi medio? ¿Estoy ayudando hoy a hacer mejor, más sencilla o más gratificante la vida de mis usuarios?

18. ¿Tengo profesionales para ofrecer un producto informativo visual realmente atractivo?

19. ¿Qué estoy haciendo para ganarme y renovar cada día la confianza de los lectores en mi medio?

20. ¿Tengo en la redacción un equipo específico de desarrollo de audiencia, que ayude a difundir eficazmente los contenidos en otras plataformas, en especial en las redes sociales?

21. ¿Me he planteado una estrategia concreta para el uso del vídeo?

22. ¿He estudiado la posibilidad de adquirir o realizar alianzas con medios que encajen en mi estrategia y me ayuden a crecer y ofrecer un mejor producto?

23. ¿Cuento con herramientas de análisis de la audiencia adaptadas a mis intereses y a mi misión para que la redacción pueda tomar las decisiones correctas?

24. ¿Está realmente preparado mi equipo de ventas para ofrecer correctamente al mercado mis productos digitales?

25. ¿Está familiarizada toda la dirección de mi compañía con el nuevo entorno de los negocios digitales? ¿Ha recibido formación sobre este tema?

26. ¿Existe realmente una cultura de innovación en mi compañía? ¿Hay espacios y momentos concretos para fomentar la innovación? ¿Cuál es la última innovación que hemos aplicado? ¿Cuándo lo hicimos? ¿Cuál fue la reacción de la audiencia?

27. ¿Puedo citar cinco trabajos informativos, productos o servicios publicados o lanzados durante el último año que hayan marcado realmente la diferencia en nuestro mercado?

28. ¿Consulto cada día mi medio desde el móvil? ¿Estoy plenamente satisfecho con lo que veo?

2

Catorce gráficos que explican la transformación del negocio de The New York Times Company y del diario *The New York Times*

El negocio de The New York Times Company y, de manera más específica, del diario *The New York Times*, ha cambiado mucho durante las dos últimas décadas. En este capítulo se ofrecen diversos gráficos que permiten visualizar –y entender mejor– los cambios más importantes ocurridos durante este tiempo.

El primer grupo de gráficos se refiere al conjunto de la actividad de la compañía editora del *Times*, The New York Times Company. El segundo grupo hace referencia específicamente a la actividad económica del diario *The New York Times*.

Todos los gráficos cuentan con una versión interactiva en la web del libro (www.ismaelnafria.com/nytimes), donde se irán actualizando cada vez que la compañía presente sus resultados económicos trimestrales o anuales.

Gráficos sobre The New York Times Company

Ingresos anuales de The New York Times Company (1996-2016)

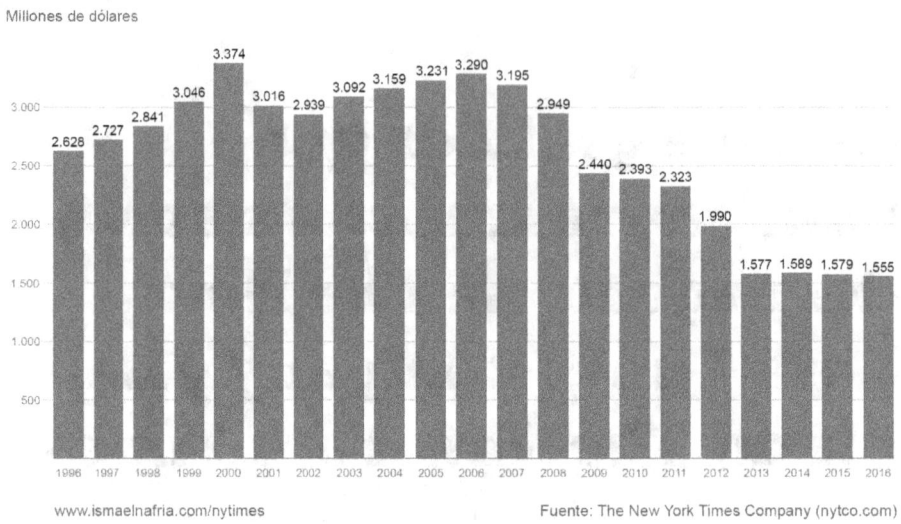

La empresa The New York Times Company del año 1996 era muy distinta a la de 2016. Hace dos décadas, como se explica de manera detallada en este libro, la compañía editora del diario *The New York Times* era también propietaria de muchos otros negocios: el diario *The Boston Globe* y otros 21 periódicos regionales de Estados Unidos, nueve revistas, ocho estaciones locales de televisión y dos emisoras de radio en la ciudad de Nueva York. Además, era accionista de varias empresas papeleras y del diario *International Herald Tribune*. Ese año 1996, el conjunto de la actividad de The New York Times Company generó unos ingresos de 2.628 millones de dólares.

El récord histórico de ingresos de The New York Times Company se produjo en el año 2000, cuando el diario seguía manteniendo una gran variedad de actividades empresariales en el mundo de la comunicación. Ese año los ingresos ascendieron a 3.374 millones de dólares.

Los ingresos cayeron después de ese año por la crisis económica, pero se volvieron a recuperar hasta alcanzar los 3.289 millones de dólares en 2006. A partir de ese momento, los números fueron rápidamente a la baja hasta situarse en el año 2013 en 1.577 millones de dólares. Fueron los años de la crisis económica general y de la crisis particular del negocio de los periódicos, que vieron como los ingresos publicitarios se derrumbaban y la circulación se iba reduciendo progresivamente. Para The New York Times Company, fueron también años en los que se fue desprendiendo de todos los negocios que no estaban vinculados directamente a la marca *The New York Times*. Por ejemplo, en 2012 ya no se incluyen los ingresos del grupo de diarios regionales, y en 2013 ya no aparecen los ingresos de *The Boston Globe*.

Comenzó entonces una nueva etapa en la compañía, en la que todos los esfuerzos y recursos están dedicados de manera casi exclusiva al negocio informativo de *The New York Times* en cualquier soporte –papel, web, móvil, redes sociales– o área geográfica (Estados Unidos y resto del mundo).

El gráfico muestra cómo la caída de ingresos se detuvo en 2013 y cómo estos se han mantenido relativamente estables durante los años siguientes. En 2016 los ingresos fueron de 1.555,3 millones de dólares, un 1,5% menos que los 1.579,2 de 2015.

El detalle de cómo ha cambiado la estructura de los ingresos está desarrollado en otro de los gráficos de este capítulo. Allí se muestra la radical transformación del negocio del *Times*, que ha pasado de depender básicamente de los ingresos publicitarios a obtener la mayor parte de sus ingresos directamente de los lectores que pagan por sus contenidos impresos y digitales. Al mismo tiempo, los ingresos generados por la edición impresa se han ido reduciendo, mientras que los digitales mantienen una tendencia al alza y representan un porcentaje cada vez mayor del total.

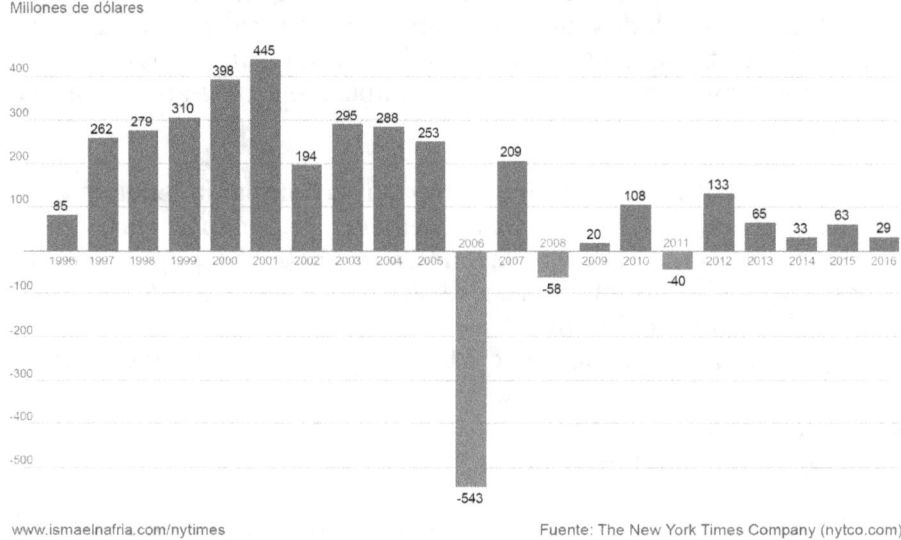

Durante los últimos 21 años, The New York Times Company ha obtenido un resultado neto positivo en 18 ocasiones y ha tenido pérdidas en tres casos (el resultado neto refleja la cifra final de cada ejercicio económico después de intereses, impuestos, depreciaciones y amortizaciones).

El peor año fue el 2006, cuando rompiendo una larga etapa de resultados positivos presentó unas pérdidas netas de 543 millones de dólares. El principal motivo de esos números rojos fue el cargo contable por valor de 814 millones de dólares con el que la compañía reflejó la pérdida de valor que atribuía al New England Media Group, del que formaba parte el diario The Boston Globe (que había comprado años antes por 1.100 millones de dólares y acabaría vendiendo en 2013 por sólo 70 millones de dólares). Las otras dos ocasiones en las que The New York Times ha tenido un resultado negativo han sido los años 2008 (57,8 millones de pérdidas) y 2011 (39,7 millones).

En todos los otros ejercicios, The New York Times Company ha obtenido beneficios. Antes del año 2006 se situaron habitualmente por encima de la franja de los 200 millones de dólares. En los años más recientes, desde 2009, los beneficios netos han sido más modestos, aunque en 2012 llegaron a los 133 millones de dólares. En 2016 el *Times* ganó 29,1 millones de dólares.

Comparación entre ingresos y resultado neto de The New York Times Company (1996-2016)

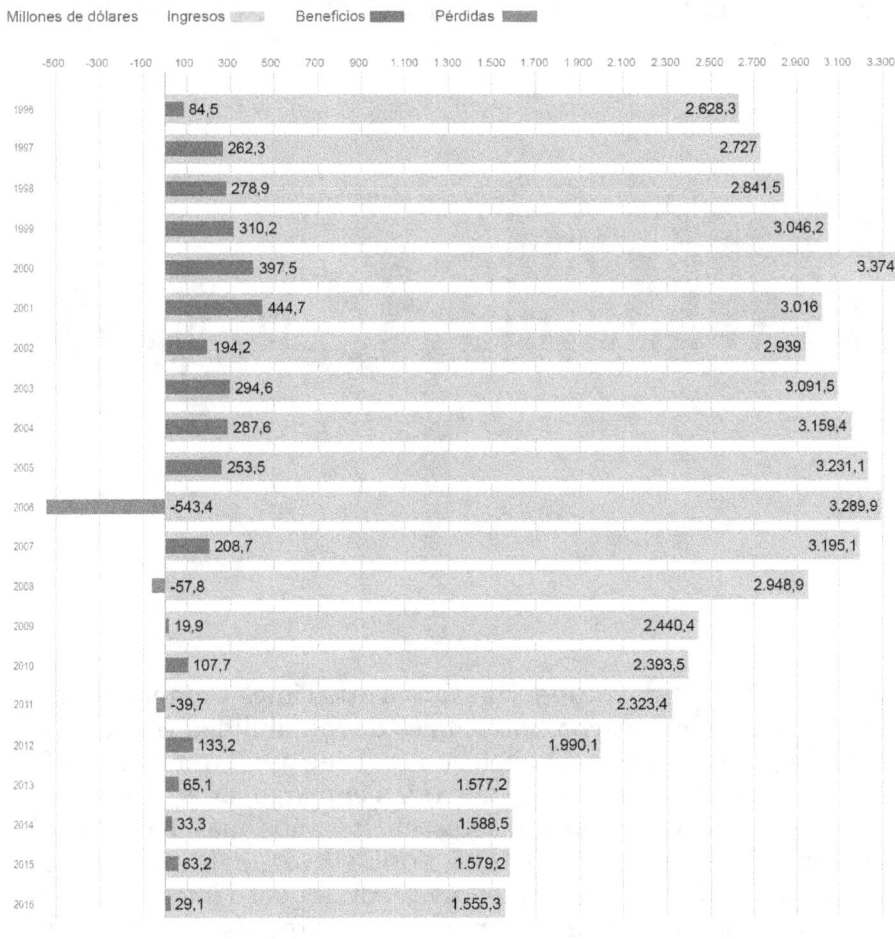

Este gráfico permite comparar visualmente la relación entre los ingresos anuales y el resultado neto obtenido por la empresa editora del *Times* desde 1996 hasta 2016.

La rentabilidad del negocio de The New York Times Company (1996-2016)

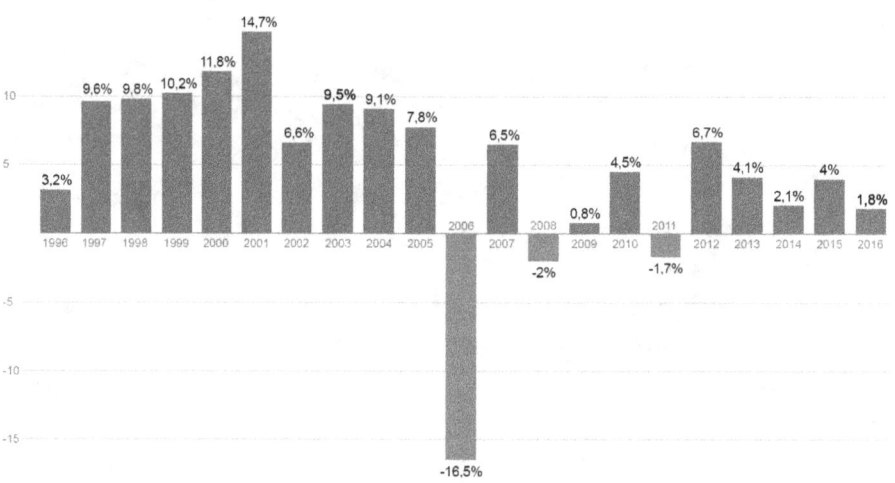

Entre los años 1997 y 2005 The New York Times Company fue un negocio muy solvente, con porcentajes de rentabilidad (relación entre los ingresos totales y el beneficio neto) que oscilaron entre 6,6% y el 14,7% que se logró en el año 2001. Sin embargo, esos márgenes de rentabilidad no han sido tan altos en los años más recientes. La etapa más inestable se vivió entre 2006 y 2011, con tres ejercicios negativos. Desde entonces, la empresa editora del *Times* ha vuelto a la senda de la rentabilidad aunque con márgenes más modestos, entre el 6,7% de 2012 y el 1,8% de 2016.

Número de empleados de The New York Times Company (1997-2016)

Número total de empleados de todos los negocios de The New York Times Company

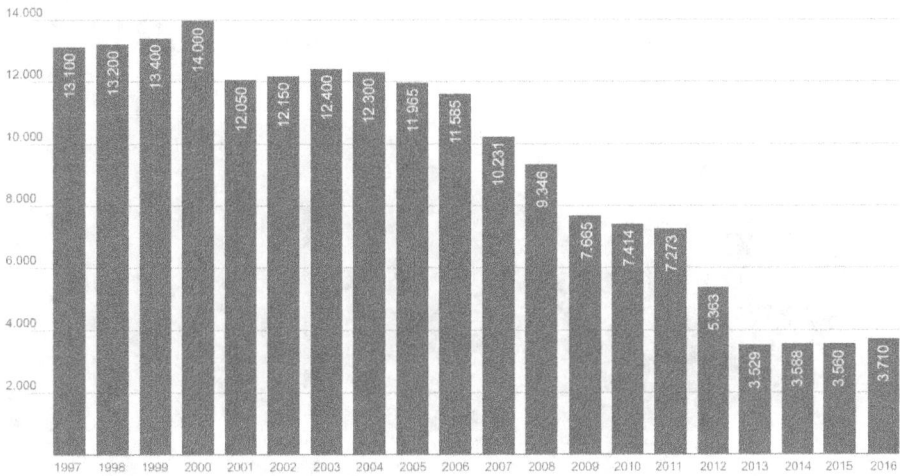

Fuente: The New York Times Company (nytco.com)

Este gráfico refleja con mucha claridad cómo ha cambiado la plantilla de The New York Times Company a medida que se ha ido desprendiendo de negocios distintos al del diario *The New York Times*. Tras contar con un máximo de 14.000 trabajadores en el año 2000, el equipo de The New York Times Company se ha ido reduciendo hasta situarse en una franja algo inferior a los 4.000 trabajadores desde el año 2013, cuando acabó de vender el resto de negocios.

En los últimos cuatro años, en los que toda la actividad se ha centrado en el *Times*, la cifra de empleados se ha mantenido relativamente estable, con un ligero crecimiento en 2016 tras la compra de los sitios web The Wirecutter y The Sweethome.

Ingresos medios anuales por empleado de The New York Times Company (1997-2016)

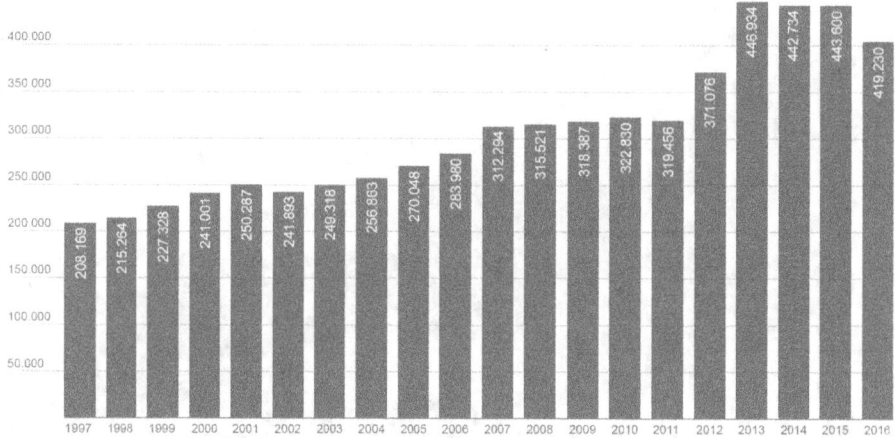

El gráfico permite comprobar cómo han evolucionado los ingresos de The New York Times Company por empleado a lo largo de los años. La versión interactiva del gráfico (disponible en la web del libro) muestra también la rentabilidad neta media obtenida por trabajador.

Como se puede observar, a medida que la compañía se ha ido desprendiendo de otros negocios y, por tanto, ha reducido su plantilla, los ingresos medios por empleado han mantenido una tendencia al alza. En 2016, The New York Times Company generó unos ingresos de 419.230 dólares por cada uno de sus trabajadores. En el año 1997, esa cifra había sido de 208.169 dólares, la mitad que la de 2016.

Gráficos sobre el diario *The New York Times*

Evolución de los ingresos del diario *The New York Times*: publicidad, circulación y otros (1999-2016)

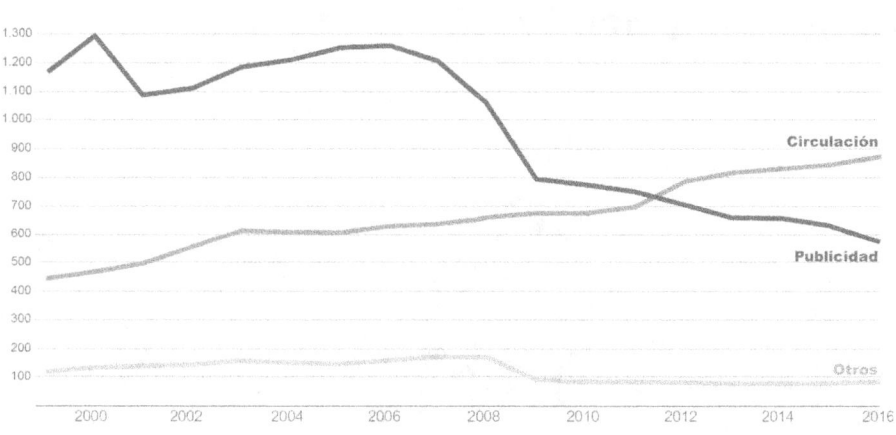

www.ismaelnafria.com/nytimes · Fuente: The New York Times Company (nytco.com)

Estos dos gráficos permiten visualizar con mucha claridad la evolución de los tres tipos genéricos de ingresos del diario *The New York Times* (circulación, publicidad y otros) desde el año 1999 hasta 2016. Al mismo tiempo, permiten ver la evolución anual de los ingresos totales relacionados únicamente con la actividad del diario *The New York Times*, dejando fuera los ingresos de otras áreas de negocio.

Como se puede comprobar, la que había sido históricamente la principal fuente de ingresos, la publicidad, dejó de serlo en 2012. Ese año, el *Times* ingresó más dinero por circulación (suscripciones impresas y digitales y ventas del diario impreso) que por la suma de publicidad impresa y digital. Y desde entonces, las diferencias entre estas dos vías de ingresos no han dejado de acrecentarse a favor de la circulación. Los usuarios, y no los anunciantes, se han convertido en la principal fuente de ingresos del *Times*.

La categoría de otros ingresos incluye los generados por la sindicación de contenidos, la celebración de eventos, la organización de viajes, la educación o el comercio electrónico, entre otras vías.

Desde el año 2009, los ingresos totales del *Times* se han mantenido muy estables, entre los 1.550 y los 1.600 millones de dólares, gracias al importante incremento de los ingresos por circulación, que ha logrado compensar la caída del negocio publicitario impreso.

Evolución de los ingresos del diario *The New York Times*: publicidad, circulación, otros y total (1999-2016)

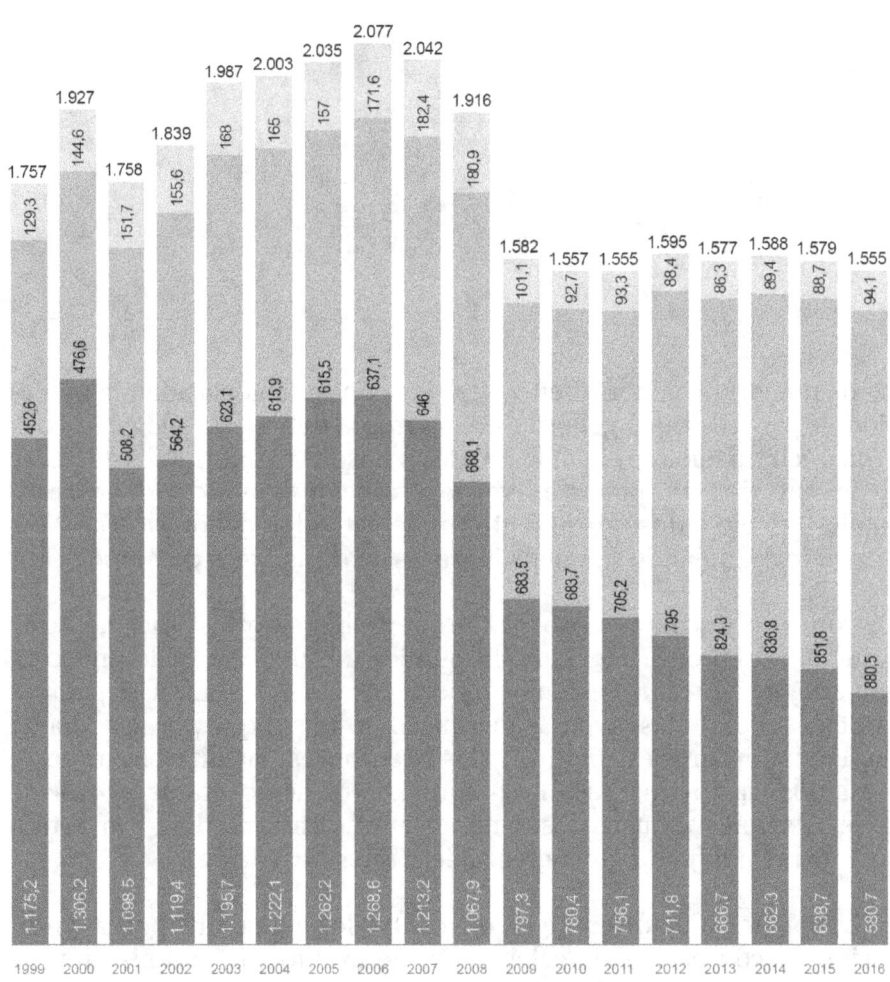

www.ismaelnafria.com/nytimes   Fuente: The New York Times Company (nytco.com)

Comparación de los ingresos impresos, digitales y otros de *The New York Times* (2016)

Cifras en millones de dólares y porcentaje (%)

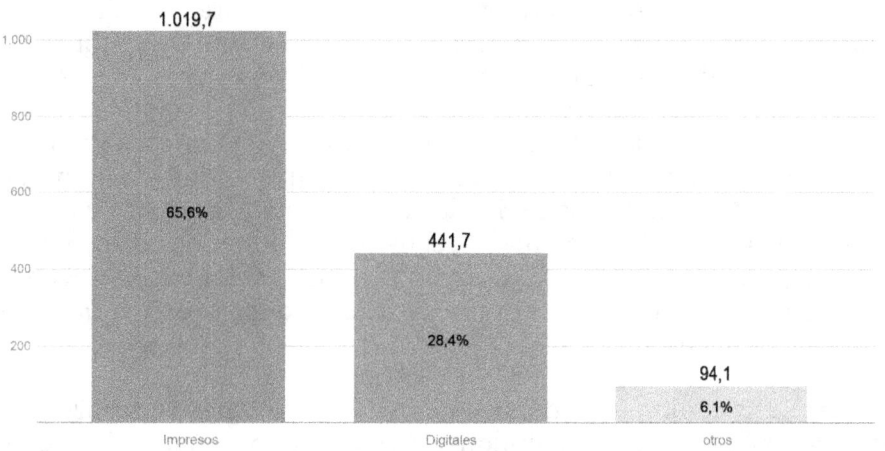

www.ismaelnafria.com/nytimes   Fuente: The New York Times Company (nytco.com)

Las cinco fuentes de ingresos de *The New York Times* (2016)

Porcentaje (%)    Millones de dólares

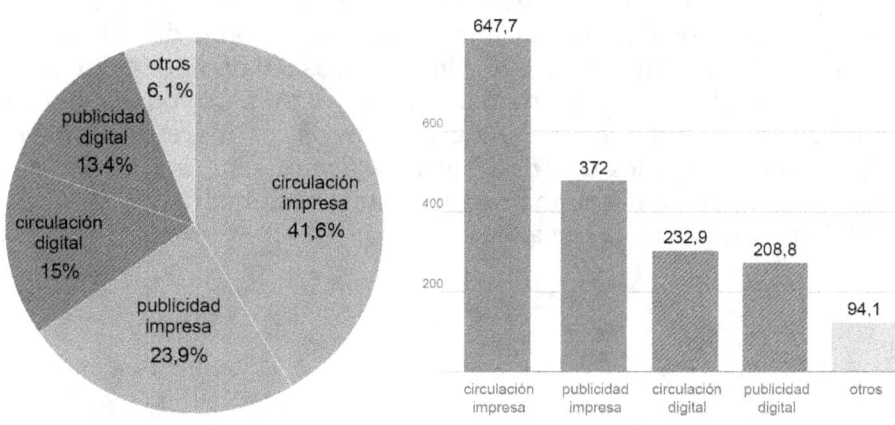

www.ismaelnafria.com/nytimes   Fuente: The New York Times Company (nytco.com)

¿Cuál es el origen de los ingresos del diario *The New York Times*? Los dos gráficos anteriores ofrecen dos respuestas a esta pregunta. El primer gráfico compara, con datos del año 2016, los ingresos derivados de la edición impresa con los que proceden de la actividad digital, además de los ingresos incluidos en la categoría "Otros". El segundo gráfico, también correspondiente al año 2016, ofrece algo más de detalle al comparar, en porcentaje y en cifras absolutas, las cinco fuentes de ingresos del *Times*: circulación impresa, publicidad impresa, circulación digital, publicidad digital y otros.

Los resultados del año 2016 muestran que los ingresos digitales alcanzaron la cifra de 441,7 millones de dólares, el 28,4% del total. Por su parte, los ingresos derivados de la edición impresa ascendieron a 1.019,7 millones de dólares, el 65,6% del total. Los otros ingresos —algunos de los cuales están también directamente relacionados con la actividad digital, como los de comercio electrónico— aportaron el 6,1% del total.

Los 441,7 millones de dólares de ingresos digitales se repartieron del siguiente modo: 232,9 millones de dólares por circulación digital (15% del total) y 208,8 millones de dólares por publicidad digital (13,4%).

En el caso de los ingresos generados por la edición en papel del *Times*, la categoría más importante fue la circulación impresa, con 647,7 millones de dólares en 2016 (41,6% del total). La publicidad impresa aportó 372 millones de dólares (23,9% del total).

El plan establecido por *The New York Times* prevé que en el año 2020 los ingresos digitales alcancen los 800 millones de dólares, lo que supondrá multiplicar por dos los ingresos del año 2015. En 2016 se avanzó hacia la meta fijada para el año 2020, pero todavía queda mucho camino por recorrer. La evolución de los ingresos digitales trimestrales y anuales de *The New York Times* será uno de los elementos fundamentales a analizar en el futuro inmediato para saber si el diario avanza en la línea prevista.

Evolución trimestral de las distintas fuentes de ingresos de *The New York Times* (2015-2016)

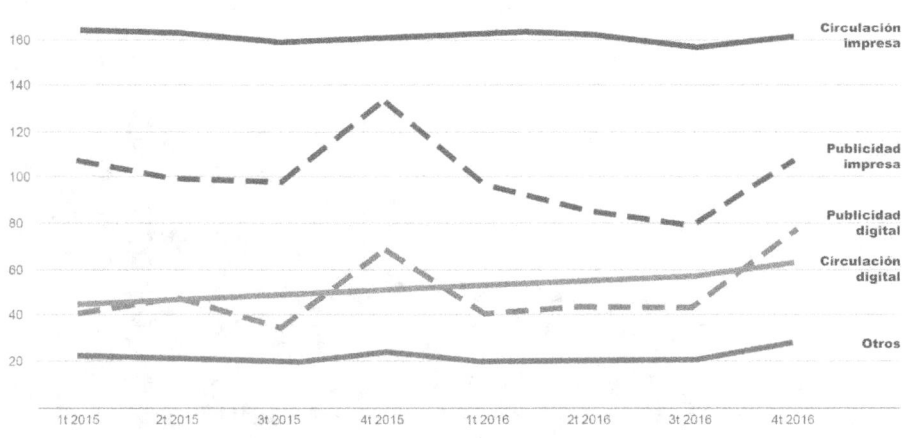

www.ismaelnafria.com/nytimes   Fuente: The New York Times Company (nytco.com)

El gráfico muestra la evolución trimestral en cifras absolutas de las cinco principales vías de ingresos de *The New York Times:* circulación impresa, circulación digital, publicidad impresa, publicidad digital y otros. Se incluyen datos de ocho trimestres (dos años): desde el primer trimestre de 2015 hasta el cuarto de 2016.

Los datos reflejan el creciente peso que van teniendo los ingresos digitales para *The New York Times* y la pérdida de protagonismo de la publicidad impresa.

El cuarto trimestre del año, que coincide con la campaña navideña, es siempre el de mayores ingresos publicitarios del *Times*, tanto en el caso de la publicidad impresa como de la digital. En el último trimestre de 2016, la publicidad impresa representó un 24,4% del total de ingresos del diario, mientras que la digital supuso el 17,6% del total. La circulación impresa se mantiene como la mayor fuente de ingresos para el *Times*, y la circulación digital ha ido avanzando con paso firme, superando a la publicidad digital excepto en los cuartos trimestres.

Evolución del número de suscriptores digitales de *The New York Times* (2011-2016)

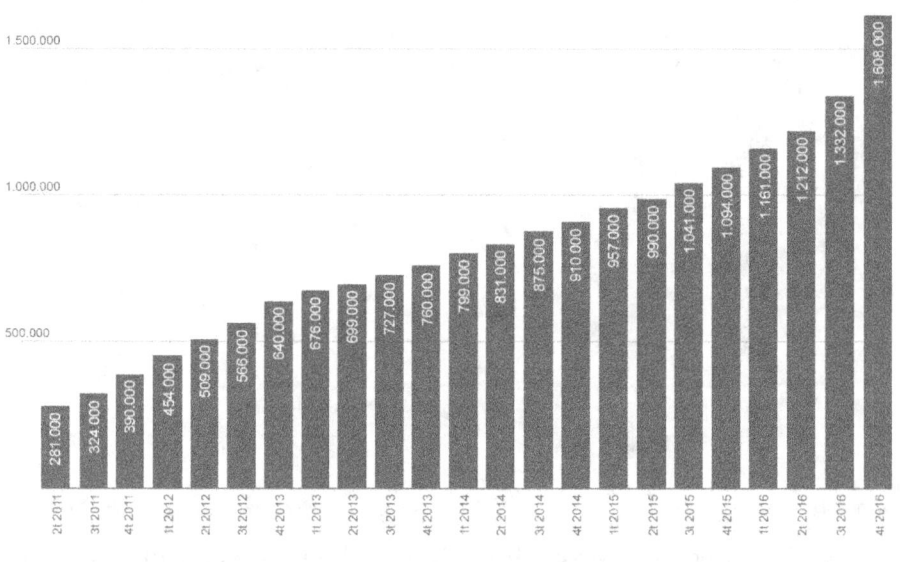

www.ismaelnafria.com/nytimes — Fuente: The New York Times Company (nytco.com)

Aumento trimestral del número de suscriptores digitales de *The New York Times* (2011-2016)

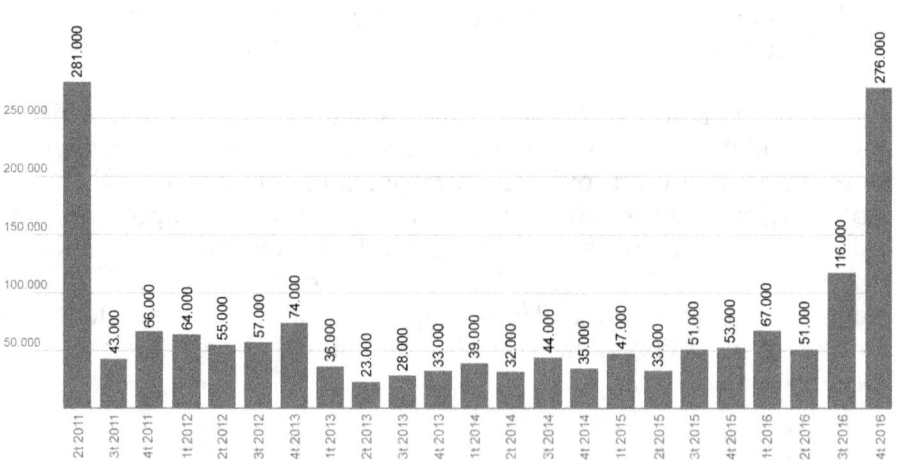

www.ismaelnafria.com/nytimes — Fuente: The New York Times Company (nytco.com)

La gran historia del negocio de *The New York Times* de los últimos cinco años ha sido la del imparable crecimiento de su número de suscriptores digitales, aumento que se intensificó de manera muy notable en los dos últimos trimestres del año 2016. Los dos gráficos muestran la evolución trimestral de los suscriptores digitales desde el primer trimestre de 2011, cuando se lanzó el servicio de pago, hasta el cuarto trimestre de 2016.

El *Times* terminó el año 2016 con 1.608.000 suscriptores digitales de su producto informativo, tras ganar 276.000 suscriptores durante los meses de octubre, noviembre y diciembre de 2016. Una cifra como ésta sólo se había producido en el trimestre de lanzamiento del servicio de suscripción digital, el segundo de 2011, que terminó con 281.000 suscriptores (la suscripción digital se lanzó oficialmente el 28 de marzo de 2011).

El diario ofrece dos niveles de suscripción digital: básico ("Basic") y completo ("All Access"). En marzo de 2017, la suscripción básica costaba 3,75 dólares por semana y ofrecía acceso sin restricciones a la web y apps del *Times*. La suscripción "All Access" costaba 6,25 dólares semanales e incluía el acceso a los crucigramas digitales además de una suscripción adicional de regalo.

Adicionalmente, el *Times* ofrece diversas opciones para suscribirse a la edición impresa a partir de 9,90 dólares por semana. Todos los suscriptores del diario impreso, incluidos los que se suscriben únicamente a la edición de los domingos, cuentan con acceso digital sin restricciones y disfrutan también del servicio premium Times Insider, además de dos suscripciones digitales básicas de regalo.

Los lectores que no son suscriptores del diario pueden consultar de manera gratuita un máximo de diez noticias al mes.

The New York Times ofrece otro servicio de suscripción digital, el de los crucigramas (Crosswords), que a finales de 2016 contaba con 245.000 usuarios de pago. Esto elevaba la cifra total de suscriptores digitales por cualquiera de los servicios del *Times* a 1.853.000 a finales de 2016.

El *Times* explicó en la presentación de resultados del año 2016, realizada a principios de febrero de 2017, que acababa de superar el listón de los tres millones de usuarios de pago entre los suscriptores de la edición impresa y los suscriptores digitales.

Evolución de la circulación de la edición impresa de *The New York Times* (2000-2016)

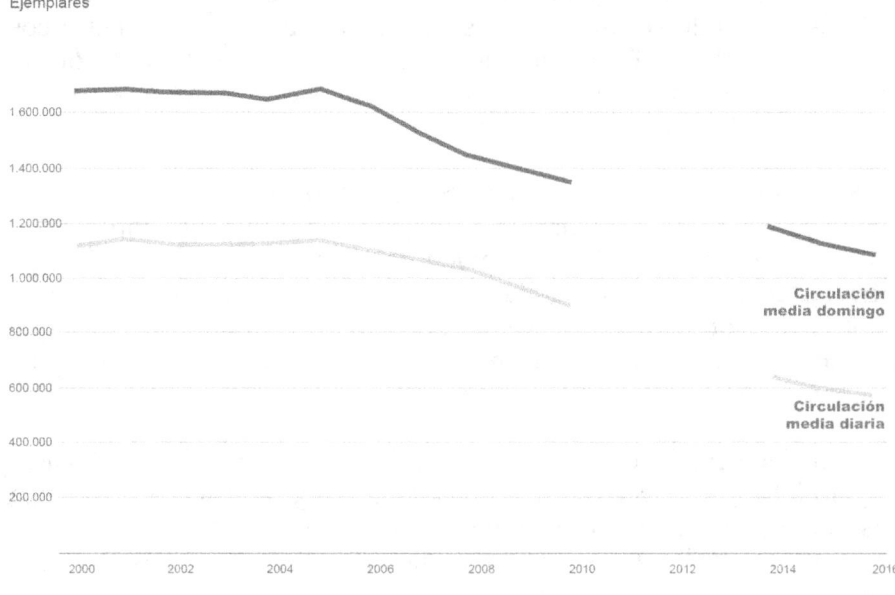

La caída de la circulación de la edición impresa de los periódicos ocurrida especialmente durante la última década es uno de los elementos centrales que explica la crisis del modelo de negocio de los diarios.

En el caso de *The New York Times*, la circulación media diaria y de la edición dominical se mantuvo muy estable entre los años 2000 y 2005. Ese año, el *Times* tenía una circulación media de 1.135.800 ejemplares de lunes a viernes y 1.684.700 ejemplares los domingos. Empezó entonces una caída constante, como puede observarse en el gráfico, que en sólo una década ha cambiado enormemente el panorama: la circulación de lunes a viernes se redujo a la mitad (571.500 ejemplares de media en 2016), mientras que la de los domingos perdió 600.000 ejemplares para quedar en 1.085.700 en 2016.

NOTA: Para no distorsionar los datos, no se han incluido expresamente en el gráfico las cifras de circulación de los años 2011, 2012 y 2013 porque cambiaron las normas oficiales de medición para incluir en la cifra total las suscripciones y ventas de las ediciones digitales de los diarios.

3

25 cosas interesantes que puedes hacer en la web de *The New York Times*

Si no estás familiarizado con la web del *Times* y quieres descubrir rápidamente algunos de los mejores contenidos y servicios que ofrece, aquí tienes 25 ideas para empezar:

1. Visita desde tu smartphone la portada de la **versión móvil**, donde se combinan perfectamente las principales noticias del día con una gran variedad de temas exclusivos del *Times* en todo tipo de formatos.

2. Ves a la sección **The Upshot** y escoge alguno de los espectaculares trabajos interactivos y de visualización de datos que allí se ofrecen.

3. Pásate por **Trending** para descubrir qué es lo que está siendo ahora mismo más visitado y compartido en NYTimes.com.

4. Consulta esta recopilación de los **50 mejores trabajos** de los últimos años realizada por el director del diario, Dean Baquet.

5. Descubre las 18.000 detalladas recetas que ofrece **NYT Cooking** y aprende a cocinar con los vídeos de sus guías prácticas.

6. Deja que el servicio **Watching** te ayude a elegir qué ver esta noche en la televisión o en internet.

7. Inspírate con el especial anual de **viajes** (<u>52 Places to Go in 2017</u>) para escoger tu próximo destino.

8. Suscríbete al newsletter gratuito **Morning Breafing** para empezar el día bien informado.

9. Repasa la lista de todos los **newsletters** que ofrece el *Times* para apuntarte gratuitamente a los que más te interesen.

10. Mira alguno de los vídeos de 360 grados que el *Times* ofrece cada día en su espacio **The Daily 360**.

11. Ves a la sección **Opinion** y escoge alguno de los múltiples artículos publicados diariamente por los columnistas del *Times*.

12. Si te interesa un tema en particular, búscalo en la sección **Times Topics** y descubre todo lo que el *Times* ha publicado sobre el mismo.

13. Escucha **The Daily** o alguno de los otros **podcasts** producidos por el *Times*, donde se habla de libros, música, actualidad, cultura o política, entre otros temas.

14. Bájate la aplicación de realidad virtual **NYT VR** y sumérgete en cualquiera de los trabajos realizados. Puedes empezar por "<u>The Displaced</u>", el primer reportaje de realidad virtual que realizó el equipo del *Times*, dedicado a los niños refugiados.

15. Si te gustan los crucigramas, atrévete a jugar con **Crossword** a través de la web o de la app.

16. Descubre cuáles son los libros más vendidos en distintas categorías en la lista más famosa, valorada e influyente del mundo editorial: **The New York Times Best Sellers**.

17. Empieza a mejorar tu forma física con alguna de las **guías prácticas sobre salud y bienestar** que ofrece la sección <u>Well</u>.

18. Consulta la selección de contenidos que ofrece cada día ***The New York Times en Español***, la edición gratuita del *Times* dirigida al mercado de habla hispana.

19. Visita el reportaje **Snow Fall**, publicado a finales de 2012, que validó la fórmula de los reportajes largos y con abundantes elementos multimedia, conocida en inglés como *longform*, seguida desde entonces por los principales medios del mundo.

20. Descubre cualquiera de los **119 premios Pulitzer** ganados por el *Times* a lo largo de su historia. El doble que el segundo medio en la lista.

21. Escoge la fecha que quieras de la hemeroteca del diario en la **Times Machine** y consulta las páginas de ese día tal y como fueron publicadas en la edición impresa (es un servicio para suscriptores, pero puedes ver un ejemplar de manera gratuita).

22. Consulta todos los titulares publicados en la edición impresa del día en **Today's Paper** y mira la portada impresa de las ediciones de Nueva York, nacional e internacional.

23. **The Learning Network**: aprende o practica tu inglés con las lecciones que se ofrecen en este espacio educativo o demuestra tus conocimientos sobre la actualidad en sus tests sobre las noticias.

24. Mira alguno de los vídeos disponibles en la amplia selección que ofrece la sección de **Video** del *Times*. Además de los temas de actualidad, puedes escoger por ejemplo una pieza documental de la serie Op-Docs o preparar la visita a una ciudad gracias a la serie 36 Hours, entre otras opciones.

25. O simplemente entra en **NYTimes.com** y ponte al día sobre la actualidad gracias al trabajo de una redacción periodística integrada por unos 1.300 profesionales.

PARTE II

La crónica de dos décadas de reinvención digital de *The New York Times* (1994-2017)

El 9 de junio del año 1994 el diario *The New York Times* lanzó un servicio de información electrónica llamado "@times" en America Online, el principal proveedor de servicios de internet en esa época. Era su primera incursión en el mundo digital. Nadie podía imaginar entonces la magnitud real del enorme cambio que se avecinaba no sólo para el *Times* o el resto de medios de comunicación, sino para la sociedad en general.

En esta parte del libro se realiza un amplio y detallado repaso a la evolución histórica de la empresa editora del *Times*, The New York Times Company, desde el año 1994 hasta febrero de 2017. Durante estas más de dos décadas, la compañía se ha transformado de manera radical: ha pasado de ser una empresa multimedia con propiedades en múltiples sectores (prensa, radio, televisión o internet) e intereses en distintos negocios (distribución o industria papelera) a centrar toda su actividad únicamente en su diario y la marca *The New York Times*.

Al mismo tiempo, el diario *The New York Times* también se ha transformado radicalmente, en uno de los procesos de reinvención más remarcables ocurridos en la industria periodística. Ha cambiado el producto periodístico, el modelo de negocio, la relación con los lectores y anunciantes, la manera de trabajar, la configuración del equipo... Solo una cosa se ha mantenido invariable durante todo este tiempo: la inequívoca voluntad de la empresa editora de apostar en todo momento por el periodismo y la información de la más alta calidad posible como base principal de su negocio.

En las siguientes páginas se repasan y analizan los principales hitos y los cambios más importantes experimentados durante las últimas dos décadas por el negocio de The New York Times Company, en general, y por el diario *The New York Times* en particular.

Entre las múltiples fuentes de información utilizadas se encuentran las memorias anuales publicadas por la compañía entre los años 2000 y 2016, disponibles en la web corporativa del *Times*. Para cada uno de esos años se ofrece una nube de palabras (realizada con Wordle) en la que se muestran los 50 términos más utilizados en la carta a los accionistas escrita por la dirección para resumir el correspondiente ejercicio.

4

1994: Lanzamiento de "@times" en America Online

El 9 de junio de 1994 el *Times* y el proveedor de servicios de internet America Online lanzaron "@times", un servicio interactivo en línea que ofrecía noticias de *The New York Times*.

El servicio @times de America Online. Fuente: nytco.com

Además de las principales historias del día, "@times" también servía de guía de entretenimiento gracias a sus críticas, artículos e información práctica sobre todo tipo de actividades culturales, artísticas y de ocio de la ciudad de Nueva York. De hecho, tanto el *Times* como America Online destacaron que la guía interactiva de entretenimiento era la principal característica del nuevo servicio.

"@times" también permitía que los usuarios publicaran mensajes en un tablón de anuncios electrónico para debatir con otros lectores sobre distintos temas.

Para acceder a "@times", los usuarios tenían que suscribirse al servicio de America Online. Una tarifa mensual de 9,95 dólares permitía acceder a "@times" y al resto de servicios de America Online durante un máximo de cinco horas al mes. En esas fechas, America Online, que había sido fundada en 1985 y estaba presidida y dirigida por Steve Case, contaba con algo más de 800.000 suscriptores en Estados Unidos.

El entonces presidente del Information Services Group de The New York Times Company, James A. Cutie, mostró su satisfacción por el lanzamiento del "primer servicio interactivo" de la compañía. "Esperamos ofrecer un servicio –dijo a través de un comunicado– que demostrará ser valioso para los actuales y futuros clientes del *Times* y para los actuales y futuros clientes de America Online".

James A. Cutie, que anteriormente había ocupado el puesto de vicepresidente de marketing de *The New York Times*, había sido nombrado en junio de 1993 presidente del Information Services Group, la empresa del grupo del *Times* responsable entonces de los servicios de sindicación de contenidos (The New York Times News Service and Syndication Sales), de la publicación The New York Times Index, de TimesFax y de los nuevos Times On-Line Services. Era la primera vez que el diario se planteaba su presencia en el mundo digital; la prehistoria de la reinvención que viviría *The New York Times* durante las décadas siguientes.

En ese momento, The New York Times Company era propietaria de los diarios *The New York Times*, *The Boston Globe* y otros 28 periódicos regionales de Estados Unidos, además de copropietaria del *International Herald Tribune*. También publicaba 20 revistas y operaba cinco estaciones locales de televisión y dos emisoras de radio. Poseía adicionalmente un negocio de distribución y tenía participación en varias empresas papeleras.

Más información:

- Times Begins On-Line News – *The New York Times*
- The New York Times Company Launches "@times" on America Online (comunicado)

5

1995: Versión beta de NYTimes.com

El 7 de octubre de 1995, coincidiendo con la visita a Nueva York del Papa Juan Pablo II, *The New York Times* lanzó una versión beta temporal de su futura web NYTimes.com.

Sirvió para poner a prueba la tecnología que debería soportar pocos meses después la web del diario.

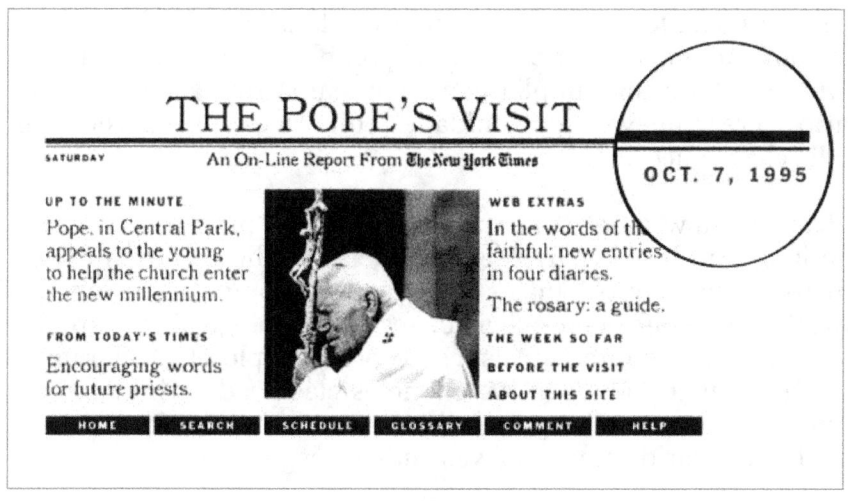

Captura de pantalla de la versión beta de la web del *Times* lanzada durante unos días de octubre de 1995. Fuente: nytco.com

6

1996: Lanzamiento de NYTimes.com

El 22 de enero de 1996, *The New York Times* [estrenó](#) oficialmente la primera versión de su web, a la que llamó The New York Times on the Web.

Según podía leerse en el comunicado de prensa publicado por la compañía, el nuevo sitio web, disponible en www.nytimes.com, "forma parte de una amplia estrategia para ampliar el alcance del diario y crear nuevas oportunidades editoriales y de negocio en el medio electrónico".

La primera web del *Times* ofrecía contenido procedente de la edición impresa –buena parte de las noticias publicadas cada día en el papel–, materiales originales para la web (como la sección diaria CyberTimes, dedicada a cubrir el sector tecnológico), un archivo y diversas opciones interactivas, como por ejemplo el crucigrama del día. También contaba con los anuncios clasificados (inmobiliaria y empleo). Con todo ello, pretendía atraer tanto a los lectores tradicionales del diario como a nuevas audiencias.

El editor de *The New York Times*, Arthur Sulzberger, Jr., explicó el planteamiento y los objetivos que tenía el diario en el entorno digital con estas palabras: "Nuestro sitio está diseñado para sacar el máximo partido a las capacidades en constante evolución ofrecidas por Internet. Al mismo tiempo, vemos que nuestro papel en la Web es similar a nuestro rol tradicional en el medio impreso: actuar como un filtro serio e imparcial y proporcionar a nuestros clientes la información que necesitan y en la que puedan confiar".

Como se ha indicado, la base de la primera oferta digital del *Times* eran los contenidos procedentes de la edición impresa, disponibles también a través de la hemeroteca. Pero además, la web ofrecía "la inmediatez de las actualizaciones informativas y la oportunidad de interactuar en foros en línea con destacados invitados", según explicó el diario.

The New York Times on the Web era fruto del trabajo de The New York Times Electronic Media Company, la compañía filial que el grupo había creado el año anterior, 1995, para desarrollar productos digitales. La empresa estaba presidida por Martin Nisenholtz, que dependía orgánicamente tanto del presidente y director general del *Times*, Russell T. Lewis, como del director del diario, Joseph Lelyveld (que ocupó el cargo desde 1994 hasta 2001).

Nisenholtz afirmó entonces que la web del *Times* intentaba aprovechar "la naturaleza dinámica e interactiva del medio para aportar una nueva experiencia a la gente que valora la integridad editorial de *The New York Times*".

En la noticia publicada por el diario sobre el lanzamiento de la web se decía que el *Times* era el caso más reciente entre las "docenas de periódicos que están disponibles para una audiencia global en el servicio de mayor crecimiento de Internet, que permite a los usuarios de ordenadores ver publicaciones electrónicas que contienen texto, fotografías y, en algunos casos, vídeo y sonido".

Hasta entonces, los contenidos digitales del *Times* estaban únicamente disponibles para los suscriptores de America Online (algo más de 4 millones por aquellas fechas).

El modelo de negocio escogido para los inicios de la web del *Times* era el de la gratuidad de los contenidos para los usuarios de Estados Unidos, que debían registrarse para poder acceder a NYTimes.com, y la generación de ingresos publicitarios, fundamentalmente a través de banners que se cobraban en función del número de impresiones. Entre los primeros anunciantes de la web se encontraban Toyota Motor Corporate Services, Chemical Bank y Douglas Elliman.

Para los usuarios de otros países, el planteamiento inicial del diario fue el de ofrecer acceso gratuito de prueba –con registro– durante un mes y posteriormente cobrar una cuota. Pero la idea de hacer pagar a los usuarios internacionales se abandonó rápidamente.

Además, se estaban preparando dos servicios adicionales de pago: The New York Times Archives (acceso a artículos de la hemeroteca) y The New York Times Clipper (envío por correo electrónico de una selección personalizada de artículos basada en palabras clave escogidas por el usuario).

En la edición impresa, la noticia del lanzamiento de la web del *Times* se publicó con mucha discreción: en la página 7 del cuadernillo de Negocios, y sin ninguna referencia en la portada del diario.

La noticia del lanzamiento de la web del *Times* se publicó de manera discreta en la parte inferior derecha de la página 7 del cuadernillo de Negocios de la edición del 22 de enero de 1996. Fuente: nytco.com

Lanzamiento discreto durante el fin de semana

Al cumplirse el 20º aniversario del lanzamiento de la web, el diario publicó una historia en el espacio Times Insider (1996 | 'In Gamble, Newspapers Push Into On-Line Publishing') en la que ofrecía interesantes detalles e imágenes de ese momento. Aunque la web no se anunció públicamente hasta el lunes 22 de enero, en realidad se lanzó, sin querer hacer ruido, a las 23.59 horas del viernes 19 de enero de 1996 para poder comprobar con tranquilidad durante todo el fin de semana que las cosas funcionaban bien.

El lanzamiento se hizo desde un edificio de oficinas llamado Hippodrome, ubicado en el número 1120 de la Avenida de las Américas, a una manzana y media de distancia de la histórica redacción del NYT de la calle 43. Allí es donde estaba ubicado entonces el equipo digital del *Times*, separado físicamente de la redacción impresa. De hecho, la redacción digital siguió separada de la impresa hasta el traslado en el año 2007 de todos los equipos del diario al nuevo edificio del *Times*.

El primer periodista/blogger que se dio cuenta de que *The New York Times* había lanzado su web fue Jim Romenesko, una de las figuras más reconocidas y seguidas durante muchos años en el mundo periodístico por sus noticias y análisis del sector. De hecho, Romenesko —que ya está retirado, aunque sigue tuiteando y publicando en Facebook de manera esporádica—, se convirtió en el primer usuario registrado en NYTimes.com que no formaba parte del diario.

El *Times* optó desde el principio por exigir que los usuarios se tuvieran que registrar para poder consultar la web. Quería poder ofrecer a los anunciantes información como la frecuencia de visitas y otros datos que pudieran ser de valor. En los momentos más intensos después del lanzamiento público, la web llegó a tener un nuevo registro de usuario cada segundo.

La voluntad de ser líderes desde el principio inspiraba al equipo digital del *Times*. Martin Nisenholtz explicó entonces que "en la medida en que los lectores opten por utilizar Internet para obtener sus noticias, tenemos que convertirnos en esa opción: ser el mejor 'periódico' en el mundo del ciberespacio y atraer nuevas formas de publicidad 'interactiva'".

Como se ha indicado, además de información, la web del *Times* ofrecía también anuncios clasificados. La batalla planteada por los clasificados gratuitos o muy baratos en internet —a través de sitios como Craigslist— se convertiría en los años venideros en uno de los principales causantes de la pérdida de ingresos de la prensa tradicional. Muchos periódicos —el *Times* no tanto— tenían entonces una dependencia enorme de los ingresos generados por los anuncios clasificados.

Para intentar defenderse de esta amenaza, ya el año anterior un grupo de destacados diarios estadounidenses —*The New York Times*, *The Boston Globe*, *The Chicago Tribune*, *Los Angeles Times*, *The San Jose Mercury News* y *The Washington Post*— se habían aliado para crear la web de empleo CareerPath.com.

El proyecto Internet Archive —una iniciativa sin ánimo de lucro que lleva años construyendo una gigantesca biblioteca digital en la que se almacenan millones de libros, vídeos, canciones y páginas web– conserva numerosas capturas de pantalla de la web del *Times* a lo largo de toda su historia. La primera es del 12 de noviembre de 1996, casi once meses después del lanzamiento de la web.

Captura de pantalla de NYTimes.com del 12 de noviembre de 1996.
Fuente: Internet Archive

Captura de pantalla de NYTimes.com del 1 de julio de 1996.
Fuente: Times Insider – The New York Times

Captura de pantalla de NYTimes.com del 18 de diciembre de 1996. En la fuente original, los banners son dinámicos. Fuente: Internet Archive

A principios del año 1996, en el momento de lanzar el sitio web del *Times*, la descripción oficial de la compañía editora del diario señalaba que "The New York Times Company es una compañía diversificada de medios con unos ingresos de 2.400 millones de dólares en 1994. La empresa publica *The New York Times*, *The Boston Globe* y 21 diarios regionales y es propietaria de la mitad del *International Herald Tribune*; gestiona servicios de noticias, fotografía y gráficos, sindicación de noticias y varias actividades de publicación electrónica; publica 10 revistas de deportes y entretenimiento; gestiona seis estaciones de televisión afiliadas a cadenas y dos emisoras de radio" y tiene intereses minoritarios en dos empresa papeleras.

Más información:

- The New York Times on the Web - Newspaper Establishes Internet Presence (comunicado)
- The New York Times Introduces a Web Site – *The New York Times*

- La noticia en la edición impresa (Times Machine)
- 1996 | 'In Gamble, Newspapers Push Into On-Line Publishing' – Times Insider

En el boletín interno "Times Talk"

El número de enero/febrero de 1996 de *Times Talk*, una publicación interna para los empleados de The New York Times Company que se empezó a publicar en 1947 y se mantuvo durante varias décadas, estuvo dedicado al lanzamiento de la web del *Times*. Martin Nisenholtz, que aparecía en la portada del boletín, explicó en un artículo cómo se preparó el proyecto, qué objetivos tenía y cómo fue el lanzamiento, entre otros detalles sobre el estreno del diario en el mundo digital.

"The Times on the Web —explicaba Nisenholtz sin esconder su orgullo por el resultado inicial del proyecto— es mucho más que un reciclado del contenido de nuestro periódico a través de un canal electrónico. Es el comienzo de nuestra exploración en un mundo donde el texto digital, los gráficos, la fotografía, el audio y el vídeo se encuentran para crear nuevas formas de periodismo y publicidad. Aunque no sabemos dónde nos llevará esta exploración, la buena noticia es que hemos tenido un comienzo fantástico. Estamos construyendo desde una gran base".

Portada del boletín interno de *The New York Times*, Times Talk, de enero-febrero de 1996, en el que se habla del lanzamiento de la web. Fuente: nytco.com

Solo 36 días después de su lanzamiento, la web del *Times* obtuvo sus primeros premios. Ganó en dos de las categorías de los primeros galardones dedicados a periódicos digitales, entregados durante la séptima edición anual de la conferencia Interactive Newspapers celebrada en San Francisco. NYTimes.com logró el primer puesto en las categorías de mejor diseño y mejor contenido informativo.

Cada día, el equipo digital de NYTimes.com publicaba en la sección CyberTimes tres o cuatro historias originales, sólo para la web, sobre el nuevo mundo tecnológico y de internet. Este espacio contaba también con un glosario especializado y con el espacio Navigator, que ofrecía una selección de enlaces de interés para que los usuarios aprendieran a moverse por el nuevo mundo del ciberespacio. El objetivo era ofrecer contenido relevante para una audiencia interesada específicamente en estos temas y, además, mostrar que en la web se podían ofrecer contenidos exclusivamente digitales, distintos de los creados para el papel.

Captura de la portada de la sección CyberTimes de NYTimes.com del 3 de diciembre de 1996. Fuente: nytco.com

Balance a los cinco años

En 2001, al cumplirse los cinco primeros años de la web, el entonces CEO de New York Times Digital, Martin A. Nisenholtz, y el editor responsable de The New York Times on the Web, Bernard Gwertzman, debatieron —en una conversación moderada por el editor de la sección de Libros del *Times*, Bill Goldstein— sobre el momento que vivía el periodismo digital y las perspectivas de futuro. Nisenholtz también rememoró los inicios de la web del *Times*.

Martin Nisenholtz había sido un pionero en el mundo de los servicios digitales e interactivos. En la segunda mitad de los años 70 había trabajado como investigador en la New York University (NYU), donde participó en algunos de los primeros experimentos realizados en el ámbito digital, como los servicios de teletexto o videotexto. De la NYU pasó en 1982 a una de las mayores empresas publicitarias del país: Ogilvy and Mather. Allí, en el año 1983, fundó el Interactive Marketing Group (IMG), considerado como la primera firma de marketing interactivo de Estados Unidos. Tras 11 años en Ogilvy, Nisenholtz fichó por Ameritech, que era entonces una de las principales operadoras regionales de la compañía Bell. Con base en Chicago, Martin Nisenholtz llevaba seis meses trabajando en la preparación de servicios de televisión interactiva cuando fue contactado por una empresa cazatalentos que estaba buscando al futuro responsable de The New York Times Electronic Media Company, la nueva empresa filial de The New York Times Company que debía impulsar el nuevo negocio digital del grupo.

Tras las reticencias iniciales, ya que se había trasladado a Chicago hacía sólo medio año, Martin Nisenholtz se reunió en Nueva York con el editor del diario, Arthur Sulzberger, Jr., y con las dos personas que entonces lideraban *The New York Times*: Russ Lewis por la parte de negocio y Joe Lelyveld por la periodística, como director del diario. Por lo que contó en su día el propio Nisenholtz, la atracción que sintió por el proyecto fue "instantánea" y decidió sumarse inmediatamente al mismo. Se incorporó en junio de 1995. Durante los años siguientes, hasta su retirada en diciembre de 2011, Nisenholtz estaría al frente del negocio digital del *Times*, convirtiéndose en una pieza absolutamente clave de la reinvención digital del periódico y, por extensión, de toda la empresa.

Proyecto Riptide: historia de los medios digitales

El proyecto Riptide es una brillante iniciativa del Shorenstein Center on Media, Politics and Public Policy de la Universidad de Harvard que contiene unas 80 entrevistas en vídeo a personajes clave de la historia de los medios digitales desde los inicios de internet. Las entrevistas han sido realizadas por cuatro veteranos profesionales de los medios digitales: John Huey, Martin Nisenholtz, Paul Sagan y John Geddes. El proyecto se ha convertido en una historia oral "de la épica colisión entre el periodismo y la tecnología digital desde 1980 hasta la actualidad".

En la presentación del proyecto se explica que, durante el siglo XX, una serie de familias americanas controlaron buena parte del negocio de la información, sobre el que construyeron sus imperios comunicativos y sus fortunas. La lista incluye apellidos como Hearst, Pulitzer, Sulzberger, Graham, Chandler, Cox, Knight, Ridder, Luce o Bancroft. Actualmente, muy pocas de estas familias –los Sulzberger son una de las excepciones– se mantienen en el negocio de los medios. En la etapa final del siglo XX y durante lo que llevamos del XXI, la generación de grandes riquezas ha venido de la mano del mundo digital, que ha transformado totalmente el viejo escenario mediático. Y los protagonistas se llaman Gates, Jobs, Page, Brin, Schmidt, Zuckerberg o Bezos, entre otros.

Uno de los entrevistados en Riptide es el presidente de The New York Times Company, Arthur Sulzberger. En esta conversación, Martin Nisenholtz –con la esporádica colaboración de Paul Sagan– repasa con el editor de *The New York Times* la trayectoria seguida por el negocio digital del diario neoyorquino desde la incorporación de Nisenholtz a la compañía en el año 1995. Por ejemplo, los dos rememoran la entrevista de trabajo que mantuvieron antes de su fichaje. De esa conversación, Nisenholtz recuerda varios comentarios realizados por el editor. Por ejemplo –y estamos hablando del año 1995– que el *Times* ya no era simplemente una empresa dedicada al negocio del periódico impreso; también, la visión "agnóstica" de Sulzberger sobre el modo de distribuir la información del *Times*: de manera impresa, de forma electrónica o incluso, si hiciera falta, por vía telepática.

Arthur Sulzberger había trabajado durante dos años como periodista de la agencia Associated Press en Londres, y esa experiencia –en especial el modo de transmitir la información que tenían las agencias de noticias– le permitió posiblemente anticipar mejor el futuro que se acercaba. Internet "iba a ser el siguiente telégrafo, e iba a cambiar el modo en que la gente recibía y consumía noticias", explica Sulzberger en esta conversación.

En referencia al lanzamiento de la web NYTimes.com, tanto Arthur Sulzberger como Martin Nisenholtz consideraban que la decisión inicial de ofrecer los contenidos del diario de manera gratuita a través de la web fue totalmente acertada. Sulzberger citó dos razones por las que creía que este movimiento fue el correcto. Por un lado, al no saberse cuál sería el modelo de negocio para la web, era esencial construir una audiencia amplia sobre la que poder experimentar. El diario impreso ganaba entonces muchos millones de dólares y podía permitirse cierto margen de maniobra. El segundo motivo citado por el editor es que el hecho de poder llegar a una amplia audiencia nacional e internacional a través de la web facilitó algo difícil: "la implicación de nuestros periodistas en la construcción de la musculatura digital que necesitábamos para que esto realmente funcionara". Sulzberger recordaba que, en esa fase inicial, la redacción del *Times* "abrazó en teoría, pero no en su corazón", el proceso de digitalización.

A Sulzberger le gusta explicar que las redacciones periodísticas se mueven por un sentido de "misión". Y, en los inicios, la llegada de la web se interpuso en cierto modo en lo que se entendía entonces que era la principal misión de la redacción del *Times*: "hacer llegar la mejor información de calidad a las manos, literalmente, de gente que estaba sosteniendo un diario impreso". "Pero en cuanto empezaron a ver –siguió explicando el editor del diario– el tipo de alcance que podían conseguir, una vez comenzaron a recibir respuesta por parte de gente que vivía fuera de Estados Unidos que había leído sus historias en esa cosa llamada web, empezaron a decir: 'Espera, esto es fundamental para la misión'".

Fueron años de experimentación, de constante prueba y error. Si el diario hubiese cobrado desde los inicios por el acceso a su web –de hecho, empezó cobrando a los usuarios internacionales, aunque rápidamente abandonó esa estrategia al no obtener los resultados esperados–, la transición digital hubiese sido mucho más complicada.

"Mi visión –afirmaba Nisenholtz en la conversación con Sulzberger– había sido siempre que si construíamos una audiencia realmente grande y leal, podríamos convertirla cuando el producto estuviera en el punto en el que los usuarios estuvieran preparados para pagar. Eso resultó ser cierto".

Cuando Martin Nisenholtz se incorporó a The New York Times Company, uno de sus objetivos fallidos fue la creación de un pequeño equipo de I+D que habría estado formado por tres personas que trabajarían con los 15 ó 20 profesionales que integraron el equipo digital en el primer momento. El proyecto no convenció entonces a la dirección financiera del grupo, que no lo aprobó.

Recordando ese momento y esa primera etapa, Arthur Sulzberger reflexionaba sobre "el desafío que supone para una compañía tradicional encontrar, en su interior, la capacidad de financiar proyectos a largo plazo que no ofrezcan un retorno de la inversión en tres o cinco años. No hay duda de que ese ha sido uno de los retos a los que nosotros y muchas otras compañías periodísticas y de fuera del sector nos hemos enfrentado". Y le decía a Nisenholtz, reconociendo la validez de su idea: "Intentaste crear un equipo de I+D muy pronto y falló. No vimos la manera de financiarlo del modo que deberíamos". Pero unos años después, el *Times* sí creó finalmente su propio equipo de I+D. "Llegamos tarde, pero en ese momento fuimos la única compañía de medios que tenía uno, si no me equivoco".

Elecciones de 1996

La primera prueba de fuego para la web del *Times* llegó en noviembre de 1996, con motivo de las elecciones presidenciales en las que competían Bill Clinton y Bob Dole. Durante la noche electoral, el equipo digital ofreció actualizaciones cada 15 minutos sobre los resultados y descubrió por primera vez que, en cierto modo, podía competir con las cadenas de televisión. Alrededor de las 10 de la noche, pudo publicar en la portada de NYTimes.com que Bill Clinton era el ganador de esas elecciones.

Ese día, a pesar de los problemas técnicos sufridos –por la novedad y por un ataque–, la web del *Times* batió su récord de audiencia con 711.000 páginas vistas. Al día siguiente, lo superaría con 741.000. En total, el equipo digital calculó que habían tenido unos 70.000 usuarios, todavía muy lejos, en cualquier caso, de los más de un millón de ejemplares distribuidos ese día por la edición impresa. Además de las actualizaciones, la web del *Times* publicó también las informaciones, las fotos y los gráficos procedentes de las más de 20 páginas que la edición impresa dedicó a las elecciones.

7

1997: La muerte de Lady Di, primer gran test para la prensa digital

Enero: primer intento digital para los Pulitzer

En una demostración del valor periodístico que podía tener la información creada específicamente para la web, en enero de 1997 *The New York Times* presentó al Premio Pulitzer su trabajo digital "Bosnia: Uncertain Paths to Peace", con texto e imágenes de Gilles Peress.

El jurado de los Pulitzer decidió que no podía aceptar la candidatura al no ajustarse a las normas de participación que existían en ese momento, pero el trabajo sirvió para que los responsables de los premios empezaran a considerar la posibilidad de que, en el futuro, se pudieran presentar trabajos periodísticos exclusivamente digitales.

Agosto: muerte de Lady Di

El 31 de agosto de 1997 se produjo en París la trágica muerte de la Princesa Diana de Gales.

Las primeras noticias sobre el accidente automovilístico llegaron sobre las 10 de la noche, hora de Nueva York. Era un sábado por la noche, y entonces NYTimes.com no cubría todavía las 24 horas del día. Pero esa noche fue, lógicamente, una excepción. La noticia provocó un aluvión de visitas a los principales sitios web informativos, entre ellos el del *Times*.

Fue, posiblemente, el primer gran test con una noticia de última hora para la entonces todavía joven prensa digital. Dada la hora del accidente, millones de usuarios acudieron a las páginas web para obtener más información. Internet también sirvió como plataforma para que millones de usuarios pudieran expresar sus sentimientos.

Octubre: lanzamiento de New York Today

Uno de los proyectos digitales que impulsó la compañía en esos primeros años fue New York Today (www.nytoday.com), un sitio web local concebido como un directorio y guía práctica tanto para los habitantes como para los visitantes del área de Nueva York.

El proyecto, que fue anunciado el 20 de octubre de 1997, nació con grandes ambiciones. El presidente y editor del *Times*, Arthur Sulzberger, Jr., llegó a afirmar en el comunicado de presentación que "*The New York Times* ha dado servicio a los lectores de Nueva York durante más de 100 años. Esta nueva iniciativa digital será una piedra angular de nuestro servicio para los próximos 100 años". Este pronóstico, sin embargo, no se cumpliría.

New York Today fue realizado en colaboración con la compañía Zip2, que había sido cofundada por el que actualmente está considerado como uno de los empresarios más innovadores del mundo: el fundador de Tesla, Elon Musk. Zip2, que llegó a contar con más de 160 guías locales en colaboración con distintos periódicos estadounidenses, acabó siendo comprada por Compaq en febrero de 1999 por 307 millones de dólares. Compaq integró la compañía en su entonces conocido buscador Altavista.

El proyecto nytoday.com no consiguió autofinanciarse y The New York Times Company acabó integrando sus recursos en NYTimes.com. Actualmente, el dominio www.nytoday.com apunta al resumen diario sobre noticias y eventos locales de la ciudad de Nueva York que el *Times* actualiza cada mañana, de lunes a viernes.

8

1998: Primer rediseño de NYTimes.com

El 30 de noviembre de 1998, cuando todavía no había cumplido tres años de vida, la web del *Times* estrenó su primer rediseño. En ese momento NYTimes.com contaba con 6,5 millones de usuarios registrados, cuando en Estados Unidos había 33,3 millones de hogares con acceso a internet.

El nuevo diseño se adaptó al tamaño algo mayor de las pantallas de ordenador, pasando a una resolución de 800 x 600. La velocidad de los módems de entonces se había situado en 28.800 kbps, el doble que la que tenían cuando se lanzó NYTimes.com.

El nuevo diseño ofrecía un menú vertical en la parte izquierda de la pantalla. Contaba con un bloque superior con las principales noticias del día, dividido en dos columnas, y un piso inferior en el que se mostraban otras noticias de distintas secciones. En conjunto, permitía acceder más fácilmente a un número superior de informaciones y facilitaba la navegación por la web.

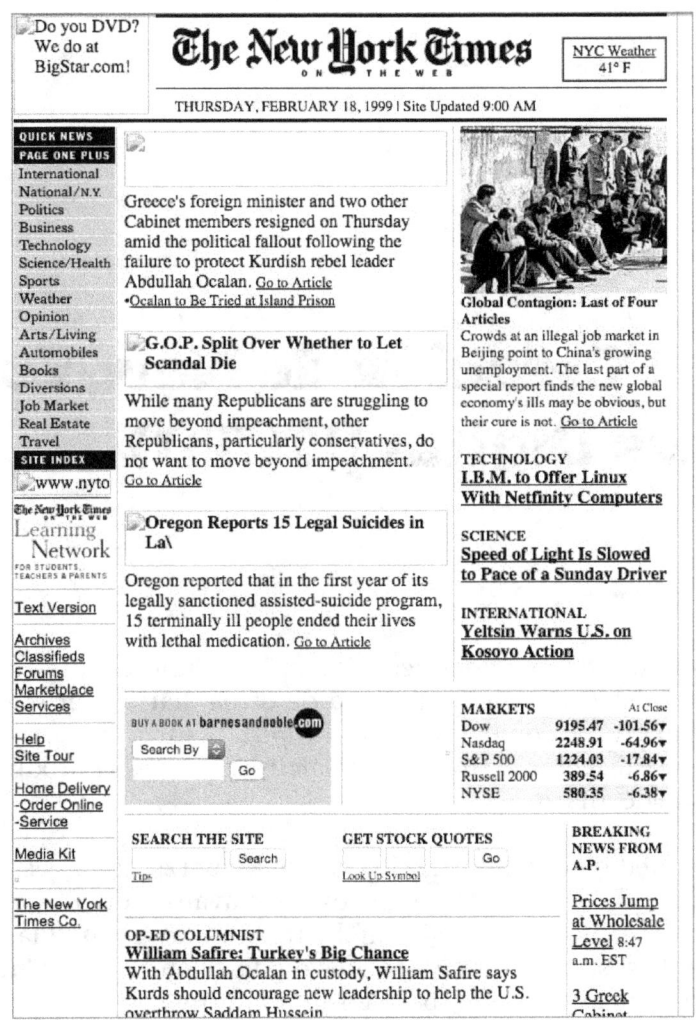

Captura de pantalla de la home de NYTimes.com del 18 de febrero de 1999, con el nuevo diseño estrenado a finales de 1998. Fuente: Internet Archive

9

1999: Creación de New York Times Digital (NYTD)

Desde el punto de vista del negocio, en los primeros años la actividad digital del *Times* —y también la de otros diarios pertenecientes entonces al grupo, como *The Boston Globe*— estuvo integrada en las respectivas cabeceras. Esto ayudó inicialmente a ver el producto web como parte del diario.

Pero a medida que internet iba ganando fuerza, la dirección de la compañía se dio cuenta de que no estaban avanzando a la velocidad que sería deseable. Martin Nisenholtz tenía ya desde 1998 la responsabilidad de gestionar las actividades digitales en todas las unidades operativas de la compañía, pero en junio de 1999 se decidió dar un paso mucho más radical: se creó una nueva unidad operativa del grupo, llamada New York Times Digital (NYTD).

Martin Nisenholtz fue nombrado CEO de esta empresa, que asumió la gestión directa de todas las actividades de internet del grupo; en la práctica, alrededor de 50 sitios web y unos 300 profesionales. Nisenholtz ocuparía este puesto hasta el año 2005, cuando las actividades digitales regresaron a los respectivos negocios. A partir del año 2005 ocuparía una vicepresidencia del grupo con responsabilidad sobre las operaciones digitales del grupo.

Sulzberger y Nisenholtz recordaron en la mencionada conversación para el proyecto Riptide lo difícil y controvertida que fue la decisión de separar el negocio digital con la creación de NYTD. Pero el motivo estaba muy claro, según explicó el editor del diario: la decisión "estaba ligada a la idea de que no fuimos lo suficientemente rápidos en la innovación y necesitábamos separar esas organizaciones para dar al brazo digital la capacidad de tomar decisiones más rápidas, de probar y aprender". En la práctica, actuar durante los años siguientes de ese modo, con una mayor independencia, permitió según Sulzberger "maniobrar más rápido". La decisión estuvo basada en "poder tomar decisiones más rápidas, tener más autonomía, menos mando y control" para que el negocio digital avanzase con mayor rapidez.

Posible salida a bolsa de NYTD

Pocos meses después de la creación de NYTD, en agosto de 1999, y en plena burbuja de las puntocom, la compañía se llegó a planear la salida a bolsa de su filial digital. Parecía el movimiento natural a realizar viendo la evolución del mercado y el valor que estaban adquiriendo las empresas digitales. En enero de 2000 confirmó sus planes y en mayo de 2000 los accionistas del *Times* llegaron a aprobar la creación de una tercera clase de acciones (clase C) específica para el negocio digital, aunque la decisión final de salir a bolsa dependería de la evolución del mercado.

Por suerte para el *Times*, la confirmación del estallido de la burbuja de internet y el correspondiente descalabro bursátil de la nueva economía se produjo durante esos meses, antes de tomar la decisión definitiva. Así, en octubre de 2000 la compañía decidió dar marcha atrás en sus planes. NYTD nunca llegó a cotizar en bolsa como empresa independiente, y simplemente siguió gestionando durante cinco años más los negocios digitales de The New York Times Company.

Al llegar al año 2005, el grupo decidiría reintegrar los negocios digitales a sus correspondientes unidades de negocio. El terreno estaba entonces mucho mejor preparado, según recordaba Sulzberger: "Para cuando lo hicimos, [lo digital] era tan crítico para la condición de *The New York Times*, que la integración fue bastante fácil de aceptar".

Compra de Abuzz

Un proyecto digital que en 1999 acabó en manos de The New York Times Company fue Abuzz, un sistema de gestión del conocimiento que ofrecía preguntas y respuestas sobre todo tipo de temas.

La caída de las puntocom y la recesión económica del año 2001 provocaron, sin embargo, el cierre prematuro de esta iniciativa. Abuzz fue, en cierto modo, precursor de otros proyectos que surgirían posteriormente en el ámbito de la gestión del conocimiento, como Quora.

A los directivos del *Times* les quedó siempre la sensación, como comentó el editor Arthur Sulzberger en su conversación para el proyecto Riptide con Martin Nisenholtz, que Abuzz fue "una oportunidad perdida". Nisenholtz se atrevió a decir que cerrar Abuzz "fue el mayor error que cometimos" durante esos primeros años.

10

2000: Creación de un equipo de actualización de la web en la redacción impresa

Hasta el mes de enero del año 2000, la web de *The New York Times* era un sitio informativo en el que se combinaban fundamentalmente dos elementos: los contenidos procedentes cada día de la edición impresa y las actualizaciones informativas –específicas para la web y procedentes fundamentalmente de agencias de noticias– realizadas por una redacción digital que vivía físicamente separada de la impresa, y que entonces formaba parte de una división de la compañía llamada Times Company Digital. Esta división gestionaba todas las propiedades digitales del grupo.

Pero esa situación de separación prácticamente total entre las dos redacciones y de una muy escasa implicación por parte de la redacción impresa en la web iba a empezar a cambiar. El primer paso importante se dio el 25 de enero de 2000, cuando se anunció la creación, en la redacción impresa del *Times*, de un equipo periodístico que se iba a dedicar específicamente a actualizar noticias y a ofrecer análisis sobre los temas más relevantes del día.

"Además de las actualizaciones cada diez minutos de las agencias, que ya ofrecen el *Times* y otros muchos medios online, The Times on the Web ahora ofrece las últimas noticias sobre historias importantes contadas por periodistas de *The New York Times*", se explicaba en el comunicado que anunciaba los cambios.

El entonces número dos de la redacción del diario, Bill Keller, dijo que "The Times on the Web ha logrado una audiencia inmensa ofreciendo los contenidos del mejor periódico del mundo además de actualizaciones seleccionadas por los editores de The Times on the Web procedentes de una amplia variedad de agencias. Ahora vamos a enriquecer nuestro periodismo con actualizaciones a lo largo del día de los propios reporteros del *Times*, ofreciendo información exclusiva, análisis, ideas e información de fondo que no está disponible en otros sitios informativos".

Por su parte, el entonces máximo responsable editorial de Times Company Digital, Rich Meislin, mostró su convencimiento de que "este cambio será excitante para aquellos que están buscando en la web, durante el día, el tipo de calidad que *The New York Times* ha ofrecido durante mucho tiempo en el medio impreso". Según dijo Meislin, "esperamos que nuestras noticias actualizadas al minuto, junto con la profundidad y agudeza que pueden aportar los periodistas de la redacción del *Times*, será una poderosa combinación para los lectores".

El primer periodista de la redacción del *Times* que fue puesto al frente del equipo de actualización fue Jerry Gray, hasta entonces editor de política de la sección Metro. Contó inicialmente con un segundo y con varios reporteros en Nueva York y Washington.

El anuncio del lanzamiento de la sección de actualización (llamada "Continuous News Desk") se sumaba a otra iniciativa puesta en marcha en colaboración con ABC News: un programa diario de información política, especial para la web, titulado "Political Points", con entrevistas, análisis de la actualidad y seguimiento de los candidatos políticos. El programa se emitía de lunes a viernes a las 13.30 horas.

Desde hacía un par de meses, la web del *Times* contaba también con información financiera producida por una redacción conjunta creada con TheStreet.com en noviembre de 1999. En febrero de 1999 el *Times* había invertido 15 millones de dólares en el proyecto TheStreet.com. La colaboración se mantuvo únicamente durante un año, dándose por finalizada en noviembre de 2000. El trabajo que realizaban los siete redactores y editores que participaban en el proyecto conjunto podía ser asumido por la sección de economía del *Times*, como ya estaba sucediendo con otras áreas informativas, según explicó entonces el redactor jefe de New York Times Digital, Richard J. Meislin. Nada justificaba el coste adicional que se estaba pagando por ese tipo de información.

Primera edición de los Online Journalism Awards

A finales del año 2000 se dieron a conocer los ganadores de la primera edición de los Online Journalism Awards (OJA), unos galardones creados en Estados Unidos por la Online News Association (ONA) y la Escuela de Periodismo de la Columbia University para premiar los mejores trabajos periodísticos en internet.

La web del *Times* obtuvo uno de esos premios por su serie "How Race is Lived in America". El jurado valoró la fuerza periodística de la serie, "mejorada por el formato de presentación", y consideró que había logrado abordar "un tema provocativo" proporcionando "un foro donde los lectores podían continuar un diálogo convincente y sincero". El premio principal a la excelencia periodística se lo llevaron las webs Salon y MSNBC.com.

El negocio de The New York Times Company en el año 2000

A finales del año 2000, The New York Times Company era una empresa propietaria de 17 periódicos: *The New York Times*, *The Boston Globe* y otros quince diarios regionales de Estados Unidos. Además, poseía ocho emisoras de televisión y dos estaciones de radio en la ciudad de Nueva York. Una división de la compañía, New York Times Digital, se encargaba de la gestión de las propiedades en internet, entre ellas NYTimes.com, Boston.com y newyorktoday.com. Adicionalmente, la compañía era accionista de dos compañías papeleras y del diario *International Herald Tribune*.

Como se ha señalado anteriormente, internet ocupó ese año el centro de atención de la vida económica de Estados Unidos por el estallido de la burbuja de las puntocom. Las empresas online habían experimentado crecimientos enormes en el mercado bursátil y en sus valoraciones económicas durante la última fase del siglo XX y, de repente, vieron como su sueño dorado se hacía añicos. Sin embargo, la presencia de lo digital jugaba un papel cada vez mayor en la vida diaria de las personas, por lo que no es de extrañar que en la foto de portada del informe anual de ese año se pudiera leer destacada la frase "entering the Knowledge age" ("entrando en la era del Conocimiento"), que reflejaba muy bien el sentir del momento.

Portada de la memoria anual del año 2000 de The New York Times Company. Fuente: nytco.com

El objetivo fundamental de The New York Times Company era en ese momento el de "mejorar la sociedad mediante la creación, recopilación y distribución de noticias, información y entretenimiento de alta calidad". Entre sus valores centrales se encontraba la creación de "contenido de la máxima calidad e integridad".

Como resumen de su actividad durante el año 2000, la compañía destacó la persecución de su objetivo de "convertirse en el proveedor líder de contenidos para aquellos consumidores y negocios que se encuentran en la frontera de la economía del conocimiento".

Entre los aspectos más destacados del año incluidos en la carta anual a los accionistas se señalaron los siguientes:

- Fue el mejor año económico de la historia de la compañía, con más de 3.500 millones de dólares de ingresos.

- Se trabajaba bajo el concepto —de moda entonces— de "brick-and-click" (ladrillo y clic), según el cual los negocios analógicos y digitales se sostenían y fortalecían mutuamente.

- La revista *Fortune* situó por primera vez a The New York Times Company como la empresa más admirada del mundo en la industria editorial.

- Éxito en la expansión nacional de *The New York Times*.

- Ingresos de 1.300 millones de dólares en publicidad para el conjunto del grupo (aumento del 11% respecto al año anterior y tercer año consecutivo por encima de los 1.000 millones de dólares).

- NYTimes.com era el periódico digital líder de audiencia según Media Metrix, y el único de los cuatro primeros sitios web informativos en el que el 100% de los usuarios estaban registrados.

- NYT-TV, la unidad propia de producción televisiva, producía programas para Showtime, A&E y creó, junto a National Geographic Channel, el programa "Science Times".

- Venta de siete pequeños periódicos regionales y de las nueve guías telefónicas propiedad del grupo.

- Se cerró la venta del negocio de revistas (las últimas, relacionadas con el golf), que representaba menos del 3% del total de los ingresos, con el objetivo de centrar los esfuerzos en los negocios de mayor tamaño.

Para el año 2001 se apuntaban los siguientes proyectos:

- Seguir la expansión nacional de *The New York Times* con la apertura de cuatro nuevas plantas de impresión.

- Las iniciativas digitales tendrían dos objetivos fundamentales: tamaño y rentabilidad. Se apuntaba a una reducción de las pérdidas en la actividad digital en 2001 y a alcanzar beneficios en 2002.

Los siguientes datos ofrecen un retrato sobre el *Times* del año 2000:

- Circulación media diaria: 1.132.400 ejemplares.

- Circulación media domingo: 1.697.300.

- 16 delegaciones de la redacción en la región de Nueva York, 11 delegaciones nacionales y 26 delegaciones internacionales

- 79 premios Pulitzer acumulados

- Impresión de la edición nacional en 13 ubicaciones

- Algo más de 14 millones de usuarios registrados en NYTimes.com

- En octubre del año 2000 el *Times* se empezó a vender en la red de cafés Starbucks de todo el país.

- Durante el año 2000 el *Times* publicó cinco especiales sobre comercio electrónico que aportaron 6,3 millones de dólares en ingresos publicitarios.

- New York Times Digital aportó el 1% de los ingresos totales del grupo

- El listado de propiedades digitales estaba formado por NYTimes.com, Boston.com, newyorktoday.com, WineToday.com, GolfDigest.com y Abuzz.

La carta a los accionistas la firmaban ese año Arthur Sulzberger, Jr., como presidente del consejo y editor, y Rusell T. Lewis, presidente y CEO de la compañía.

Las 50 palabras más utilizadas en la carta a los accionistas publicada en la memoria del año 2000 de The New York Times Company

11

2001: Los atentados del 11-S

Reducción del equipo digital

A principios del mes de enero de 2001, a consecuencia principalmente del estallido de la burbuja puntocom y la caída del mercado publicitario, la unidad de internet de la compañía, New York Times Digital (NYTD), anunció el despido de 70 personas. Eso suponía el 17% de un equipo que entonces estaba ya integrado por unas 400 personas. El año anterior esta unidad de negocio había perdido 70 millones de dólares.

Unos meses antes, en octubre de 2000, la compañía había anunciado que abandonaba sus planes para sacar a bolsa su filial digital, New York Times Digital, ante la brutal pérdida de valor que estaban sufriendo los negocios digitales.

Segundo rediseño de NYTimes.com

Durante la primera parte del año 2001 la web del diario fue aplicando algunos cambios tanto de forma como de fondo como parte de su segundo rediseño. Por ejemplo, en la portada de NYTimes.com se empezaron a ofrecer más artículos, dando más presencia a piezas de fondo procedentes de los suplementos dominicales y otras secciones especiales. También la publicidad, los anuncios clasificados y los comentarios de los lectores fueron ganando protagonismo en la *home*.

En esos momentos, la web del *Times* contaba con 17 millones de usuarios registrados, cuando la cifra de hogares con acceso a internet en Estados Unidos era de 60 millones.

La resolución de pantalla de ese segundo rediseño de NYTimes.com siguió siendo 800 x 600, aunque ya entonces la velocidad de los módems había aumentado hasta 56 kbps, lo que permitía realizar mayores apuestas por el contenido audiovisual.

La siguiente captura de pantalla muestra cómo era la *home* de NYTimes.com en enero de 2001:

Captura de pantalla de la home de NYTimes.com del 26 de enero de 2001.
Fuente: Internet Archive

Lanzamiento de la réplica digital del diario

El 20 de febrero de 2001 The *New York Times* anunció un acuerdo con la compañía NewsStand para lanzar, unos meses después, la primera réplica digital del diario impreso. El diario se convirtió además en accionista minoritario de esa empresa, que tenía su sede en Austin, Texas, y que dejaría de operar en febrero de 2014. El nuevo producto, bautizado con el nombre de The New York Times Electronic Edition, se lanzaría en octubre de ese mismo año.

La réplica digital, que sigue existiendo como producto aunque actualmente se ofrece a través de otro proveedor, PressReader, permite leer en el ordenador, la tableta o el móvil una copia digital exacta de la edición impresa del *Times*. En el momento de su lanzamiento, el único modo de acceder a la réplica digital era, lógicamente, a través del PC.

Se trataba de un producto de pago que podía adquirirse mediante suscripción o comprando un único ejemplar, a un precio similar al de la edición impresa. En el momento del lanzamiento, la suscripción semanal costaba 6,70 dólares y la suscripción dominical 3,25 dólares.

En la noticia en la que se explicaba el nuevo producto se aclaraban las diferencias existentes entre The New York Times on the Web –que era la versión online del diario con artículos de la edición impresa más las actualizaciones que se iban realizando durante el día– y la edición en NewsStand, que "incluirá –se decía– todos los anuncios, las fotografías y los gráficos que aparecen en el ejemplar del quiosco". Los ejemplares distribuidos como réplica digital se iban a incluir en las cifras globales de circulación del diario impreso.

En la columna "La Crónica" –que en esa época publicaba desde Miami (Estados Unidos) para la web del diario barcelonés *La Vanguardia*– escribí sobre este nuevo producto:

> "¿Le gustaría recibir en su casa u oficina, a través de Internet, una versión digital de su diario preferido idéntica a la edición en papel, con todos sus textos, fotos, gráficos y anuncios? A partir de esta próxima primavera los lectores del diario *The New York Times* lo podrán hacer, pagando un precio similar al que cuesta el diario en la calle. The New York Times ha llegado a un acuerdo con una compañía de Austin llamada NewsStand, en la que también ha invertido dinero, para desarrollar este nuevo producto digital.
>
> Los contenidos del diario neoyorquino se ofrecen y seguirán ofreciéndose gratuitamente a través de su página web. Lo que se pretende con este nuevo producto es satisfacer a los lectores que quieren "leer" el diario tal y como ellos lo conocen. A través de la tienda virtual que NewsStand pondrá en marcha en los próximos meses, los usuarios podrán bajarse a su ordenador versiones completas e idénticas del New York Times impreso y de otros periódicos y revistas.
>
> Para poder leer estas publicaciones compradas a través de Internet, los usuarios deberán utilizar el programa **NewsStand Reader**, que permitirá la realización de búsquedas por palabras y establecer enlaces a las páginas web de los anunciantes directamente desde los anuncios del diario. Para los editores, el sistema de NewsStand tiene el atractivo adicional de que permite auditar los ejemplares vendidos. ¿Habrá realmente usuarios dispuestos a pagar por leer el periódico en su PC utilizando este sistema? Valdrá la pena seguir esta experiencia con atención."

Hoy en día, prácticamente todos los periódicos del mundo ofrecen una réplica digital de su edición impresa a través de sus propias aplicaciones o a través de plataformas de terceros. El modo más habitual de consumir este producto es a través del iPad y otras tabletas, aunque también se consulta mediante el PC e incluso el móvil. PressReader, la plataforma que utiliza actualmente *The New York Times*, es una de las que cuenta con más publicaciones en todo el mundo. En España, Kiosko y Más es el proveedor principal de este servicio.

Los atentados del 11-S

Los atentados de Nueva York y Washington DC del 11 de septiembre de 2001 fueron un momento clave en la historia de la web del *Times*. La enorme avalancha de tráfico obligó a ofrecer una versión simplificada de la web para poder contar la última hora sobre los ataques terroristas que destruyeron las Torres Gemelas. Pero además la web se convirtió en un punto esencial de encuentro para los usuarios y en un espacio muy eficaz para vehicular información práctica.

El entonces director y responsable de arquitectura de la información de la web, Rob Larson, explicó que "el sitio casi se derrumbó bajo la enorme carga de tráfico". La web alcanzó ese día 21,5 millones de páginas vistas, más del doble que el récord anterior.

Miles de personas de todo el mundo quisieron enviar sus comentarios y mostrar su apoyo al pueblo estadounidense y a la ciudad de Nueva York a través del correo electrónico. El *Times* tuvo que dedicar ese día a 4 ó 5 personas únicamente a gestionar esos mensajes dirigidos a la web.

Una de las consecuencias que tuvo ese acontecimiento informativo para la web del *Times* fue la decisión de contratar a personal para cubrir informativamente toda la noche, lo que entonces todavía no se hacía. Pero sería impensable encontrarse en el futuro con situaciones similares sin poder dar una respuesta periodística adecuada.

El 12 de septiembre de 2001 los lectores hicieron largas colas para comprar ejemplares de la histórica edición de ese día. Los suscriptores del diario pueden hojear ese ejemplar gracias al servicio Times Machine, la hemeroteca digital del *Times*.

Portada de la edición impresa del *Times* del 12 de septiembre de 2011 (la que se ofrece en este enlace cuenta con enlaces directos a cada artículo)

El 18 de septiembre de 2001, una semana después de los atentados, *The New York Times* creó una nueva sección en el diario llamada "A Nation Challenged" que se publicó hasta final de año y que recopiló toda la información relacionada con los ataques, sus causas y sus consecuencias. Posteriormente este trabajo se tradujo también en un libro con el mismo título (con una versión general y otra dirigida a escolares). También a final de año finalizó la serie diaria "Portraits of Grief" en la que se publicaron más de 1.800 perfiles biográficos de las víctimas del 11S. La serie periodística se convirtió también en un libro publicado durante la primavera del 2002. Los beneficios se destinaron al fondo de ayuda The Times Neediest Cases Fund.

82 | Ismael Nafría

  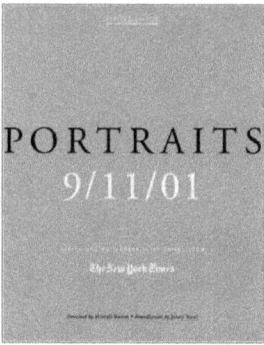

Portadas de los libros *A Nation Challenged* y *Portraits 9/11/01* publicados por *The New York Times*.

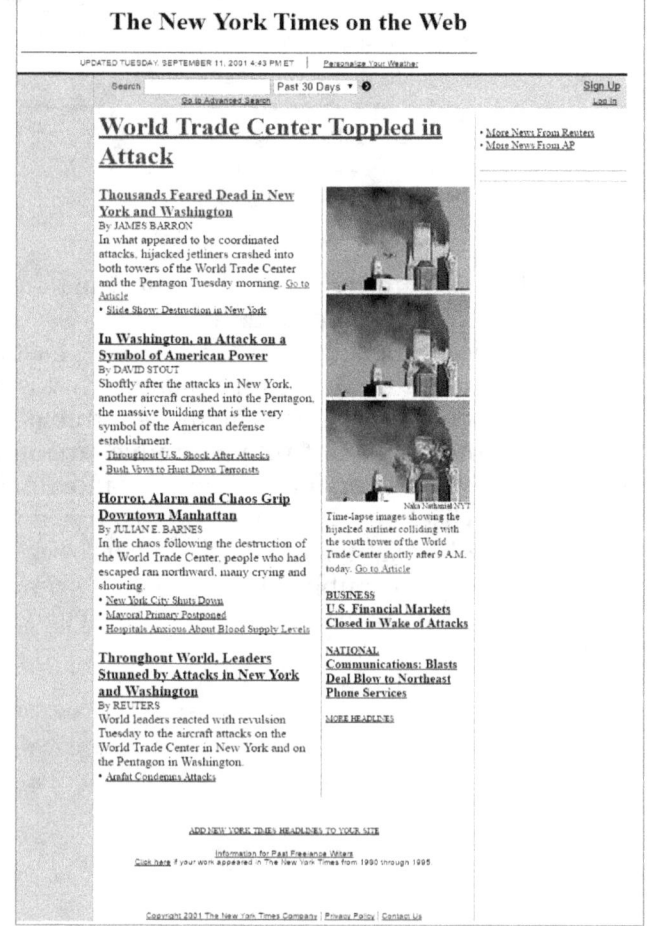

Captura de pantalla de la web del *Times* del 11 de septiembre de 2001. Actualizada a las 16.43 horas. Fuente: Internet Archive

Un año complicado para el negocio

El grupo era propietario a finales del año 2001 de 18 periódicos (entre ellos, *The New York Times* y *The Boston Globe*), 8 estaciones de televisión, dos emisoras de radio en Nueva York, más de 40 sitios web (entre ellos, NYTimes.com y Boston.com) y seguía teniendo participación en dos empresas papeleras y en el diario *International Herald Tribune*.

El año 2001 estuvo marcado, obviamente, por los atentados del 11 de septiembre. La carta a los accionistas empezaba recordando los ataques y la pregunta que se hizo la gente en todo el país: "¿Qué podemos hacer para ayudar?". La respuesta fue "producir un extraordinario periodismo que hizo 'comprensible lo inimaginable'".

Portada de la memoria anual del año 2001 de The New York Times Company.
Fuente: nytco.com

2001 fue un año muy complicado desde el punto de vista económico. A la caída de las puntocom –con la consiguiente pérdida de ingresos publicitarios– se añadió el inicio de una recesión económica. De hecho, la caída de ingresos publicitarios fue la mayor desde el año 1938.

En cambio, los ingresos por circulación alcanzaron un nuevo récord, situándose por encima de los 500 millones de dólares. El diario se vendía en 2001 en 208 mercados locales de Estados Unidos y a través de más de 45.000 puestos de venta.

El *Times* siguió expandiendo ese año su marca en áreas como la televisión, los libros o las revistas. Por ejemplo, en colaboración con Scholastic lanzó *Upfront*, una revista dirigida a los escolares.

En el último trimestre de 2001, por primera vez en su historia, New York Times Digital logró resultados positivos. A pesar de que los ingresos cayeron ese trimestre un 4,9%, la reducción de costes que se había aplicado anteriormente, con dos tandas de despidos, permitió ganar 1,4 millones de dólares. En el conjunto del año, New York Times Digital logró por primera vez un modesto Ebitda positivo (resultado operativo antes de intereses, impuestos, depreciaciones y amortizaciones) de 0,1 millones de dólares, un año antes de lo planificado. Sin embargo, el resultado neto de la compañía fue negativo, con pérdidas de 7,3 millones de dólares, muy por debajo en cualquier caso de los 70 millones perdidos en el año 2000.

En el capítulo de innovación, además del lanzamiento de la mencionada nueva edición electrónica del diario, el *Times* creó un portal publicitario para automatizar el proceso de publicación de anuncios por parte de agencias, anunciantes y consumidores.

2001 fue también un año de fuerte reducción de personal: la compañía pasó de tener 14.000 empleados a finales del año 2000 (la cifra máxima alcanzada) a 12.050 a finales de 2001.

Ese año se anunció que el diario estaba trabajando en el diseño de su nuevo edificio corporativo en la ciudad de Nueva York, con el objetivo inicial de realizar el traslado a finales del año 2005.

Se retira Arthur Ochs Sulzberger

En 2001 se retiró el anterior editor del diario, Arthur Ochs Sulzberger, padre del actual editor, Arthur Sulzberger, Jr.

Punch, como era conocido por todos, había estado al frente del *Times* durante más de tres décadas. Empezó a trabajar como reportero del *Times* en 1951. En 1963 se convirtió en el editor y presidente del diario. Durante su mandato, *The New York Times* logró 31 premios Pulitzer. Entre las mejoras que impulsó durante su etapa se encuentran la introducción del periódico en cuatro cuadernillos, con una nueva sección sobre información económica y la creación de una página de Opinión, Op-Ed, para ofrecer una mayor variedad de opiniones en el diario.

Como defensor de la libertad de prensa, Arthur Ochs Sulzberger jugó un papel determinante en casos tan relevantes como la batalla judicial New York Times v. Sullivan y la publicación de los Papeles del Pentágono sobre la Guerra de Vietnam.

Las 50 palabras más frecuentes en la carta anual a los accionistas de
The New York Times Company del año 2001.

12

2002: Siete premios Pulitzer para el *Times*

The New York Times Company era propietaria a finales de 2002 de 19 periódicos (*The New York Times*, *The International Herald Tribune*, *The Boston Globe* y 16 diarios regionales), ocho estaciones de televisión, dos emisoras de radio y más de 40 propiedades web (entre ellas, NYTimes.com y Boston.com). Además, era accionista de dos empresas papeleras.

Ese año la compañía formó una joint-venture con Discovery Communications para la creación del canal de cable The Discovery Times Channel. Además, compró una participación minoritaria en New England Sports Ventures, la empresa propietaria de los Boston Red Sox, el equipo de béisbol de la ciudad de Boston.

En su carta a los accionistas, el editor, Arthur Sulzberger, Jr y el CEO de la compañía, Rusell T. Lewis, señalaron que la empresa vivió "uno de sus años más productivos", en el que volvió a crecer y "estableció una presencia incluso mayor en el creciente mercado global del conocimiento".

Entre los objetivos a largo plazo de la compañía se mencionaba la voluntad de "extender nuestras marcas a través de múltiples plataformas mediáticas".

Portada de la memoria anual del año 2002 de The New York Times Company. Fuente: nytco.com

Ese año los ingresos totales alcanzaron la cifra de 3.100 millones de dólares.

La "exitosa" transformación del *Times* en un diario nacional, y el correspondiente "fuerte crecimiento de la circulación", se mencionó como una de las tácticas positivas aplicadas por la compañía en su voluntad de expandir el alcance de sus medios. De hecho, los ingresos por circulación alcanzaron la cifra récord hasta entonces de 564 millones de dólares. Ese año el NYT se distribuía a través de 55.000 puntos de venta en todo el país, frente a los 38.000 del año 1998.

Uno de los grandes éxitos del año fueron los siete premios Pulitzer ganados, una cifra récord para cualquier medio en la historia de los galardones más prestigiosos del mundo periodístico. Seis de los premios estuvieron relacionados con la cobertura que realizo el *Times* del 11-S.

En el ámbito digital, la web del *Times* introdujo algunas novedades publicitarias como las "Surround Sessions" (un mismo anunciante aparece en las principales posiciones publicitarias durante toda la visita de un usuario) y las "Site Sessions" (el anunciante compra todos los espacios de la web durante un tiempo determinado del día), además de determinados formatos multimedia con audio, vídeo y animaciones. New York Times Digital fue rentable ese año tras aumentar sus ingresos publicitarios un 31,6%.

Una de las decisiones importantes de ese año fue la de adquirir la totalidad del diario con sede en París *The International Herald*

Tribune (IHT). En enero de 2003 se completó la compra del 50% del periódico que poseía hasta entonces *The Washington Post*.

La presencia internacional del *Times* también aumentó ese año con el desarrollo de suplementos con la marca *The New York Times* en colaboración con prestigiosos diarios europeos, latinoamericanos y asiáticos, entre ellos el francés *Le Monde*.

La web NYTimes.com contaba a finales de 2002 con más de dos millones de usuarios activos procedentes de fuera de Estados Unidos.

En el conjunto del negocio, los diarios del grupo aportaron en 2002 el 93% de los ingresos totales (2.864,1 millones de dólares), mientras que las televisiones y radios representaron el 5% de los ingresos (155,8 millones). El 2% restante (71,8 millones) correspondió al negocio digital.

La publicidad supuso el 67% de los ingresos, mientras que los ingresos por circulación representaron el 27% del total.

Las 50 palabras más utilizadas en la carta anual a los accionistas del *Times* del año 2002.

Leonard Apcar, redactor jefe de NYTimes.com

El 10 de junio de 2002 Leonard M. Apcar fue nombrado redactor jefe (*editor in chief*) de la web del *Times*. Sustituyó en el cargo a Bernard Gwertzman, que había estado al frente de NYTimes.com durante los siete años anteriores, y que se retiró a los 67 años de edad.

Apcar, de 49 años, trabajaba en el diario desde 1991. En su etapa previa a la web había sido el número dos de la sección de Internacional. Se encargó de la dirección periodística de la web durante cuatro años, hasta junio de 2006, cuando fue nombrado responsable de la edición asiática del *International Herald Tribune*. En enero de 2015 dejó *The New York Times* para ocupar la cátedra de Media Literacy de la Lousiana State University (LSU).

13

2003: Propietario único del *International Herald Tribune*

En el año 2003 The New York Times Company seguía siendo una empresa periodística muy similar a la de los años anteriores, con un total de 19 periódicos (*The New Times*, *The Boston Globe*, *International Herald Tribune* y otros 16 regionales), ocho estaciones de televisión, dos emisoras de radio y más de 40 sitios web.

El entorno del negocio periodístico seguía ese año dominado por la caída de los ingresos publicitarios, a pesar de lo cual el grupo consiguió aumentar ligeramente sus ingresos respecto al ejercicio anterior.

The New York Times siguió con su estrategia de expansión nacional (un plan de 10 años establecido en 1998), lo que se tradujo en un incremento de los ingresos por circulación, que rondaron los 600 millones de dólares. Mientras tanto, los ingresos publicitarios seguían por encima de los 1.000 millones de dólares, siendo el único diario o revista de Estados Unidos que lograba superar esa cifra.

Tras cinco años de impulso del plan de expansión nacional, los resultados eran los siguientes:

- Venta de 116.000 ejemplares adicionales diarios (162.000 los domingos) fuera del área de Nueva York. El porcentaje de la circulación fuera del área metropolitana de Nueva York había

pasado del 38 al 47% entre semana y del 43 al 51% los domingos.
- Presencia en 255 mercados locales de Estados Unidos (frente a los 171 de 1998).
- Presencia en 58.400 puntos de venta, frente a los 38.000 de 1998.

Compra del *International Herald Tribune*

Como se ha indicado anteriormente, a principios de 2003 The New York Times Company se convirtió en el propietario único del diario *International Herald Tribune* al comprar a The Washington Post Company su 50% del capital por unos 65 millones de dólares.

El IHT se convertía así en el elemento central de los planes de expansión internacional de la compañía bajo el liderazgo de su nuevo editor, Michael Golden, uno de los vicepresidentes del grupo y primo del editor del *Times*, Arthur Sulzberger, Jr.

El *International Herald Tribune* había sido fundado en 1887 como la edición europea del *New York Herald*. En el año 1959, el diario, entonces llamado *New York Herald Tribune*, fue vendido al embajador de Estados Unidos en el Reino Unido, John Hay Whitney. Unos años después, en 1966, la edición de Nueva York del diario cerró sus puertas y la familia Whitney mantuvo la edición europea gracias a un acuerdo con *The Washington Post* al que se sumó también *The New York Times*. El diario neoyorquino había lanzado una edición internacional basada justamente en París unos años antes, en 1960, pero la amenaza que suponía el nuevo *International Herald Tribune* apoyado por el *Post* le hizo cambiar de planes: cerró su edición y decidió participar en el proyecto del IHT. En 1991 tanto el *Times* como el *Post* compraron a la familia Whitney su parte del diario, quedándose cada uno con el 50% del accionariado.

En 2003 se ponía punto y final a la colaboración de más de 30 años entre el *Times* y el *Post* y el IHT iniciaba una nueva etapa. Con sede en París y con un equipo formado por 335 empleados, a finales de 2001 el IHT tenía una circulación cercana a los 269.000 ejemplares y mantenía acuerdos editoriales con diversos periódicos europeos, entre ellos el diario español *El País*.

El presidente de The New York Times Company, Arthur Sulzberger Jr., dijo al anunciarse la compra que su objetivo era "comprender un mercado que no entendemos como deberíamos".

Portada de la memoria anual del año 2003 de The New York Times Company. Fuente: nytco.com

En el apartado del negocio digital, la web NYTimes.com alcanzó una audiencia media de más de 1,4 millones de usuarios al día, situándose como periódico digital más leído del mundo. En su voluntad por innovar en el campo de la publicidad digital, el *Times* ofreció ese año varias novedades: los anuncios digitales de media página y los anuncios vinculados al comportamiento del usuario.

La unidad de negocio New York Times Digital alcanzó ese año ingresos récord que representaron el 3% del total del grupo. La mayor parte de ingresos digitales procedía de los tradicionales *banners* publicitarios (43%) y de los anuncios clasificados online (30%). El 27% adicional estaba generado básicamente por la venta de contenidos a terceros.

El negocio de los diarios seguía siendo la fuente principal de ingresos para el grupo (93% del total), mientras que las estaciones de televisión y radio aportaban el 4%.

En el caso de los periódicos, la publicidad representaba el 64% de los ingresos, mientras que la circulación aportaba un 29%.

El modelo de negocio de la web del *Times*

En junio de 2003 asistí a la 56ª edición del Congreso Mundial de Periódicos organizado por la World Association of Newspapers (WAN) en Dublín (Irlanda). Uno de los temas que se abordó en ese encuentro fue el del modelo de negocio que ofrecía internet para los medios de comunicación cuando todavía no se habían cumplido los primeros diez años de la presencia de los periódicos en la red.

En una interesante mesa redonda participaron los responsables digitales de cinco medios de distintos tamaños y orígenes: *Jerusalem Post*, *Financial Times*, *Alburquerque Journal*, Ireland.com-*The Irish Times* y *The New York Times*. Cada uno de ellos presentó una solución distinta, desde los que cobraban por todos sus contenidos o parte de ellos a los que confiaban básicamente en los ingresos publicitarios basados en su oferta gratuita.

En el caso del *Times*, Leonard Apcar explicó que la web contaba entonces con 11 millones de usuarios registrados, de los cuales más de 2 millones eran de fuera de Estados Unidos. Cada día una media de 1,7 millones de personas visitaban entonces NYTimes.com. El 90% de los ingresos de la web del *Times* procedían de la publicidad. Según explicó Apcar, el diario no cobraba por la información porque hacerlo reduciría enormemente su base de usuarios y, por tanto, sus posibilidades como soporte publicitario.

Estas fueron las 50 palabras más frecuentes en la carta anual
a los accionistas del *Times* de 2003

14

2004: El *Times* vuelve a ingresar más de mil millones de dólares en publicidad

Las propiedades de The New York Times Company seguían siendo en 2004 básicamente las mismas que en los años anteriores.

Janet Robinson, que hasta entonces había dirigido el negocio del *Times*, liderando su expansión nacional, fue nombrada a finales de 2004 consejera delegada del grupo en sustitución de Russ Lewis, que se jubiló.

En la carta anual a los accionistas, firmada por Arthur Sulzberger, Jr. y la nueva CEO, se puso un especial énfasis en tres conceptos clave para la compañía que se habían intentado aplicar en todos los productos del grupo: inversión, innovación y reinvención.

En el caso de la joya de la corona, el diario The New York Times – que volvió a lograr más de 1.000 millones de dólares de ingresos publicitarios– relanzó ese año numerosas secciones de la edición impresa: Sunday Business, Real Estate, Book Review, Culture y Travel. Además, renombró varias secciones del dominical bajo el nombre de "T", y anunció el rediseño para el año 2005 de las principales secciones del diario.

El plan de expansión nacional siguió avanzando hasta alcanzar 59.600 puntos de venta en 315 mercados locales.

La estrategia multimedia centró sus esfuerzos en NYTimes.com, que seguía siendo la web de periódico más visitada del mundo, y que relanzó ese año varias secciones –Travel, Theater, Personal Technology y Real Estate–, mejoró el sistema de navegación por el sitio, integró contenidos generados por los usuarios e impulsó los contenidos multimedia, para alcanzar una media de 1,6 millones de usuarios únicos al día. La cifra media de usuarios únicos mensuales de NYTimes.com fue de 9,2 millones en 2004, frente a los 8,9 millones del año anterior, según datos de Nielsen NetRatings.

Portada de la memoria anual del año 2004 de The New York Times Company.
Fuente: nytco.com

Desde el punto de vista de la organización general del negocio de la compañía, en 2004 se produjo un cambio importante, al combinarse las operaciones digitales de New York Times Digital (NYTD) con los respectivos negocios impresos de los diarios para crear el llamado **News Media Group**. Así, este grupo pasó a integrar toda la actividad impresa y digital de los periódicos de The New York Times Company, incluidos evidentemente *The New York Times*, *The Boston Globe* y el *International Herald Tribune*.

Ese año, un estudio realizado por la compañía Erdos & Morgan situó a la edición diaria del NYT como el medio más influyente entre los líderes de opinión de Estados Unidos, por delante de otros 156 medios analizados.

El *Times* también anunció una serie de iniciativas para llegar a más lectores jóvenes (un capítulo del libro está dedicado a los múltiples proyectos que el diario realiza en el ámbito educativo).

En 2004 *The New York Times* ganó el premio Pulitzer en la categoría de servicio público por la serie de investigación periodística "Dangerous Business" realizada en colaboración con el programa documental "Frontline" y la Canadian Broadcasting Corporation (CBC).

2004 fue un año muy activo para el *International Herald Tribune,* que amplió equipo, abrió una nueva delegación en Frankfurt (Alemania) (y, a principios de 2005, una nueva redacción en Hong Kong) y renovó su diseño para introducir el color en sus páginas.

En el conjunto del grupo, los ingresos publicitarios representaron el 66% del total, tras aumentar un 4% respecto al año anterior. Los ingresos por circulación supusieron el 27% del total de ingresos.

A finales de ese año, The New York Times Company vendió su sede central, ubicada en el 229 West de la Calle 43 de Manhattan, por 175 millones de dólares, y se quedó ocupando el mismo edificio como inquilino hasta el futuro traslado a la nueva sede, entonces en construcción, situada a apenas 4 minutos a pie en la 8ª Avenida, entre las calles 40 y 41.

Las 50 palabras más frecuentes utilizadas en la carta a los accionistas del *Times* publicada en la memoria anual del año 2004.

15

2005: Integración de las redacciones impresa y digital

La decisión más trascendente para el futuro del *Times* adoptada en 2005 fue la de integrar las redacciones impresa y online del diario (que se explica de manera detallada más adelante).

Además, desde el punto de vista del negocio digital, la adquisición de la red de guías prácticas About.com –uno de los sitios web más visitados en ese momento (ocupaba el puesto número 15 en el ranking de Estados Unidos con un total de 22 millones de usuarios únicos al mes)– fue una de las apuestas más importantes del año.

The New York Times Company adquirió esta web en febrero de 2005 por 410 millones de dólares con el objetivo de incrementar sus ingresos por publicidad digital. Los 22 millones de usuarios mensuales de About.com suponían una ampliación enorme de la base de usuarios digitales de la compañía, que se situaba en el momento de la compra en 13 millones (sumando NYTimes.com, Boston.com y el resto de propiedades web del grupo). Con el añadido de About.com, los sitios web de The New York Times Company escalaron hasta el puesto 10 en el ranking de EE.UU. y se situaron por encima de los 1.000 millones de páginas vistas al mes.

Ese año la compañía se reorganizó en diversos grupos, siguiendo una estrategia multiplataforma: el New York Times Media Group, el New England Media Group (*The Boston Globe* y otras propiedades en la zona de Boston), el Regional Media Group (14 diarios regionales), el Broadcast Media Group (9 estaciones de TV) y About.com.

En su carta a los accionistas, los principales directivos del grupo, Arthur Sulzberger y Janet Robinson, quisieron retratar el complicado momento que vivía el sector de los medios, con la circulación de los diarios y los ingresos publicitarios sufriendo una presión cada vez mayor y con unos consumidores que contaban cada vez con más opciones para estar informados.

Además de la compra de About.com, The New York Times Company estaba también invirtiendo importantes sumas de dinero en la construcción de su nueva sede.

Portada de la memoria anual del año 2005 de The New York Times Company. Fuente: nytco.com

TimesSelect

TimesSelect fue la primera apuesta importante por parte de *The New York Times* por ofrecer un servicio informativo digital de pago. Se lanzó el 19 de septiembre de 2005 y se cerró dos años después, el 17 de septiembre de 2007, tras no obtener el éxito esperado.

TimesSelect era un producto de pago de NYTimes.com creado con la intención de diversificar los ingresos digitales del diario, hasta entonces dependientes en gran parte de la publicidad.

TimesSelect, que costaba 49,95 dólares al año o 7,95 dólares al mes, ofrecía como gancho principal acceso exclusivo a los artículos de Opinión del *Times*. Además, también permitía consultar cada mes un centenar de artículos del archivo histórico del diario y ofrecía otros servicios, como un espacio personal para guardar artículos y otras páginas web y un servicio de alertas de noticias por correo electrónico. Otra de sus ventajas era el acceso anticipado (Times Preview) a determinados artículos de la revista dominical y otras secciones del periódico. Los suscriptores del diario impreso podían disfrutar de TimesSelect de manera gratuita. Los artículos incluidos en el servicio se marcaban con la "T" del *Times* en color naranja antes del titular.

El responsable de la web del *Times*, Leonard M. Apcar, presentó a los usuarios el nuevo servicio de suscripción, calificado entonces como "un paso importante en el desarrollo de *The New York Times*".

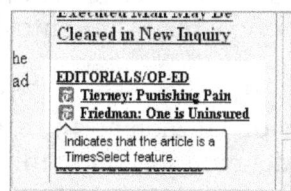

Imágenes del servicio TimesSelect que *The New York Times* lanzó en el año 2005.
Fuente: www.nytco.com

A mediados de febrero de 2006, tras cinco meses de funcionamiento, TimesSelect contaba con 425.000 suscriptores, aunque en esa cifra se incluían también los suscriptores del papel que se habían dado de alta en el servicio.

El servicio se eliminaría dos años después, en septiembre de 2007, tras alcanzar 227.000 suscriptores de pago y generar unos 10 millones de dólares anuales de ingresos. Un total de 560.000 suscriptores del diario impreso se habían dado de alta en el servicio, lo que suponía un total de 787.000 usuarios. El 18 de septiembre de 2007 *The New York Times* explicó que volvía a ofrecer de manera gratuita todos los artículos de Opinión y otros servicios como el acceso al archivo. Los responsables del *Times* consideraron que los 10 millones de dólares anuales eran insuficientes y, en cualquier caso, una cifra menor a la que se podía alcanzar a través de la publicidad –que estaba aumentando rápidamente– con la audiencia adicional que generarían los artículos de opinión ofrecidos en abierto, sin restricciones.

De manera más concreta, los responsables del *Times* señalaron que cada vez eran más los usuarios que accedían a NYTimes.com desde buscadores y otros sitios web, y esos lectores, menos fieles que los que visitaban directamente la web, eran menos propensos a pagar pero sí podían generar mayores ingresos publicitarios.

La reapertura en 2007 de los contenidos que se ofrecían en TimesSelect iba a ser una buena noticia para los 23 columnistas del *Times* cuyos artículos formaban parte del servicio. Muchos de ellos contaban con un gran número de lectores, pero que sus artículos se ofrecieran bajo pago suponía un importante freno a su audiencia potencial.

Las cifras del negocio

Entre el resto de novedades de 2005 cabe destacar el lanzamiento de la nueva sección Thursday Styles en *The New York Times* y el rediseño y relanzamiento de la sección Business Day.

En su noveno año de funcionamiento, NYTimes.com, que había sido lanzada en 1996, seguía siendo la web de periódico más visitada del mundo, con 17 millones de usuarios únicos al mes.

En conjunto, las propiedades web de la compañía generaron en 2005 un total de 198 millones de dólares, el 6% del total.

El control de gastos seguía siendo, como en años anteriores, una de las prioridades de los ejecutivos de la compañía. Buena parte de la reducción de costes llegó por la eliminación de 700 puestos de trabajo.

En el conjunto del negocio, los periódicos aportaron el 95% de los ingresos, las televisiones el 4% y About.com el 1% del total de ingresos.

En el caso específico del negocio de prensa, el 66% de los ingresos fueron por publicidad, el 27% por circulación y el 7% restante por otros ingresos.

Martin A. Nisenholtz, nuevo vicepresidente de operaciones digitales

The New York Times Company anunció el 18 de febrero de 2005 el nombramiento del CEO de New York Times Digital, Martin A. Nisenholtz, como nuevo vicepresidente de operaciones digitales de la compañía.

Como tal, Nisenholtz era responsable de la gestión de todas las operaciones digitales del grupo, en dependencia directa de la CEO de la compañía, Janet L. Robinson.

Integración de las redacciones impresa y digital del *Times*

A principios del mes de agosto de 2005 se anunció a todo el equipo del diario una importante decisión para el futuro de *The New York Times*: la integración de sus dos redacciones, impresa y digital, que desde el principio habían vivido separadas desde todos los puntos de vista – "administrativo, cultural, geográfico y financiero"–, según admitió la propia dirección del diario.

La integración física no iba a ser posible hasta que todos los equipos se trasladasen a la nueva sede que se estaba construyendo en la Octava Avenida, lo que no sucedería hasta finales de 2007. Pero la organización del trabajo diario iba a cambiar de inmediato. La web pasaba a ser responsabilidad periodística de todos, no únicamente del equipo digital. Los responsables de cada sección lo iban a ser tanto de la información publicada en el diario impreso como en la web. En las reuniones, deberían estar presentes responsables de los dos equipos para poder coordinar mejor las coberturas periodísticas.

La dirección del diario sabía que el proceso no iba a ser sencillo y todo el mundo necesitaría tiempo para adaptarse al nuevo modo de trabajar. Existía el precedente del trabajo realizado por el "Continuous News Desk", el equipo de actualización de noticias ubicado en la redacción impresa, pero lo que ahora se planteaba iba muchísimo más allá y suponía un cambio radical respecto al pasado.

Haber trabajado de manera separada había sido "probablemente una solución satisfactoria" durante los primeros años de la web, ya que "permitió que nuestra operación digital floreciera, experimentara, se moviera a su propio ritmo rápido y se centrara en el competitivo mundo digital", según afirmaron en un **mensaje conjunto el director del diario, Bill Keller, y el máximo responsable digital de la compañía, Martin Nisenholtz.**

La dirección del *Times* puso al frente del proyecto de integración a Jonathan Landman, que apenas unos días antes había sido ascendido y nombrado responsable de la actividad periodística digital del diario. Landman llevaba 18 años en la redacción del *Times*, donde había ocupado múltiples responsabilidades. Unos días después, Landman escogió a otro veterano del diario, Richard J. Meislin como su segundo. Meislin conocía muy bien la web del *Times* ya que había sido durante tres años, hasta febrero de 2001, su máximo responsable periodístico. Leonard Apcar seguiría siendo el redactor jefe de NYTimes.com.

La decisión del *Times* tuvo una amplia repercusión en todo el sector periodístico –tanto en Estados Unidos como en el resto del mundo– por lo que suponía de reconocimiento teórico y práctico del fenómeno del periodismo digital y de los profesionales que lo practicaban. "Al integrar las redacciones planeamos reducir y eventualmente eliminar la diferencia entre los periodistas del papel y los periodistas de la web", afirmó la dirección del diario.

Este fue el mensaje interno que enviaron el 2 de agosto de 2005 el director del diario, Bill Keller, y el vicepresidente de operaciones digitales de The New York Times Company, Martin Nisenholtz, a la redacción del *Times* para anunciar los planes de integración:

> Durante los últimos diez años, la redacción de Nytmes.com y la redacción de la Calle 43 han sido socios a distancia: separados a nivel administrativo, cultural, geográfico y financiero. Hemos construido puentes, sobre todo el equipo de actualización de noticias ("Continuous News Desk") y hemos admirado el trabajo respectivo, pero no hemos sido plenos colaboradores. Esta fue probablemente una solución satisfactoria en los años de formación, porque permitió que nuestra operación digital floreciera, experimentara, se moviera a su propio ritmo rápido y se centrara en el competitivo mundo digital. El resultado es, sin lugar a dudas, el mejor y más leído sitio web de periódico del mundo; un sitio que de manera consistente gana cada premio en este ámbito y que sigue atrayendo a nuevos lectores en masa.
>
> Pero en esos diez años, el mundo ha cambiado. La operación de noticias digitales es ahora grande y fuerte y está preparada para ampliar sus ambiciones. El equipo de reporteros y editores de la redacción original se siente mucho más cómodo con la Web, más dispuesto a abrazarla tanto como una oportunidad para la invención como una manera alternativa de llegar a nuestra exigente audiencia. Tenemos una unidad de vídeo floreciente que está deseosa de tener una mayor presencia en el sitio web, en un momento en que la mayoría de los usuarios de Nytimes.com se han familiarizado con la conexión de alta velocidad que hace que el video sea atractivo. Y todos nosotros vemos que uno de los mayores retos a largo plazo que afronta nuestro oficio es inventar un periodismo digital y nuevos servicios para nuestros lectores que cumplan con nuestros altos estándares y ayuden a soportar el coste de una gran organización de noticias.
>
> Hemos llegado a la conclusión de que la mejor manera que tenemos de afrontar este reto es integrar las dos redacciones en una. Esto nos permitirá aprovechar plenamente la energía creativa de esta organización y así elevar el periodismo digital al siguiente nivel. En las próximas semanas, trabajaremos con los editores y el resto del equipo en ambos lugares para concretar los detalles y lograr una transición fluida.

Como sabéis por un anuncio anterior, Jon Landman supervisará este gran proyecto para Bill [Keller] y Jill [Abramson]. Tendrá ayuda. En breve, más sobre el equipo que trabajará con él en este encargo.

El cambio que implica esta integración será gradual pero importante. Desde hace ya unos cuantos años, hemos jurado fidelidad a la moderna doctrina de la "neutralidad de la plataforma"; es decir, sólo nos preocupamos por nuestro periodismo, no por si lo transmitimos a nuestra audiencia en papel o mediante corrientes de electrones. Pero en la práctica la mayoría hemos estado escribiendo y editando artículos para el papel, o tomando fotos o haciendo gráficos para el periódico, mientras que sólo unos pocos hemos estado cogiendo este trabajo y adaptándolo para la Web.

Al integrar las redacciones planeamos reducir y eventualmente eliminar la diferencia entre los periodistas del papel y los periodistas de la Web, para reorganizar nuestras estructuras y nuestras mentes con el objetivo de que el periodismo digital –en formas que nos son ya familiares y que están aún por inventar– sea tan natural para nosotros como escribir y editar, y hacer todo esto sin perder las cualidades esenciales que hacen que seamos *The Times*. Nuestros lectores están en movimiento, y nosotros también.

Hasta que no nos traslademos al nuevo edificio, no podemos fusionar físicamente las redacciones, pero estamos buscando maneras de promover mucho más la cooperación mutua en la concepción y ejecución del periodismo. Los productores web deben participar de manera rutinaria en las conversaciones diarias donde se inician las coberturas. Los editores senior de la Web deben estar presentes en todas las reuniones en las que la dirección, los jefes de sección, los editores de temas especiales y otros hagan planes. En la redacción de la Calle 43, todo el mundo debe considerar el sitio web como su propia responsabilidad. Eso significa que Jill [Abramson] será la editora jefa de noticias no sólo en el papel sino también en el sitio web. Susan Chira será la editora de nuestra información internacional tanto si aparece en el diario impreso como en Nytimes.com. Y así con el resto. Nos llevará un cierto tiempo acostumbrarnos a esto, y una gran parte de la responsabilidad de Jon será ayudarnos a absorber estas nuevas responsabilidades y sacar el máximo provecho de ellas.

Un proyecto de esta envergadura está lleno de complicaciones, pero estamos convencidos de que es el momento adecuado de afrontarlo y que no puede ser un proyecto que se quede a medio camino. A juzgar por la emoción que ha surgido en ambas redacciones y por la magnitud que reconocemos que tiene, sabemos que muchos de vosotros compartís ya nuestra convicción.

Bill Keller
Martin Nisenholtz

Más información:

- Entrevista a Bill Keller y Martin Nisenholtz sobre la integración de la redacción del *Times* en la web OJR: "GrayLady.com: NY Times explodes wall between print, Web".

Fichaje del responsable del nuevo departamento de I+D

Otra de las novedades de ese año fue el impulso a la creación de un grupo de investigación y desarrollo en *The New York Times*.

En diciembre de 2005 el *Times* anunció el nombramiento de Michael Zimbalist como nuevo vicepresidente de investigación y desarrollo de la compañía. Zimbalist era por aquel entonces el presidente de la Online Publishers Association (OPA), la principal asociación estadounidense de editores digitales (hoy llamada Digital Content Next).

Zimbalist se convertía así en el impulsor de una iniciativa que Martin Nisenholtz ya había querido implantar en el *Times*, sin éxito, en 1995, durante su primer año en la compañía: un departamento de investigación y desarrollo que iba a ser pionero en el mercado de los medios. (Ver capítulo sobre el departamento de I+D).

Estas fueron las 50 palabras más frecuentes en la carta a los accionistas del *Times* del año 2005

16

2006: Nace la web móvil y se lanzan los primeros podcasts y blogs

Los máximos responsables de The New York Times Company consideraban que, en 2006, la compañía se encontraba "en medio de una extraordinaria transformación", mayor a cualquier otra ocurrida a lo largo de sus vidas, según podía leerse en la carta anual a los accionistas enviada por el presidente, Arthur Sulzberger, y la CEO, Janet L. Robinson. Cómo seguir haciendo un "periodismo excepcional" en un mundo que la tecnología estaba cambiando rápidamente era el gran reto.

Ese año, rompiendo una larga tendencia de resultados positivos, el grupo presentó unas pérdidas de 543 millones de dólares debido básicamente a un enorme cargo contable por valor de 814 millones de dólares que reflejaba la pérdida de valor del New England Media Group (NEMG), del que formaban parte los diarios *The Boston Globe* y *The Worcester Telegram & Gazette*.

La segunda mitad de 2006 fue especialmente dura para el *Globe*, que estaba sufriendo una fuerte caída de los ingresos publicitarios. The New York Times Company había comprado *The Boston Globe* en 1993 por la cantidad de 1.100 millones de dólares. Algunas evaluaciones externas realizadas en 2006 para determinar el valor del diario ante una posible venta lo situaban entre 500 y 600 millones de dólares. Por *The Telegram & Gazette*, el grupo del *Times* había pagado 296,3 millones de dólares en el año 2000. Estos dos periódicos se terminaron vendiendo en el año 2013 a John W. Henry, propietario de los Red Sox —el equipo de béisbol de la ciudad de Boston— y del Liverpool, uno de los equipos más emblemáticos del fútbol británico, por sólo 70 millones de dólares.

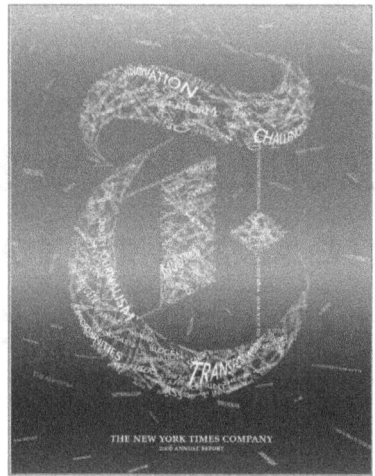

Portada de la memoria anual del año 2006 de The New York Times Company. Fuente: nytco.com

Otros diarios del país pasaban por una situación similar, con valoraciones que los situaban muy por debajo de sus precios de venta recientes, y la situación iría empeorando con el paso de los años.

A pesar de ello, los medios impresos seguían siendo el centro del negocio de The New York Times Company. "Las audiencias diarias de los periódicos impresos tradicionales —se podía leer en la carta anual— son todavía significativamente mayores que las de sus sitios web, y el medio impreso logra altos niveles de *engagement* con los lectores".

Como parte de la continuada apuesta por el soporte impreso, la compañía lanzó en 2006 dos nuevas revistas: PLAY, una revista deportiva de *The New York Times*, y KEY, una revista también del *Times* dedicada al mercado inmobiliario.

En cualquier caso, el conjunto de webs de la compañía seguía escalando posiciones en el ranking de Estados Unidos, situándose a finales de ese año en la novena posición con 44,2 millones de usuarios únicos. La audiencia media mundial de NYTimes.com alcanzó en 2006 los 14,8 millones de usuarios únicos, según los datos internos del *Times*.

En el ámbito digital, en 2006 se implementaron varias mejoras: se rediseñó completamente la web NYTimes.com, con una apuesta más decidida por el vídeo y por elementos de personalización como My Times, que permitía capturar titulares de otras páginas web escogidas por los usuarios. También se relanzó el canal vertical inmobiliario (Real Estate).

Los ingresos digitales iban representando año tras año una parte mayor del total de ingresos. Si en 2004 habían supuesto el 4%, en 2006 superaron el 8%, con una cifra absoluta de 274 millones de dólares, incluidos los ingresos de About.com.

El servicio de pago TimesSelect –que como se ha señalado fue lanzado el año anterior y se cerraría en 2007– alcanzó a finales de 2006 los 627.000 suscriptores, aunque únicamente el 34% eran nuevos suscriptores digitales (el 66% restante eran suscriptores del diario impreso dados de alta en el servicio).

La integración del mundo impreso y digital seguía siendo uno de los objetivos impulsados por la dirección en toda la compañía, y no únicamente en las redacciones de los periódicos sino también en sus equipos publicitarios. Así, en 2006 se unificaron los equipos editoriales y de ventas en todos los diarios del grupo.

El año 2006, cuando todavía no se había lanzado al mercado el revolucionario iPhone de Apple, marcó el inicio de la apuesta por los dispositivos móviles que tan relevante ha acabado siendo para los medios. Asi, el 7 de septiembre de 2006 se lanzó la versión móvil de la web del Times: mobile.nytimes.com.

Pero 2006 también supuso un cambio de orientación importante en la configuración de las propiedades y los intereses del grupo. La apuesta por la construcción de una nueva sede –el traslado se realizaría al año siguiente– suponía un esfuerzo financiero importante. Además, la voluntad de reducir la deuda del grupo era también uno de los objetivos de la dirección. Por todo ello, la compañía decidió vender sus propiedades en el ámbito de la televisión y la radio. En 2006 se vendió el 50% que tenía el grupo en Discovery Times Channel por 100 millones de dólares y se alcanzó un acuerdo para vender todo el grupo de estaciones de televisión por 575 millones de dólares.

Tercer rediseño de NYTimes.com

El 3 de abril de 2006 el diario *The New York Times* presentó un nuevo diseño de su página web, que se iría implementando durante los meses siguientes. Se trataba de la tercera gran renovación de NYTimes.com desde sus inicios.

Las mejoras introducidas en esta tercera versión de la web del *Times* –que se ensanchó aprovechando el mayor tamaño de los monitores– se podrían resumir en cuatro conceptos: navegación más sencilla y efectiva, diseño más claro, mayores opciones de personalización y mayor presencia del vídeo.

La web pasó a contar con nuevas secciones y servicios:

- My Times: disponible inicialmente por invitación, esta opción permitía crear páginas personalizadas con contenidos procedentes de la web del diario y de otros sitios, escogidos por cada usuario. Los periodistas del *Times* sugerían páginas sobre los temas en los que eran expertos.

- Vídeo: por primera vez los vídeos producidos por *The New York Times* se agrupaban en una sección específica. Además, también tenían presencia en la portada y en otras partes de la web.

- Today's Paper: una sección que sigue estando disponible actualmente en la que se presentan todos los titulares publicados en la edición impresa del día agrupados por secciones.

- Most Popular: listados de los artículos más compartidos por correo electrónico y más enlazados en blogs, además de las palabras buscadas con más frecuencia.

- Times Topics: otra novedad que se ha mantenido con el tiempo. Creación de miles de páginas temáticas en las que se agrupan todos los contenidos publicados por el *Times* sobre el tema respectivo. Un servicio muy útil para los usuarios… y para mejorar la indexación en los buscadores.

La web estrenó también portada principal y nuevas portadas de secciones, y un sistema nuevo de navegación con una barra horizontal superior, presente tanto en las secciones como en los artículos, para facilitar el acceso directo a otras áreas de la web desde cualquier parte del sitio.

La publicidad también contó con mejoras en esta tercera versión, con posiciones más destacadas tanto en la portada como en el resto de la web y con la introducción del formato *pre-roll* (un breve anuncio en formato vídeo ofrecido antes del vídeo informativo).

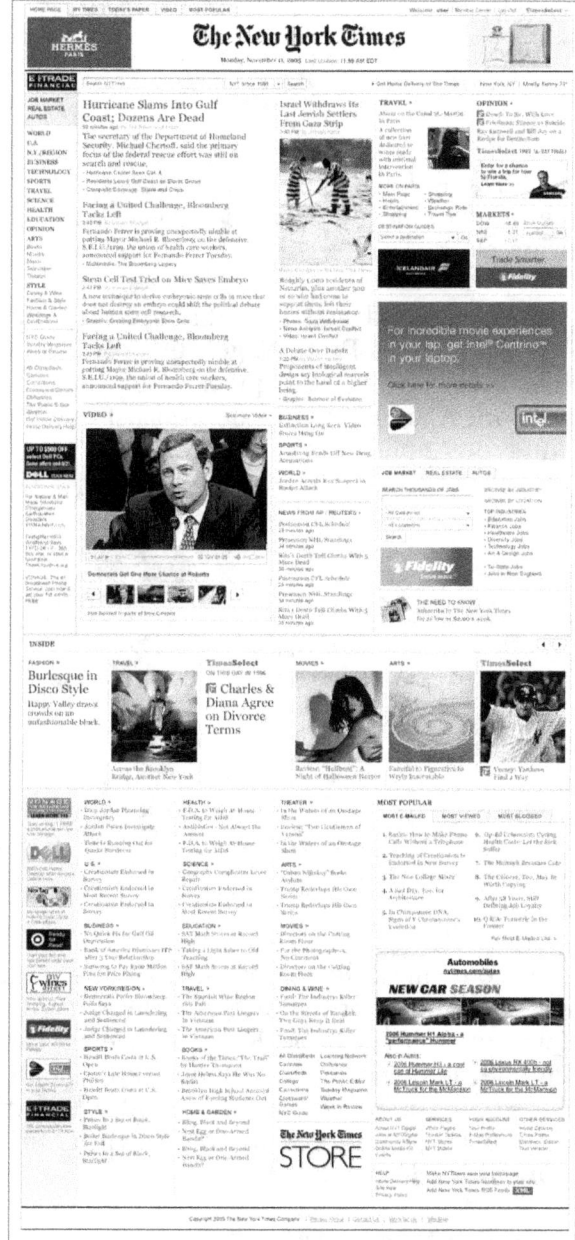

Ejemplo de portada de NYTimes.com para su tercer rediseño, lanzado en 2006. Fuente: nytco.com

El trabajo de rediseño se realizó en colaboración con la agencia interactiva Avenue A | Razorfish, actualmente llamada Razorfish.

En un mensaje dirigido a los lectores de NYTimes.com, el entonces responsable editorial de la web, Leonard M. Apcar, dijo que el objetivo principal del nuevo diseño, en el que se había estado trabajando durante un año, era hacer "más simple y más útil" la experiencia de visitar la web.

Los primeros podcasts del *Times*

El 26 de enero de 2006 se dio el pistoletazo de salida a una nueva iniciativa periodística del *Times*: un servicio de podcast con el que se quería hacer llegar a los usuarios el contenido del diario en nuevos formatos.

Entre los podcasts inicialmente disponibles se encontraba "The New York Times Front Page", que ofrecía un resumen de los principales titulares del día y que se situó rápidamente entre las primeras posiciones en el ranking de podcasts más descargados del servicio iTunes de Apple.

Dos de los primeros podcasts lanzados por *The New York Times*.

Otros podcasts de esa fase inicial del servicio eran "Culture and Dining", "Olympics Update" y "TimesTalks", éste último con entrevistas a personajes invitados a la serie de conferencias organizadas por el diario.

El 30 de abril de ese año se ofreció el primer episodio del podcast más veterano de entre los que sigue ofreciendo el *Times*: "Inside The New York Times Book Review". Desde esa fecha, este podcast ha acudido fielmente, cada semana, a su cita con los oyentes para hablar con autores sobre sus novedades literarias o contar interioridades sobre el mundo de los libros. *(Más información en el capítulo sobre los podcasts del Times.)*

Primer blog de *The New York Times*

El Mundial de Fútbol del año 2006, disputado en Alemania y ganado por Italia, fue el acontecimiento que aprovechó *The New York Times* para estrenarse en el mundo de los blogs.

El 25 de mayo de 2006, con el título "The blog is round", se publicó la primera entrada del primer blog del *Times*, "World Cup '06".

El título de ese primer post jugaba con las palabras en inglés de la mítica frase pronunciada en su día por el ex jugador y entrenador alemán Sepp Herberger, "El balón es redondo" ("The ball is round").

El objetivo era el de aprovechar el formato más informal de un blog para ofrecer una narración distinta, actualizada de manera casi permanente, sobre el Mundial, como parte de la cobertura global del diario sobre el principal acontecimiento futbolístico del mundo. De hecho, una de las principales innovaciones de este espacio fue la cobertura en directo de todos los partidos disputados en Alemania 2006. El blog se dejó de actualizar el 15 de julio, unos días después de la famosa final que Italia ganó a Francia en la tanda de penaltis y en la que el mejor jugador francés de entonces, Zinedine Zidane, fue expulsado por propinar un cabezazo al italiano Materazzi en respuesta a sus insultos.

Según se explica en el especial sobre los 20 años de historia de la web del *Times*, el éxito de esa primera experiencia llevó a la creación de un segundo blog, titulado "The Lede", que se utilizó como apoyo a la cobertura periodística de grandes noticias nacionales e internacionales de última hora.

Durante los años siguientes, periodistas y corresponsales del *Times* de múltiples lugares del mundo participaron en este blog, que sirvió para complementar la información del diario con referencias a contenidos interesantes publicados por otras páginas sobre acontecimientos como el tiroteo en Virginia Tech de 2007, las protestas en Irán del año 2009, la Primavera Árabe del 2011 o las bombas del maratón de Boston de 2013. The Lede permitió también agilizar la cobertura de las noticias con actualizaciones en tiempo real.

The Lede dejó de actualizarse el 14 de julio de 2014 ("The Lede is Going Dark"). Los valores positivos que había aportado a la cobertura periodística del *Times* habían pasado a formar parte del trabajo habitual de la redacción, de manera que ya no tenía sentido mantenerlo como un espacio diferencial.

Decenas de nuevos blogs verían la luz en los meses y años siguientes en *The New York Times*, para luego irse reduciendo drásticamente: en febrero de 2017, el *Times* únicamente mantenía cinco blogs activos. Como se explica en el capítulo específico dedicado a los blogs, en buena parte de los casos el trabajo realizado en los blogs había quedado integrado en la cobertura informativa diaria de las secciones correspondientes.

Lanzamiento de la versión móvil de NYTimes.com

El 7 de septiembre del año 2006 fue una fecha histórica para el *Times*: se lanzó la primera versión móvil de su sitio web, disponible en mobile.nytimes.com.

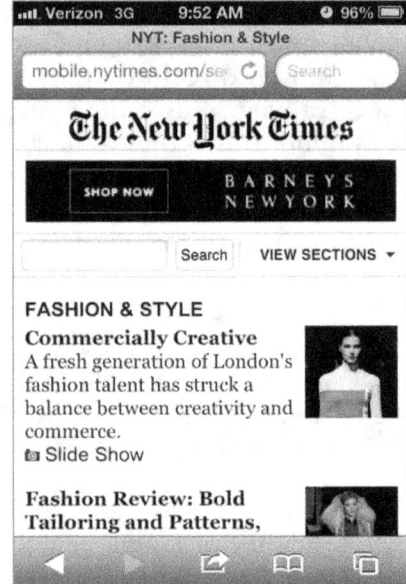

Captura de pantalla de la primera versión móvil de NYTimes.com. Fuente: nytco.com

En ese momento era muy difícil prever la enorme repercusión que tendrían los teléfonos móviles inteligentes para el futuro de los medios digitales. Actualmente –principios del año 2017–, los móviles aportan el mayor volumen de tráfico a la web del *Times* y a otras muchas páginas informativas, y la estrategia global de The New York Times Company pasa por ofrecer la mejor experiencia posible a los usuarios en este entorno.

En el comunicado en el que se anunció el nuevo sitio móvil se hablaba de utilizarlo en teléfonos o PDAs preparados para conectarse y navegar por internet. La directora general de NYTimes.com en aquella época, Vivian Schiller, afirmó que "el sitio móvil NYTimes.com refuerza nuestro compromiso para ofrecer a los lectores el periodismo de alta calidad de *The New York Times* en todas las plataformas".

En esa primera versión móvil de NYTimes.com se ofrecían los mismos contenidos informativos que se publicaban en la web. Los lectores podían escanear los titulares que se ofrecían en la portada y en las portadas de secciones y acceder al texto completo de cada noticia.

Para intentar facilitar al máximo la vida al lector, el objetivo fue ofrecer un sistema de navegación similar al de la web. Los usuarios no tenían que registrarse para poder leer las noticias del día o de los siete días anteriores. El registro sí era necesario, en cambio, si querían compartir una noticia por correo electrónico o si eran suscriptores del servicio de pago TimesSelect —activo en esos momentos— y querían leer los artículos de opinión incluidos en el mismo.

Desde el primer momento el sitio móvil del *Times* contó con publicidad: un pequeño banner en la parte superior del sitio y el patrocinio de las herramientas de los artículos. El primer anunciante fue Microsoft Windows Mobile.

El desarrollo del primer sitio móvil del *Times* se realizó en colaboración con la compañía de origen finlandés Starcut USA.

Estas fueron las 50 palabras más utilizadas en la carta a los accionistas del año 2006

17

2007: Inauguración del nuevo edificio del *Times*

2007 fue un año muy duro para el sector de la prensa en Estados Unidos. Se produjo una histórica caída de los ingresos publicitarios y la circulación siguió bajando en porcentajes en algunos casos alarmantes. Todo ello se tradujo en despidos generalizados y en ventas o cierres de cabeceras. Y aunque los ingresos por la actividad digital iban aumentando –como también lo hacían los lectores online-, la mejora no conseguía en absoluto compensar la reducción del negocio impreso. En conjunto, los ingresos digitales representaron el 7,5% del total de ingresos del sector.

Los ingresos publicitarios de los periódicos estadounidenses cayeron un 7,9% en el año 2007 (un 9,4% sin considerar los ingresos digitales). Era la segunda peor caída en más de medio siglo, según datos de la entonces denominada Newspaper Association of America (NAA), hoy News Media Alliance (NMA) tras el cambio de nombre aplicado en 2016 para adaptarse a una nueva realidad en la que las tradicionales cabeceras periodísticas se han convertido en empresas informativas presentes en múltiples soportes y plataformas, no sólo en el medio impreso.

Además, a la crisis estructural que estaba viviendo la prensa tradicional se sumaron los efectos de la incipiente crisis económica global que se traduciría en los años siguientes en una de las recesiones económicas más severas de la historia.

En su carta anual a los accionistas, los máximos directivos de The New York Times Company explicaron que "aunque creemos que el diario impreso seguirá siendo un medio viable durante muchos años, la circulación y la publicidad impresa en conjunto han ido cayendo en todo el sector durante los últimos años. Nuestro trabajo, por tanto, es aumentar nuestro negocio digital suficientemente rápido para compensar las caídas del negocio impreso". Y para lograrlo pensaban aumentar el porcentaje de ingresos y beneficios procedente de las actividades digitales y seguir realizando adquisiciones en el ámbito digital.

A pesar de todo, *The New York Times* superó ese difícil año con mejores resultados que el conjunto del sector. La publicidad en el diario cayó un 3,6% (representó 1.222,8 millones de dólares), pero los ingresos por circulación aumentaron un 1,4% (646 millones de dólares) y la categoría de otros ingresos también creció (un 6,7%, con un total de 183,1 millones). En conjunto, los ingresos ese año del *Times* cayeron un 1,2%.

Portada de la memoria anual del año 2007 de The New York Times Company. Fuente: nytco.com

En cifras absolutas, la circulación global cayó, en parte por la reducción voluntaria de ejemplares distribuidos a precios más baratos, pero el aumento del precio de las suscripciones permitió compensar esa caída. El diario contaba en 2007 con más de 800.000 "suscriptores leales", identificados por el *Times* como aquellos que llevaban más de dos años como suscriptores.

Por lo que respecta a la compañía en su conjunto, The New York Times Company volvió a la senda de los beneficios en 2007: 209 millones de dólares sobre unos ingresos totales de 3.200 millones de dólares.

En el apartado digital, los ingresos ascendieron a 330 millones de dólares, un 20% más que el año anterior, y pasaron a representar algo más del 10% del total. Los sitios web de The New York Times Company sumaban a finales de año 48,7 millones de usuarios únicos, situándose en el décimo puesto del ranking global de EE.UU.

En NYTimes.com, buena parte de los esfuerzos digitales de ese año estuvieron orientados a mejorar diversos canales verticales (viajes, salud, negocios y tecnología) y a incrementar las opciones multimedia e interactivas en el conjunto de la web (vídeos, podcasts, slideshows, herramientas interactivas y blogs). También se lanzó la web de "T Magazine", la revista de estilo del *Times*.

Como ya se ha señalado anteriormente, en septiembre de 2007 se decidió dar por finalizado el experimento de contenidos de pago de TimesSelect, de manera que los artículos de Opinión volvieron a ofrecerse de manera gratuita con la esperanza de aumentar el tráfico y generar más ingresos publicitarios. Unos meses antes, en marzo, se había lanzado Times Reader, un producto de pago que permitía leer el diario en un formato digital pero similar al diseño de un periódico.

Inauguración del nuevo edificio del *Times*

El 19 de noviembre de 2007 fue una jornada histórica para el *Times*. Ese día inauguró oficialmente su impresionante nueva sede, un rascacielos ubicado en el número 620 de la Octava Avenida, entre las calles 40 y 41, diseñado por el arquitecto italiano Renzo Piano.

El diario abandonaba así la histórica sede que había ocupado desde el año 1913 en la Calle 43. De hecho, el traslado del personal del *Times* se había realizado unos meses antes, entre los meses de abril y junio de ese mismo año.

El traslado de la redacción al nuevo edificio representaba también todo un símbolo de la transición del mundo impreso al digital que estaba viviendo el *Times*. El viejo edificio, como explicaban los directivos del grupo, había sido construido como una planta de impresión, mientras que "nuestro nuevo edificio incluye la tecnología que necesitamos como organización informativa del siglo XXI". Además, la nueva redacción permitió una mayor integración real de los equipos impreso y digital, que empezaron a trabajar bajo un mismo techo tras haber estado en edificios separados durante los años anteriores.

El nuevo edifico del *Times* era la sexta sede que ocupaba el diario desde su fundación en 1851. Las tres primeras estaban en la parte baja de Manhattan, cerca del Brooklyn Bridge. Las tres siguientes, en Midtown. Estas son las seis ubicaciones concretas:

- **1851**: 13 Nassau Street
- **1854**: 138 Nassau Street
- **1858**: 41 Park Row
- **1905**: Broadway/42nd Street. Poco después, Long Acre Square cambió su nombre por el de Times Square en honor precisamente al *Times*. La plaza es el punto neurálgico de la ciudad de Nueva York.
- **1913**: 229 West 43rd Street. El nombre original del edificio fue The Times Annex. En 1942, el edificio de 1475 Broadway pasó a llamarse The Times Tower, y The Annex pasó a ser The Times Building. En 1961, The Times Tower fue vendida.
- **2007**: 620 Eight Avenue

En la web corporativa de The New York Times Company se ofrece amplia información sobre el actual edificio del *Times*.

El edificio de *The New York Times* ubicado en la Octava Avenida de Manhattan.
Foto: Ismael Nafría

Murdoch compra el WSJ

A finales de 2007, uno de los principales rivales de *The New York Times*, el diario *The Wall Street Journal*, fue adquirido por el grupo News Corp, propiedad del magnate Rupert Murdoch. Se ponía así fin a una larga etapa de 105 años en los que la familia Bancroft había controlado este periódico. El grupo de Murdoch había ofrecido 5.300 millones de dólares por el grupo Dow Jones, editor hasta entonces del WSJ, en lo que se interpretó como una clara muestra de confianza por el futuro de este diario por parte de News Corp.

Apertura de la cuenta de Twitter

También en el año 2007 el *Times* abrió su primera cuenta en Twitter, @nytimes. Y se podría decir que fue una operación casi clandestina.

Un desarrollador del diario, Jacob Harris, activó a principios de marzo de 2007 la cuenta del *Times* alimentándola de manera automática desde un ordenador que tenía bajo su escritorio. Utilizó el feed RSS de la web para poder consultar más fácilmente los titulares del diario desde su móvil. Así lo explicó unos años después la ex reportera del NYT Jennifer Lee en uno de los capítulos del libro *Page One: Inside The New York Times and the Future of Journalism*, editado por el periodista David Folkenflik en 2011 y publicado por PublicAffairs con motivo del lanzamiento del documental con el mismo título.

Según el servicio Discover de Twitter, el primer tuit de *The New York Times* se publicó el 5 de marzo de 2007 a las 13.16 horas.

Durante las primeras semanas, incluso meses, la cuenta tuvo muy pocos seguidores. Pero un fin de semana el ordenador se quedó sin corriente, lo que interrumpió momentáneamente la actualización de la cuenta del *Times* en Twitter y Jacob Harris recibió un correo electrónico en el que se le informaba que un usuario se había quejado por esa interrupción. Al parecer, había más usuarios pendientes de ese servicio de lo que se suponía.

Pasados unos meses, el 1 de octubre de 2007, Harris publicó una entrada en el blog Open del *Times*, escrito por el equipo de desarrolladores del diario, en el que explicaba que @nytimes había alcanzado la cifra de mil seguidores. Mostró su alegría y agradecimiento por el éxito alcanzado, que no se esperaba, y explicó con gracia que posiblemente eso significaba que había llegado el momento de convertir la cuenta de Twitter en un producto "oficial" del *Times*, cediendo el control de la misma a quien correspondiera.

De esos mil seguidores que tenía la cuenta del diario a principios de octubre de 2007 se ha pasado a 33,6 millones en febrero de 2017, sin contar todos los otros seguidores que tiene el diario en Twitter a través de su otro medio centenar de cuentas, especializadas en secciones o áreas temáticas.

Las 50 palabras más utilizadas en la carta anual
a los accionistas del *Times* del año 2007.

18

2008: La publicidad cae un 13% y primera app para iPhone

2008 fue un año extremadamente complicado para la economía de Estados Unidos. El sector de la prensa siguió perdiendo terreno, con audiencias globales al alza si se combinan los lectores impresos y digitales, pero con resultados económicos nefastos, especialmente por la caída de los ingresos publicitarios.

En el caso de The New York Times Company, la reducción global de ingresos fue del 8%, debido fundamentalmente a la pérdida de un 13% de ingresos publicitarios. Los ingresos por circulación aumentaron un 2% y los costes se redujeron un 5%, pero eso no fue suficiente para lograr un resultado positivo y la compañía acabó perdiendo 57,8 millones de dólares.

Del total de ingresos de la compañía, el 65% lo aportaba The New York Times Media Group. Los diarios del New England Media Group (especialmente *The Boston Globe*) suponían el 18%. El Regional Media Group, formado por 15 diarios regionales, representaba el 13% de los ingresos, mientras que el grupo About suponía el 4% restante.

En febrero de 2008 el entonces director del diario, Bill Keller, anunció una reducción de la plantilla del *Times* de un centenar de personas. En ese momento, la redacción del periódico estaba formada por 1.332 profesionales, la cifra más elevada en la historia del

Times y la mayor de cualquier redacción de Estados Unidos. El presupuesto anual de esta redacción se situaba por encima de los 200 millones de dólares. Los periódicos que más se acercaban a las cifras de *The New York Times* en cuanto al tamaño de la redacción eran *Los Angeles Times* (que entonces contaba todavía con unos 900 profesionales tras haber llegado a los 1.200), *The Washington Post* (alrededor de 800) y *The Wall Street Journal* (unos 750). A finales de año, según informaciones publicadas por el propio diario, la redacción del *Times* se situó en unas 1.300 personas debido a la incorporación de nuevos perfiles profesionales para dar respuesta a los nuevos retos digitales.

Portada de la memoria anual del año 2008 de The New York Times Company. Fuente: nytco.com

La industria de los medios seguía viviendo "cambios sísmicos" debido al creciente traspaso de lectores hacia las plataformas digitales y a los bajos precios que se pagaban por la publicidad digital comparada con la impresa.

En su carta anual, la dirección de la compañía explicaba que "mientras creemos que los periódicos seguirán siendo un importante medio en los años venideros, también nos damos cuenta de que debemos ofrecer nuestro periodismo de alta calidad a través de un número creciente de vías. Por esa razón, hemos estado trabajando durante un tiempo en transformar The New York Times Company de una empresa centrada primordialmente en el medio impreso a una compañía crecientemente enfocada en lo digital y cada vez más multiplataforma en lo que respecta a la distribución".

Las preguntas fundamentales que se hacían los directivos responsables del negocio trataban sobre "cómo seguir ofreciendo productos impresos que centenares de miles de nuestros lectores aprecian mientras atraemos la atención de una nueva generación de consumidores", o sobre "cómo conseguimos que nos paguen por el periodismo que ofrecemos online". Respecto a esta última pregunta, las experiencias de pago que había intentado la compañía en internet no habían dado el resultado esperado, y todavía tardaría varios años en dar con la apuesta adecuada.

En el ámbito digital, el negocio de The New York Times Company creció un 7%, hasta alcanzar los 352 millones de dólares, lo que representaba el 12% del total de ingresos (frente al 10% del año anterior). La audiencia de los sitios web del grupo se situó en 50,8 millones de usuarios al mes en Estados Unidos (12º en el ranking general).

En la web NYTimes.com se mejoraron las secciones de Tecnología y Negocios y se ampliaron las herramientas y los contenidos multimedia. Se lanzó el servicio **TimesPeople**, que permitía a los usuarios compartir sus artículos recomendados (177.000 lectores participaron en la iniciativa), se empezaron a ofrecer los llamados **Times Widgets** (que permitían presentar contenidos del *Times* en otras páginas) y se lanzó **Times Extra**, una vista alternativa de la portada de la web en la que aparecían titulares y enlaces de otros medios acompañando a las noticias del *Times*.

En septiembre de 2008, durante la campaña electoral de las presidenciales de Estados Unidos, el *Times* ofreció la primera emisión de vídeo en directo a través de la home de NYTimes.com. El evento emitido fue el primer debate presidencial que celebraron los candidatos Barack Obama y John McCain.

App para iPhone

El 10 de julio de 2008 se presentó la primera aplicación para iPhone de *The New York Times*, coincidiendo con el lanzamiento de la App Store de Apple. El iPhone, anunciado en enero de 2007 por el fundador de Apple, Steve Jobs, se había empezado a vender en junio de 2007 y estaba revolucionando completamente la industria de la telefonía móvil. Un año después de la salida al mercado, Apple lanzó la App Store, que permitía a terceras empresas ofrecer sus propias aplicaciones para el iPhone, y *The New York Times* fue una de ellas.

Esa primera versión de la app del *Times* permitía la lectura de artículos sin necesidad de conexión a internet (una vez descargado el contenido), ofrecía un sistema rápido de consulta de las noticias, permitía navegar por la información a partir de las fotos y dejaba que el usuario personalizase las secciones.

Nobel de Economía para Krugman

Además de dos premios Pulitzer, ese año el *Times* celebró la concesión del Premio Nobel de Economía a uno de sus columnistas más destacados, el economista y profesor Paul Krugman.

Y en la edición de ese año de los Webby Awards, considerados por muchos como los premios más relevantes del sector de internet, el diario obtuvo ocho galardones, entre ellos el de mejor sitio web de noticias.

Las 50 palabras más utilizadas en la carta a los accionistas incluida en la memoria anual de The New York Times Company del año 2008

19

2009: El peor año en décadas para la prensa de Estados Unidos

El año 2009 fue una pesadilla para el negocio de los periódicos. El peor ejercicio en décadas. La publicidad había sido tradicionalmente la principal fuente de ingresos de los diarios, de manera que cualquier retroceso en este mercado afectaba de manera muy directa al negocio. Ese fue de manera especialmente dramática el caso en el año 2009, en el que los ingresos por publicidad de The New York Times Company cayeron nada más y nada menos que un 25%.

Eso hizo que los ingresos totales se quedaran en 2.400 millones de dólares, un 17% menos que el año anterior. Los ingresos por circulación, en cambio, volvieron a aumentar, aunque de manera modesta (3%), gracias al incremento del precio tanto de las suscripciones como de los ejemplares. La circulación diaria entre semana del *Times* bajó por primera vez en muchos años del millón de ejemplares (la media anual se quedó en 959.200 copias), mientras que los domingos las ventas se situaron en 1.405.200 ejemplares, 46.000 menos que el año anterior.

Para intentar mantener la rentabilidad del negocio —lo que se consiguió, con unos modestos beneficios de 19,9 millones de dólares—, no quedó otra solución que recortar gastos de manera muy agresiva. En concreto, la compañía los redujo en 475 millones de dólares, un 17,1% menos que en 2008. Además del cierre de su deficitaria empresa de distribución City and Suburban, el grupo recortó salarios y otras ventajas de los empleados y eliminó centenares de puestos de trabajo (terminó el año con un 18% menos de empleados que el año anterior). A finales de 2009 The New York Times Company contaba con 7.665 trabajadores (frente a los 9.346 del año anterior y los 14.000 del año 2000). En el caso de The New York Times Media Group, el número de trabajadores quedó en 3.222 frente a los 4.076 del año 2008.

Por otra parte, también con el objetivo de ahorrar dinero, en febrero de 2009 se decidió suspender el dividendo que se pagaba hasta entonces a los accionistas. Los dividendos volverían a pagarse a partir de octubre de 2013.

Ante la necesidad imperiosa de encontrar nuevas fuentes de ingresos, la compañía anunciaría a principios de 2010 que había decidido implementar un modelo de pago en NYTimes.com a partir de principios de 2011. Tras un profundo estudio, el modelo escogido fue el llamado en inglés *metered paywall*: un muro de pago en el que se ofrece al usuario la posibilidad de leer una serie de artículos de manera gratuita cada mes y se le cobra una suscripción si quiere consultar la web sin restricciones.

En la carta a los accionistas con la que se abría el informe del año 2009, Arthur Sulzberger y Janet L. Robinson explicaban las "virtudes" que tenía ese modelo: "Su flexibilidad nos permite mantener una proporción adecuada entre el contenido gratuito y el contenido de pago, preservar nuestro exitoso negocio publicitario y seguir siendo una parte vibrante de la web impulsada por las búsquedas".

Portada de la memoria anual del año 2009 de The New York Times Company.
Fuente: nytco.com

El tiempo ha demostrado que la adopción de este modelo de pago ha sido sin lugar a dudas una de las más trascendentes y mejores decisiones de negocio –si no la mejor– adoptada por *The New York Times* en la última década, y una de las bases más sólidas sobre las que el diario está asentando su futuro. *(La exitosa evolución del número de suscriptores digitales del Times se analiza de manera detallada en el capítulo de gráficos y más adelante en este mismo capítulo).*

Preservar la máxima calidad periodística en sus medios ha sido históricamente una de las premisas fundamentales aplicadas por la dirección de la compañía a la hora de tomar decisiones. Por este motivo, la obtención de premios periodísticos se celebra cada año de manera muy especial. Así sucedió por ejemplo con los cinco Pulitzer ganados por *The New York Times* en 2009 en categorías tan variadas como la información de última hora, el reportaje de investigación, la información internacional, la crítica de arte y la fotografía.

Negocio digital

El camino de la transformación digital y multiplataforma siguió marcando ese año buena parte de la actividad de la compañía. En 2009 los ingresos digitales –incluidos los generados por About.com– aumentaron un 4,1%, alcanzando los 337,4 millones de dólares y representando el 14% del total del grupo.

El acceso a través de dispositivos móviles seguía ganando terreno, alcanzando los 75 millones de páginas vistas al mes entre la web móvil del *Times* y las apps (en ese momento, disponibles para iPhone, Palm Pre y BlackBerry).

Las redes sociales se estaban convirtiendo también en otro de los focos de atención de los medios de la compañía. Así, *The New York Times* superó ese año los 2 millones de seguidores en Twitter y los 500.000 fans en Facebook.

En su afán por innovar, la web del NYTimes presentó en 2009 iniciativas como **Times Skimmer**, una nueva aplicación que permitía consultar el diario online con una experiencia similar a la que ofrece la lectura del diario impreso, o **Times Wire**, donde se presentaban en orden cronológico las noticias producidas por la web.

NYTimes.com también organizó ese año su primer evento **Times Open**, en el que reunió a desarrolladores y representantes de la industria para debatir y aprender sobre nuevas aplicaciones, recursos útiles y tendencias que estaban determinando el futuro de la web. El evento reflejaba muy bien el foco que la compañía tiene puesto de manera permanente en la innovación, la investigación y el desarrollo para ir mejorando sus productos.

The New York Times Company vendió en 2009 algunas de sus propiedades con el objetivo básico de reducir su deuda, lo que hizo por la cantidad de 290 millones de dólares (quedando en 769 millones a finales de año). El grupo se deshizo de su emisora neoyorquina de música clásica, de uno de sus diarios regionales (el *TimesDaily* de Florence, Alabama) y de varios edificios de su grupo de periódicos regionales. Durante ese año exploró también la posible venta del New England Media Group (*The Boston Globe*), pero finalmente no se llevó a cabo ninguna operación.

The International New York Times

A finales de marzo de 2009, el *Times* lanzó la que llamó The Global Edition, disponible en global.nytimes.com. Esa edición de la web del diario combinaba la oferta del *International Herald Tribune* con el resto de contenidos y servicios de NYTimes.com, y tenía el objetivo de ofrecer una visión global de la actualidad dirigida al mercado internacional. Los usuarios de www.IHT.com fueron redirigidos a la nueva edición digital. Por su parte, los usuarios de NYTimes.com podían escoger entre la edición de Estados Unidos o la edición global.

El cambio también implicó cambios en la organización del trabajo de los equipos de Nueva York, París y Hong Kong. En concreto, y con el objetivo de contar con un servicio informativo global que cubriera las 24 horas del día, se crearon equipos específicos para cubrir de manera más ágil la información de última hora. El *Times* nombró a Martin Gottlieb editor responsable de la edición global.

Préstamo de 250 millones de dólares de Carlos Slim

Desde el punto de vista financiero, uno de los episodios más relevantes de ese año fue el acuerdo, anunciado en enero de 2009, con el multimillonario empresario mexicano Carlos Slim, una de las personas más ricas del planeta, que concedió un préstamo a The New York Times Company por valor de 250 millones de dólares a un interés del 14%.

En ese momento, Carlos Slim poseía cerca del 7% de las acciones Clase A de la compañía, que son las que cotizan en bolsa. Con el objetivo de mantener el control del diario y del negocio, la familia Ochs-Sulzberger había establecido un sistema dual de acciones para

The New York Times Company. La familia está en posesión de las acciones Clase B, que son las que permiten elegir a la mayor parte del consejo directivo de la compañía y, por tanto, otorgan el control de la misma.

Las acciones Clase A –que son las que poseen Carlos Slim, diversos inversores institucionales como Black Rock, JHL Capital Group, Vanguard Group, Fairpointe Capital o Contrarius Investment, o cualquier inversor individual que compre acciones del *Times* en bolsa– tienen limitado el derecho de voto y, por tanto, no permiten a ningún tercero llegar a tomar el control de la empresa. La única manera de cambiar eso sería que la familia Ochs-Sulzberger decidiera vender las acciones Clase B. Sin embargo, hasta el día de hoy, la familia siempre ha salido decididamente al paso para atajar cualquier rumor que apuntara esa posibilidad y ha reafirmado en todo momento, repetidas veces, su compromiso absoluto con el diario y su intención de mantener su independencia y su apuesta por la máxima calidad periodística posible.

Según el acuerdo alcanzado con Carlos Slim, el empresario mexicano podría llegar a adquirir otro importante paquete accionarial al precio de 6,36 dólares por título en enero de 2015. Slim finalmente ejecutaría ese acuerdo, convirtiéndose así en el principal accionista de la empresa con el 16,8% del total de acciones de clase A (con cerca de 28 millones de títulos). En declaraciones a la agencia Reuters efectuadas unos meses antes, en julio de 2014, Slim había mostrado ya su intención de hacer valer el derecho de compra ya que el precio era muy competitivo y, para él, se trataba de "una inversión financiera que ha sido muy positiva". En el momento en que Slim compró su nuevo paquete de acciones, estas costaban cerca de 12,3 dólares, casi el doble que el precio pactado en 2009. Los datos públicos más recientes facilitados en febrero de 2016 por la NYSE, donde cotizan las acciones del *Times*, señalaban que Slim poseía el 17,3% de las acciones Clase A del diario.

El préstamo de Carlos Slim aligeró enormemente las tensiones financieras en la compañía, según destacaron en su momento varios analistas del sector, y permitió encarar los años de la crisis con más tranquilidad. De hecho, The New York Times Company pudo devolver de manera anticipada el crédito en 2011, tres años antes de la fecha prevista.

En el mes de marzo de 2009 se realizó otra operación dirigida a mejorar la liquidez de la compañía: la venta y posterior arrendamiento –con derecho a recompra a un precio pactado–, de 21 de las 27 plantas que eran propiedad de The New York Times Company en su nueva sede de la Octava Avenida. La venta se realizó por 225 millones de dólares. The New York Times Company poseía el 58% de ese emblemático rascacielos de 52 plantas. Las 21 plantas vendidas estaban ocupadas por el *Times*. Las otras seis plantas propiedad del grupo, que estaban alquiladas a otras empresas, no se incluyeron en la venta.

La operación se realizó con la compañía especializada W.P. Carey. El alquiler era por 15 años al precio inicial anual de 24 millones de dólares y un escalado para los años siguientes. En 2019, a los 10 años de la firma de este acuerdo, The New York Times Company podrá recomprar las plantas vendidas a un precio pactado: 250 millones de dólares.

Estas fueron las 50 palabras más frecuentes utilizadas en el mensaje anual a los accionistas del *Times* de 2009.

20

2010: El 16% de los ingresos, digitales

La crisis económica global y la crisis estructural que vivía el sector de la prensa siguieron pasando factura en 2010, año en el que los ingresos totales de The New York Times Company se redujeron un 2,7%, quedando en 2.393 millones de dólares. A pesar de ello, el grupo tuvo un beneficio de 107,7 millones de dólares, mejorando los 19,9 millones de beneficio neto del año anterior.

Los ingresos digitales del grupo aumentaron ese año un 15%, situándose en 387 millones de dólares, lo que representaba el 16% del total. Tras la integración de los equipos de redacción impresa y digital y de ventas publicitarias realizada unos años atrás, casi el 80% de los cien principales anunciantes del *Times* invertían tanto en publicidad impresa como digital, según explicaron los responsables de la compañía.

La empresa seguía avanzando en su proceso de digitalización, como quedaba reflejado en la carta anual a los accionistas escrita por Arthur Sulzberger y Janet Robinson: "Hemos transformado la compañía en una organización informativa global y multiplataforma que apuesta por nuevos canales de distribución y aplica su filosofía de probar y aprender para afrontar el cambio".

En 2010, año en el que Apple lanzó su nuevo dispositivo, el iPad, la compañía realizó una importante apuesta por la movilidad, con nuevas aplicaciones tanto para los *smartphones* como para la tableta de Apple. Además, también se puso el foco en las aplicaciones para libros electrónicos como Amazon Kindle, Barnes & Noble y Sony

Reader, en las que el *Times* ocupaba habitualmente los primeros puestos en el ranking de ventas.

Durante el año 2010 la empresa invirtió de manera significativa en la preparación de la propuesta de pago para NYTimes.com, que se lanzaría en marzo de 2011. El anuncio público de la apuesta por el nuevo modelo, explicado anteriormente, se realizó en enero de 2010.

El *Times* seguía siendo en 2010 el periódico digital más visitado de Estados Unidos, con 32,4 millones de usuarios al mes, y casi 45 millones en todo el mundo. Por otra parte, desde su lanzamiento en 2008, la app para iPhone del *Times* había superado los seis millones de descargas.

Portada de la memoria anual del año 2010 de The New York Times Company.
Fuente: nytco.com

Uno de los relanzamientos más importantes de ese año dentro de la web NYTimes.com fue el del espacio de información económica DealBook.

En el caso del diario *The Boston Globe*, se anunció que durante la segunda mitad de 2011 se lanzaría una nueva web de pago, BostonGloble.com, que ofrecería los contenidos completos del diario, y se mantendría de manera gratuita el sitio Boston.com pero reorientándolo hacia un portal participativo y comunitario destinado a prestar servicio a los habitantes del área de Boston.

2010 siguió siendo un año con un férreo control de los gastos, que se redujeron en 171 millones de dólares.

Otra de las grandes y permanentes preocupaciones del equipo directivo, el de la deuda financiera, presentó también mejoras en 2010. A finales de ese año la deuda se había reducido hasta los 597 millones de dólares, frente a los 732 del año anterior. The New York Times Company tenía a finales de 2010 una liquidez de 400 millones de dólares, frente a los 37 millones de 2009.

Ese año, el grupo vendió una parte (7%) de las acciones que tenía en la compañía New England Sports Ventures, propietaria del equipo de béisbol de Boston, los Red Sox.

Las 50 palabras más frecuentes de la carta a los accionistas del *Times* incluida en el informe de 2010

21

2011: Lanzamiento de la suscripción digital al *Times*

2011, el año en el que el diario *The New York Times* celebró su 160 aniversario, pasará muy posiblemente a la historia del periódico como el del lanzamiento de su suscripción digital y, consecuentemente, el del inicio de un renovado modelo de negocio.

El gran cambio en el modelo, que cristalizaría al cabo de muy poco tiempo, es que la base más importante de los ingresos la proporcionan los lectores en vez de los anunciantes. Históricamente, la primera fuente de ingresos de los periódicos había sido la publicidad. Pero eso estaba a punto de cambiar. En el caso del *Times*, el lanzamiento de la suscripción digital –sumado a la caída de la publicidad impresa– aceleró esta transformación. Los lectores pasarían a ser, en breve, la vía número uno de ingresos gracias a sus suscripciones –tanto al diario impreso como a la edición digital– y a las compras individuales de periódicos impresos. Los anunciantes pasarían a ocupar un importante pero segundo puesto en el ranking de las fuentes de ingresos. (Varios gráficos incluidos en el capítulo correspondiente ilustran este histórico cambio).

El 28 de marzo de 2011 fue el día escogido para lanzar el nuevo servicio de suscripción digital de *The New York Times*, que se había estado preparando durante más de un año. Durante las dos semanas previas al lanzamiento global, el servicio de pago se ensayó en el mercado de Canadá.

Para The New York Times Company, el año 2011 volvió a ser otro ejercicio complicado por la caída de los ingresos publicitarios en sus periódicos impresos, que fue del 7,8%. Un problema añadido fueron los malos resultados de About.com, cuyos ingresos publicitarios se desplomaron un 25,9%, arrastrando a la baja al conjunto de ingresos del grupo por publicidad digital, que cayeron un 4,9%.

About perdió terreno, entre otros motivos, por la creciente competencia en su sector, por la crisis económica y por un cambio en el algoritmo con el que Google decidía sus resultados de búsqueda. Ese cambio no favoreció a About, que dependía enormemente (alrededor de un 80%) del tráfico procedente del buscador. La dirección de la compañía cambió ese año al equipo directivo de About.com con la idea de impulsar un nuevo plan para aumentar los contenidos, el tráfico y los ingresos de esta web de guías prácticas.

Portada de la memoria anual del año 2011 de The New York Times Company.
Fuente: nytco.com

La publicidad digital en los periódicos sí aumentó, aunque un modesto 5,3%, y también lo hicieron los ingresos por circulación, un 4,7%, gracias especialmente a las nuevas suscripciones digitales del *Times*. En total, a finales de 2011, el grupo sumaba 406.000 suscriptores digitales entre *The New York Times* y *The Boston Globe*, que también había lanzado su oferta de pago a través de la web BostonGloble.com. En cualquier caso, la mayor parte de esas suscripciones (390.000) correspondían al *Times*. De hecho, seis meses después del lanzamiento de la suscripción digital, *The New York Times* ya había alcanzado los 324.000 suscriptores, situándose como el segundo diario digital con más suscriptores, por detrás únicamente de *The Wall Street Journal* (WSJ.com), que tenía en septiembre de 2011 un total de 537.469 usuarios de pago según cifras del Audit Bureau of Circulations mencionadas por *The New York Times*.

En el año 2011, según el Audit Bureau of Circulations (ABC), agencia independiente encargada de auditar la circulación de los diarios y revistas de Estados Unidos, *The New York Times* tuvo una circulación media de 1.317.100 ejemplares de lunes a viernes y 1.781.100 ejemplares los domingos. Esa cifra incluía –por vez primera en el caso del *Times*– tanto los ejemplares de la edición impresa como de las distintas plataformas digitales de pago (suscripción digital, réplica digital y versiones para e-readers).

En conjunto, el año se cerró con una caída global de los ingresos del 2,9% –en total, el grupo ingresó 2.320 millones de dólares– y unas pérdidas por valor de 39,7 millones de dólares, que contrastaban con los beneficios de algo más de 100 millones de dólares del año anterior.

Desde el punto de vista financiero, la situación de la compañía mejoró gracias a varias operaciones: por un lado, la venta de la mitad de la participación que tenía The New York Times Company en Fenway Sports Group (propietario de los Red Sox de Boston) por 117 millones de dólares; por otro, la emisión (en noviembre de 2010) de deuda privada por valor de 225 millones de dólares.

A estas operaciones se sumarían otras cerradas a principios de 2012: la venta de otra parte de Fenway Sports Group (por 30 millones de dólares) y, mucho más significativa para el futuro del grupo, la venta del grupo de periódicos regionales a Halifax Media Holdings por 143 millones de dólares. Previamente, la compañía se había atribuido una pérdida contable por valor de 161,3 millones de dólares por la disminución del valor de estos diarios.

Janet Robinson, CEO de la compañía, deja el cargo

Otra de las noticias relevantes para el futuro de la compañía ocurrida en 2011 fue la retirada de la que había sido consejera delegada y número dos del grupo desde 2004, Janet L. Robinson, anunciada a finales de año.

El anuncio del abandono del cargo por parte de Robinson, que trabajó durante 28 años en The New York Times Company, cogió a muchos por sorpresa, tanto dentro como fuera de la compañía, según publicó el propio *Times*. A ella se le atribuía el exitoso plan de expansión nacional que llevó a cabo *The New York Times* durante la década de los 90 y principios de este siglo, y bajo su mandato se planeó y lanzó el servicio de suscripción digital, que estaba funcionando mejor de lo esperado.

La compañía inició inmediatamente la búsqueda –interna y externa– de un nuevo CEO, y mientras tanto, Arthur Sulzberger ocupó de manera interina el cargo de consejero delegado.

Ante la marcha de Robinson, los analistas del sector coincidieron en señalar que el grupo posiblemente necesitaba a alguien con mayor experiencia en el ámbito digital. Y, de hecho, el propio Sulzberger afirmó en su carta a los accionistas que el proceso de búsqueda del nuevo CEO pretendía "encontrar al ejecutivo apropiado con experiencia en el ámbito digital y en la construcción de marca". Precisamente estos dos elementos, la apuesta por lo digital y el impulso de la marca *The New York Times,* centrarían en los años siguientes la estrategia y la actividad de la compañía.

Otra de las personas que se retiró ese año fue Martin A. Niesenholtz, figura clave desde los inicios en el diseño, impulso y desarrollo de todos los productos digitales del grupo, especialmente de la web del *Times*.

En la redacción también se produjeron cambios importantes. El 2 de junio de 2011 *The New York Times* anunció el nombramiento de Jill Abramson como nueva directora del periódico. Abramson, de 57 años de edad, se convertía así en la primera mujer que ocupaba la dirección del *Times* en los 160 años de historia del periódico.

Jill Abramson, nueva directora del *Times*

Jill Abramson sustituyó al que había sido director del diario durante los ocho años anteriores, Bill Keller, que dejó el puesto por voluntad propia. Nombrado en 2003, Keller fue el director escogido para suceder a Howell Raines, que tuvo que abandonar la dirección del *Times* tras el escándalo de los artículos plagiados de Jayson Blair (más información en el capítulo sobre el defensor del lector del *Times*).

Con Keller como director, *The New York Times* ganó 18 premios Pulitzer y la web NYTimes.com logró superar los 50 millones de usuarios únicos al mes en todo el mundo.

Jill Abramson fue una de las personas de máxima confianza del equipo de Bill Keller, ejerciendo como *managing editor* de noticias. La nueva directora había llegado al *Times* en 1997 procedente del diario rival en la ciudad de Nueva York, *The Wall Street Journal*, donde había trabajado como periodista de investigación. Ya en el *Times*, Jill Abramson fue nombrada responsable de la redacción en Washington DC en el año 2000.

Jill Abramson calificó su nombramiento como "el honor de mi vida". Algo más de un año antes de ser nombrada directora, Abramson abandonó de manera provisional sus tareas como número dos de la redacción para dedicarse por completo a la gestión, durante un año, de las operaciones online del *Times* con el objetivo de entender mejor cómo funcionaba la información digital y cómo se podía fortalecer la integración de los equipos impreso y digital.

De hecho, al ser nombrada directora, anunció que una de sus máximas prioridades sería impulsar una mayor integración del mundo impreso y digital del *Times* y fortalecer la actividad de NYTimes.com.

Coincidiendo con el nombramiento de Abramson también se anunció que Dean Baquet —que con el tiempo sucedería a Jill Abramson en la dirección del *Times*— pasaba a ocupar el puesto de *managing editor* como número dos de la directora. Baquet había sido responsable de la delegación del *Times* en Washington y, anteriormente, dirigió uno de los principales diarios de Estados Unidos, *Los Angeles Times*.

Entre las novedades implementadas en NYTimes.com durante la segunda mitad de 2011 cabe mencionar el lanzamiento de India Ink, concebido como una sección en inglés especializada en ofrecer información sobre la India, además de la ampliación de la sección de Opinión coincidiendo con la nueva sección Sunday Review de la edición impresa de los domingos.

En noviembre de 2011 el *Times* lanzó la app para iPad "The Collection", en la que se agrupaban todos los contenidos relacionados con el mundo de la moda producidos por el diario. La app dejó de actualizarse en febrero de 2015. Todos sus contenidos siguieron estando disponibles en la web NYTimes.com y en la app principal del *Times*.

El compromiso con el mantenimiento de una "gran y robusta organización informativa", en palabras del editor del *Times*, Arthur Sulzberger, seguía siendo una de las premisas básicas del grupo. "Con independencia del modelo de distribución de nuestras noticias e información, nuestro periodismo será siempre la base de nuestra reputación de marca y sigue siendo nuestra máxima prioridad", dijo Sulzberger en su carta anual.

Las 50 palabras más frecuentes en el mensaje anual a los accionistas del *Times* del año 2011.

22

2012: Por primera vez, más ingresos por circulación que por publicidad

El año 2012 pasó a formar parte de la historia de The New York Times Company por un hecho fundamental: por vez primera, los ingresos por circulación (generados por los usuarios con sus suscripciones y compras) superaron a los ingresos por publicidad (generados por los anunciantes).

El continuado aumento del número de suscriptores digitales de la compañía –668.000 a finales de año, 640.000 de los cuales eran suscriptores digitales del *Times* y 28.000 del *Boston Globe*– fue la causa fundamental de este histórico cambio. Los analistas del sector empezaron a mostrar serio respeto por la positiva evolución de este indicador, que se aventuraba clave para el futuro de la compañía.

Durante el año 2012, que siguió dominado por la incertidumbre económica, The New York Times Company se deshizo de algunas propiedades más, como su participación en el buscador de empleo Indeed, operación que le reportó 164,6 millones de dólares, y la venta de About al grupo de internet IAC por 300 millones de dólares. Estas ventas se sumaban a las que se cerraron a principios de año, mencionadas anteriormente: Fenway Sports Group y el grupo de periódicos regionales.

Los ingresos de la compañía aumentaron un 1,9% en 2012 (si se excluyen, a efectos comparativos, los ingresos de los diarios regionales y de About.com), alcanzando los 1.990 millones de dólares, y los beneficios netos fueron de 133,1 millones de dólares. El principal impulso se produjo gracias al 10,4% de aumento de los ingresos por circulación, que se situaron en 952,9 millones de dólares. Este incremento se debió tanto a la mencionada mejora de las suscripciones digitales como también al aumento del precio de la edición impresa. La publicidad, en cambio, se redujo en un 5,9%, quedando en 898,1 millones de dólares. Por tanto, el grupo ingresó 54,8 millones de dólares más por circulación que por publicidad.

Portada de la memoria anual del año 2012 de The New York Times Company. Fuente: nytco.com

La venta de activos y la mejora de los ingresos propiciaron que la empresa acabase el año con 995 millones de dólares en caja, una situación que poco tenía ya que ver con los tensos momentos financieros vividos en los años anteriores. A pesar de ello, los directivos del grupo optaron por la prudencia y decidieron no reinstaurar aún el pago de dividendos a los accionistas.

Mark Thompson, nuevo CEO

Otro de los hitos del año 2012 fue la contratación del nuevo presidente y CEO de la compañía. El escogido fue Mark Thompson, hasta entonces director general de la BBC británica y, anteriormente, CEO de la cadena privada británica Channel 4. Con más de 30 años de experiencia en la industria de los medios, Mark Thompson aportaba dos de las cualidades que The New York Times Company buscaba para su nuevo directivo: experiencia tanto en el mercado internacional como en el mundo digital. Ésta última, adquirida durante el proceso de transformación digital que estaba viviendo la BBC.

Thompson se incorporó de manera efectiva a la dirección de la compañía a mediados de noviembre de 2012. Poco después de su entrada, a principios de 2013, el grupo hizo pública su intención de desprenderse también de los diarios que formaban parte del New England Media Group, entre ellos *The Boston Globe*. El editor del *Times*, Arthur Sulzberger, Jr., afirmó en su carta anual a los accionistas que dicha venta "permitirá que concentremos nuestro foco estratégico e inversión en la marca *The New York Times* y su periodismo". Se estaba acabando de perfilar el terreno de juego de la compañía para los años venideros.

En ese escenario futuro, la apuesta por el periodismo era el elemento central. Por ello, Sulzberger quiso expresar de nuevo su compromiso por mantener en el *Times* una redacción "robusta" y del tamaño adecuado, "capaz de continuar con nuestra tradición de excelente periodismo, un objetivo que ahora más que nunca nos diferencia del resto".

"La demostrada disposición de los usuarios, aquí y alrededor del mundo, a pagar por el periodismo de alta calidad por el que son reconocidos *The New York Times* y las otras cabeceras será una pieza fundamental en la estrategia de crecimiento que estamos actualmente desarrollando", dijo Mark Thompson en febrero de 2013 durante su primera presentación de resultados económicos de la compañía.

Avances digitales

La transformación digital del equipo del *Times* siguió su curso en 2012. Ese año, la cifra total de la plantilla se redujo, aunque aumentaron los profesionales implicados en la actividad digital, de manera particular en el equipo de vídeo. En agosto de 2012 el diario relanzó su visor de vídeo para optimizar su funcionamiento en cualquier plataforma.

A lo largo del año se lanzaron nuevos productos o servicios digitales, muchos de ellos relacionados con la movilidad, como The New York Times en Flipboard para iPad y iPhone (en junio), las web apps HTML5 para Windows 8 y para iPad (octubre), el relanzamiento de la app para Android (diciembre) o la app Election 2012 para Android. Además, en noviembre se rediseñaron los crucigramas digitales y en diciembre se empezaron a publicar los libros electrónicos del *Times*.

En el capítulo de otros negocios, en enero de 2012 se pusieron en marcha los Times Journeys, los viajes internacionales organizados por el *Times* que combinan placer y formación y en los que participan periodistas del diario especializados en los destinos respectivos (se describen en el capítulo correspondiente).

Lanzamiento de la edición en chino

En el ámbito de la expansión internacional, el 28 de junio de 2012 el *Times* lanzó la versión beta de su edición digital en chino (cn.nytimes.com). El gigante asiático representaba –y así seguiría siendo cinco años después, en 2017– una gran oportunidad de negocio para una marca periodística del prestigio del *Times*.

La edición china ofrecía en su fase inicial una combinación de materiales publicados en el *Times* traducidos al chino además de contenidos creados originalmente por colaboradores locales. En total, unos 30 artículos al día, dos tercios de los cuales procedían de la edición en inglés.

Conscientes de los posibles problemas con la censura –de manera esporádica, el gobierno chino había bloqueado anteriormente algunos artículos del *Times*–, los responsables del diario explicaron que los servidores estarían fuera de China y que el *Times* seguiría en todo momento sus propios estándares periodísticos.

De hecho, apenas unos meses después, en octubre de 2012, el gobierno chino bloqueó el acceso tanto a la edición en inglés como a la versión en chino del *Times* tras la publicación de un amplio reportaje sobre la acumulación de riqueza oculta por parte de la familia del primer ministro chino, Wen Jiabao. Más de cuatro años después, a principios de 2017, el bloqueo chino seguía activo.

Captura de pantalla de la edición china de *The New York Times* del 9 de febrero de 2017

Publicación del reportaje "Snow Fall"

Finalmente, 2012 será recordado también por la publicación, el 20 de diciembre, del espectacular reportaje multimedia "Snow Fall: The Avalanche at Tunnel Creek". Ese trabajo, como se explica de manera detallada en uno de los capítulos del libro, causó una enorme sensación en el mundo periodístico y validó la apuesta que estaban empezando a impulsar algunos medios por el periodismo *longform* o de formato largo, en el que grandes reportajes interactivos y multimedia se utilizan como nueva fórmula narrativa para contar grandes historias. "Snow Fall" ganaría un premio Pulitzer en 2013.

Las 50 palabras más frecuentes incluidas en la carta a los accionistas de la memoria anual de The New York Times Company del año 2012.

23

2013: *The New York Times*, único foco de la compañía

La frase con la que empezaba la carta a los accionistas del año 2013 dejaba muy claras las prioridades que tenía la máxima dirección de la compañía: "El foco bien puesto en la marca principal, *The New York Times*".

En la cuenta de resultados, por vez primera en muchos años, ya no había distinción entre grupos de actividad. Lo que había sido The New York Times Media Group —que incluía los productos impresos y digitales de *The New York Times* y *The International Herald Tribune*— representaba ahora toda la actividad de la compañía.

En el último trimestre de 2013, The New York Times Company completó la venta por 70 millones de dólares del New England Media Group, que incluía los diarios *The Boston Globe* y *Worcester Telegram & Gazette*, además de la participación del 49% en el diario gratuito *Metro Boston*. Se ponía así punto y final a una aventura editorial que había empezado en 1993 con la compra por 1.100 millones de dólares del principal diario de Boston. Ahora, éste volvía a manos de un editor local, el propietario de los Red Sox de Boston, John W. Henry, y lo hacía a un precio espectacularmente inferior al pagado en su día por The New York Times Company. Esta operación se convirtió en uno de los símbolos más evidentes de la tremenda pérdida de valor económico sufrida por los periódicos en los años recientes a causa, fundamentalmente, de la migración de lectores y anunciantes hacia las nuevas plataformas digitales.

El ITH pasa a ser The International New York Times

Por otra parte, en el mes de octubre, el diario editado en París por el grupo, *The International Herald Tribune*, fue rebautizado con el nombre de *The International New York Times* para acentuar ante sus lectores internacionales su carácter de producto perteneciente a la marca *The New York Times*. El diario se concebía como una "plataforma global para la extensión de marca y la diseminación de noticias e información a lectores de todo el mundo", según se explicaba en la memoria anual. Más adelante, en octubre de 2016, el periódico volvería a cambiar su nombre para convertirse directamente en *The New York Times* con el simple añadido de "Internacional Edition" bajo la cabecera.

Desde el punto de vista del negocio, las suscripciones digitales, que siguieron aumentando de manera importante, fueron la estrella: el *Times* acabó el año con 760.000 lectores que pagaban por su producto digital, un 19% más que el año anterior. En total, ese año las suscripciones digitales generaron por sí solas unos ingresos de 149 millones de dólares.

La compañía apostó con fuerza en 2013 por lo que definió como su siguiente fase en la oferta de pago, preparando productos y servicios digitales que ampliaban las ofertas de suscripción tanto por la parte baja, con precios más reducidos, como por la alta, con tarifas más elevadas. Además, también se apostó por la expansión internacional y por la producción de vídeo.

Portada de la memoria anual del año 2013 de The New York Times Company. Fuente: nytco.com

Una de las personas que iría ganando más protagonismo en el negocio del *Times* durante los años siguientes fue expresamente citada en la carta anual de 2013: la nueva vicepresidenta ejecutiva de publicidad, Meredith Kopit Levien, que fue fichada en julio de ese año procedente de la revista Forbes y que introdujo de manera decidida la publicidad nativa en *The New York Times* bajo la fórmula de los Paid Post. Estos anuncios nativos digitales estaban creados por el T Brand Studio, una nueva unidad del equipo publicitario del *Times* que sería presentada públicamente a principios de 2014 (ver capítulo sobre el tema). Además de la publicidad nativa, el equipo de ventas del *Times* se enfocó también de manera especial en la publicidad móvil y en vídeo. En el caso del vídeo, el *Times* decidió en abril de 2013 ofrecer acceso ilimitado a los vídeos de su web con el objetivo de incrementar el inventario disponible. Así, los vídeos ya no afectaban al límite de 10 contenidos gratuitos del que disponían todos los usuarios de NYTimes.com.

En el conjunto de la actividad, los ingresos por circulación siguieron ganando protagonismo, alcanzando los 824,2 millones de dólares, un 3,7% más que el año anterior. En cambio, la publicidad cayó un 6,3%, quedándose en 666,7 millones de dólares. El negocio dependía cada vez más de lo que pagaban los usuarios y menos de lo que invertían los anunciantes. La diferencia ese año entre las dos principales fuentes de ingresos fue ya de 157,5 millones de dólares a favor de la circulación.

The New York Times Company ganó 65,1 millones de dólares en 2013, una cifra que según sus directivos podría haber sido mayor si no se hubiese mantenido una apuesta importante por el crecimiento digital.

La mejora de la situación económica de la compañía —finalizó el año con algo más de 1.000 millones de dólares en caja y una deuda total de 684 millones de dólares— permitió adoptar la decisión de volver a pagar dividendos a los accionistas de The New York Times Company. Algunos analistas del sector, como Kannan Venkateshwar, de Barclays, valoraron de manera positiva la limpieza que se había hecho del balance y la incorporación de una nueva vía de ingresos como eran las suscripciones digitales.

La permanente apuesta por la calidad periodística se vio recompensada ese año con cuatro Pulitzer, entre ellos el ganado por John Branch por el reportaje "Snow Fall". Los otros tres suponían un buen reflejo del tipo de periodismo practicado por el *Times*: David Barstow y Alejandra Xanic von Bertrab se llevaron el Pulitzer en la categoría de periodismo de investigación por sus reportajes sobre las prácticas de Wal-Mart en México; David Barboza obtuvo el de periodismo internacional por su investigación sobre las riquezas amasadas por la familia del primer ministro chino –que provocó la censura del *Times* en ese país–, y la redacción del diario ganó el de periodismo explicativo por su análisis de las prácticas laborales de Apple y otras compañías tecnológicas en la economía global.

Estas fueron las 50 palabras más frecuentes en la carta a los accionistas del *Times* de 2013.

24

2014: El año del "Innovation Report"

Los arduos intentos de transformación digital de una empresa más que centenaria como The New York Times Company quedaron perfectamente reflejados en el famoso "Innovation Report", publicado en mayo de ese año.

Ese informe, elaborado durante meses por un equipo interno liderado por el actual editor adjunto del diario, A.G. Sulzberger, tuvo un enorme impacto tanto interno como externo, como se analiza con mucho más detalle en uno de los capítulos de este libro. El informe, que fue filtrado a través de internet, se ha ganado un puesto entre los documentos más relevantes de la historia del *Times* y, por extensión, de la historia de un sector, el periodístico, que lleva años luchando por adaptarse a la nueva era digital.

Unos meses después, en julio de 2014, el *Times* anunció el nombramiento de Arthur Gregg Sulzberger, como editor responsable de Estrategia. Se trataba de un puesto de nueva creación con el que el diario neoyorquino esperaba mejorar el modo de presentar su producto y hacerlo llegar a los lectores en cualquier plataforma.

En su carta anual a los accionistas, Arthur Sulzberger y Mark Thompson se refirieron al informe para resaltar los esfuerzos realizados por el diario para expandir su audiencia. "Como resultado de nuestro *Innovation Report*, publicado la pasada primavera –afirmaban–, hemos incrementado de manera significativa nuestro foco en el desarrollo de una audiencia fuerte y leal y en tratar de ampliar la profundidad de su compromiso con nuestro contenido". Según ellos, practicar un "gran periodismo" y hacerlo contando historias tanto escritas como visuales "de manera magnífica" es el mejor camino para lograr que los usuarios se comprometan realmente con tus productos informativos. Y para ello, es necesario que ese periodismo llegue a los lectores "a través de todas las plataformas digitales a todos los lugares del mundo".

Portada de la memoria anual del año 2014 de The New York Times Company. Fuente: nytco.com

Dean Baquet, nuevo director del *Times*

Otro movimiento del *Times* que ese año llamó enormemente la atención fue el brusco relevo que se produjo en la dirección del periódico. El 14 de mayo, el editor Arthur Sulzberger Jr. reunió a la redacción para hacer pública la sustitución de Jill Abramson, que no llevaba ni tres años en el cargo, y anunciar el nombramiento de Dean Baquet, el número dos de Abramson, como nuevo director. Las discrepancias sobre el modo de gestionar el equipo fueron esgrimidas como causa del cambio, que pilló totalmente por sorpresa a la redacción del *Times*, según las noticias que se publicaron desde ese mismo día en la propia web del diario.

En el comunicado oficial, publicado en la web corporativa de The New York Times Company, había palabras amables y de agradecimiento del editor hacia Jill Abramson por "preservar y extender la excelencia de nuestro periodismo durante su tiempo como directora". Sulzberger también agradeció los avances digitales impulsados por Abramson, que no estuvo presente en el anuncio de los cambios. En el mismo comunicado, la ya exdirectora mencionó expresamente las innovaciones aplicadas durante su etapa a la hora de contar historias y la incorporación de más mujeres en la dirección de la redacción.

Si Abramson había sido la primera mujer al frente del *Times*, Dean Baquet se convertía en el primer director afroamericano en la historia del diario. Baquet, que entonces tenía 57 años, aportaba una extensa experiencia profesional tanto en *The New York Times*, donde había sido director adjunto y máximo responsable de la redacción en Washington, como en otros diarios como *Los Angeles Times* –donde llegó a ocupar la dirección–, *The Times-Picayune* y el *Chicago Tribune*, diario con el que ganó un Pulitzer en periodismo de investigación en 1988.

En enero de 2014 la compañía anunció la creación del T Brand Studio, un equipo integrado en el área comercial dedicado a crear los Paid Post, la oferta de publicidad nativa del *Times*.

El impulso del negocio digital marcó buena parte de la actividad del año. Entre las principales actuaciones cabe destacar el lanzamiento en el mes de abril de la app NYT Now, creada para intentar captar a una audiencia más joven; el impulso de la sección The Upshot, dedicada al periodismo de análisis y datos; el lanzamiento de Times Premier, una oferta exclusiva de contenidos y servicios –por una cantidad adicional de dinero– dirigida a los suscriptores impresos y digitales del *Times*, y NYT Cooking, una web y app para iPad sobre recetas y cocina lanzada en el mes de septiembre y que en apenas dos semanas logró su primer millón de usuarios. (Todos estos productos están analizados de manera detallada en distintos capítulos del libro).

Ese año también se lanzó –para cerrarla a los pocos meses debido a los pobres resultados obtenidos– la app de pago NYT Opinion, que formaba parte de los productos ideados para ampliar la base de suscriptores por la parte baja, con precios más reducidos que la suscripción digital básica de 15 dólares mensuales.

Al referirse a todos estos proyectos, en algunos casos experimentales, la máxima dirección de la compañía explicó que formaban parte de un proceso de exploración y experimentación que era "esencial para el futuro crecimiento de *The New York Times*", y anunció que seguirían "apoyándolo y financiándolo" en el futuro.

De hecho, a finales de año se anunció un nombramiento relevante: el de Kinsey Wilson como responsable de Innovación y Estrategia. Era un nuevo puesto, considerado clave para el futuro de la compañía. Dependiendo del director del diario pero trabajando tanto con la redacción como con el equipo de negocio, Wilson llegaba con la misión de impulsar la estrategia móvil y la creación de nuevos productos digitales del *Times*. Kinsey Wilson procedía de la NPR y había trabajado también en el diario USA Today, medios en los que se había encargado justamente de la estrategia digital.

Pero no todo fueron esfuerzos centrados en lo digital. Como parte de la estrategia de reforzar la marca *The New York Times*, ese año se trabajó en el completo rediseño conceptual y visual de la revista del domingo, *The New York Times Magazine* (el relanzamiento se haría a principios de 2015). Para impulsar el plan de modernización de la revista, en marzo de 2014 se había anunciado el fichaje como director de la misma de **Jake Silverstein**, que durante los seis años anteriores había dirigido la revista Texas Monthly, con la que había obtenido numerosos premios.

Nuevo diseño de la web

Durante los primeros días de enero de 2014 la web del *Times* estrenó su cuarto gran rediseño, que es el que se mantenía todavía a principios de 2017.

Uno de los elementos fundamentales del cambio fue la introducción del diseño *responsive* en las páginas interiores de la web, de manera que los artículos y otras piezas específicas de contenidos se pudieran adaptar automáticamente al tamaño de cualquier pantalla.

Página de presentación del nuevo diseño de la web del *Times* aplicado en enero de 2014.

La nueva web presentó también numerosas mejoras en el sistema de navegación, en la consulta de los comentarios, en la manera de compartir los contenidos en las redes sociales, en la presentación de contenidos relacionados o sugeridos para cada usuario, en la legibilidad de los textos y en la presentación de elementos gráficos y multimedia, entre otros avances.

Resultados económicos

Los resultados económicos del año 2014 arrojaron unos beneficios netos de 33,3 millones de dólares, una cifra inferior a la del año anterior debido en buena parte a las inversiones realizadas en los nuevos productos digitales y a los costes generados por la reducción de la plantilla del *Times*.

Los ingresos totales fueron ligeramente superiores a los de 2013, alcanzando los 1.588,5 millones de dólares (un 0,7% más). El escenario estaba muy claro: las caídas en el negocio impreso, tanto de circulación como de publicidad, quedaron compensadas por las mejoras logradas en el negocio digital.

En el ámbito de la publicidad digital, el crecimiento del 12% (con unos ingresos totales de 182 millones de dólares) se debió fundamentalmente a la publicidad en el móvil, en vídeo y a la oferta de publicidad nativa.

La circulación digital presentó también mejoras. El *Times* terminó el año con 910.000 suscriptores digitales, un 20% más que el año anterior, y con el objetivo del millón de suscriptores digitales ya al alcance de la mano. Los ingresos por circulación digital fueron de 169,3 millones de dólares, un 13,5% más que en 2013.

En conjunto, los ingresos por circulación (impresa y digital) aumentaron un 1,5% y se situaron en 836,8 millones de dólares. En cambio, los ingresos por publicidad volvieron a caer, aunque sólo un 0,7%, para quedarse en 662,3 millones de dólares. De nuevo, los ingresos generados por los lectores volvían a ganar protagonismo en el conjunto del negocio del diario.

En octubre de ese año, el editor y el CEO del *Times* anunciaron en un mensaje conjunto la eliminación de un centenar de puestos de trabajo, la mayor parte de ellos en la redacción, a través de bajas incentivadas y despidos. La medida formaba parte del permanente plan de control de costes, aunque llegó acompañada de un renovado compromiso por mantener los planes de inversión en el crecimiento digital.

Ese centenar de profesionales representaba aproximadamente el 7,5% de la redacción del diario. En los años anteriores se habían producido varias reducciones de plantilla: 100 puestos en 2008, otros 100 en 2009 y 30 más en 2013. A pesar de ello, el número total de profesionales integrantes de la redacción de *The New York Times* se había mantenido en cifras muy similares año tras año debido a la incorporación, en paralelo, de nuevos perfiles profesionales destinados a los nuevos productos digitales o al vídeo. Así, cuando se anunciaron los despidos en octubre de 2014, la redacción del *Times* contaba con 1.330 profesionales, muy cerca de su máximo histórico y muy por encima de otros medios como el diario *The Washington Post*, cuya redacción estaba formada entonces por unas 650 personas, o el medio digital nativo BuzzFeed, que en esas fechas tenía un equipo de 225 profesionales.

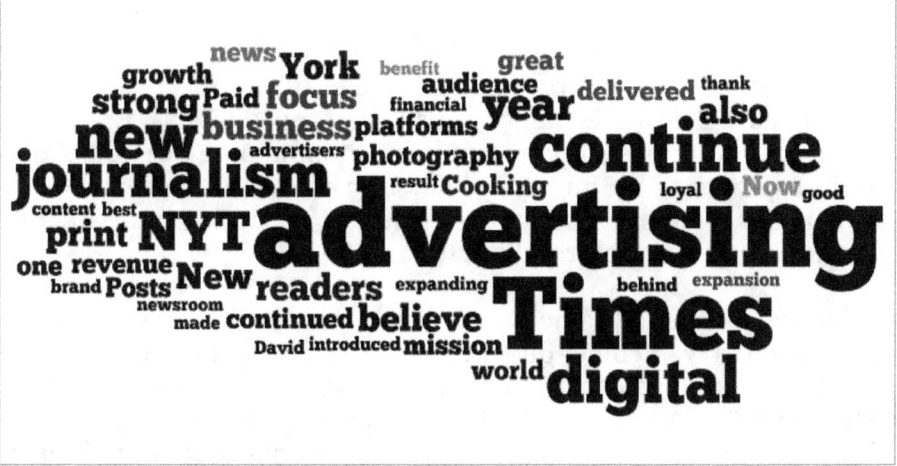

Las 50 palabras más utilizadas en la carta a los accionistas del diario de 2014.

25

2015: Más de un millón de suscriptores digitales

Durante el verano de 2015 el *Times* alcanzó un hito histórico: superar la cifra del primer millón de suscriptores digitales. El servicio de pago de NYTimes.com, que se lanzó en marzo de 2011, había logrado captar más de un millón de suscriptores en algo menos de cuatro años y medio de funcionamiento. El diario terminaría el año con 1.094.000 suscriptores digitales.

La noticia fue lógicamente celebrada por el diario, que creó un especial en la web en el que quiso compartir con los lectores algunos de sus principales trabajos y logros periodísticos del *Times*. En este especial, el director del diario, Dean Baquet, realizó una selección de los 50 mejores trabajos periodísticos publicados por el *Times* desde que se lanzó el servicio de suscripción digital en marzo de 2011.

La positiva evolución del número de usuarios dispuestos a pagar en internet por el periodismo del *Times* era sin lugar a dudas una buena noticia para el negocio, pero todavía quedaba mucho por hacer.

En octubre de 2015, el equipo de dirección del diario y de la compañía hizo público un importante documento estratégico, titulado "Our Path Forward", en el que definió con claridad el escenario futuro que afrontaba el *Times*. En ese documento de 11 páginas —analizado de manera detallada en otro de los capítulos del libro—, la dirección se marcó el objetivo de doblar los ingresos digitales del *Times* en un plazo de 5 años, para situarse en los 800 millones de dólares originados directamente por la actividad digital en el año 2020.

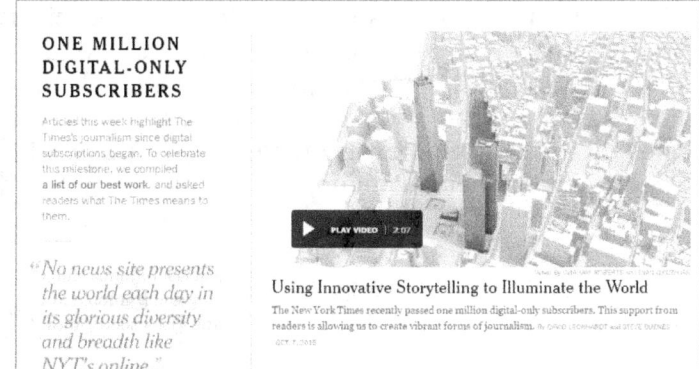

El *Times* publicó un especial para celebrar su primer millón de suscriptores digitales

En su carta anual a los accionistas, el editor Arthur Sulzberger, Jr., y el CEO de la compañía, Mark Thompson, se refirieron tanto al documento "Our Path Forward" como al incremento de los suscriptores

Los máximos responsables de la compañía recordaron que la estrategia básica de negocio del *Times* era —seguía siendo— la de "ofrecer un periodismo de la máxima calidad posible" sobre cualquier plataforma y "profundizar en el *engagement* de los usuarios con ese periodismo". El aumento continuo del número de suscriptores digitales avalaba esta estrategia.

Sulzberger y Thompson señalaron también que seguirían invirtiendo en la tecnología necesaria para contar historias de mejor modo posible y en el talento humano que hiciera falta, y pusieron como ejemplo el trabajo que se empezó a realizar ese año en el campo de la realidad virtual (un capítulo del libro lo explica de manera detallada).

La apuesta por la calidad periodística se había visto refrendada con tres nuevos premios Pulitzer y un total de ocho finalistas en las distintas categorías.

Las cifras del negocio en 2015

En 2015, el NYT tuvo un beneficio neto de 63,2 millones de dólares tras obtener unos ingresos totales de 1.579,2 millones de dólares, ligeramente inferiores (-0,6%) a los de 2014. El CEO de la compañía,

Mark Thompson, quiso remarcar que, en su plan de transición digital, The New York Times Company "a diferencia de muchos de sus rivales, sigue siendo una empresa muy rentable".

La caída de los ingresos derivados del negocio tradicional impreso (tanto por circulación como por publicidad) se vio compensada por el aumento de los ingresos derivados de la actividad digital y por una importante reducción de gastos. Los ingresos por suscripciones digitales aumentaron un 13,8% y la publicidad digital creció un 8,2%. La publicidad digital representó el 30,8% del total de los ingresos publicitarios del *Times*.

Portada de la memoria anual del año 2015 de The New York Times Company. Fuente: nytco.com

En el conjunto del año, la cifra de suscriptores digitales aumentó un 20%, para terminar, como se ha indicado, en 1.094.000 suscriptores. El último trimestre del año fue especialmente positivo, con 53.000 nuevos suscriptores digitales, el mayor incremento trimestral de los últimos tres años.

Entre los principales logros del año 2015, el consejero delegado de The New York Times Company, Mark Thompson, destacó el lanzamiento de los proyectos de realidad virtual, el continuo crecimiento de la unidad de publicidad nativa, T Brand Studio, la mejora de la publicidad móvil y la reformulación de diversas secciones del diario impreso.

Sobre la oferta publicitaria digital del *Times*, su consejero delegado señaló que "el mercado de la publicidad digital está sufriendo cambios profundos y no somos inmunes a su volatilidad, pero creemos que nuestro planteamiento estratégico –ofrecer rápidamente propuestas de alto valor a los anunciantes en contenido de marca, movilidad, vídeo y realidad virtual— está dando resultados".

¿En qué punto se situaba a finales de año el *Times* de cara a conseguir el ambicioso reto de alcanzar 800 millones de dólares de ingresos digitales en 2020? En 2015, la publicidad digital representó 197 millones de dólares y las suscripciones digitales aportaron 193 millones. En total, algo menos de 400 millones de dólares.

Planes para 2016

De cara al siguiente año, el diario se marcó el objetivo de llegar a nuevas audiencias tanto en Estados Unidos como en el mercado internacional. De manera concreta, se fijaron avances en varios terrenos: el vídeo, la realidad virtual, el audio (más podcasts) y los servicios que podía ofrecer T Brand Studio a los anunciantes.

Por otra parte, el control de gastos seguía siendo una parte esencial de la estrategia: "Uno de nuestros logros en los años recientes —se afirmaba en la carta a los accionistas— ha sido el de combinar la inversión en el crecimiento digital con un estricto control de los costes, y mantenemos la intención de centrarnos en ambos".

Las 50 palabras más utilizadas en la carta a los accionistas de 2015.

Arthur Sulzberger, Jr. y Mark Thompson quisieron dejar claro un elemento central de su estrategia: "Nunca olvidaremos que nuestro éxito depende de la calidad de nuestro periodismo y de la experiencia de usuario, y tenemos la intención de mantener esa calidad en beneficio de los lectores de Estados Unidos y del resto del mundo".

Reuniones editoriales adaptadas a la era digital

El 8 de mayo de 2015 fue un fecha especial en el *Times*. Ese día, a las 4 de la tarde, se celebró la última gran reunión editorial destinada fundamentalmente a decidir los temas que se publicarían en la portada de la edición impresa del día siguiente. "Page 1 meeting" ("Reunión de Portada), a la que asistían responsables de las distintas secciones del diario, era el nombre con el que esta reunión había sido conocida durante décadas.

Pero ese nombre debía cambiar, porque a partir de entonces el objetivo iba a ser otro. Desde esa fecha, la reunión de la tarde estaría enfocada a debatir sobre la cobertura digital de los temas del día, sobre lo que se publicaba en las distintas plataformas digitales del diario, no en el papel. La reunión también cambió de hora: pasó a celebrarse a las 4.30 de la tarde.

La reunión de redacción de la mañana, que servía para preparar las coberturas periodísticas del día, también cambió de hora: se adelantó 30 minutos, pasando de las 10 a las 9.30.

Para hablar de los temas que aparecerían en la portada del papel —un asunto que seguía y sigue siendo de crucial importancia para el *Times*— se instituyó una nueva reunión, a las 3.30 de la tarde, pero que sería mucho más restringida: únicamente asistirían unos 8 editores en vez de los 25 ó 30 que podían participar en la tradicional reunión de portada.

El director del diario, Dean Baquet, había explicado unos días antes a la redacción los cambios: "La idea es que nos movilicemos más rápidamente por la mañana para que podamos empezar antes a establecer las prioridades informativas del día, y eliminar la discusión sobre la portada impresa de la reunión de la tarde para centrarnos en las coberturas en vez de en dónde aparecen los temas, así como para planificar nuestro trabajo digital de cara a la mañana siguiente".

Las renovadas reuniones de redacción de la mañana y de la tarde deberían servir también para establecer el listado de las mejores historias a promocionar en la web, en el móvil y en las distintas redes sociales, en una lista conocida internamente con el nombre del director: "Dean's List". "Yo no propuse el nombre, pero me gusta", dijo Baquet, aunque propuso que se pensara en algún nombre alternativo, menos personal.

Los cambios en las reuniones y en el sistema para proponer historias a destacar habían sido anunciados por el director del diario unos meses antes, en febrero. En un mensaje interno dirigido a la redacción, Dean Baquet anunció lo que calificó de "pequeño pero significativo paso en nuestra transformación digital".

Uno de los principales objetivos del nuevo método de trabajo era adelantar la publicación de historias en las plataformas digitales, de manera que dependieran cada vez menos de las horas de cierre del papel. Hasta entonces, lo habitual era que muchos de los artículos que iban a aparecer al día siguiente en la edición impresa del *Times* se subieran a la web por la noche del día anterior. Baquet quería que esas historias estuvieran en la web mucho antes, entre las 7 de la mañana y las 7 de la tarde, durante las horas de más tráfico de la web.

Llegar mejor a los usuarios del móvil –que ya suponían más de la mitad del tráfico de NYTimes.com– y de Facebook era una de las metas del cambio propuesto.

Baquet resumió el cambio con estas palabras: "Nuestra meta es aumentar la primacía de nuestras plataformas digitales en la vida diaria de la redacción".

En concreto, el nuevo sistema competitivo para proponer temas a destacar pasó a funcionar del siguiente modo:

- Se eliminó el sistema de proponer historias para la portada impresa.
- Los responsables de cada sección del *Times* debían proponer tanto en la reunión de la mañana como en la de la tarde sus mejores temas propios para ser destacados en todas las plataformas digitales: web, móvil, redes sociales y lo que apareciera en el futuro.
- El equipo de dirección de la redacción seleccionaría los temas propios que tendrían una presencia más destacada. Normalmente serían 3 ó 4 temas por la mañana y otros 3 ó 4 por la tarde. Aquí no se incluían las noticias generales ocurridas durante el día.
- Las historias propuestas deberían poderse publicar rápidamente, poco tiempo después de presentarse en las reuniones de mañana y tarde.

Apuesta por la realidad virtual

Como se explica de manera detallada en un capítulo de este libro, en noviembre de 2015 el *Times* materializó su apuesta por la realidad virtual con el lanzamiento de su app NYT Virtual Reality y la distribución de centenares de miles de visores Google Cardboard entre sus suscriptores. El primer trabajo periodístico fue un documental sobre niños refugiados titulado "The Displaced".

Lanzamiento de la cuenta de Instagram

El 9 de marzo de 2015 el *Times* lanzó su primera cuenta en Instagram (@NYTimes). En febrero de 2017, poco antes de cumplir los dos años de existencia, esta cuenta contaba con 2,2 millones de seguidores. El diario iría creando posteriormente en esta red social basada en imágenes otras cuentas especializadas, como la dedicada al mundo de la moda (@nytimesfashion), que en febrero de 2017 había alcanzado la cifra de 1,9 millones de seguidores.

Relanzamiento de The New York Times Store

En el capítulo de otros negocios, el diario relanzó en enero de 2015 su propia tienda digital de regalos y productos vinculados a su marca, The New York Times Store. Fue el primer rediseño realizado en la tienda desde su lanzamiento en el año 1998.

Fallece David Carr

Para el equipo del *Times*, la noticia más triste del año se produjo el 12 de febrero de 2015, el día en que falleció, mientras trabajaba en la redacción, el carismático y popular periodista David Carr, autor de la columna "The Media Equation" sobre medios y tecnología. Carr se había incorporado al *Times* en el año 2002.

The New York Times creó la David Carr Fellowship para honrar la memoria del periodista David Carr, fallecido en 2015.

El diario decidió crear una beca en su honor, la David Carr Fellowship. Los nombres de los primeros tres periodistas receptores de la misma se conocieron un año después, en febrero de 2016. Entre 600 candidatos presentados, los escogidos para pasar dos años en la redacción del *Times* dedicados a "cubrir la dinámica intersección entre tecnología, medios, cultura y raza" a través de reportajes y nuevas formas de contar historias fueron John Herrman (The Awl), Amanda Hess (Slate) y Greg Howard (Deadspin).

26

2016: Donald Trump y el espectacular aumento de las suscripciones digitales

- Baja la publicidad y aumentan las suscripciones digitales
- 20 aniversario de la web
- Lanzamiento de *The New York Times en Español* y NYT Global
- Nuevo plan estratégico sobre el trabajo de la redacción
- A.G. Sulzberger, nuevo editor adjunto del *Times*
- Los mensajes en la reunion interna State of The Times 2016
- Donald Trump y *The New York Times*
- Compra de The Wirecutter por 30 millones de dólares
- Renovación del edificio del *Times* en 2017

Para el *Times*, el año 2016 estuvo marcado por dos grandes asuntos que, de hecho, guardan una estrecha relación: el espectacular incremento de las suscripciones digitales, especialmente durante la segunda mitad del año, y el enfrentamiento directo con el ganador de las elecciones presidenciales celebradas en Estados Unidos el 8 de noviembre, el candidato republicano Donald Trump.

Baja la publicidad y aumentan las suscripciones digitales

Los resultados económicos del año 2016 reforzaron las dos principales tendencias que se habían venido apuntando en años anteriores: la publicidad impresa siguió a la baja –con un brusco descenso del 15,8%–, mientras que las suscripciones digitales experimentaron un fuerte crecimiento al sumar algo más de medio millón de usuarios de pago durante el año.

En el último trimestre de 2016, como se puede visualizar perfectamente en una de las imágenes que se incluyen en el capítulo de los gráficos del negocio del *Times*, el diario ganó 276.000 suscriptores digitales. Era una cifra espectacular, muy superior a la lograda en cualquier otro trimestre desde el inicio del servicio de pago en 2011 si exceptuamos el primero, el del lanzamiento, cuando se alcanzó una cantidad ligeramente superior. Eso permitió al *Times* finalizar el año 2016 con 1.608.000 suscriptores digitales, a los que había que sumar los 245.000 suscriptores de los crucigramas digitales. Así, en total, el diario contaba a 31 de diciembre de 2016 con 1.853.000 suscriptores digitales. Además, en los últimos tres meses de 2016 se produjo también algo que no había sucedido desde 2011: aumentó el número de suscriptores de la edición impresa.

Los ingresos totales del *Times* cayeron ligeramente (-1,5%) en 2016, para situarse en 1.555,3 millones de dólares. La causa principal de esta reducción fue el mencionado descenso del 15,8% de la publicidad impresa, que no se pudo compensar con el aumento (5,9%) de los ingresos por publicidad digital. En total, el *Times* ingresó 580,7 millones de dólares por publicidad. De ese total, el 35% se debió a la publicidad digital.

La nota positiva llegó, de nuevo, con los ingresos por circulación, que alcanzaron los 880,6 millones de dólares, un 3,4% más que el año anterior. La circulación digital representó 232,8 millones de dólares tras crecer un 17% gracias a los 583.000 nuevos suscriptores digitales (514.000 del producto informativo y 69.000 de los crucigramas digitales).

Los ingresos por circulación (correspondientes a las suscripciones impresas y digitales y a las ventas del diario impreso) siguieron, por tanto, ganando protagonismo en el negocio del *Times*. En 2016, representaron el 56,6% del negocio, mientras que los ingresos publicitarios se quedaron en el 37,3% del total. Los otros ingresos aportaron el 6,1% del negocio del diario.

De manera más detallada, los ingresos absolutos y porcentuales del *Times* a lo largo de 2016 se repartieron del siguiente modo:

- Circulación impresa: 41,8%
- Publicidad impresa: 23,9%
- Circulación digital: 15%
- Publicidad digital: 13,4%
- Otros: 6,1%

Las cinco fuentes de ingresos de The New York Times (2016)

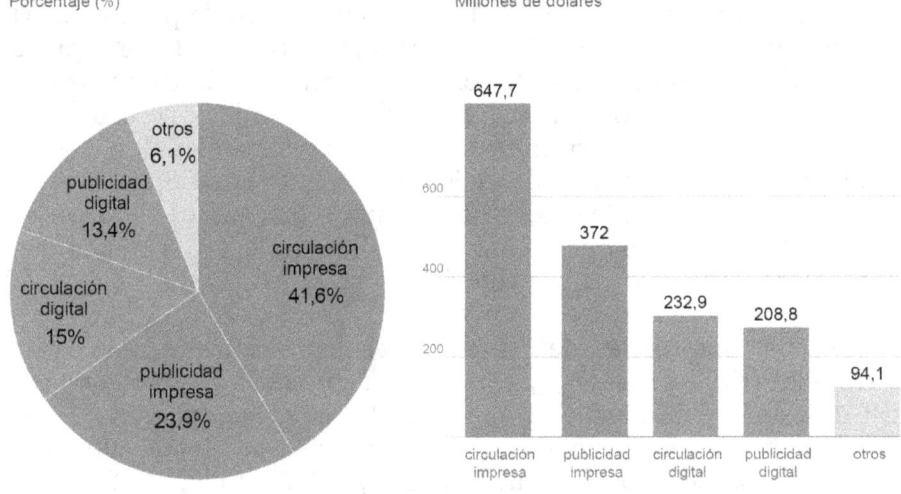

Fuente: The New York Times Company (nytco.com)

El resultado económico final del año fue de un beneficio neto de 29,1 millones de dólares, un 54% menos que los 63,2 millones de dólares ganados en 2015.

En el camino marcado por alcanzar los 800 millones de dólares de ingresos digitales en el año 2020, el *Times* terminó 2016 con un total de 441,7 millones de ingresos digitales (232,9 por circulación digital más 208,8 por publicidad digital), lo que suponía un 28,4% del total. A esta cantidad habría que sumarle una parte de los ingresos categorizados como otros que están directamente relacionados con la actividad digital, como por ejemplo los de comercio electrónico (por la tienda electrónica del *Times* y los ingresos por afiliación de las webs adquiridas en octubre de 2016, The Wirecutter y The Sweethome).

Comparación de los ingresos impresos, digitales y otros de *The New York Times* (2016)

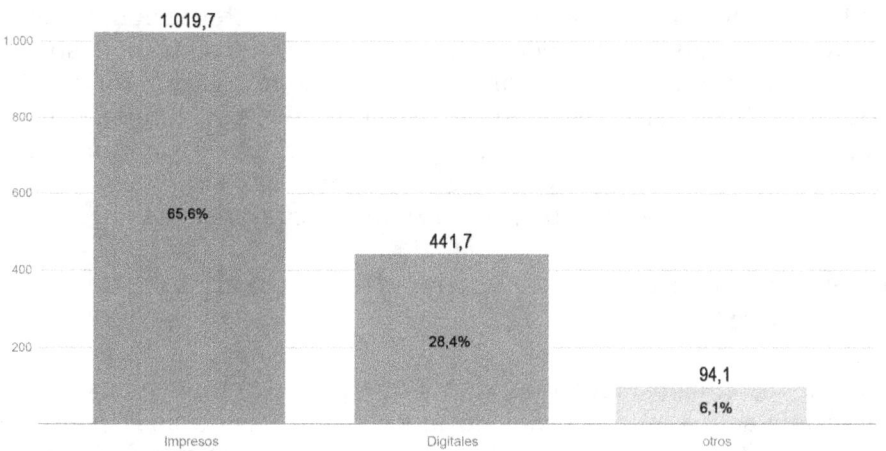

20 aniversario de la web

El año 2016 había empezado con una celebración: el 22 de enero de 2016 *The New York Times* festejó el 20 aniversario del lanzamiento oficial de su web, NYTimes.com, con la publicación de un especial multimedia en el que recorría esas dos décadas de periodismo digital.

Captura del especial multimedia sobre el 20 aniversario de la web del *Times*

Lanzamiento de *The New York Times en Español* y NYT Global

El 8 de febrero de 2016 el *Times* lanzó su edición digital en español, *The New York Times en Español*, con la que el diario quería expandir su presencia en el mercado de habla hispana. A este proyecto está dedicado uno de los capítulos del libro.

The New York Times en Español fue uno de los pasos concretos dados por el *Times* para crecer en el mercado internacional. Estos planes de expansión se concretarían todavía más dos meses después, en abril de 2016, cuando la compañía anunció la creación formal del equipo NYT Global, que contaría con una inversión mínima de 50 millones de dólares durante los siguientes tres años con el objetivo de ampliar la presencia y el negocio digital del *Times* en todo el mundo. NYT Global es el tema de otro de los capítulos del libro.

Nuevo plan estratégico sobre el trabajo de la redacción

Una de las conclusiones más claras que puede extraerse cuando se analiza la actividad del *Times* durante las últimas décadas es que el trabajo de transformación de la redacción para adaptarse a las nuevas necesidades de la era digital es un proceso continuo y necesitado de ajustes constantes. Y el año 2016 no fue una excepción en este sentido.

El director de *The New York Times*, Dean Baquet, anunció en febrero de ese año la puesta en marcha de un plan para realizar una amplia revisión del trabajo de la redacción que incluiría la identificación de áreas en las que se pudieran ahorrar costes.

El proyecto estaría liderado por el propio director, Dean Baquet, y por el periodista David Leonhardt, cuya responsabilidad anterior había sido la de crear y dirigir The Upshot, el proyecto de periodismo de análisis y datos impulsado por el *Times*.

"Tenemos que desarrollar un plan estratégico sobre qué debe ser *The New York Times* y determinar cómo aplicar nuestros valores de toda la vida a una nueva era", afirmó el director en un mensaje interno dirigido a toda la redacción.

Según Baquet, "aunque nuestros ingresos digitales están creciendo con fuerza, seguimos notando el impacto de las caídas en partes de nuestro negocio impreso". Por este motivo, según el director del NYT, "la compañía debe seguir gestionando cuidadosamente sus costes".

El plan estratégico debía permitir descubrir, entre otros asuntos, para qué historias de última hora se debían emplear todos los recursos digitales, impresos y visuales, o si la organización de la redacción era la adecuada o podía ser un estorbo a la hora de cubrir temas transversales como el cambio climático o la educación. Asimismo, el plan pretendía descubrir "qué areas de nuestra redacción no han crecido suficientemente rápido" y cómo debe cambiar la redacción para prestar más atención al mercado internacional.

El director del *Times* aseguró que el diario tendría siempre una redacción amplia, aunque reconoció que no crecería más y que "probablemente vamos a ser un poco más pequeños". En ese momento el *Times* contaba con una redacción formada por unos 1.300 profesionales. Según Dean Baquet, entre las áreas que podrían crecer se encontraban las relacionadas con el multimedia y con la cobertura internacional. Baquet no descartó que en el futuro se tuvieran que realizar despidos, pero señaló que no estaban previstos de manera inmediata.

El trabajo del grupo interno liderado por David Leonhardt, conocido internamente con el nombre de 2020 (en referencia al año 2020, para el que se había fijado el objetivo de los 800 millones de dólares en ingresos digitales), se publicaría casi un año después, en enero de 2017.

A.G. Sulzberger, nuevo editor adjunto del *Times*

El 19 de octubre de 2016 se dio a conocer una noticia muy relevante para el futuro de *The New York Times*. Arthur Gregg Sulzberger, de 36 años de edad e hijo del editor del diario, Arthur Sulzberger, Jr, fue nombrado editor adjunto del periódico. Su nombramiento lo situaba oficialmente como el sucesor de su padre y, por tanto, futuro editor del *Times*.

A.G. Sulzberger, que es como la compañía lo llama para evitar confusiones con su padre, también llamado Arthur, fue elegido de manera unánime por un comité de selección integrado por siete personas representantes de la dirección de la compañía, el consejo directivo de The New York Times Company y el Ochs-Sulzberger Family Trust. La decisión final se tomó el 18 de octubre de 2016.

En el proceso de selección participaron como candidatos al puesto otros dos miembros de la familia -primos de A.G. Sulzberger, que también llevaban años involucrados en la gestión de la compañía: Sam Dolnick, de 35 años, que entre otros proyectos había impulsado la introducción de la realidad virtual en el periodismo del *Times*, y David Perpich, de 39 años, que trabajaba en el área de negocios del diario y que había participado desde los inicios, de manera muy activa, en el exitoso proyecto de suscripción digital del *Times*.

El comité de selección se llegó a reunir una docena de veces durante el año 2016 para evaluar a los tres candidatos, que fueron entrevistados y tuvieron que presentar dos informes escritos con su visión y sus propuestas sobre el futuro de la compañía, según explicó el propio diario al dar a conocer la noticia.

Como ya se ha explicado, A.G. Sulzberger lideró los trabajos del equipo que en el año 2014 publicó el famoso informe interno "Innovation Report", en el que se proponían diversas medidas para transformar y adaptar el diario a la era digital. Muchas de esas propuestas se habían ido implementando desde entonces.

El nuevo editor adjunto, que empezó a ejercer sus funciones el 1 de noviembre, había también trabajado como reportero en la sección Nacional y como reportero y editor en la sección Metro. A.G. Sulzberger participó además activamente en el documento estratégico "Our Path Forward", presentado en octubre de 2015.

Desde julio de 2015, A.G. Sulzberger había sido editor asociado de estrategia, y como tal había liderado un equipo centrado en la continua transformación digital de la redacción del *Times*.

El *Times* publicó un amplio perfil del nuevo editor adjunto en un artículo titulado "A.G. Sulzberger: Leading Change at The New York Times as Journalism Evolves".

Cuando acceda al cargo de editor del diario en sustitución de su padre, A.G. Sulzberger representará la quinta generación de la familia que está al frente del *Times*, después de que el patriarca de la familia, Adolph S. Ochs, comprara el diario en el año 1896. Arthur Sulzberger, Jr., que es el editor del diario desde el año 1992, cumplió 65 años en septiembre de 2016. En el momento de finalizar este libro no se había hecho pública la fecha en la que piensa ceder el cargo, aunque el nombramiento de A.G. Sulzberger como editor adjunto se produjo varios meses antes de la fecha inicialmente anunciada.

A.G. Sulzberger sería el protagonista de la portada de la revista Wired del mes de marzo de 2017, en la que el tema estrella fue un reportaje sobre el pasado, el presente y el futuro del *Times*.

Portada del número de marzo de 2017 de la revista Wired

Los mensajes en la reunión interna State of The Times 2016

A.G. Sulzberger

El 22 de noviembre de 2016, el mismo día en el que el entonces presidente electo de Estados Unidos, Donald Trump, visitó *The New York Times*, el diario celebró una nueva edición de su tradicional sesión interna anual conocida con el nombre de *The State of The Times*. En su primera intervención en este evento, ya en calidad de editor adjunto del diario, A.G. Sulzberger quiso recordar el "profundo compromiso" que su familia tenía con el *Times* y con el periodismo de calidad que practica.

A.G. Sulzberger reveló que, unos años atrás, decenas de miembros de la familia Ochs/Sulzberger, que controla el diario, suscribieron una declaración de principios para no olvidar cuál era y debía seguir siendo su misión en el futuro. Se decía en esa declaración que el papel de la familia era el de "preservar la independencia editorial y la integridad de *The New York Times* y mantenerlo como un periódico independiente, sin ningún tipo de miedo y libre de influencia ulterior, y desinteresadamente dedicado al bienestar público".

"Nos os engañéis –afirmó el nuevo editor adjunto ante la plantilla del periódico–. *The New York Times* sigue siendo el modelo de referencia para el tipo de periodismo de calidad del que depende nuestra sociedad. Periodismo que es independiente, digno de confianza y practicado sin miedo ni favoritismo".

Tras mencionar el espectacular crecimiento del número de suscriptores que se produjo tras las elecciones presidenciales ganadas por Donald Trump –"un recordatorio de que nuestro país nos necesita"–, reafirmó el compromiso inquebrantable de su familia con el *Times*: "A lo largo de los años, hemos visto otras grandes organizaciones periodísticas perder de vista su misión o perder el control de su negocio. Eso no sucederá aquí. Habrá momentos difíciles. Pero nuestra estrategia se ha construido con el largo plazo en mente y tengo la absoluta confianza de que nuestros mejores años están aún por llegar".

Arthur Sulzberger, Jr.

En ese mismo evento –que fue seguido en directo por todas las delegaciones que el *Times* tiene repartidas por el mundo– intervinieron también el editor del periódico, Arthur Sulzberger, Jr., el consejero delegado de la compañía, Mark Thompson, el director el diario, Dean Baquet, y la responsable de ingresos de la compañía, Meredith Levien.

Arthur Sulzberger, Jr., tras explicar a la plantilla de The New York Times Company algunos detalles sobre la reunión que habían mantenido ese mismo día con Donald Trump –entre 15 y 20 minutos de reunión privada entre él y Trump y un almuerzo abierto de más de una hora de duración, con preguntas y respuestas, en el que participaron unos 25 periodistas y columnistas del diario–, recordó que el principal reto de la compañía era el de "construir un negocio digital suficientemente grande como para mantener las ambiciones periodísticas que hacen que el *Times* sea tan especial".

El editor del diario explicó que se estaban haciendo avances pero señaló que "queda mucho trabajo por hacer". Algunas de las decisiones a tomar serían dolorosas e implicarían dejar de hacer algunas cosas que no eran esenciales para el futuro. "Como organización debemos mantenernos centrados en apostar por cosas que son esenciales para nuestra misión, mientras dejamos otras que hemos hecho simplemente por tradición", añadió.

Arthur Sulzberger, Jr. mostró su máxima confianza en el equipo periodístico del *Times*, que calificó como "el mejor y más creativo" del sector, y en el trabajo periodístico que realiza. Recordó los 119 premios Pulitzer ganados por el *Times* a lo largo de su historia, casi el doble que cualquier otro medio.

Mencionó también algunas novedades como The Daily 360, el proyecto de vídeos diarios de 360º que había lanzado recientemente el *Times*, los nuevos podcasts o la mejora de la app de realidad virtual NYT VR como una muestra del trabajo innovador realizado por el diario. Además, Sulzberger quiso referirse a los cambios realizados en la edición internacional del diario, renombrada como *The New York Times – International Edition* y más adaptada a la era digital.

Sulzberger recordó que *The New York Times* contaba, "con diferencia", con "el mayor y más exitoso" negocio digital de pago del mundo de las noticias. "Hemos demostrado –añadió el editor del *Times*– que cuando se produce un periodismo de la más alta calidad y se involucra profundamente a los lectores en los productos y experiencias que ofrece ese periodismo, un gran número de esos lectores se convertirán en clientes de pago".

Por esas fechas, el *Times* contaba ya con 1,7 millones de suscriptores digitales, a los que había que sumar 1,1 millones de suscriptores de la edición impresa. En total, 2,8 millones de personas. "Más gente está pagando hoy por las noticias de *The New York Times* que en cualquier momento de nuestra historia", sentenció Sulzberger. En febrero de 2017, apenas dos meses después de este encuentro, el *Times* anunciaría que se había superado el listón de los 3 millones de suscriptores, entre impresos y digitales.

El editor del diario finalizó su discurso con las cuatro cosas que quería que todo el equipo del *Times* retuviera en sus mentes tras esa reunión:

- "Estamos –dijo– en una posición increíblemente fuerte, pero estamos en una industria que ha sufrido la disrupción a un nivel sin precedentes."

- "Esto requiere que cada uno de nosotros acepte la noción de que la rápida adopción de nuevas ideas y formas de trabajar es necesaria para nuestro éxito en todos los rincones de la empresa."

- "Nuestra misión es fundamental para nuestro éxito. Cada uno de nosotros debe dedicarse a ella."

- "Somos la compañía rara y afortunada en la que la misión y los modelos de negocio están alineados. Ponemos al lector en el centro de todo lo que hacemos. Debemos vivir eso sin importar cuál sea nuestro puesto en la organización."

El director Dean Baquet esboza el futuro *Times*

Por su parte, el director del *Times*, Dean Baquet, repasó algunos de los cambios que quería impulsar en la redacción del diario y en el modo de trabajar para seguir avanzando en la inevitable y necesaria transición digital:

- Incremento de los equipos de investigación en Washington y Nueva York. Dos ganadores de premios Pulitzer, los periodistas Eric Lipton y Matt Apuzzo, pasarían a formar parte de un nuevo equipo dedicado a cubrir de manera específica el mundo de "los lobbies, burócratas y funcionarios" del nuevo gobierno estadounidense.

- Reforma de la sección Nacional para prestar más atención a lo que sucede en el conjunto del país y ofrecer una visión menos centrada en Nueva York. Estaba previsto ampliar la cobertura de los temas religiosos.

- Mayor cobertura informativa sobre el cambio climático y los temas de género. Esta era una de las recomendaciones realizadas por el equipo interno de trabajo 2020.

Para cumplir con todos estos objetivos y poder seguir invirtiendo en las nuevas áreas y en el *Times* del futuro, Baquet dijo que el diario debería seguir realizando algunos recortes en su redacción durante los meses siguientes.

Una de las áreas en las que el director del *Times* creía que se podía trabajar con mayor eficiencia era la de la edición. "Tenemos que redefinir el rol de los editores en una era más rápida, más digital y más visual, reducir edición redundante y, sí, aprender a publicar el periodismo de calidad que nuestros lectores esperan con menos manos en cada historia", afirmó. Estos planes formarían parte de las propuestas incluidas en el informe que el grupo 2020 presentaría en enero de 2017.

The New York Times quiere reinventar el diario de papel. La edición impresa del *Times*, dijo Baquet, "fue construida en una era diferente" en la que las necesidades tanto de los lectores como de los anunciantes eras muy distintas. El compromiso del *Times* es el de "redefinir y perfeccionar" el diario impreso, y para ello se había creado un equipo integrado tanto por destacados editores como por profesionales del área de negocio que trabajaría durante los meses siguientes "para reimaginar el diario impreso en una era digital".

El director del *Times* explicó que en los dos últimos años el diario había realizado muchos cambios. Por ejemplo, había invertido en periodismo visual; había prestado más atención a la presentación de las noticias en los móviles; había ampliado la cobertura internacional pensando en una audiencia global, o había buscado fórmulas para contar historias de maneras distintas.

Cómo presentar el periodismo del *Times* en el móvil es uno de los grandes retos de la compañía. Esta manera de contar las noticias a través de los dispositivos móviles debería ofrecer algo distinto, "más rápido y más visual". La misión del *Times*, según su director, no está ligada "al papel, sino a los principios. Y si no nos leen, ¿cuál es el objetivo de esos principios?"

Durante el año anterior el diario había invertido tiempo y recursos en la formación interna, y Baquet anunció que el plan se iba a ampliar "para que los periodistas que quieran tener nuevas habilidades para esta nueva era puedan adquirirlas".

Un caso concreto de formación fue el de Facebook Live, con el que se logró que unos 300 profesionales del *Times* lo probaran, "muchos con un éxito espectacular", dijo el director.

¿Hacia dónde va el *Times*? El director del diario quiso ofrecer algunas pistas sobre cómo es el medio informativo que se imagina en un plazo de dos años. Por ejemplo, dijo que veía un medio todavía más visual, en el que las historias que puedan funcionar como vídeos o elementos visuales independientes "no tengan que esperar a las palabras para ser parte integral del *Times*".

El *Times* del futuro contará con una redacción "donde los periodistas y editores trabajen las historias sin preocuparse por dónde se publican" y sin estar sometidos a la separación tradicional entre secciones. El redactor prepara la historia y el creciente equipo dedicado específicamente a preparar la edición impresa es el que "se preocupa por dónde debe aparecer en el papel". En ese diario se "combina el periodismo de servicio" con los textos de grandes firmas periodísticas.

Dean Baquet hizo mención durante su intervención a una de las claves que posiblemente ayuden a explicar mejor la transformación que se está produciendo en el diario durante los últimos años: "La creencia de que el *Times* tiene un rol especial e importante en el mundo es compartida por toda la compañía", afirmó. Y añadió que todas las áreas de la empresa –redacción, tecnología, producto, marketing, etc., y especialmente la familia Ochs/Sulzberger– "creen en un *New York Times* independiente, un *Times* en el que manda el periodismo".

Donald Trump y *The New York Times*

Las elecciones presidenciales del 8 de noviembre de 2016 marcaron un antes y un después en la relación entre el diario *The New York Times* y el nuevo presidente de Estados Unidos, Donald Trump. De hecho, un antes y un después entre Trump y el sector de los medios de comunicación en su conjunto, al que Trump llegó a calificar unos meses después –en un polémico y tristemente histórico tuit publicado por el presidente en su cuenta personal de Twitter el 17 de febrero de 2017– como "el enemigo del Pueblo Americano":

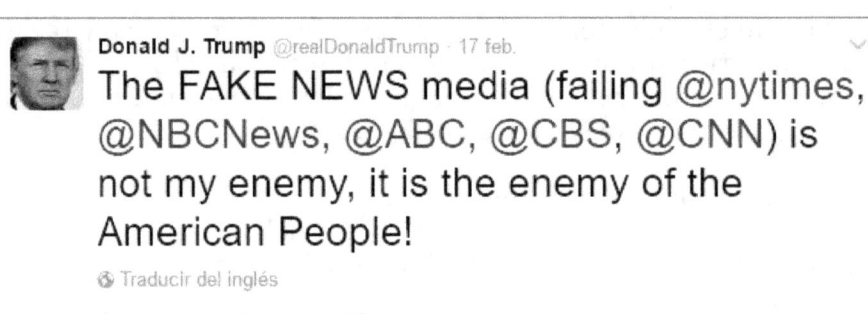

Jamás un presidente de Estados Unidos había llegado a ese punto en su enfrentamiento con el cuarto poder. El tuit suponía la culminación de una imparable escalada de ataques efectuados por Trump contra la mayor parte de medios de comunicación de Estados Unidos que había empezado durante la larga campaña electoral y se fue intensificando según se acercaban las elecciones y después de las mismas. Donald Trump pasó a calificar de manera genérica a los medios –con alguna excepción, como la cadena Fox News– como "fake news" por entender que planteaban una visión falsa sobre la realidad y su persona; y sobre los periodistas decía continuamente que eran "las personas más deshonestas del mundo". Además del *Times* –al que Trump pasó a calificar en todos sus mensajes como el "failing ("fallido" o "fracasado") @nytimes"– entre los medios atacados con más frecuencia por el nuevo presidente de Estados Unidos se encontraban, entre otros, la cadena CNN y el diario *The Washington Post*.

Para la redacción de *The New York Times*, las semanas previas a las elecciones, la jornada electoral del 8 de noviembre y los días inmediatamente posteriores a la elección de Trump como nuevo presidente habían sido extraordinariamente intensos. El *Times* y el *Washington Post* se habían convertido, durante la campaña, en los enemigos públicos número uno de Donald Trump por sus denuncias contra el candidato republicano.

En el caso del diario neoyorquino, las informaciones más relevantes afectaban a dos de los temas más polémicos de la figura de Trump: sus (no declarados) impuestos y su relación con las mujeres. En el primer caso, el *Times* obtuvo y publicó la declaración de renta de Trump del año 1995, que revelaba unas pérdidas de 916 millones de dólares que le habrían servido para pagar impuestos durante los años siguientes. En el segundo caso, *The New York Times* publicó el pormenorizado relato de dos mujeres que acusaban a Trump de haberlas acosado sexualmente décadas atrás. Los dos temas se convirtieron en elementos centrales de las últimas semanas de la campaña presidencial.

El *Times*, como también hicieron la mayor parte de periódicos y otros medios de Estados Unidos, había expresado públicamente su apoyo a la candidata demócrata, Hillary Clinton, a la que la mayor parte de encuestas daban como ganadora. En la portada de la web del *Times*, durante los días previos a las elecciones y hasta las primeras horas de la misma noche electoral, un gráfico mostraba que Hillary Clinton era, por un amplísimo margen, la previsible ganadora según la fórmula aplicada por los expertos electorales del diario.

Pero ganó Donald Trump, y la mayor sorpresa electoral de las últimas décadas se hizo realidad. El shock en el sector de los medios de comunicación fue mayúsculo. También en el *Times*.

Desde la máxima dirección de la compañía la reacción llegó en forma de mensaje interno, dirigido al equipo, y externo, para los suscriptores y lectores del diario.

El viernes 11 de noviembre, tres días después las elecciones, el editor del *Times*, Arthur Sulzberger Jr., envió una nota interna a todo el equipo. La nota se hizo pública a través de la web corporativa y también fue compartida en las redes sociales por periodistas del diario. Un tuit de Sam Sifton, responsable de Food, logró en pocas horas centenares de retuits.

En su conciso mensaje, Suzberger quiso recordar la enorme validez que adquirían en ese momento las "famosas instrucciones que Adolph S. Ochs nos dejó: cubrir las noticias sin miedo o favoritismos". El editor del *Times* recordó los constantes trabajos de investigación realizados por el diario, que demostraban que el miedo no existía, y expresó el necesario compromiso del *Times* de informar sobre la nueva administración "sin prejuicios". Al mismo tiempo, propuso que el diario intentara entender mejor lo que estaba sucediendo en el país: "Si muchos estadounidenses ya no parecen entenderse, hagamos que nuestro trabajo sea el de interpretar y explicar".

Sulzberger señaló que un periódico como el *Times* había sido creado justamente para momentos como ese, y añadió que "juntos, hemos construido la mejor redacción digital del mundo, y eso, también, fue hecho para justo este momento".

Ese fin de semana *The New York Times* también publicó un mensaje firmado por el editor, Arthur Sulzberger, Jr., y el director del diario, Dean Baquet, dirigido a todos los lectores del diario para agradecerles su apoyo y mostrar su compromiso con "la misión fundamental del periodismo del *Times*", que definieron con estas palabras: "Informar sobre América y el mundo de manera honesta, sin miedo ni favoritismo, esforzándonos siempre por entender y reflejar todas las perspectivas políticas y experiencias vitales en las historias que os traemos".

La victoria de Trump se convirtió en un revulsivo inesperado para el negocio del diario. De manera inmediata, las suscripciones al diario, especialmente las digitales, aceleraron su ritmo de crecimiento. El consejero delegado del *Times*, Mark Thompson, explicó a finales de mes en una entrevista concedida a la cadena CNBC que, desde el día de las elecciones, el número total de suscriptores había aumentado en 132.000. Eso suponía multiplicar por diez el ritmo de crecimiento respecto al pasado año.

Las cifras aportadas por Thompson suponían también un desmentido oficial –y contundente– a lo que unos días antes había afirmado en Twitter el entonces presidente electo: que el "failing" *Times* estaba perdiendo rápidamente suscriptores.

Donald J. Trump @realDonaldTrump · 13 nov. 2016
Wow, the @nytimes is losing thousands of subscribers because of their very poor and highly inaccurate coverage of the "Trump phenomena"

16K 35K 127K

El día 22 de noviembre, Donald Trump tenía previsto celebrar un encuentro con el equipo de dirección y con periodistas y columnistas de *The New York Times*. Una parte de la reunión debía ser *off the record*, pero la otra consistiría en una entrevista abierta en la que diferentes profesionales del *Times* formularían preguntas al presidente electo.

A primera hora de ese día, Trump publicó en Twitter que había decidido cancelar el encuentro porque, según él, el "fracasado" *Times* había cambiando a última hora las condiciones del mismo. El diario respondió inmediatamente que no se había producido ningún cambio. Finalmente se aclararon las dudas y el encuentro se pudo realizar según las condiciones fijadas previamente.

Al final de la entrevista, cuya transcripción completa se publicó en la web, Donald Trump, para sorpresa de muchos, llegó a piropear al *Times*, al que calificó de "una gran joya americana, una joya mundial".

> SULZBERGER: Well, thank you very much for this. Really appreciate this.
>
> TRUMP: Thank you all, very much, it's a great honor. I will say, The Times is, it's a great, great American jewel. A world jewel. And I hope we can all get along. We're looking for the same thing, and I hope we can all get along well.

En cualquier caso, ese positivo comentario quedaría como una anécdota aislada ya que, durante los días y semanas posteriores, Trump volvería a atacar al *Times* en repetidas ocasiones, especialmente desde su cuenta personal de Twitter (@realdonaldtrump).

De hecho, entre el 13 de noviembre de 2016 y el 21 de febrero de 2017, Donald Trump atacó al *Times* en Twitter en 20 ocasiones. En 12 ellas utilizó su expresión favorita para referirse al diario: "failing @nytimes". En otra lo llamó "FAKE NEWS @nytimes". Uno de los tuits llegó a ser retuiteado desde la cuenta oficial del presidente de Estados Unidos (@POTUS):

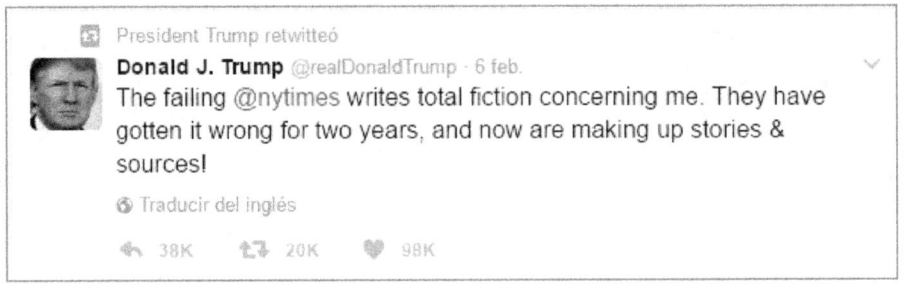

Compra de The Wirecutter por 30 millones de dólares

Una de las operaciones que llamó más la atención durante el año 2016 fue la compra por parte del *Times*, por unos 30 millones de dólares, de los sitios web The Wirecutter y The Sweethome. La adquisición, anunciada en octubre de ese año, suponía la decidida incursión del *Times* en un nuevo modelo de ingresos para la compañía en el ámbito del comercio electrónico: el de la afiliación.

The Wirecutter y The Sweethome, dedicados a analizar y recomendar de manera independiente productos tecnológicos y para el hogar, obtienen sus ingresos gracias a las comisiones que reciben por parte de tiendas electrónicas como Amazon con las que enlazan para que los usuarios puedan adquirir los productos que recomiendan. Fundados en 2011 por el periodista tecnológica Brian Lam, The Wirecutter y The Sweethome se habían ganado una merecida reputación editorial como sitios web de confianza por la calidad de sus análisis de productos.

Para el *Times*, la incorporación de estos productos presentaba dos ventajas: contar con una nueva vía de ingresos, por un lado, y con una información que encajaba muy bien con el periodismo de servicio que el diario estaba impulsando con otros productos como Cooking, Watching o Well.

El equipo NYT Beta se hizo cargo temporalmente de la dirección de las dos webs hasta que, en enero de 2017, el *Times* nombró a uno de sus ejecutivos más destacados, David Perpich, nuevo presidente y director general de las mismas. Perpich, primo de A.G. Sulzberger, había estado supervisando el lanzamiento de nuevos productos del *Times* y había participado de manera muy activa en el proyecto de suscripciones digitales del diario. Fue una de las tres personas consideradas para ocupar el puesto de editor adjunto del diario, que finalmente recayó, como se ha indicado, en A.G. Sulzberger.

Renovación del edificio del *Times* en 2017

A finales de 2016, la dirección de la compañía anunció a todo el equipo del diario los planes de rediseño del edificio para adaptarlo mejor a sus necesidades y, de paso, ahorrar costes. Uno de los objetivos concretos del cambio era el de facilitar el trabajo colaborativo entre todas las áreas de la compañía, lo que implicaba rediseñar los espacios.

Las obras, que se iban a realizar durante todo el año 2017, implicarían el traslado provisional de unos 400 empleados de distintos departamentos del *Times* a otras oficinas, cercanas al diario. En febrero de 2017 la revista The Real Deal, especializada en el mercado inmobiliario de Nueva York, publicó que el *Times* había alquilado varias plantas del Time-Life Building, edificio de oficinas situado en el 1271 de la Avenida de las Américas, para trasladar temporalmente a esos 400 trabajadores. Ese edificio había acogido históricamente las oficinas de la compañía editorial Time, Inc., que se había traslado en 2015 a Brookfield Place, al sur de Manhattan.

El *Times* encargó al estudio de arquitectura y diseño de interiores Gensler, con el que ya había trabajado, la renovación de sus oficinas. El rediseño debía ofrecer un "espacio de trabajo más dinámico, moderno y abierto" para "facilitar una mayor colaboración entre departamentos". En concreto, se querían crear más salas y espacios comunes para el trabajo en equipo, así como eliminar los grandes despachos corporativos, incluidos los del editor y el CEO de la compañía: "No necesitamos preservar esos vestigios de otra era, así que no lo haremos", afirmaron en su nota interna Arthur Sulzberger y Mark Thompson. La cafetería y las salas de conferencias se mantendrían en la planta 15 del edificio.

La renovación permitiría dejar libres ocho plantas de las 17 ocupadas entonces por el *Times*, que se quedaría por tanto con nueve a finales de 2017. Esas ocho plantas liberadas se alquilarían, lo que permitiría generar nuevos ingresos. La previsión era que el traslado provisional de los empleados se realizara durante el primer trimestre de 2017 con el objetivo de regresar al edificio del *Times* a finales de año.

Portada de la memoria anual del año 2016 de The New York Times Company. Fuente: nytco.com

Las 50 palabras más utilizadas en la carta a los accionistas de 2016.

27

2017: Más de tres millones de suscriptores (entre impresos y digitales)

- Más de tres millones de suscriptores
- Suscripción conjunta con Spotify
- Publicación del informe del grupo 2020 sobre el futuro del diario
- Renovación del equipo de dirección de la redacción del *Times*
- Otras novedades

Más de tres millones de suscriptores

A principios del mes de febrero de 2017, coincidiendo con la presentación de los resultados económicos del año 2016, la dirección de la compañía editora del *Times* anunció que el diario acababa de superar los tres millones de suscriptores. En esa cifra, la más alta alcanzada hasta entonces por *The New York Times*, se incluían tanto los suscriptores de la edición impresa como los suscriptores digitales.

El *Times* había finalizado el año 2016 con 1.853.000 suscriptores digitales (1.608.000 de su producto informativo digital más 245.000 suscriptores de los crucigramas digitales), tras crecer espectacularmente durante el último trimestre, como se ha explicado anteriormente. A estos había que añadir los suscriptores de la edición impresa (algo más de un millón). Los directivos del diario explicaron que durante las primeras semanas de 2017 se había mantenido un gran ritmo de crecimiento de los suscriptores, lo que había permitido sobrepasar los tres millones de usuarios que pagaban por la edición en papel o digital del *Times*.

Suscripción conjunta con Spotify

A principios del mes de febrero, el diario anunció una interesante novedad en el ámbito de las suscripciones digitales: un acuerdo con Spotify, la compañía líder del sector de la música digital, para ofrecer una suscripción conjunta.

La promoción conjunta entre *The New York Times* y Spotify lanzada en febrero de 2017

La oferta iba dirigida a nuevos suscriptores digitales del *Times* del mercado de Estados Unidos que optaran por la suscripción "All Access" por un año. Por 5 dólares a la semana, disfrutarían gratuitamente del servicio Spotify Premium (valorado en 120 dólares al año).

Con esta propuesta el *Times* quería seguir ampliando su base de suscriptores digitales atacando el segmento más joven del mercado. Los responsables del diario creían, además, que la propuesta encajaban muy bien con uno de los planteamientos que el diario estaba impulsando durante los últimos años: el de ayudar a mejorar la vida de sus usuarios con servicios de carácter práctico y lúdico.

Publicación del informe del grupo 2020 sobre el futuro del diario

Otro de los elementos destacados del inicio de 2017 fue la publicación del informe que había estado elaborando durante un año el grupo interno de trabajo conocido con el nombre de 2020.

El informe, titulado "Journalism That Stands Apart", planteaba la necesidad de que el diario actuase con la mayor rapidez posible para adaptarse con éxito a la era digital. Los autores de este trabajo estratégico establecieron los pasos que debía dar el *Times* para seguir avanzando en su transformación digital.

Las principales conclusiones de este informe se han recogido en el capítulo dedicado a los tres informes estratégicos publicados por *The New York Times* desde el año 2014.

Coincidiendo con la publicación de este trabajo, la dirección del diario planteó en un mensaje interno dirigido a la redacción un plan de acción de 11 puntos para el año 2017. Entre ellos, el refuerzo del periodismo visual, un replanteamiento del trabajo de edición en el diario, la ampliación de recursos (cinco millones de dólares adicionales) para cubrir informativamente la presidencia de Donald Trump, el rediseño de la edición impresa y la ampliación del plan de formación interna.

Renovación del equipo de dirección de la redacción del *Times*

Durante las primeras semanas de 2017 el *Times* reforzó el equipo de dirección de su redacción con varias promociones internas y una incorporación.

Por un lado, anunció un fichaje ciertamente relevante: el de la número dos de la redacción de su rival *The Wall Street Journal*, Rebecca Blumenstein, que pasó a formar parte del equipo de subdirectores del diario, con responsabilidad concreta sobre las secciones de Negocios y Tecnología.

Además, promocionó a tres profesionales del diario:

- Cliff Levy: ascendido a subdirector (*Deputy Managing Editor*). Uno de los principales impulsores del periodismo digital en la redacción durante los últimos años. Fue el principal responsable de la app NYT Now.

- Carolyn Ryan: ascendida a "assistant editor" para encargarse de la contratación de nuevos profesionales que permitan seguir con la renovación de la redacción del *Times*.

- Alison Mitchell: ascendida a "assistant editor" de noticias digitales e impresas.

Tras estos cambios, la dirección de la redacción del *Times* quedó integrada (datos actualizados el 22 de febrero de 2017) por los siguientes profesionales:

- Dirección: formada por un director y un director adjunto:

    - **Dean Baquet**, *Executive Editor* (director)
    - **Joseph Kahn**, *Managing Editor* (director adjunto)

- El segundo nivel de apoyo a la dirección estaba integrado por seis profesionales: cuatro subdirectores (*managing editors*), un director creativo y un responsable de innovación y estrategia:

    - **Rebecca Blumensteien**, *Deputy Managing Editor (foco en las secciones de Negocios y Tecnología)*
    - **Tom Bodkin**, *Creative Director*
    - **Janet Elder**, *Deputy Managing Editor*
    - **Clifford Levy**, *Deputy Managing Editor*
    - **Matthew Purdy**, *Deputy Managing Editor*
    - **Kinsey Wilson**, *Editor for Innovation and Strategy – Executive V.P., Product and Technology*

- En un tercer nivel se encontraban seis "Assistant Editors", cada uno de ellos con responsabilidad sobre distintas áreas:

    - **Rebecca Corbett**, *Assistant Editor*
    - **Steve Duenes**, *Assistant Editor* (Gráficos)
    - **Alexandra MacCallum**, *Assistant Editor* (Vídeo y desarrollo de audiencia)
    - **Michele McNally**, *Assistant Editor* (Fotografía)
    - **Carolyn Ryan**, *Assistant Editor* (contratación de nuevos profesionales)
    - **Alison Mitchell**, *Assistant Editor* (Noticias)

- Las páginas de Opinión del *Times* están gestionadas por un equipo específico, distinto del dedicado al producto informativo. La dirección de este equipo está formada por tres personas:

    - **James Bennet**, *Editorial Page Editor* (director)

- **James Dao**, *Deputy Editorial Page Editor* (director adjunto)
- **Terry Tang**, *Deputy Editorial Page Editor* (directora adjunta)

Otras novedades

Estas fueron otras novedades destacadas de la actividad del *Times* durante las primeras semanas de 2017:

- Lanzamiento de **The Daily**, un nuevo podcast informativo ofrecido a primera hora de la mañana, de lunes a viernes, por Michael Barbaro.

- El vicepresidente de producto de The New York Times Company, David Perpich, fue nombrado nuevo presidente y director general de The Wirecutter.

- El T Brand Studio del *Times* lanzó, en colaboración con IBM, la primera app de realidad aumentada de la compañía. La primera experiencia, inspirada en la película "Hidden Figures", se tituló "Outthink Hidden".

- El *Times* amplió su redacción en dos de los destinos internacionales escogidos para expandir su presencia internacional: Canadá y Australia (más información en el capítulo sobre NYT Global).

- Los crucigramas del *Times* celebraron su 75 aniversario con el lanzamiento de una sección especial dedicada a su historia.

PARTE III

28

¿Cuántos contenidos publica al día *The New York Times*?

Cada día, el diario *The New York Times* publica en su web algo más de 200 contenidos periodísticos propios. Algunos días supera la cifra de los 250 entre noticias, reportajes, artículos de opinión, vídeos, interactivos, especiales multimedia, galerías fotográficas, directos, gráficos, cuestionarios y otros formatos utilizados.

No todos estos materiales, que se publican siempre primero en la versión digital, acaban en la edición impresa del periódico. Lo más habitual es que en la edición en papel se recoja aproximadamente el 70% de la producción periodística diaria de la redacción del *Times*.

La hora de publicación en la web depende de varios factores, pero la norma básica es, desde hace años, la del *digital-first*. Las noticias vinculadas a la última hora se publican en la web lo antes posible, como es lógico. Los contenidos que no están tan pegados a la actualidad y que están trabajados como temas propios por la redacción del *Times* se suelen publicar durante la tarde/noche del día anterior a su aparición en el papel.

Cada vez más, sin embargo, hay contenidos especiales que se publican con mayor antelación en la web. Es el caso, por ejemplo, de grandes reportajes y otros temas exclusivos que aparecen en la edición dominical del diario impreso pero están ya online uno, dos o incluso tres días antes.

La dirección del periódico -como ha explicado en numerosas ocasiones y a través de diversos documentos y comunicados internos mencionados en este libro- lleva tiempo intentando cambiar la dinámica editorial de las secciones del *Times* para adaptarla a la era digital. Durante prácticamente toda su historia, el trabajo periodístico de la redacción del diario ha estado orientado a preparar la edición impresa de *The New York Times*. Eso, lógicamente, ha condicionado horarios, recursos, planteamientos, trabajos de edición...

En 2017, tras años de difícil transformación de la mentalidad y de los hábitos papeleros adquiridos durante décadas, la redacción del *Times* sabe que tiene como primer objetivo la publicación de sus contenidos en el entorno digital. Posteriormente, un equipo específico y especializado —el *print hub*- se dedica a preparar la edición impresa que se repartirá al día siguiente (este es un proceso gradual que se estaba todavía implementando a principios de 2017), utilizando y adaptando al papel los materiales informativos producidos y publicados en la web del *Times* a lo largo del día.

La cifra de 200 contenidos de media al día producidos por la redacción del *Times* fue mencionada en el informe elaborado por el grupo interno de trabajo 2020 que fue publicado a finales de enero de 2017, titulado "Journalism That Stands Apart". No es una cifra muy alta teniendo en cuenta que el *Times* cuenta con una redacción muy amplia, integrada por unos 1.300 profesionales. De hecho, otros periódicos —como *The Washington Post*- con equipos de menor tamaño publican un número considerablemente mayor de noticias al día. Pero esta cifra explica y refleja muy bien la filosofía periodística del *Times*, que apuesta de manera radical por la calidad frente a la cantidad o la excesiva inmediatez.

En algún otro momento, diversos integrantes del equipo del *Times* se han referido públicamente al número medio de artículos o contenidos producidos y publicados diariamente para situarlo en cifras algo superiores, como 250, 300 (aquí y aquí) o incluso 350.

Hay varios modos manuales de comprobar cuál es la cantidad más exacta de contenidos publicados diariamente por el *Times*. Uno de ellos es el análisis del servicio Times Wire (que, como se explica más adelante, ofrece un listado cronológico de todo el material propio publicado por el diario). El otro, la relación de titulares de la edición impresa que aparece cada día en el espacio Today's Paper. Tras seguir y analizar a fondo durante meses estos dos servicios, la conclusión es que el *Times* suele publicar entre 200 y 250 piezas periodísticas propias al día. La versión impresa publica entre el 60 y el 70% de estos contenidos, adaptados convenientemente al papel. El resto son exclusivos del medio digital. Las cifras no son exactas porque dependen de varios factores, como lo que dé de sí la actualidad del día o el número de páginas y suplementos que tenga la edición impresa del día siguiente, entre otros.

Esto supone que a lo largo del año la redacción del *Times* genera y publica entre 73.000 y algo más de 90.000 contenidos periodísticos propios.

Adicionalmente, en la web del diario se publican también noticias procedentes de las principales agencias internacionales, como Reuters o AP. Estas noticias, sin embargo, no se incluyen en Times Wire y tienen un uso muy limitado tanto en la portada como en las respectivas secciones.

Times Wire

Aunque no se promociona ni aparece en los menús de secciones y servicios de NYTimes.com, Times Wire es un servicio en funcionamiento, disponible únicamente desde el PC a través de la dirección www.nytimes.com/timeswire/, que permite consultar en orden cronológico todos los contenidos publicados en la web del *Times* (excepto los vídeos).

Este espacio, que se actualiza de manera permanente durante las 24 horas del día, ofrece para cada uno de los contenidos publicados los siguientes elementos:

- Titular
- Firma de autor o autores
- Breve resumen
- Sección
- Hora de publicación

Adicionalmente, en la parte superior derecha de la página, se muestran en forma de miniaturas las últimas fotografías publicadas en la web. Al pasar el cursor por encima de cada imagen, se despliega una ventana con el titular, autor, resumen, sección y hora de publicación de la noticia en la que aparece dicha imagen, con el enlace correspondiente a la misma.

La existencia de este espacio digital permite descubrir algo que un buen número de profesionales del sector se ha podido preguntar en algún momento: cuántos contenidos publica cada día *The New York Times* en su web y en qué momento del día lo hace.

En la parte superior de la página se indica el número de actualizaciones que se han producido en la web durante la última hora. Por defecto, en la página aparecen los 20 contenidos más recientes, pero la lista se puede ir ampliando de 20 en 20.

En Times Wire se publican, en orden cronológico, todos los contenidos elaborados por la redacción de *The New York Times* a lo largo del día

29

Los tres documentos clave en la transformación digital del *Times*

El largo, complicado y sinuoso proceso de transformación y reinvención digital de *The New York Times* ha contado en la fase más reciente con tres importantes puntos de apoyo: tres documentos clave que se han utilizado como referencia interna fundamental a la hora de fijar las líneas estratégicas de la compañía y como base para impulsar todos los cambios necesarios.

Se trata del "**Innovation Report**" de marzo de 2014, del documento "**Our Path Forward**" ("Nuestro camino a seguir") de octubre de 2015, y el informe del grupo 2020 publicado en enero de 2017, titulado "**Journalism That Stands Apart**".

En este capítulo se resumen los elementos esenciales de cada uno de estos documentos. Por la relevancia e interés de los mismos, en la web del libro (www.ismaelnafria.com/nytimes) se ha incluido la traducción al español del resumen ejecutivo del "Innovation Report", la traducción completa del documento "Our Path Forward" y un amplísimo resumen del informe del grupo 2020.

1. Innovation Report (2014)

Entre finales del año 2013 y principios de 2014, un equipo del diario *The New York Times* trabajó durante seis meses en la elaboración de un informe de casi 100 páginas, titulado "Innovation", que se publicó de manera interna el 24 de marzo de 2014.

El informe analiza la situación en la que se encontraba el diario y planteaba sin ningún tipo de condescendencia ni rubor una serie de recomendaciones prácticas sobre lo que debía hacer el *Times* para mejorar y seguir liderando el mundo informativo en la era digital.

Ese equipo, formado por ocho periodistas y dos profesionales del área de negocio de la compañía, estuvo liderado A.G. Sulzberger, hijo del editor del diario, Arthur Sulzberger, Jr. Dos años y medio después, en octubre de 2016, A.G. Sulzberger sería nombrado editor adjunto del *Times*: era el miembro de la familia escogido para suceder en el futuro a su padre al frente de la compañía editora de *The New York Times*. Para elaborar el informe el grupo se entrevistó con más de 300 personas, tanto del diario como de medio centenar de medios y otras compañías del sector tecnológico.

Portada del "Innovation Report" elaborado por un equipo interno del diario *The New York Times*.

A mediados del mes de mayo de 2014, el informe fue filtrado en su totalidad y publicado en diversos medios: primero en BuzzFeed, que ofreció un documento fotocopiado en blanco y negro en el que faltaban algunas páginas, y luego en Mashable, donde ya apareció el documento completo y en color.

De inmediato, el informe "Innovation" tuvo un impacto impresionante entre las empresas y los profesionales del sector. Pocas veces una compañía líder había sido capaz de realizar un diagnóstico tan claro y contundente sobre lo que estaba sucediendo en su ámbito, advirtiendo que si no se adoptaban determinadas medidas con urgencia, se corría el peligro de quedar desfasado y ser superado por la competencia.

Hoy se puede decir sin ningún género de dudas que el informe "Innovation"del *Times* es ya un clásico en el ámbito de la transformación digital de los medios.

En el informe se señalaba, como mensaje principal, que el *Times* iba por delante de su competencia en el periodismo que realizaba, pero se estaba quedando atrás a la hora de hacer llegar ese periodismo a sus lectores. Se alertaba que la audiencia, tanto en la web como en el entorno móvil, había caído durante el último año, lo que obligaba a aplicar urgentemente medidas para crecer. Además, cada vez había más actores en el sector, con mejor financiación y prácticas más innovadoras.

La primera parte del informe, titulada "**Aumentar nuestra audiencia**", estaba precisamente dirigida a analizar la audiencia y a proponer medidas, impulsadas desde la redacción, para lograr que los lectores pasaran más tiempo consumiendo el periodismo que realizaba el diario.

La segunda parte, titulada "**Fortalecer nuestra redacción**", ofrecía recomendaciones concretas sobre cómo reforzar la redacción en la era digital. Eso implicaba, entre otras cosas, repensar tradiciones centradas en el mundo impreso, utilizar datos para tomar decisiones, contratar talento digital específico y colaborar con departamentos del área de negocio que ya estaban enfocados en el lector.

En concreto, en el informe interno se planteaban las siguientes cinco recomendaciones principales:

1. Crear un equipo de desarrollo de la audiencia en la redacción

El reto en el entorno digital ya no era sólo publicar grandes historias sino conseguir que éstas llegasen realmente al público a través de múltiples vías.

2. Crear un equipo de analítica en la redacción

Los datos sobre lo que hacían los usuarios con los contenidos publicados podían ayudar a extender todavía más el alcance del periodismo de calidad que quería –y quiere- practicar el diario. Sería absurdo ignorarlos.

3. Crear un equipo de estrategia en la redacción

Gestionar la redacción de *The New York Times* significaba estar pendiente de la edición impresa pero también de la web, de un creciente grupo de productos móviles, de boletines, de alertas informativas, de cuentas en redes sociales, de una edición internacional, de una unidad de vídeo y de una serie de nuevos productos diferenciales. En el informe se recomendaba la creación de un equipo de estrategia que sirviera de apoyo al equipo directivo para poder tomar las mejores decisiones en todos esos ámbitos.

4. Colaborar con los departamentos del área de negocio enfocados en el lector

El informe recomendaba impulsar la colaboración entre la redacción y diversos departamentos de la compañía que ya estaban enfocados en la creación, replanteamiento o estudio de la experiencia digital de los usuarios (por ejemplo, Tecnología, Customer Insight Group, R&D o Producto). "Estos colegas, al igual que los diseñadores digitales de la redacción, están centrados en asegurar que la experiencia de leer, ver e interactuar con nuestro periodismo digital sea tan impactante como el propio periodismo".

5. Priorizar la contratación en el área digital para ayudar a la transición hacia el *digital-first*

El diario debía mejorar la contratación y promoción del "talento digital" ya que "este es quizás el paso más crítico en la transición de un diario que también produce un rico e impresionante periodismo digital hacia una publicación digital que también produce un rico e impresionante periódico".

El nuevo director del diario por aquel entonces, Dean Baquet, explicó que se habían empezado a aplicar de inmediato algunas de estas recomendaciones.

Más información:

- Informe completo en inglés - Mashable

- Traducción al español del resumen ejecutivo del "Innovation Report" – Web del libro

2. Our Path Forward ("Nuestro camino a seguir") (2015)

El 7 de octubre de 2015, poco más de un año y medio después de la publicación del informe "Innovation", la dirección del *Times* hizo público un nuevo documento estratégico, en este caso mucho más breve (11 páginas), titulado "Our Path Forward". Lo firmaban el editor del *Times*, Arthur Sulzberger, Jr.; el consejero delegado de la compañía, Mark Thompson; el director del diario, Dean Baquet; el vicepresidente de productos digitales, Kinsey Wilson, y la directora de ingresos, Meredith Levien, entre otros integrantes de la dirección de The New York Times Company.

Estos son los elementos esenciales de dicho documento:

Doblar los ingresos digitales en 2020: 800 millones de dólares

En este documento, el *Times* se fijó una meta ambiciosa: multiplicar por dos los ingresos digitales hasta el año 2020, para pasar de 400 a 800 millones de dólares.

En una nota interna que acompañaba al documento, el consejero delegado del *Times*, Mark Thompson, y el director del diario, Dean Baquet, explicaron que "en los cinco años anteriores, un gran periodismo y un progreso real tanto de nuestras suscripciones como del negocio de la publicidad nos han permitido doblar nuestros ingresos digitales hasta alcanzar los 400 millones de dólares en 2014. Ningún otro medio semejante está ni siquiera cerca de esa cifra". De hecho, en el documento se especificaba que "para poner esa cifra en contexto, eso fue casi lo mismo que lo que cuatro de nuestros más importantes competidores digitales –Huffington Post, BuzzFeed, Voz y Gawker Media- ingresaron de manera conjunta el pasado año según informaciones publicadas".

Si se lograba el nuevo objetivo de superar los 800 millones de dólares de ingresos digitales en 2020, el futuro del *Times* estaba asegurado: "Logremos eso –afirmaban- y aseguraremos nuestra misión periodística para el largo plazo mientras creamos uno de los negocios de contenidos digitales de más éxito del mundo".

Portada del documento estratégico "Our Path Forward" publicado por *The New York Times* en octubre de 2015.

La dirección del *Times* no escondía en absoluto que los objetivos económicos eran "ambiciosos", ya que para lograrlos habría que incrementar el ritmo de crecimiento de los ingresos digitales. "Aunque tanto los ingresos digitales como los suscriptores digitales han estado creciendo a tasas de dos dígitos, tenemos no sólo que mantener sino aumentar este crecimiento en los próximos años. Debemos tener éxito si queremos que *The Times* vuelva a crecer y pueda dejar atrás el lento pero inevitable descenso del medio impreso".

"Alcanzar estos objetivos –se decía en el documento- nos situaría más allá del punto en el que los ingresos digitales superan a los ingresos impresos, un hito importante para la sostenibilidad a largo plazo de nuestra misión".

El 12% de usuarios generan el 90% de ingresos digitales

Hacía poco que el diario había logrado superar la cifra del millón de suscriptores digitales, y precisamente los suscriptores se estaban convirtiendo en el centro del negocio del *Times*.

La dirección de la compañía quiso señalar de manera explícita que el modelo de negocio del *Times* "depende de una profunda relación con nuestros lectores más comprometidos. El 12% de nuestros lectores digitales generan el 90% de nuestros ingresos digitales totales".

Para conseguir doblar los ingresos digitales, los responsables del diario consideraban que tenían que multiplicar por lo menos por dos el número de lectores más fieles del *Times*. "Todos nuestros planes y operaciones deben empezar y terminar con nuestros lectores, y de manera particular deben buscar el construir y profundizar nuestra relación con nuestros más comprometidos lectores, actuales y futuros".

"Mientras la mayoría de nuestros competidores –se explicaba en el documento– persiguen el tamaño, nuestro distintivo modelo de negocio está basado en pedir directamente a nuestros lectores más fieles que nos ayuden a pagar por nuestra enorme operación informativa. Además de contribuir con todos nuestros ingresos por suscripción digital, también son responsables de generar la mayoría de nuestros ingresos publicitarios a través de su profundo compromiso. El camino sostenible hacia un crecimiento de los ingresos a largo plazo requiere que siempre demos prioridad a la experiencia de usuario y a las necesidades de nuestros clientes por encima de alcanzar los objetivos de ingresos trimestrales. Estas profundas relaciones con los lectores son nuestro activo más valioso".

Cada vez más, los nuevos lectores fieles habrá que buscarlos, según la dirección del *Times*, entre el público más joven y en el mercado internacional. "Esto requerirá nuevos modos de pensar en el periodismo, el producto y el marketing".

Importancia del diario impreso

Para la compañía, el diario de papel seguía siendo parte esencial de la oferta del *Times*. "Nuestro producto impreso es un ingrediente vital en el mix para muchos de nuestros más fieles lectores digitales. Debemos asegurar que sigue siendo relevante y valioso en esta era centrada en lo digital".

El reto de la experiencia en el móvil

El gran reto de futuro sería trasladar al mundo móvil la experiencia que se había logrado con el papel. "Para sus más fieles lectores, *The New York Times* físico ha sido siempre un hábito diario esencial. Queremos recrear esa misma esencialidad de lectura diaria en el smartphone. Nuestras experiencias digitales deben satisfacer el hambre de nuestros usuarios por el periodismo de profundidad y alcance, pero también debe encajar sin problemas en el esquema de sus vidas individuales. Servir de guía esencial en las vidas diarias de los lectores en las distintas plataformas digitales también significa ser más que un medio informativo y de opinión". En este sentido, se mencionaba el desarrollo "de nuevos productos de estilo de vida y cultura como Cooking".

Una frase del documento resumía perfectamente este reto: "Nuestra organización fue construida para la era impresa y ahora debe ser rediseñada para la era móvil".

"Nuestra aspiración primordial –se explicaba también en el documento- es la de cultivar una nueva generación de lectores que no puedan imaginar un día sin *The New York Times*. Nuestros primeros dos millones de suscriptores -incluyendo nuestros más de un millón de suscriptores de la edición impresa- crecieron con *The New York Times* extendido en sus mesas de cocina. El siguiente millón debe ser batallado y ganado con *The Times* en sus teléfonos".

El modelo esencial es la suscripción

"Muchos de nuestros competidores se centran primordialmente en atraer a tantos usuarios únicos como puedan con el objetivo de crear un negocio basado únicamente en la publicidad. Nosotros vemos nuestro negocio como un servicio de suscripción principalmente, lo que requiere que ofrezcamos un periodismo y unos productos por los que valga la pena pagar. Nuestro foco en la calidad y la relación profunda con los lectores es también una ventaja competitiva para la publicidad", que es mejor si se conoce bien al usuario y emplea un grado elevado de creatividad.

Otras plataformas

"Queremos que el periodismo del *Times* sea ampliamente leído y queremos encontrar a los lectores donde estén, por lo que seguiremos animando a nuevos usuarios a probar nuestro periodismo en otras plataformas. Pero nuestro foco principal será hacer que nuestros propios productos y servicios –tanto los digitales como los impresos- sean el mejor destino del mundo para noticias y estilo de vida".

Trabajar pensando en el lector

"Vamos a cambiar el modo de trabajar para centrarnos en el lector en vez de en las plataformas o los departamentos. Sin perder nunca la separación entre la toma de decisiones editoriales y las ventas comerciales, queremos ver equipos de toda la compañía trabajar juntos en soluciones para nuestros retos. Vamos a establecer estas metas de los equipos basadas en objetivos compartidos y dejando después espacio para experimentar, aprender y desarrollar sus propias soluciones".

Un plan de toda la compañía

El plan de transformación era de la compañía en su conjunto, y quisieron dejarlo muy claro a todo el equipo: "La responsabilidad empieza desde arriba. Sabemos que una falta de unidad o claridad entre los líderes puede ralentizar a todos. Es por eso que hemos desarrollado esta nueva manera de pensar juntos. Esto no es un plan de la redacción o un plan de ingresos o un plan corporativo. Es nuestro plan. Lo hicimos entre todos y todos lo apoyamos porque todos queremos lo mismo: el éxito futuro de *The New York Times*".

Más suscriptores que nunca

El documento "Our Path Forward" ofrecía un retrato muy claro del momento que vivía el diario y de su situación en el mercado. El *Times* contaba entonces con un 64% más de suscriptores (entre impresos y digitales) que la cifra más alta alcanzada en la era impresa. Los lectores y suscriptores del *Times* estaban permitiendo construir "el negocio de noticias digitales de mayor éxito comercial del mundo".

Sugerencias aplicadas

El documento indicaba también que las sugerencias establecidas en el "Innovation Report" del año anterior ya habían sido aplicadas, lo que había permitido obtener grandes avances en diversos campos, como el del desarrollo de la audiencia. En concreto, se afirmaba que "un año después podemos decir que hemos abordado todas sus principales recomendaciones. De hecho, nuestro notable éxito con el desarrollo de la audiencia es un recordatorio de lo rápido que nos podemos mover cuando ponemos en su lugar a las personas adecuadas con las habilidades correctas y les permitimos empujarnos hacia adelante. Pero esta transformación no está en absoluto terminada".

Más información:

- Documento: Nuestro camino a seguir (Versión completa en español del documento estratégico "Our Path Forward")
- Our Path Forward (PDF) – The New York Times Company

3. Informe "Journalism That Stand Apart" del grupo de trabajo 2020 (2017)

En enero de 2017 se hizo público un nuevo informe del *Times*, titulado "Journalism That Stand Apart", elaborado durante casi un año por el grupo interno de trabajo conocido con el nombre de 2020, formado por siete profesionales liderados por el periodista David Leonhardt.

Este nuevo informe establecía las claves estratégicas del futuro del *Times*, sugería los siguientes pasos a dar en el proceso de transformación digital y planteaba la necesidad de que el diario actuase con la mayor rapidez posible para adaptarse con éxito a la era digital.

El informe suponía una continuación de los dos trabajos internos mencionados en este capítulo: el famoso "Innovation Report" de 2014 y el documento estratégico "Our Path Forward" de octubre de 2015.

Además de Leonhardt, que fue el creador en 2014 de la sección The Upshot del *Times*, el grupo 2020 estaba integrado por Jodi Rudoren, Jon Galinsky, Karron Skog, Marc Lacey, Tom Giratikanon y Tyson Evans.

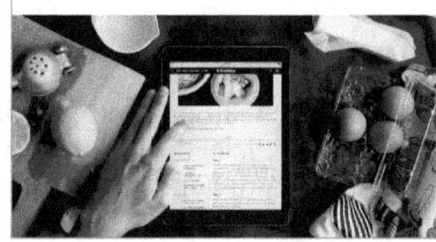

El *Times* publicó en enero de 2017 un nuevo informe estratégico, elaborado por el grupo interno de trabajo 2020.

Para elaborar su informe, los siete miembros del grupo 2020 habían dedicado el último año a trabajar con responsables de la redacción, habían realizado centenares de entrevistas con periodistas del *Times* y de otros medios, habían estudiado el comportamiento de los lectores y habían realizado encuestas en la redacción del diario.

Este grupo era heredero, en parte, del Comité de Innovación que realizó el informe del año 2014, cuyo trabajo "cambió la cultura de la redacción" del *Times*. Pero su trabajo tenía algunas diferencias sustanciales con el de ese equipo. Por ejemplo, este informe no pretendía ser, como sí sucedió con el "Innovation Report", una guía detallada para el cambio. Más bien era, en palabras de sus autores, "una declaración de principios, prioridades y metas, una guía para ayudar a los miembros de la redacción a entender de manera más completa la dirección hacia la que el *Times* se está moviendo y a jugar un papel incluso mayor para que el cambio ocurra".

Coincidiendo con la publicación del informe, el director del diario, Dean Baquet, y el director adjunto, Joe Kahn, publicaron un plan de acción específico para el año 2017, definido por los siguientes once puntos:

1. Cinco millones de dólares adicionales para cubrir la presidencia de Donald Trump
2. Reinventar el proceso de edición en el diario
3. Presentar un periodismo más visual
4. Ampliar la formación interna
5. Crear equipos temáticos
6. Tomarse en serio el talento
7. Priorizar la diversidad en la redacción
8. Reinventar las secciones especiales
9. Rediseñar el diario impreso
10. Aumentar el equipo de impresión (*Print Hub*)
11. Lanzar un equipo de Innovación

Principales conclusiones

En su parte introductoria, el informe "Journalism That Stands Apart" señalaba que "este es un momento vital en la vida de *The New York Times*. Los periodistas de toda la organización tienen hambre de hacer realidad el cambio y tenemos nuevos líderes dispuestos a impulsarnos hacia delante. Lo más importante es que el *Times* está excepcionalmente bien posicionado para aprovechar el actual panorama cambiante de los medios, pero también es vulnerable a la decadencia si no nos transformamos rápidamente".

"Si bien los últimos dos años han sido un tiempo de innovación significativa —se explicaba en el informe-, el ritmo debe acelerarse. Con demasiada frecuencia, el progreso digital se ha logrado a través de soluciones alternativas; ahora debemos eliminar las barreras. Debemos diferenciar entre misión y tradición: lo que hacemos porque es esencial para nuestros valores y lo que hacemos porque siempre lo hemos hecho".

Los autores del informe señalaban que *"The New York Times* ha apostado su futuro a convertirse en un lugar de destino para los lectores: un destino con autoridad, claro y vital", al que los usuarios quieran suscribirse.

¿Cuál es el principal modelo de negocio del *Times*? Los autores de este trabajo lo señalaban de manera inequívoca: "Somos, dicho en los términos más sencillos, principalmente un negocio de suscripción". Este "foco en los suscriptores" distingue al *Times* de muchos otros medios. "No estamos tratando de maximizar los clics y vender publicidad de bajo margen. No estamos tratando de ganar una carrera de páginas vistas. Creemos que la estrategia empresarial más sólida para el *Times* es proporcionar un periodismo tan potente que varios millones de personas en todo el mundo estén dispuestos a pagar por él".

El informe recordaba que en 2016 *The New York Times* generó casi 500 millones de dólares en ingresos digitales, una cifra mucho más alta que la suma de los ingresos digitales de otras publicaciones destacadas como BuzzFeed, *The Guardian* y *The Washington Post*.

Cabe recordar que el objetivo económico del *Times* para el año 2020, fijado en el documento "Our Path Forward" de 2015, es alcanzar los 800 millones de dólares de ingresos digitales en esa fecha. En esa cifra de casi 500 millones de dólares digitales se incluyen parte de los ingresos categorizados como otros en los resultados del diario (por ejemplo, los relacionados con el comercio electrónico).

El informe hacía mención a uno de los temas analizados de manera detallada en este libro: la evolución de los ingresos por publicidad y por circulación (ver, por ejemplo, el gráfico evolutivo en la parte inicial del libro). En el año 2012, rompiendo una tendencia histórica, la circulación superó por primera vez a la publicidad, y desde entonces la distancia entre estas dos vías de ingresos se ha ido acrecentando debido tanto al aumento de los ingresos generados por los usuarios como a la caída de la publicidad, que ha seguido a la baja.

En el informe se revelaba también que el diario había superado ya la cifra del millón y medio de suscriptores digitales tras el crecimiento experimentado durante el último trimestre de 2016, especialmente tras el triunfo de Donald Trump en las elecciones presidenciales del 8 de noviembre. El primer millón de suscriptores se alcanzó durante el verano de 2015. El negocio de las suscripciones digitales se lanzó en marzo de 2011, hacía algo menos de seis años. El diario contaba adicionalmente con más de un millón de suscriptores de su edición impresa.

Dicho esto, los autores del informe alertaban sobre los riesgos que seguían existiendo para el negocio del *Times*: "Para seguir teniendo éxito, para seguir ofreciendo el periodismo que nos distingue del resto y para crear un destino todavía más atractivo, tenemos que cambiar. De hecho, tenemos que cambiar incluso más rápidamente de como lo hemos hecho" hasta ahora.

"Todavía no tiene el *Times* un negocio digital suficientemente grande como para soportar por sí solo una redacción que pueda cumplir con nuestras ambiciones. Para asegurar nuestro futuro, tenemos que ampliar sustancialmente nuestro número de suscriptores para el año 2020", se explicaba.

El director del diario, Dean Baquet, al presentar en su día el proyecto 2020 a la redacción, justificó por qué se iban a estudiar y plantear de nuevos cambios en el diario: "No os engañéis, ésta es la única forma de proteger nuestras ambiciones periodísticas. No hacer nada, o ser tímido a la hora de imaginar el futuro, significaría quedarse atrás".

El elemento central para lograr el objetivo de alcanzar los 800 millones de dólares de ingresos digitales en el año 2020 "es el incremento de nuestras suscripciones digitales". Los autores del trabajo señalaban además que el hecho de centrarse en los suscriptores "ayudará también al *Times* a mantener un buen negocio publicitario, mejor que otras muchas publicaciones".

En este trabajo se señalaba que "todavía no hemos creado un producto periodístico que aproveche a fondo todas las herramientas para contar historias que tenemos a nuestra disposición". Así, todavía pesaba mucho la información textual tradicional. El diario tenía que "aplicar más a menudo los valores del *Times* a las nuevas formas de periodismo que tenemos ahora disponibles".

En el informe se definían tres grandes áreas de cambio: el periodismo practicado por el diario, el equipo y la manera de trabajar del *Times*.

Nuestro periodismo

El periodismo del *Times* debía cambiar "para encajar con -y anticipar- los hábitos, necesidades y deseos de nuestros lectores, presentes y futuros. Necesitamos un periodismo que incluso más gente lo considere un destino indispensable, que valga su tiempo diario y los dólares de su suscripción".

En concreto, se planteaban en el informe las siguientes propuestas de cambio:

1. El periodismo debe ser más visual

El informe señalaba que "el *Times* tiene una reputación inigualada por la excelencia en el periodismo visual", a pesar de lo cual la cantidad de piezas en las que se utilizan "herramientas digitales para contar historias que permiten un periodismo más enriquecido y mucho más atractivo" es insuficiente. "Una parte demasiado grande de nuestra información diaria sigue dominada por largas cadenas de texto".

En septiembre de 2016, el 12,1% de las historias publicadas por *The New York Times* contenían elementos visuales, según mostraba el siguiente gráfico publicado en el informe, que revelaba cómo había evolucionado este indicador desde principios de 2014:

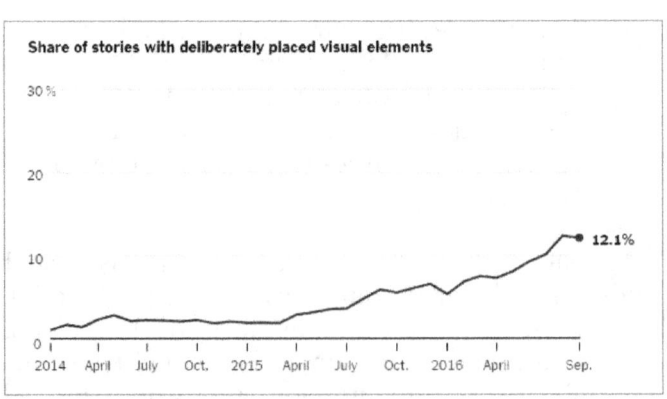

Gráfico incluido en el informe "Journalism That Stands Apart" del *Times* que muestra la evolución del porcentaje de piezas publicadas por el diario que contienen elementos visuales.

En diferentes ocasiones la dirección del *Times* ha indicado que su objetivo durante los próximos años es que la mitad de sus historias contengan elementos de periodismo visual. En el informe se señala que "crear un producto informativo diario más visual es una enorme oportunidad".

Para mejorar en este aspecto, se sugería "ampliar el número de expertos visuales que trabajen en el *Times* y también expandir el número de los que ocupan puestos de liderazgo" que tengan habilidades en este ámbito. Adicionalmente, se indicaba que "tenemos que sentirnos más cómodos con que nuestros fotógrafos, videógrafos y editores gráficos tengan un papel principal en la cobertura de algunas historias, en vez de un rol secundario".

2. Nuestro trabajo textual también debe utilizar una mayor variedad de formatos periodísticos nativos digitales

Según se indicaba en el informe, los "daily briefings" diarios (boletines ofrecidos por el *Times* cada mañana y cada tarde en los que se resumen los principales temas del día) "se encuentran entre los productos más exitosos lanzados por el *Times* en los años recientes" y habían logrado "una gran y fiel audiencia". El informe afirmaba que "los *briefings* son, en muchos aspectos, una manifestación digital de un periódico diario: aprovechan la tecnología disponible y nuestro criterio editorial para explicar el mundo a los lectores con un ritmo frecuente y predecible" que encaja con sus hábitos. El objetivo era descubrir "más formatos periodísticos que hagan del *Times* un hábito" para los usuarios, como puedan ser "newsletters, alertas, preguntas frecuentes, resultados, audio, vídeo y formatos que están por inventar".

3. Necesitamos dar un nuevo enfoque al periodismo de servicio y a las secciones especiales

El informe señalaba que existe una gran oportunidad en el entorno digital para sacar mayor partido a las distintas secciones "soft" del *Times*, como "Living" o "Home", que siguen muy basadas en la edición impresa."Debemos hacer un pequeño número de grandes apuestas digitales en áreas en las que el *Times* tiene una oportunidad competitiva, como ya hicimos con Cooking y Watching. La reciente adquisición de la web de recomendación de productos The Wirecutter abría también nuevas posibilidades en este ámbito, así como el impulso del espacio Smarter Living. El producto Well también estaba haciendo una importante apuesta por la información práctica, por ejemplo mediante la publicación de una serie de guías sobre temas como el *running*, la meditación o el yoga.

4. Nuestros lectores deben convertirse en una parte más importante de nuestro trabajo periodístico

"Quizás nada construya tanto la lealtad del lector –se indicaba en el trabajo del equipo 2020- como el compromiso (*engagement*): el sentimiento de formar parte de una comunidad. Y los lectores de *The New York Times* son ciertamente una comunidad. Quieren hablar unos con otros y aprender unos de otros, no sólo sobre comida, libros, viajes, tecnología y crucigramas, sino también sobre política y asuntos exteriores".

Nuestro equipo

Los cambios que se consideraban necesarios en el equipo del diario eran los siguientes:

1. El *Times* necesita una gran ampliación de su operación de formación, empezando tan pronto como sea factible

El deseo de formarse para adquirir nuevas habilidades y poder "crear periodismo digital nativo que cumpla con los estándares de excelencia del *Times*" quedó patente en las encuestas realizadas a los miembros de la redacción del diario.

2. Debemos acelerar el ritmo de contratación de destacados periodistas de fuera

Entre los perfiles considerados más necesarios se encontraban los de periodistas visuales (entre ellos, editores gráficos y fotógrafos), reporteros con gran autoridad y calidad en su escritura, y editores digitales capaces de "afinar ideas y dar forma a historias más analíticas y conversacionales". El ritmo de renovación de la redacción "debe acelerarse", indicaban los autores del informe.

3. La diversidad debe ser una prioridad para nuestra redacción

"Aumentar la diversidad de nuestra redacción -más gente de color, más mujeres, más gente de fuera de las principales áreas metropolitanas, más periodistas más jóvenes y más no estadounidenses- es crítico para nuestra capacidad de producir un periodismo más rico y atractivo", se afirmaba.

4. Debemos repensar nuestro enfoque sobre el trabajo de colaboradores freelance, expandiéndolo en algunas áreas y reduciéndolo en otras

El *Times* emplea a colaboradores tanto para la redacción como para su espacio de Opinión. Con frecuencia, estos trabajos se sitúan entre los más exitosos. Pero el Times también utiliza a *freelancers* para coberturas "que demasiado a menudo no superan la calidad o velocidad de las agencias y que requieren un esfuerzo considerable de edición y coordinación".

La forma en que trabajamos

Los autores del informe afirmaban que "debemos reorganizar la redacción para reflejar nuestro presente y futuro digital en vez de nuestro pasado impreso. El *Times* necesita una redacción más ágil y mejor a la hora de tomar riesgos que la que necesitaba en el pasado".

"Hemos pasado los últimos 20 años retocando estructuras organizativas y procesos nacidos de las demandas de la edición impresa. Incluso hoy, nuestra operación sigue siendo en gran parte un reflejo del periódico físico. Ha llegado el momento de ser más agresivos".

Las medidas concretas sugeridas eran las siguientes:

1. Cada sección debe tener una visión clara que sea bien entendida por su equipo

Esto incluía tres ámbitos: **periodismo** (temas a cubrir, formatos a utilizar o modos de diferenciarse de la competencia), **audiencia** (determinar el público objetivo, cómo encontrarlo, cómo lograr que el *Times* se convierta en un hábito para ellos o fijar los objetivos que determinarán el éxito) y **operaciones** (habilidades necesarias, equilibrio adecuado entre reporteros/creadores de contenido y gestores/editores, relación con el equipo de la edición impresa y otros equipos transversales).

2. Debemos fijar metas y analizar los avances logrados

3. Necesitamos redefinir el éxito

"La redacción necesita comprender claramente que las páginas vistas, si bien son un criterio significativo, no equivalen a éxito. Repitámoslo: el *Times* es un negocio principalmente de suscripción. No está tratando de maximizar las páginas vistas. Las historias más exitosas y valiosas no son a menudo las que generan el mayor número de páginas vistas, a pesar de las asunciones generalizadas de la redacción. Una historia que genera 100.000 ó 200.000 páginas vistas y hace que los lectores sientan que están recibiendo información e ideas que no encontrarán en ningún otro lugar es más valiosa para el *Times* que una pieza divertida que se vuelve viral y, sin embargo, atrae a pocos nuevos suscriptores". En este sentido, el grupo interno de datos y análisis de audiencia del *Times* estaba ultimando la preparación de una métrica más sofisticada que las páginas vistas para "intentar medir el valor de un artículo a la hora de atraer y retener a suscriptores".

4. Necesitamos un mayor foco en la edición conceptual

El informe denunciaba que el *Times* "dedica actualmente demasiados recursos a la edición de poco valor y, por extensión, demasiados a la edición en general" y consideraba que "nuestro periodismo y nuestros lectores estarían mucho mejor servidos si en vez de eso priorizásemos todavía más la generación de noticias en todas sus formas". Sugería trabajar más las historias en la fase conceptual y que los editores ayudaran a afinarlas, y menos a la edición mecánica que no aportaba realmente mucho valor.

5. La redacción y los equipos de producto deben trabajar más juntos

Los autores del informe consideraban que se debía mejorar la comprensión mutua del trabajo que realizan la redacción y los equipos de producto (gestores, diseñadores, desarrolladores) del *Times*. Para que los usuarios sigan teniendo al *Times* como un destino, "la experiencia de leer, ver y escuchar nuestro trabajo debe ser tan atractiva como el periodismo en sí". Y para ello es necesario que estos equipos colaboren más y mejor.

6. Tenemos que reducir el papel dominante que el diario impreso todavía juega en nuestra organización y en nuestros ritmos, mientras hacemos el periódico de papel incluso mejor

El grupo 2020 denunciaba que, todavía entonces, buena parte del trabajo diario de los equipos del *Times* seguía dependiendo de la producción del periódico impreso, a pesar del empuje que se estaba dando al periodismo digital en toda la organización.

En 2016, el llamado "print hub" -el equipo del diario dedicado específicamente a preparar la edición impresa- hizo grandes avances al asumir tareas que antes dependían de otras secciones y también con la creación de una serie de "exitosos" especiales publicados únicamente en papel. Para el año 2017 el grupo proponía que se acelerasen los cambios para que el "print hub" fuera todavía más autónomo.

La capacidad de cambio del *Times*

En la parte final del informe se afirmaba que "la idea de que el *Times* debe cambiar puede parecer desalentadora y contraintuitiva", ya que el diario sigue siendo "el medio más influyente del país". Pero se recordaba que "la noción de un cambio en *The New York Times* no es nueva. El gran éxito de la institución durante el último siglo ha dependido de su capacidad de cambio".

"A medida que cambiaban los hábitos y las necesidades de los lectores –seguía diciendo el informe-, el *Times* cambió con ellos. Nuestros valores no cambiaron; lo hizo nuestra manera de expresarlos. Las generaciones anteriores de editores introdujeron una revista, el suplemento de crítica de libros, las cartas de los lectores, nuevas secciones diarias y la fotografía en color. La manifestación más reciente de estos cambios es la creación de un producto digital, primero en los ordenadores y luego en los teléfonos, que está ampliamente considerado como el mejor del mundo".

"Sin embargo, la revolución digital no ha cesado. En todo caso, los cambios en los hábitos de nuestros lectores -las formas en que reciben noticias e información y se relacionan con el mundo- se han acelerado en los últimos años. Debemos mantenernos al día con estos cambios".

Más información:

- Journalism That Stands Apart – *The New York Times*
- Amplio resumen en español del nuevo informe estratégico de The New York Times – Web del libro
- Los 11 puntos del plan de acción de la dirección de 'The New York Times' para 2017 – Web del libro

30

Más premios Pulitzer que nadie

En el mundo del periodismo no existe mayor reconocimiento que ganar un premio Pulitzer. Estos  galardones, que en 2016 celebraron su centenario, fueron creados en el año 1917 según había dispuesto en su testamento uno de los editores más famosos de la historia: Joseph Pulitzer.

Más allá del trabajo realizado por algunos de sus diarios, como el *New York World* o el *St. Louis Post-Dispatch*, que en su día renovaron con sus innovaciones el panorama de la prensa, el magnate Joseph Pulitzer, nacido en Hungría y convertido a finales del siglo XIX en uno de los principales editores de periódicos de Estados Unidos, dejó dos magníficos legados al mundo del periodismo: la Escuela de Periodismo de la Universidad de Columbia en Nueva York, que fundó en el año 1912, y los premios Pulitzer.

En su testamento, Joseph Pulitzer dejó establecida la donación de dinero a la Universidad de Columbia para la creación de los premios que llevarían su nombre y que tendrían como objetivo fomentar la excelencia periodística. Los galardones también reconocerían los mejores trabajos literarios, teatrales y educativos.

Tras su fallecimiento, los primeros Pulitzer se concedieron el 4 de junio de 1917. Desde entonces, son administrados por la Universidad de Columbia y el Patronato del Premio Pulitzer, que tiene la potestad de ir adaptando las categorías de los premios –como de hecho ha sucedido en diversas ocasiones durante el último siglo- a la cambiante realidad de cada ámbito premiado.

En el caso de los premios de periodismo, en la primera edición tenían cuatro categorías. Hoy, se conceden Pulitzer en catorce categorías periodísticas.

Los galardones se dan a conocer cada año durante el mes de abril. Es un día en el que todas las redacciones del país están pendientes del anuncio de los ganadores. Y, si ha habido suerte, la celebración está asegurada. Obtener un Pulitzer es un mérito que acompañará toda la vida tanto a los profesionales ganadores como a los medios premiados.

A lo largo del primer siglo de vida de los Pulitzer, el periódico que ha recibido un mayor número de premios ha sido *The New York Times*. 119 en total, lo que supone casi el doble que el siguiente medio, que es el diario *The Washington Post* con 62 premios. La lista de los más galardonados a lo largo de la historia se completa con la agencia Associated Press (52 premios) y los diarios *Los Angeles Times* (46 premios) y *The Wall Street Journal* (36).

El récord de premios en una misma edición se produjo en el año 2002, cuando *The New York Times* ganó 7 premios Pulitzer, seis de ellos relacionados con la cobertura periodística de los ataques terroristas del 11-S. En los últimos 15 años, el *Times* ha acumulado 37 premios Pulitzer, los mismos que logró durante los primeros 55 años de historia de los galardones.

¿Cómo realiza *The New York Times* la selección de los trabajos que presenta cada año a los Pulitzer? Lo explicó Glenn Kramon en un artículo publicado en abril de 2016 en Times Insider, días después de que el diario hubiese obtenido dos Pulitzer y hubiese sido finalista en ocho categorías. Kramon llevaba diez años supervisando el trabajo de un equipo dedicado a escoger los trabajos a presentar. Los Pulitzer permiten tres nominados por medio en cada una de las categorías. Glenn Kramon dijo que el proceso de selección en el *Times* tenía en cuenta tres factores fundamentales: el primero y más importante, qué impacto había tenido la historia publicada; en segundo lugar, si existía una buena historia sobre los autores o el trabajo realizado para incluirla en la candidatura; y en tercer lugar, que el trabajo fuera innovador en las plataformas digitales, un aspecto cada vez más valorado por el jurado.

El *Times* utiliza el argumento de los Pulitzer ganados a lo largo de su historia para promocionar las suscripciones digitales. El siguiente mensaje es uno de los que se muestra a los usuarios que están consumiendo los 10 artículos gratuitos que pueden leer cada mes sin necesidad de ser suscriptor:

La lista completa de los 119 Pulitzer ganados por el *Times* está disponible en la web corporativa de la compañía.

La relación completa de todos los ganadores y finalistas se puede consultar, por años y por categorías, en la web de los Pulitzer. Periódicos, sitios web de noticias y revistas cuyos trabajos se hayan publicado en Estados Unidos pueden presentar sus candidaturas. Actualmente, las 14 categorías de los premios de periodismo son las siguientes:

- Servicio público (Public Service)
- Última hora (Breaking News Reporting)
- Periodismo de investigación (Investigative Reporting)
- Periodismo divulgativo (Explanatory Reporting)
- Cobertura local (Local Reporting)
- Cobertura nacional (National Reporting)
- Cobertura internacional (International Reporting)
- Crónica (Feature Writing)
- Opinión (Commentary)
- Crítica (Criticism)
- Editorial (Editorial Writing)
- Viñeta editorial (Editorial Cartooning)
- Fotografía de noticias (Breaking News Photography)
- Fotografía de reportaje (Feature Photography)

Otros premios

Además de los Pulitzer, otros galardones periodísticos relevantes concedidos en Estados Unidos, a los que The New York Times concede una importancia especial, son los George Polk Awards, organizados por la Long Island University, y los Gerald Loeb Awards de periodismo económico que organiza la escuela de negocios Anderson de la UCLA.

31

"All the News That's Fit to Print": El eslogan periodístico más famoso del mundo

El 18 de agosto de 1896 el editor Adolph S. Ochs se convirtió en el propietario del entonces decadente diario *The New-York Times*. Uno de sus primeros objetivos fue intentar posicionar el periódico frente a la competencia, representada entonces principalmente por los diarios amarillistas de dos históricos magnates de la prensa: el *New York World*, de Joseph Pulitzer, y el *New York Journal*, de William Randoph Hearst.

Al día siguiente, el 19 de agosto, Adolph S. Ochs explicó en el *Times* cuáles iban a ser sus señas de identidad. Prometió un diario "de alta calidad, limpio, digno y en el que se pudiera confiar". Estaba seguro de que existía mercado en la ciudad de Nueva York para un periódico de esas características.

Pocas semanas después, a principios del mes de octubre, instaló un enorme letrero luminoso promocional en Madison Square -en una fachada que luego quedaría cubierta con la construcción del edificio Flatiron- en el que anunciaba su nuevo periódico. En el anuncio, con letras enormes en mayúsculas, se incluía el eslogan que Adolph S. Ochs había inventado para su nuevo diario:

NEW YORK
TIMES
ALL THE NEWS
THAT'S FIT TO PRINT
SUNDAY
MAGAZINE
SUPPLEMENT
HAVE YOU SEEN IT?

(Una fotografía histórica del anuncio, cortesía del Museum of City of New York, está disponible en este enlace)

Ese eslogan, que en español podríamos traducir como "Todas las noticias que merecen ser publicadas" o "todas las noticias aptas para ser publicadas" (aunque el significado exacto del mismo siempre ha sido un tema de debate interno en el *Times*), apareció por primera vez en *The New York Times* pocas semanas después de su instalación en Madison Square, en la edición del domingo 25 de octubre de 1896. Inicialmente el eslogan no se utilizó en la portada sino que se publicó en la página editorial, la número 12, bajo el nombre del diario, que entonces era *The New-York Times*, con guión.

El eslogan "All the News That's Fit to Print" apareció por primera vez en el Times en la página editorial de la edición del domingo 25 de octubre de 1896. Fuente: Times Machine

100 dólares por 10 palabras

En esa misma edición, en la parte central de la página 7, se anunciaba un concurso para buscar un eslogan de no más de diez palabras que expresara "las características diferenciales" del diario y que fuera mejor que el que había inventado su nuevo editor. El diario ofrecía un premio de 100 dólares para quien propusiera la mejor idea.

El 25 de octubre de 1896 el diario convocó un concurso para encontrar un eslogan mejor que el que se estaba utilizando en un anuncio eléctrico en Madison Square: "All the News That's Fit to Print". Se ofrecían 100 dólares al ganador del concurso.

Resulta curioso y muy interesante releer, 120 años después, el texto escrito por el *Times* para pedir a los lectores que enviaran sus propuestas. Entre los elementos que el *Times* consideraba distintivos de su propuesta periodística en el año 1896 se encontraban los siguientes:

- Rechazo del sensacionalismo
- Apelación a un público inteligente y reflexivo
- Ausencia en sus páginas de "detalles repugnantes de escándalos, capítulos nauseabundos de crímenes, ataques

infundados de personajes públicos y ataques imprudentes a intereses privados"
- Su distinción como "periódico para el hogar, un periódico progresista y emprendedor, sin ser indecente ni poco cuidadoso de los derechos de los demás"
- Sus cualidades "novedosas y de entretenimiento"
- Ser un diario "limpio e instructivo"
- Su esfuerzo por ser el "diario familiar" del área de Nueva York
- Su posición como "el periódico que defiende la moralidad, inspira patriotismo y alienta la buena ciudadanía"

Más de un siglo después, seguro que la dirección del *Times* podría suscribir la mayor parte de estos elementos.

Durante las semanas posteriores a la publicación del concurso, el diario recibió miles de propuestas, entre ellas "All the News Worth Telling", "Free From Filth, Full of News" o "News for the Millions, Scandal for None". Un lector de New Haven, D.M. Redfield, se llevó los cien dólares de premio por su propuesta "All the World News but Not a School for Scandal", pero el editor decidió que su eslogan original seguía siendo más adecuado.

Así, el miércoles 10 de febrero de 1987, en la esquina superior izquierda de la portada de *The New York Times,* apareció por primera vez el eslogan más famoso del periodismo americano: "All the News That's Fit to Print". Casi 120 años después, ese eslogan se sigue publicando cada día en la primera página del *Times*, exactamente en la misma posición.

El miércoles 10 de febrero de 1897 el eslogan se publicó por vez primera en la portada del Times. Allí ha permanecido desde entonces. Fuente: Times Machine

Nuevo concurso: un eslogan para la web

Un siglo después, en 1996, con motivo del lanzamiento de su sitio web, *The New York Times* organizó otro concurso público entre sus lectores para encontrar un nuevo eslogan que resumiera la misión periodística de la web del *Times*. Pero tras dos meses de búsqueda, el diario decidió que el eslogan que llevaba cien años apareciendo en el diario impreso, "All the News That's Fit to Print", era también la mejor opción posible para la web. Así que el 25 de octubre de 1996, justo 100 años después del inicio de su aparición en el papel, ese lema fue también introducido en la portada de NYTimes.com.

Y no es que faltaran ideas para cambiarlo. Según explicó en su día el diario, se recibieron unas 8.000 propuestas, entre ellas las siguientes: "All the News That's Fit to Click", "The News of the Day, a Click Away", "News of the Land, Without Dirty Hands", "All the News That's Fit to Print Out" o "The Times @ Any Time".

Pero un total de 23 lectores propusieron mantener el eslogan original creado por el editor Adolph S. Ochs en 1896, y esta fue la idea que más gustó. Al ser finalmente ésta la propuesta ganadora, cada uno de ellos se llevó el premio anunciado: 100 dólares en efectivo.

El editor del *Times*, Artur Sulzberger, Jr., justificó la decisión con estas palabras: "Estamos de acuerdo con aquellos que creen que no es el medio o el método de distribución lo que más importa. Lo que sigue siendo primordial para nuestra misión es la exactitud, la minuciosidad y la imparcialidad de nuestro contenido informativo, y nuestro compromiso diario con nuestros lectores. 'All the News That's Fit to Print" lo ha resumido muy bien durante el último siglo y lo hará para el siguiente, independientemente de cómo distribuyamos nuestra información".

El concurso había sido convocado el 18 de agosto de ese año 1996. En esa misma fecha, pero cien años antes, Adolph S. Ochs había formalizado la compra del diario, que desde entonces ha estado bajo el control de la familia Ochs Sulzberger.

Los jueces que decidieron el eslogan ganador fueron Martin Nisenholtz, presidente entonces de The New York Times Electronic Media Company; Esther Dyson, editora del newsletter especializado en la industria informática Release 1.0, y Jack Rosenthal, editor de The New York Times Magazine. Nisenholtz afirmó que "nada capta mejor la misión de las ediciones en línea e impresa de *The New York Times* que esas simples siete palabras".

El eslogan, sin embargo, se mantendría en la portada de NYTimes.com algo menos de tres años, hasta noviembre de 1998, cuando se lanzó el primer rediseño de la web. Dejó de aparecer en internet, pero siguió publicándose, como siempre desde 1897, en la esquina superior izquierda de la portada de la edición impresa. Y allí sigue cada día, imperturbable.

32

Las mejores historias y los contenidos más populares en *The New York Times*

The New York Times publica cada día en su web entre 200 y 250 contenidos originales elaborados por su propio equipo. Al cabo del año, son más de 73.000 artículos, reportajes, columnas de opinión, vídeos, galerías fotográficas, interactivos, especiales multimedia, gráficos, juegos, entradas de blog y otros contenidos periodísticos preparados por una redacción en la que a principios del año 2017 trabajaban alrededor de 1.300 profesionales.

¿Cómo saber en tiempo real cuáles son las historias más consultadas en NYTimes.com? ¿Cuáles generan más audiencia o más atención en las redes sociales? ¿Cómo descubrir cuáles han sido las historias periodísticas más relevantes, los temas más importantes o los trabajos que han logrado un mayor impacto a lo largo del tiempo? ¿Dónde se puede ver una selección de trabajos que demuestre la permanente apuesta por la calidad periodística que realiza el *Times*?

Existen varios espacios en NYTimes.com que permiten responder a estas preguntas. Estos son los más destacados:

Trending: las historias más populares de *The New York Times*, en tiempo real

El 9 de junio de 2015 el diario *The New York Times* estrenó en su web un nuevo servicio, denominado Trending, en el que empezó a presentar, en tiempo real, los contenidos más populares entre su audiencia. Hasta ese momento había ofrecido una serie de listados, en un formato más tradicional, con los contenidos más populares del último día, la última semana o los últimos 30 días.

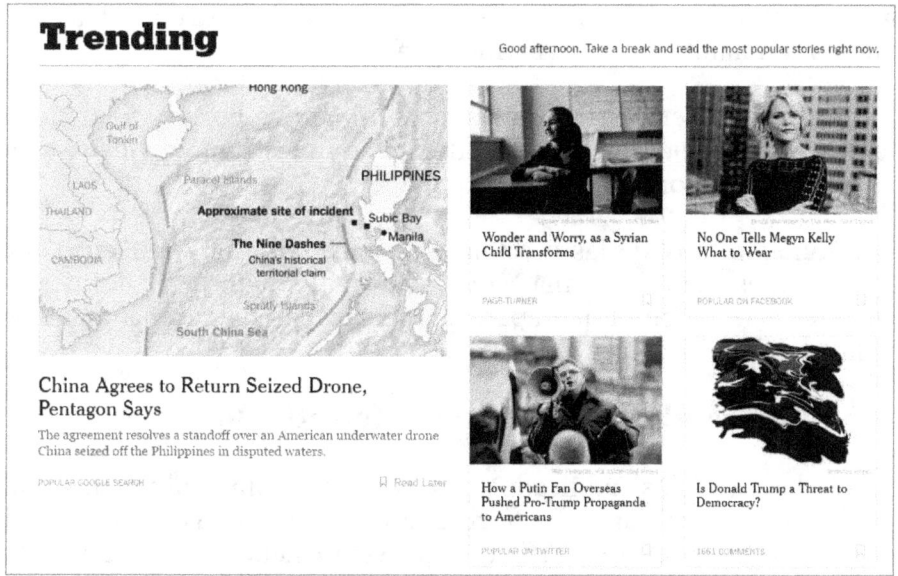

Captura de pantalla del servicio Trending de NYTimes.com

Trending está concebido como una presentación dinámica y permanentemente actualizada de las historias que más se están leyendo, compartiendo o comentando en la web del diario. Los datos se renuevan cada minuto.

Con Trending, los responsables del *Times* quieren ofrecer a los usuarios un nuevo modo de descubrir los contenidos producidos por la redacción del diario alternativo a la portada tradicional, donde impera el criterio periodístico a la hora de organizar la información. En Trending, mandan las historias que más impactan en los usuarios.

Cada contenido que aparece en Trending cuenta con una etiqueta que indica el origen o motivo de su popularidad. Por ejemplo, se señala si es popular en Facebook, Twitter o Reddit, si está generando muchos comentarios, si es un artículo que genera un gran tiempo de lectura ("Page Turner") o si es popular en las búsquedas en Google.

Trending también facilita un listado de los artículos que en cada momento se están compartiendo más a través del correo electrónico y de los artículos más populares en Facebook. Además, ofrece una selección de otros contenidos destacados de la web del *Times* que han sido publicados anteriormente ("In Case You Missed It").

Trending tiene también en cuenta a los usuarios que son nuevos en la web del *Times*. Así, "Fresh Eyes" es la etiqueta con la que permite descubrir las historias que tienen más éxito entre los usuarios que no son habituales de NYTimes.com.

La apuesta periodística que realiza el *Times* por el vídeo tiene también su reflejo en Trending, donde se muestran los vídeos más vistos en cada momento.

Asimismo, una de las secciones de más éxito de *The New York Times*, su espacio de cocina NYT Cooking, tiene un lugar destacado en este servicio, en el que aparecen destacadas las recetas más populares del momento entre sus usuarios.

Módulo Trending en la página de artículo

Todos los artículos publicados por NYTimes.com muestran, en la parte inferior derecha de la página, un módulo de "Trending" en el que se muestran los diez artículos que están siendo más vistos en la web.

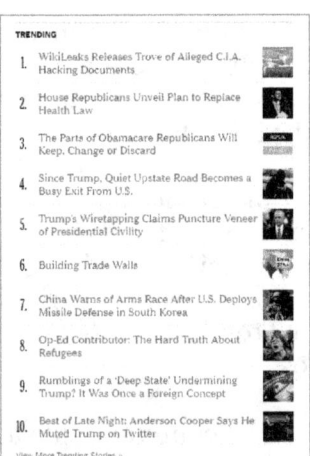

Captura del módulo de Trending que se muestra en la parte inferior de todos los artículos del *Times*

Módulo en portada sobre lo más visto y lo más compartido por correo electrónico

En la parte inferior de la *home* de NYTimes.com que se consulta desde el PC se ofrece un módulo con tres pestañas: los diez artículos más compartidos por correo electrónico ("Most emailed"), los diez más vistos ("Most Viewed") y diez artículos recomendados para cada usuario en concreto ("Recomended for you").

En la parte inferior de este módulo existe un enlace a Trending para que el usuario pueda ampliar la información sobre los contenidos más vistos o compartidos. En el caso de la pestaña de recomendaciones, se puede ir a la página completa de recomendaciones personalizadas, ampliar la información sobre cómo se generan las mismas o pedir que no se muestren más si el usuario así lo prefiere.

Captura del módulo de la portada de NYTimes.com en el que se muestran los contenidos más compartidos, más vistos y recomendados para cada usuario

En el caso de la web móvil (mobile.nytimes.com), se destaca hacia la mitad de la página la noticia más visitada y se ofrece un enlace a un listado con las 25 historias más recomendadas en ese momento por los usuarios a través del correo electrónico.

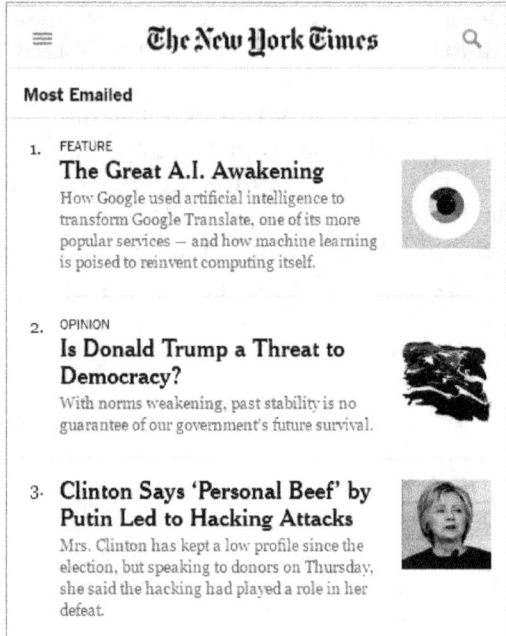

En la web móvil del *Times* se muestra un listado de los artículos más compartidos por correo electrónico

Best of The New York Times

The New York Times ha creado un espacio en su web, titulado "Best of The New York Times", en el que va presentando una selección de los mejores trabajos periodísticos elaborados por su equipo.

Entre las historias seleccionadas aparecen las principales investigaciones periodísticas realizadas por el diario, las exclusivas más relevantes o los temas que tuvieron un mayor impacto en la opinión pública.

"Best of The New York Times" presenta una selección de trabajos periodísticos del diario.

Durante el año 2016, corresponsales, reporteros, fotógrafos y editores del *Times* publicaron historias desde más de 150 países. El diario realizó una selección de algunos de los temas más impactantes para mostrar la profundidad y el alcance internacional de su periodismo: We Were There: Reports From Our Far-Flung Correspondents in 2016

50 of Our Best

Cuando en el verano de 2015 el diario superó la cifra del millón de suscriptores digitales, el director Dean Baquet agradeció a los lectores su apoyo y presentó una selección de 50 historias para ilustrar el mejor periodismo practicado por el *Times* gracias, en buena parte, a los usuarios que pagan por él. Esta selección de trabajos de los últimos años es posiblemente uno de los mejores modos de visualizar y entender rápidamente la ambición del trabajo periodístico del *Times* y la apuesta por la innovación formal que su equipo intenta aplicar.

La selección de historias realizada por el director del diario, Dean Baquet, para celebrar que se había superado el primer millón de suscriptores digitales.

El director del Times, Dean Baquet, presentó en septiembre de 2015 esta selección de 50 de los mejores trabajos periodísticos del diario para celebrar que se había superado la cifra del millón de suscriptores digitales.

Lo más popular en 2016

A finales de 2016 el *Times* publicó en su web una lista con las 100 piezas más leídas por los usuarios a lo largo de ese año. Muchas de las historias estaban relacionadas con las elecciones presidenciales, aunque el artículo más leído fue una pieza de opinión sobre relaciones personales que había aparecido el 28 de mayo en el suplemento Sunday Review titulada "Why You Will Marry the Wrong Person". La tercera pieza más leída fue el especial anual de viajes "52 Places to Go in 2016".

Adicionalmente, el 1 de enero de 2017 el *Times* publicó un original suplemento especial de 24 páginas en su edición impresa titulado "The Most Read, Shared & Viewed Stories of 2016", en el que presentó una selección de las historias que habían sido más populares entre su audiencia durante el año 2016.

Los contenidos más consultados en 2015

En el año **2015** seleccionó las 100 historias que habían acumulado un mayor tiempo total de lectura o consulta por parte de los usuarios. Este concepto, que está muy ligado a la fidelidad de los lectores y a su compromiso con el periodismo del *Times*, tiene una importancia crucial para un medio cuyo negocio depende ya más de las suscripciones que de la publicidad.

La lista del año 2015 (The Top 100 New York Times Stories of 2015, by Total Time Spent) incluía grandes reportajes de investigación, importantes noticias de última hora y ambiciosos reportajes, pero también columnas como "Modern Love" y diversos artículos de opinión. De hecho, una de las piezas de la columna "Modern Love" se convirtió en la primera de este listado tras lograr un registro impresionante: cerca de 900.000 horas de lectura acumulada, lo que equivale a casi 100 años.

De los diez primeros trabajos de esta lista, siete de ellos están también disponibles en español.

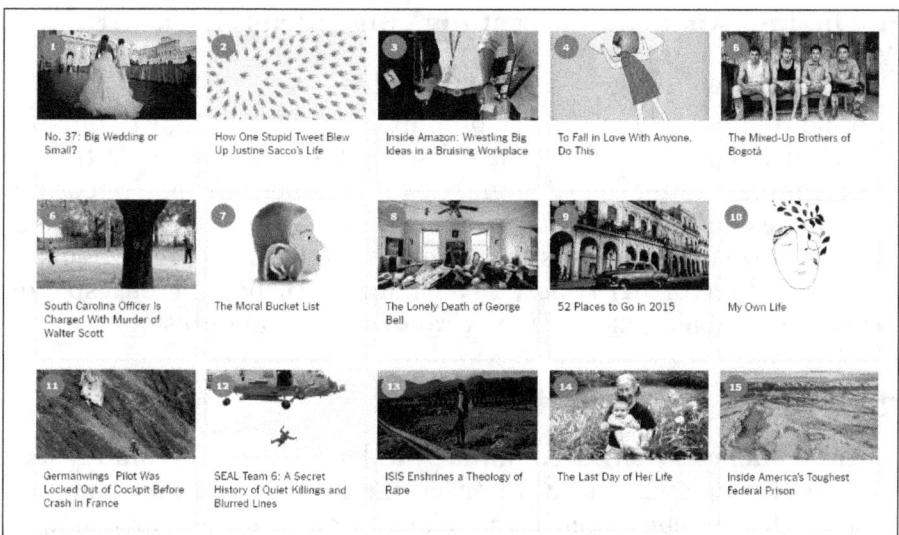

Estas eran las 15 primeras historias del año 2015 por tiempo de consumo.

Los cinco primeros de la lista fueron los siguientes:

1. No. 37: Big Wedding or Small – Quiz: The 36 Questions That Lead to Love

Columna "Modern Love" publicada el 9 de enero de 2015. En el ensayo "To Fall in Love With Anyone, Do This" de Mandy Len Catron -que fue publicado en esta misma columna y se convirtió en el cuarto contenido más consultado en 2015- se menciona un estudio realizado por varios psicólogos, entre ellos Arthur Aron, sobre si el grado de intimidad entre dos desconocidos se puede acelerar mediante el uso de una serie de preguntas de carácter personal. En este artículo se presentan las 36 cuestiones organizadas en tres partes. Se publicó también en español con el título "Cuestionario: Las 36 preguntas que llevan al amor".

2. How One Stupid Tweet Blew Up Justine Sacco's Life

Reportaje publicado por Jon Ronson en *The New York Times Magazine* el 12 de febrero de 2015. Es el relato de lo que le sucedió a una profesional de las relaciones públicas, Justine Sacco, tras publicar un comentario racista en Twitter justo antes de subirse a un avión rumbo a Sudáfrica.

3. Inside Amazon: Wrestling Big Ideas in a Bruising Workplace

Amplio reportaje de investigación publicado el 15 de agosto de 2015 por Jodi Kantor y David Streitfeld sobre las condiciones de trabajo en la compañía Amazon. Fue uno de los trabajos más polémicos publicados ese año por el diario. Mereció una amplia respuesta por parte de Amazon y la posterior defensa del trabajo realizado por parte del director del *Times*, Dean Baquet. Disponible en español: "¿Cómo es trabajar en Amazon? Grandes ideas, alta presión".

4. To Fall in Love With Anyone, Do This

Ensayo publicado en la columna "Modern Love" por Mandy Len Catron el 9 de enero de 2015 en el que relata en primera persona cómo aplicó el cuestionario mencionado en el primer artículo. En español: "Cómo enamorarse de cualquier persona, siguiendo estos pasos".

5. The Mixed-Up Brothers of Bogotá

Reportaje de investigación publicado por Susan Dominus en *The New York Times Magazine* el 9 de julio de 2015 en el que se cuenta el reencuentro de dos parejas de gemelos colombianos que crecieron separados. En español: "Cambio de vidas: Los hermanos perdidos de Bogotá"

2014 y 2013

La lista de los contenidos más vistos del año 2014 en la web del Times se publicó en la web corporativa de la compañía. El primero fue la historia fotográfica "Forty Portraits in Forty Years".

Esta historia fotográfica fue lo más visto en la web del *Times* en el año 2014.

El año anterior, el equipo de analítica web del diario publicó también en la web corporativa un amplio listado de los contenidos digitales más vistos por los usuarios a lo largo del año 2013 y lo hizo diferenciando qué es lo que había tenido más éxito en la web (www.nytimes.com), en la web móvil (http://mobile.nytimes.com) y en sus aplicaciones para dispositivos iOS. En este artículo publiqué las listas completas con los enlaces correspondientes (que no estaban incluidos en la pieza de la web corporativa).

Ese año, la pieza más exitosa fue el *quiz* "How Y'all, Youse and You Guys Talk", publicado el 21 de diciembre. Se trataba de un especial interactivo en el que los usuarios debían responder una serie de preguntas sobre su modo de hablar para descubrir cuáles eran los orígenes de su dialecto personal.

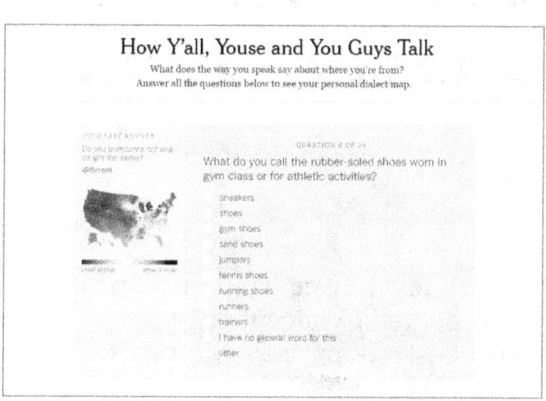

Un *quiz* lingüístico se convirtió en la pieza de mayor audiencia en la web del *Times* en 2013.

33

The Upshot: La apuesta por el periodismo de análisis y datos del *Times*

Uno de los proyectos periodísticos más espectaculares desde el punto de vista conceptual y visual impulsado por *The New York Times* en la etapa más reciente es, sin lugar a dudas, The Upshot (nytimes.com/upshot).

Se trata de una web de periodismo de análisis y datos lanzada por el diario en abril de 2014 con el objetivo de explicar temas complejos de la actualidad haciendo un uso intensivo de datos, gráficos y tecnología.

Al frente de este proyecto, que tiene también presencia habitual en la edición impresa, el *Times* puso en sus inicios a uno de sus periodistas más destacados, David Leonhardt, ganador de un premio Pulitzer y ex responsable de la redacción del diario en Washington.

Tras la marcha a ESPN del blog FiveThirtyEight que Nate Silver publicaba en la web del diario, ocurrida el año anterior (2013), el *Times* se había quedado sin una referencia clara en el terreno del periodismo de datos. The Upshot vino a cubrir ese hueco y lo hizo con un producto mucho más amplio y ambicioso, y que ha aportado grandes resultados de audiencia al *Times*. Además de FiveThirtyEight, al terreno de juego del periodismo de datos se había incorporado también otro destacado proyecto, Vox, dirigido por Ezra Klein, una emergente figura del periodismo estadounidense que dejó

The Washington Post para embarcarse en ese nuevo proyecto digital.

El planteamiento periodístico de The Upshot es muy claro: utiliza y analiza multitud de datos a partir de los cuales produce atractivos gráficos e interactivos para que el usuario pueda entender los temas de actualidad de la manera más fácil posible.

The Upshot aborda todo tipo de temas: políticos, económicos, demográficos, climáticos, deportivos, culturales... Prácticamente cualquier asunto puede ser objeto del análisis de este equipo.

Tres de los primeros trabajos publicados por The Upshot ofrecían una clara idea de por dónde iban a ir los tiros. Uno ofrecía una comparación, a partir de datos hasta entonces no disponibles, sobre los ingresos de la población en distintos países, y concluía que la clase media estadounidense ya no era la más rica del mundo al haber sido superada por la canadiense.

Otro trabajo analizaba las distintas elecciones al Senado que se iban a celebrar en 2014 a partir de un modelo predictivo interactivo elaborado por el equipo de The Upshot. Ese modelo se ha ido aplicando también en sucesivas elecciones.

Un tercer ejemplo del trabajo que iba a realizar The Upshot fue un mapa interactivo realizado con datos de Facebook en el que se mostraba cuáles eran los equipos de béisbol más populares en Estados Unidos para cada código postal (Up Close on Baseball's Borders | A Map of Baseball Nation).

Este fue uno de los primeros trabajos publicados por el equipo de The Upshot: un mapa interactivo con las aficiones de los equipos de béisbol basado en datos de Facebook.

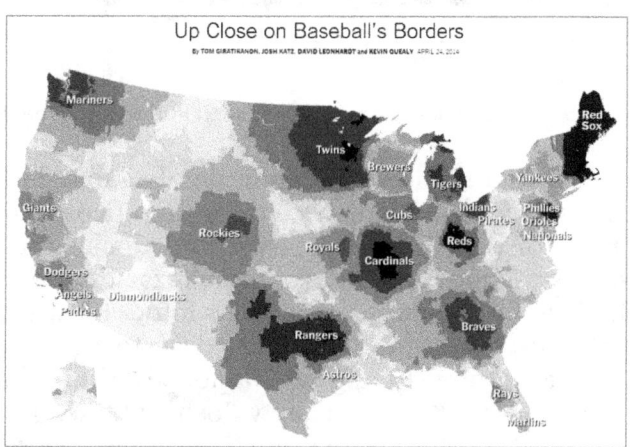

Desde entonces y hasta principios de marzo de 2017, más de 3.100 trabajos visuales e interactivos realizados por el equipo de The Upshot han captado la atención de la audiencia del *Times*, situándose en muchos casos entre los contenidos más vistos del año.

Jill Abramson, que era la directora del *Times* cuando se creó The Upshot, dijo que el diario "siempre se ha esforzado por responder a las preguntas más difíciles y ofrecer contexto sobre las cuestiones más importantes que afectan a nuestros lectores. Y ahora, con The Upshot, hemos buscado a un equipo excepcional de premiados periodistas y editores gráficos de nuestra redacción y de otros sitios para proporcionar aún más análisis y explicación sobre el mundo en que vivimos".

Captura de pantalla de la sección The Upshot de NYTimes.com

Bajo la dirección de Leonhardt, el equipo de The Upshot se formó con más de 15 periodistas, editores gráficos, economistas y expertos en estadística dedicados a escribir artículos breves o largos reportajes y a publicar interactivos, visualizaciones de datos, modelos predictivos, cuestionarios, gráficos o fotografías, entre otros contenidos. Entre los integrantes iniciales de este equipo se encontraban los editores Laura Chang y Damon Darling; los editores gráficos Amanda Cox, Kevin Quealy y Josh Katz; los reporteros Josh Barro, Claire Cain Miller, Nate Cohn, Neil Irwin y Derek Willis, o la editora de fotografía Darcy Eveleigh, además de otros editores y de varios integrantes del equipo de encuestas del *Times*.

Otra de las novedades aportadas por The Upshot fue el tono utilizado en los artículos, más informal o "conversacional" de lo que era habitual en el diario, según explicó el principal impulsor del proyecto, David Leonhardt.

Algo más de un año y medio después de su creación, The Upshot cambió de responsable. La editora gráfica Amanda Cox, que había formado parte del equipo desde sus inicios, fue nombrada el 26 de enero de 2016 nueva directora del proyecto.

Sobre Amanda Cox, el director del diario, Dean Baquet, dijo que era "responsable de algunos de los trabajos más innovadores realizados por el *Times* durante la última década". Y Leonhardt dijo que era "probablemente la periodista más inteligente con la que he trabajado". Amanda Cox se incorporó al diario en la sección de Gráficos tras trabajar como becaria durante el verano de 2004.

Otro editor gráfico, Kevin Quealy, que también integró el equipo de The Upshot desde sus inicios, fue nombrado director adjunto del proyecto.

Dean Baquet aprovechó el nombramiento de Amanda Cox para recordar la apuesta que el *Times* estaba haciendo por el periodismo visual, en el que los gráficos, los interactivos, la fotografía, el vídeo o la realidad virtual iban ganando protagonismo en el trabajo diario.

Un par de meses antes, en noviembre de 2015, Dean Baquet y el entonces director de las páginas de Opinión, Andy Rosenthal, habían anunciado la incorporación del creador de The Upshot, David Leonhardt, al equipo de Opinión como columnista. Publicaría una columna semanal en el papel, pero además se encargaría de ayudar a la adaptación de la sección de Opinión al mundo digital. De hecho, según explicaron los responsables del diario, el *Times* ya publicaba en sus espacios digitales de Opinión diez veces más contenidos que cuando lo digital no ocupaba el centro de la atención del periódico.

De manera específica, se pedía a Leonhardt que incorporara elementos visuales a las piezas de opinión, teniendo especialmente presente la publicación en los teléfonos móviles.

David Leonhardt también pasó a jugar un rol esencial en el equipo que estaba definiendo la nueva estrategia digital del *Times*.

Los contenidos más vistos

Al cumplir su primer año de vida, en abril de 2015, The Upshot publicó una lista con los 250 trabajos más vistos de la sección durante esos primeros doce meses. Los cinco primeros fueron los siguientes:

1. Where Are the Hardest Places to Live in the U.S.

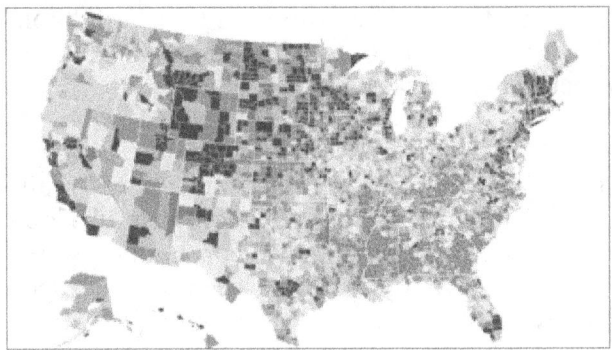

2. Mapping Migration in the United States

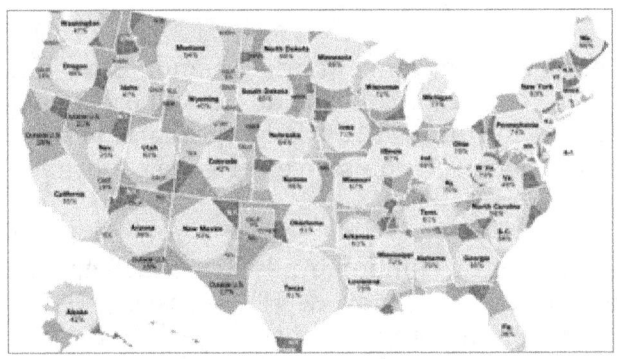

3. What 2,000 calories Looks Like

4. How Nonemployed Americans Spend Their Weekdays: Men vs. Women

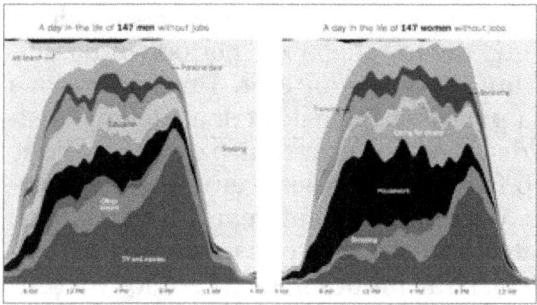

5. Is It Better to Rent or Buy?

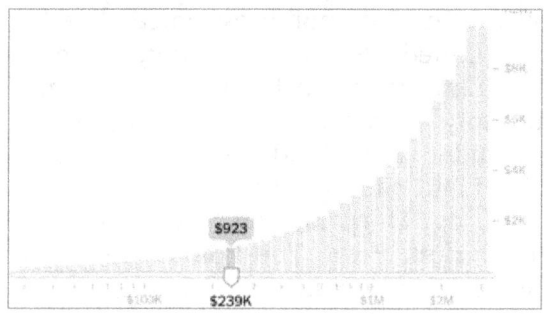

The Upshot publicó a finales de 2015 un listado con los 100 artículos de la web del *Times* a los que los usuarios habían dedicado más tiempo ese año. En la lista aparecían varios trabajos de The Upshot.

Newsletter y redes sociales

The Upshot tiene presencia propia en las redes sociales. En Facebook (facebook.com/upshot) contaba a principios de 2017 con 151.000 fans, mientras que en Twitter (@UpshotNYT) acumulaba 187.000 seguidores por esas mismas fechas. Y un buen modo de estar al día sobre los nuevos trabajos publicados por The Upshot es a través de su newsletter.

La elección del nombre

¿Por qué se llama The Upshot esta sección? En un entretenido artículo publicado por Kevin Quealy, se explica el proceso de selección del nombre –que en español podríamos traducir como "El resultado" o "La conclusión-, que dejó por el camino un total de 45 propuestas.

En las instrucciones dadas a su equipo para que pensara ideas, David Leonhardt mencionó que debía reflejar el "periodismo analítico" y de "lenguaje simple" que se quería ofrecer. Un nombre que diera la idea de "visita guiada por los principales temas del día" realizada "en un tono similar al de un correo electrónico explicativo que pudiera escribir a un amigo o familiar un experto en un tema determinado". El nombre también debería hacer referencia a que la web utilizaría frecuentemente "datos y gráficos, ya que muchas veces son una de las mejores formas de aclarar un problema. Pero los datos –aclaraba- son sólo una herramienta y no una palabra que queramos reflejar de manera explícita en el nombre".

Sobre la mesa aparecieron multitud de nombres, entre ellos los siguientes: Kernel, Longacre, Q-hed, Sherpa, Tenzing, Beacon, Beacons, Crux, The Crux, Column 7, Leo, Distillery, Illuminator, The Illuminators, Luminator, Times Squared, Evidence Table, Back of the Envelope, Under the Hood, Navigators, Sextant, Lighthouse, Keeper's Log, Light Station, Bearings, Reference Points, Cardinal Points, Wayfinding, Markers, Waypoints, Charted, A3, Second Front, Timesian, Clarion, Pivot, The Point, The Gist o Haystack. Seguro que los aficionados al *naming* disfrutarán con las razones por las que fueron descartados antes de escoger The Upshot.

Más información:

- Navigating the News With the Upshot – The New York Times
- The New York Times Launches The Upshot (comunicado)
- The Upshot, and 45 That Didn't Make the Cut – The Upshot
- Amanda Cox Named Editor, The Upshot (comunicado)
- Q&A: David Leonhardt says The Upshot won't replace Nate Silver at The New York Times – NiemanLab

EN RESUMEN:

- The Upshot es una web de periodismo de análisis y datos lanzada por el *Times* en abril de 2014.

- The Upshot es parte esencial de la estrategia general del Times de apostar decididamente por el periodismo visual. Gráficos, interactivos, mapas o fotografías son los grandes protagonistas de esta web.

- El equipo de The Upshot está formado por más de 15 profesionales entre editores, reporteros, editores gráficos, expertos en interactivos y en estadística.

- David Leonhardt fue el impulsor y primer director de The Upshot. En enero de 2016 fue sustituido por la editora gráfica Amanda Cox, que es la actual responsable de este espacio del *Times*. Leonhardt se integró en el equipo de Opinión para reforzar la apuesta digital de esa sección y también pasó a trabajar en el equipo que debía definir la estrategia digital futura del *Times*.

- Desde los inicios, The Upshot ha publicado algo más de 3.000 historias visuales para intentar explicar de manera sencilla temas complejos. En The Upshot tienen cabida todo tipo de temas informativos.

- Entre los temas que han alcanzado un mayor protagonismo se encuentran las predicciones electorales realizadas según un modelo propio creado por el equipo de The Upshot.

- Muchos de los temas publicados por The Upshot se sitúan en numerosas ocasiones entre los más vistos de la web del diario.

34

"Snow Fall": la revolución del periodismo narrativo *longform*

El 20 de diciembre de 2012 se publicó en la web de *The New York Times* un largo reportaje multimedia que, gracias a su original fórmula narrativa, tendría un enorme impacto en todo el mundo periodístico.

Se titulaba "Snow Fall. The Avalanche at Tunnel Creek", y estaba firmado por el redactor de deportes John Branch. Contaba la historia de un experto grupo de 16 esquiadores que en febrero de ese año 2012 había sufrido una avalancha de nieve en el Estado de Washington (Estados Unidos) que provocó la muerte de tres de ellos.

Lo primero que llamaba la atención de "Snow Fall" era su portada. Un vídeo de fondo que ocupaba toda la pantalla mostraba una montaña nevada azotada por ráfagas de viento. Al hacer *scroll* para empezar a leer el reportaje, el texto pasaba a ocupar el espacio de la imagen. Un par de pantallas más abajo surgía un mapa animado, a pantalla completa, que mostraba el lugar de los hechos narrados en la historia. Era difícil no quedar atrapado en ella.

"Snow Fall", que funcionaba perfectamente en cualquier plataforma (web, móvil o trableta), ofrecía una elegante y brillante combinación de elementos textuales —la base era una historia larga y muy bien contada- y formatos multimedia como vídeos, mapas, gráficos o fotos. Dada su extensión, para facilitar su consulta estaba dividido en seis capítulos. Tres días después, el 23 de diciembre de 2012, el *Times* publicó el reportaje en una sección especial impresa de 14 páginas.

De manera inmediata, "Snow Fall" causó una honda sensación entre la audiencia y el sector periodístico. *The New York Times* estaba realizando una atrevida apuesta narrativa que no quedaría sin recompensa. A partir de ese momento, muchos otros grandes medios de todo el mundo apostaron también por esta manera multimedia e interactiva de contar historias periodísticas en el entorno digital.

La entonces directora del diario, Jim Abramson, explicó pocos días después de la publicación del reportaje —en un mensaje interno que fue publicado por el periodista Jim Romenesko en su web- que "Snow Fall" representaba un momento clave en la evolución del modo de contar historias por parte del *Times*. De hecho, desde que el reportaje vio la luz, en el argot interno del diario pasó a utilizarse el título de ese trabajo como un verbo ("to snow-fall") para identificar y proponer historias que pudieran contarse de un modo similar.

Captura de pantalla de la portada del reportaje "Snow Fall", publicado en NYTimes.com el 20 de diciembre de 2012.

La fórmula narrativa de "Snow Fall" fue además un éxito inmediato entre los usuarios, que valoraron de manera muy positiva la nueva experiencia lectora que ofrecía el reportaje. Los números ofrecidos por la directora de *The New York Times* así lo demostraban. "Snow Fall" tuvo casi 3 millones de visitas durante los primeros días, con picos de 22.000 usuarios simultáneos. Algo más de la cuarta parte de esos usuarios no había visitado anteriormente NYTimes.com. Y el tiempo medio dedicado a la consulta del reportaje fue muy alto: alrededor de 12 minutos. Muchísimo más que los dos o tres minutos que suele durar una visita estándar a una web de noticias.

Esas buenas cifras de audiencia se empezaron a lograr incluso antes de que la historia fuese destacada en la portada de NYTimes.com, gracias especialmente a las redes sociales, por las que la publicación de "Snow Fall" corrió como la pólvora desde el primer momento. Más de 10.000 usuarios compartieron el reportaje en Twitter. En su mensaje interno, Abramson trasladó los comentarios que había efectuado uno de los principales editores de la redacción, Ian Fisher, cuando "Snow Fall" empezó a acumular audiencia gracias a las redes: "Snow Fall triunfó en una categoría que nunca habíamos considerado: el mayor número de visitas para una historia que no había aparecido en nuestro sitio web", refiriéndose al tráfico logrado antes de que el reportaje tuviera presencia en la portada de la web.

Me cuento entre esos miles de usuarios de Twitter que compartieron la publicación de "Snow Fall" al descubrir el reportaje, que me impactó desde el primer momento:

Ismael Nafría @ismaelnafria · 21 dic. 2012
The New York Times vuelve a marcar el camino del periodismo digital con el gran reportaje multimedia '**Snow Fall**' -

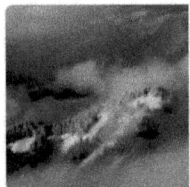
Snow Fall: The Avalanche at Tunnel Creek
Fresh powder beckoned 16 expert skiers and snowboarders into the backcountry. Then the snow gave way.
nytimes.com

El reportaje, en el que John Branch había estado trabajando más de seis meses, era el resultado de una amplia colaboración de diversos equipos del *Times*. En concreto, participaron en este proyecto Hannah Fairfield, Xaquín G.V., Jon Huang, Wayne Kamidoi, Sam Manchester, Alan McLean, Jacky Myint, Graham Roberts, Joe Ward, Jeremy White y Josh Williams de los departamentos de Gráficos y Diseño; Ruth Fremson de Fotografía; Catherine Spangler del área de Vídeo, con las aportaciones también de Eric Miller y Shane Wilder, y Kristen Millares Young que colaboró en la investigación.

Para el reportaje el *Times* entrevistó a todos los supervivientes de la avalancha y a familiares de los fallecidos. También a las personas que prestaron la primera ayuda, a oficiales y a expertos científicos. Se analizaron los informes de la policía, de los doctores y de la patrulla de esquí de la zona, además de 40 llamadas realizadas al número de emergencias 911. El Swiss Federal Institute for Snow and Avalanche Research proporcionó una simulación animada por ordenador de la avalancha a partir de los datos incluidos en el informe sobre el accidente y de las declaraciones de testigos.

Pocos meses después de su publicación, "Snow Fall" fue merecedor de un premio Pulitzer en la categoría de crónica ("Feature Writing"), ganándose definitivamente un lugar de honor en la historia del periodismo. John Brunch ya había sido finalista el año anterior en esta misma categoría con otro largo reportaje sobre la vida del jugador profesional de hockey sobre hielo Derek Boogaard, fallecido a los 28 años de edad.

En la carta de presentación de la candidatura de "Snow Fall" a los Pulitzer, *The New York Times* argumentó que el reportaje había causado una profunda sensación en el sector periodístico por su innovadora fórmula narrativa para contar una historia, y afirmó que "para aquellos que habían temido por el futuro de las historias largas en la era digital, el futuro había llegado, de manera repentina y espectacular".

John Branch –aquí están disponibles sus artículos- se incorporó a The New York Times en septiembre de 2005 como reportero de Deportes.

Después del éxito de "Snow Fall", *The New York Times* ha seguido publicando otras muchas historias siguiendo una fórmula narrativa similar, que ha pasado a ser parte integral de la propuesta informativa del diario.

Entre otros, estos son algunos ejemplos de reportajes "tipo Snow Fall" publicados por *The New York Times* durante los meses posteriores:

· **The Jockey**

Reportaje multimedia sobre la figura de Russell Baze, el jinete más laureado en Estados Unidos, a pesar de lo cual es un personaje sólo conocido por los más fieles seguidores de las carreras de caballos.

· **A Game of Shark and Minnow**
Trabajo multimedia que aborda las disputas territoriales protagonizadas por China, Filipinas y otros países de la zona sobre los centenares de pequeñas islas del mar de la China Meridional.

· **Tomato Can Blues**
Esta historia, escrita por Mary Pilon, aporta como principal novedad las originales y excepcionales ilustraciones del dibujante húngaro Attila Futaki, parcialmente animadas, además del audio de la narración a cargo de Bobby Cannavale. Narra la historia del luchador Charlie Rowan, abrumado por las deudas y acusado de un robo a mano armada.

· **The Russia Left Behing**
El viaje de 12 horas en coche por la autopista que une las ciudades rusas de Moscú y San Petersburgo permite descubrir grandes extensiones de tierra abandonadas que parecen sacadas del túnel del tiempo.

· **The Dream Boat**
Más de mil refugiados han fallecido tratando de alcanzar la Isla de Navidad, un territorio externo de Australia situado en el océano Índico, al sur de Yakarta, la capital de Indonesia. A pesar de los peligros del viaje, son muchos los que lo siguen intentando, huyendo de unas pésimas condiciones de vida.

· **Forging an Art Market in China**
Reportaje sobre el creciente mercado del arte en China, que ya es el segundo del mundo. Grandes ofertas en las subastas se entremezclan con los problemas generados por la falsificación de obras de arte.

En la sección **Multimedia** del *Times* se van recopilando todos los trabajos periodísticos en los que los elementos interactivos y multimedia tienen un especial protagonismo.

Más información:

- Q. and A.: The Avalanche at Tunnel Creek – NYTimes.com
- How We Made Snow Fall: A Q&A with the New York Times team - Source
- What the New York Times's 'Snow Fall' Means to Online Journalism's Future – The Atlantic

EN RESUMEN:

- A finales de 2012 el *Times* publicó el reportaje multimedia "Snow Fall", en el que aplicó una novedosa fórmula narrativa que causó un profundo impacto en todo el sector periodístico.

- "Snow Fall", con el que el *Times* ganó un Pulitzer, fue escrito por el reportero de Deportes John Branch y contó con la participación de más de 15 profesionales de las áreas de Gráficos, Diseño y Vídeo. El trabajo se realizó durante más de seis meses.

- La combinación de distintos formatos narrativos –texto, fotos, vídeos, gráficos, mapas o animaciones- pasó a formar parte habitual de muchas otras historias publicadas desde entonces por el *Times*.

- El reportaje tuvo durante sus primeros días casi 3 millones de visitas, muchas de ellas procedentes de las redes sociales. También sirvió para atraer a muchos usuarios nuevos a la web del *Times*.

- El verbo "to snow-fall" pasó a formar parte del vocabulario interno de la redacción del *Times*. La palabra se empezó a utilizar para proponer la publicación de historias largas y con abundantes elementos interactivos y multimedia.

- Con la publicación de "Snow Fall" por parte del *Times*, el formato *longform* para contar historias quedó plenamente validado y fue seguido por otros muchos medios de todo el mundo.

35

El vídeo, elemento central de la apuesta del *Times* por el periodismo visual

The New York Times está realizando una apuesta muy importante por el "periodismo visual", según han señalado de manera reiterada sus máximos responsables durante la etapa más reciente. Los elementos visuales y gráficos —entre ellos, el vídeo- juegan un papel cada vez más relevante en la producción diaria del periódico, y de cara al futuro la idea es que todavía tengan una mayor presencia.

El editor de innovación y estrategia y vicepresidente de producto y tecnología del diario, Kinsey Wilson, explicó en su intervención en la 17ª edición del International Symposium on Online Journalism (ISOJ), organizado en abril de 2016 por el Centro Knight de la Universidad de Texas en Austin, que el objetivo del *Times* era que los elementos visuales llegaran a estar integrados en los próximos años en el 50% de su producción informativa digital.

El director del diario, Dean Baquet, explicó unos meses antes, en enero de 2016, al nombrar a Amanda Cox como nueva editora de The Upshot -la sección de periodismo de análisis y datos del *Times*-, que "el periodismo visual —gráficos, interactivos, fotografía, vídeo, realidad virtual- es una parte creciente de nuestro periodismo, y es un área en la que hacemos un trabajo excelente. Los periodistas visuales, y aquellos, como Amanda, con experiencia tanto con elementos textuales como visuales, son una parte crucial del futuro liderazgo del *Times*".

La apuesta está clara, pero el camino no ha sido nada fácil. Como ha sucedido con otros medios tradicionales, para una institución periodística como el *Times*, basada durante décadas en la información textual, la incorporación del vídeo a sus rutinas de producción informativa ha sido un reto continuo desde los inicios.

The New York Times creó su departamento de vídeo en el año 2005. Desde entonces, este equipo ha vivido varias reestructuraciones y ha seguido diversas estrategias, contando con distintas personas al frente del mismo.

Hoy, el equipo de vídeo del *Times*, que ha ganado un especial protagonismo durante los tres últimos años, está integrado por unos 60 experimentados y premiados profesionales y produce una amplia variedad de productos audiovisuales. Medio centenar de estos profesionales trabajan para la parte editorial, y el resto forman parte del equipo de negocio. Así, en una redacción formada por unos 1.300 profesionales, casi el 5% están dedicados exclusivamente al vídeo.

Es fácil apreciar el creciente peso que los elementos visuales tienen en el periodismo practicado por el *Times*. En la *home* de NYTimes.com, el vídeo ha ido ganando protagonismo, apareciendo con mucha frecuencia en las partes más destacadas de la portada. Además, cuenta de manera estable con una posición relevante ubicada después del bloque principal de noticias y ocupando todo el ancho de la página.

En mayo de 2014, el *Times* renovó totalmente el diseño de su sección de vídeo, apostando -como estaba haciendo en otras secciones de su web- por un diseño *responsive* que se adaptara automáticamente al tamaño de pantalla de cualquier dispositivo. Los vídeos se organizaron en más de una docena de secciones. Acura fue el patrocinador oficial del relanzamiento de la sección. El *Times* también lanzó su propia propuesta de publicidad nativa en forma de vídeos, con Sotheby's International Realty como primer cliente.

Unos meses después de esa renovación, en octubre de 2014, amplió el tamaño del reproductor de vídeo ubicado en la portada, que es el que se sigue utilizando a principios de 2017.

Un equipo liderado por Alex MacCallum

El 23 de noviembre de 2015 se anunció el nombramiento de Alex MacCallum como máxima responsable del equipo de vídeo de *The New York Times*, puesto que ocuparía de manera efectiva a partir de enero de 2016, al regresar de su baja por maternidad, y en el que sigue a principios de 2017.

MacCallum ha ganado un gran protagonismo estos últimos años en el equipo de dirección del diario. En el mensaje interno dirigido al equipo, escrito por el CEO de la compañía, Mark Thompson, y el director del *Times*, Dean Baquet, se explicaba que MacCallum asumía la dirección de NYT Video sin abandonar la supervisión del equipo de desarrollo de la audiencia, otra de las apuestas importantes del *Times* derivada del famoso informe interno "Innovation Report" publicado en 2014.

El vídeo, recordaron Thompson y Baquet en su escrito, era una "prioridad editorial y comercial clave" para el *Times*, tal y como se había determinado en el documento estratégico "Our Path Forward", publicado sólo un mes antes. Al trabajar tanto para la parte comercial como para la parte editorial, MacCallum dependía por un lado del director del diario, Dean Baquet, y por otro de la máxima responsable de ingresos de la compañía, Meredith Levien.

En su mensaje, los dos directivos del *Times* calificaban a MacCallum como "una de nuestras colegas más creativas y efectivas" y destacaban su forma colaborativa de trabajar, algo especialmente valorado e impulsado por la compañía en los años recientes. También resaltaron el trabajo realizado durante el año anterior al frente del equipo de desarrollo de audiencia, en el que trabajaban editores especializados en crecimiento de la audiencia, redes sociales, búsquedas y gestión de la comunidad de usuarios.

Antes del nombramiento de MacCallum, el *Times* había dedicado varios meses a "repensar y reenfocar" el trabajo de vídeo del diario, tanto para la parte editorial como la comercial, con el objetivo de sacarle el máximo rendimiento.

El equipo de vídeo se fue potenciando durante el año 2016 con nuevas incorporaciones. Por ejemplo, en marzo de 2016 el *Times* anunció el fichaje de dos experimentados periodistas en este ámbito: Andrew Glazer y Malachy Browne. Glazer había trabajado como productor en el equipo de VICE News, donde había publicado video reportajes de largo formato sobre temas internacionales y otros trabajos de investigación. Por su parte, Browne venía de ser la editora responsable de la startup Reported.ly y, anteriormente, editora de Storyful.

El 24 de junio de 2016, Alex MacCallum anunció el nombramiento de Nancy Gauss como directora ejecutiva de los vídeos editoriales del *Times*. El encargo que se le hizo a Gauss fue el de "ayudar a construir nuestra estrategia para hacer que nuestro periodismo sea más visual y construir una identidad para el vídeo del *Times*".

Nancy Gauss, que empezó a trabajar en el periódico en el año 2008 como integrante del equipo multimedia, había formado parte del equipo que planteó la estrategia a seguir en el ámbito del vídeo, y que había fijado las distintas áreas en las que se quería trabajar: noticias, reportajes, programas, vídeo para otras plataformas y acuerdos de colaboración.

Al anunciar su nombramiento, MacCallum resaltó la apuesta que Gauss había realizado desde el principio por contar historias de manera visual y por "expandir las fronteras del periodismo online". Sus numerosos trabajos le habían permitido ganar múltiples premios (Emmy, World Press Phot, Pictures of the Year International, NPPA y Alfred I. du Pont-Columbia Awards).

Uno de los éxitos periodísticos más relevantes del equipo de vídeo del *Times* fue el escalofriante reportaje en vídeo titulado "The Killing of Farkhunda", realizado por John Woo, Adam B. Ellick y Alissa J. Rubin. Este reportaje formó parte de la serie de trabajos por los que la periodista del *Times* Alissa J.Rubin obtuvo el Pulitzer en la categoría de periodismo internacional en 2016.

El equipo de vídeo cuenta también con la asesoría directa del máximo responsable del departamento de Gráficos del *Times*, Steve Duenes.

NewFronts

Durante los últimos tres años, el IAB (Interactive Advertising Bureau) ha organizado en la ciudad de Nueva York la serie de presentaciones NewFronts, en la que durante un par de semanas distintas compañías mediáticas presentan al mercado publicitario sus novedades en el ámbito del vídeo online.

En 2016, la presentación realizada por los directivos de *The New York Times* puso de relieve la importancia que para la compañía tiene el vídeo. Entre la larga lista de novedades previstas para los meses siguientes en este ámbito se mencionaron las siguientes:

- La preparación de seis nuevas series de vídeo sobre música, deportes, negocios, ciencia y viajes. Para todas sus series, el *Times* ofrece a los anunciantes la posibilidad de trabajar con su unidad de marketing T Brand Studio para elaborar pro-

puestas de publicidad nativa en forma de vídeo.
- La revista de los domingos, *The New York Times Magazine*, anunció que su número anual dedicado a los viajes –que se publica en otoño- ofrecería por primera vez diversos vídeos de realidad virtual.
- Otra de las revistas del *Times*, *T Magazine*, también anunció que preparaba su propia oferta de realidad virtual para después del verano.
- La publicación de nuevos trabajos en la aplicación de realidad virtual del *Times*, NYT VR. Uno de ellos, dedicado al planeta Plutón, se acompañaría de la distribución de 300.000 visores Google Cardboard entre los suscriptores digitales más veteranos del *Times*.
- La realización de decenas de nuevas emisiones en directo a través de Facebook Live.

Vídeos fuera del muro de pago

Desde el lanzamiento de su oferta de pago en marzo de 2011, el *Times* permitió que todos sus vídeos se pudieran ver de manera gratuita. Están, por tanto, fuera del muro de pago y no cuentan para el límite de diez artículos gratuitos que se pueden consumir cada mes sin necesidad de ser suscriptor.

Ante la gran necesidad de inventario de vídeo existente en el mercado online para poder incluir publicidad en este formato, los responsables del *Times* decidieron que era mucho mejor ofrecer los vídeos en abierto. En el caso del vídeo, el objetivo era, y sigue siendo, llegar a la mayor audiencia posible para poder generar mayores ingresos publicitarios.

Canales y series

Entre la abundante producción de vídeos del *Times* se incluyen vídeos de actualidad, producciones de largo formato, una larga lista de series temáticas y vídeos cortos ideados para el consumo en dispositivos móviles, entre otros.

La sección de vídeo del diario ofrece 20 canales temáticos distintos (revisado a principios de 2017). Muchos de estos canales cuentan a su vez con distintas series.

Entre esta amplia oferta se encuentran los siguientes programas o series:

- **Op-Docs**: Cortos y documentales impulsados por la sección de Opinión del *Times* desde noviembre de 2011. Están realizados en colaboración con cineastas, productoras independientes y otras entidades, y han recibido numerosos premios.

  Uno de los documentales de Op-Docs, "4.1 Miles", dirigido por Daphine Matziaraki y estrenado en la web del *Times* en septiembre de 2016, estuvo nominado a los premios Oscar en 2017. El reportaje muestra un dramático rescate de refugiados en aguas del Mediterráneo.

- **Retro Report**: Documentales históricos producidos por Retro Report para *The New York Times* en los que a través de entrevistas a los protagonistas, análisis y uso de imágenes de archivo se repasan temas que, en su día, tuvieron una gran repercusión mediática.

- **Times Documentaries**: producciones documentales que oscilan entre 10 y 30 minutos de duración en las que el Times trata a fondo temas de actualidad.

- **36 Hours**: Exitosa serie sobre viajes en la que el *Times* propone recorridos de un día y medio en distintas ciudades u otros destinos turísticos de todo el mundo.

- **The Art of Better**: una de las últimas series lanzadas por el *Times*. En ella, el columnista y autor Charles Duhigg, ganador de un Pulitzer, "explora la ciencia y la teoría de la productividad". La serie, como otras realizadas por el diario, ha sido promocionada en la portada de la web.

- **Illustrated Interview**: una original serie de T Magazine en la que personajes famosos del mundo de la moda, el arte, el diseño o el entretenimiento dibujan sus respuestas al breve cuestionario que se les plantea.

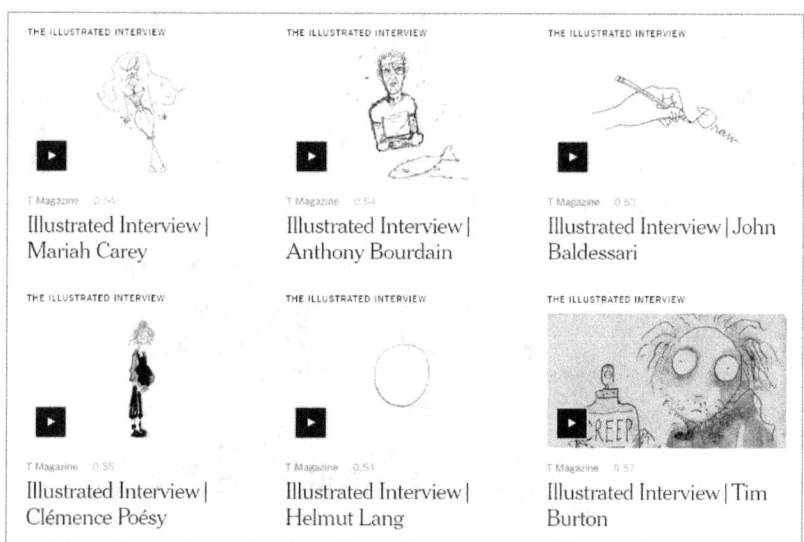

- **The Fine Line**: Retratos multimedia de algunas de las principales estrellas de los Juegos de Rio 2016, como la gimnasta Simone Biles.

- **Out There**: Serie del canal de Ciencia dedicada a la exploración del espacio.

- **Women in Business**: El autor de la columna "Corner Office", Adam Bryant, entrevista a ejecutivas para hablar sobre liderazgo y gestión de los negocios.

- **App Smart**: Serie del canal de Tecnología para descubrir las mejores aplicaciones móviles.

- **Anatomy of a Scene**: Esta serie del canal de Cultura muestra a directores de cine explicando a los espectadores una escena destacada de alguna de sus películas.

Formatos cortos para dispositivos móviles

The New York Times también ha hecho uso de videos con títulos, sin narración, para facilitar su consulta desde cualquier dispositivo, especialmente los móviles, y a través de las redes sociales (Ejemplo: Climate Refugees: Bolivia).

100 millones de visionados en Facebook Live

Como parte de su área de vídeo, *The New York Times* creó en abril de 2016 un equipo formado por seis personas dedicadas a tiempo completo a desarrollar vídeos para Facebook Live o, según su propia definición, a hacer "periodismo interactivo en directo" ("Live Interactive Journalism").

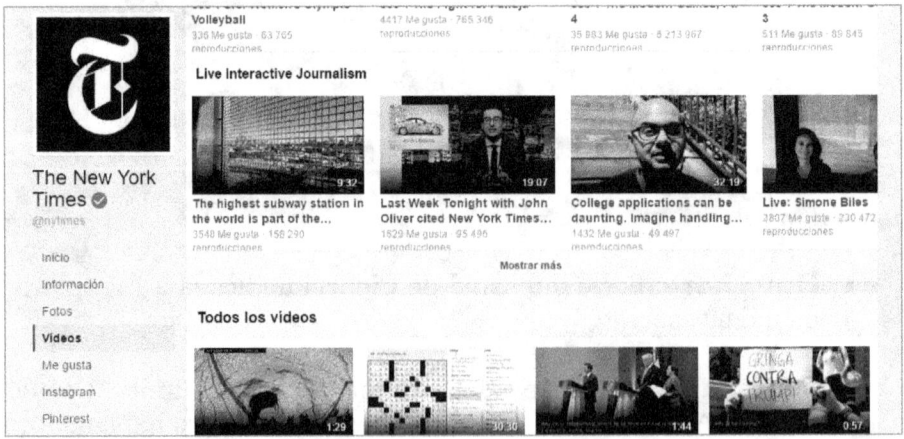

Era la primera vez que *The New York Times* publicaba vídeos para ser utilizados de manera exclusiva en la plataforma de un tercero, en este caso la red social Facebook. El objetivo tanto del *Times* como de las otras organizaciones periodísticas que empezaron a utilizar Facebook Live era llegar a una audiencia millonaria –los 1.700 millones de usuarios de Facebook–, buena parte de la cual no accede directamente a los sitios web de los medios.

Para impulsar este nuevo servicio, Facebook había decidido pagar a determinados editores para que produjeran vídeos en directo en su plataforma. Uno de ellos fue el *Times*. Según publicó el diario *The Wall Street Journal*, Facebook acordó pagar 3 millones de dólares al NYT durante un año. Sólo BuzzFeed superaba ligeramente esa cifra, con 3,1 millones. Algo por detrás se situaban CNN, con 2,5 millones, Huffington Post (1,6), NowThis Media (1,5), el grupo Hearst (1,2), Vox Media (1,2) y NPR (1,2 millones de dólares). La cifra propuesta por Facebook al *Times* fue confirmada meses después en el reportaje que la revista Wired publicó en febrero de 2017 sobre el futuro del diario.

Durante los primeros meses de funcionamiento, la media de vídeos producidos por el *Times* para Facebook Live fue de unos cuatro al día. Los videos abordaron todo tipo de temas y permitieron descubrir a muchos de los reporteros del diario hablando de los temas que cubrían informativamente. Facebook Live se había convertido en un buen campo para la innovación y la experimentación periodística en la redacción del diario. Gracias a la formación interna impartida a lo largo del año 2016, más de 300 periodistas del *Times* habían experimentado en algún momento con este formato.

En diciembre de 2016, ocho meses después del inicio de los directos, el *Times* había superado los 100 millones de visionados en Facebook Live. Según el diario, casi la cuarta parte de los usuarios del *Times* en Facebook había seguido sus vídeos de Facebook Live.

En la selección de los vídeos que habían tenido más éxito entre la audiencia durante esos primeros ocho meses de actividad aparecían conciertos, reporteros informando en directo desde el lugar de los hechos, dibujos en vivo o entrevistas a personajes de la actualidad.

Ante la novedad periodística que suponían estos vídeos, la defensora del lector del NYT, Liz Spayd, analizó en agosto de 2016 el trabajo realizado por el diario durante los primeros cuatro meses de funcionamiento de Facebook Live, y se mostró bastante crítica con los resultados obtenidos hasta entonces. Según ella, varios trabajos periodísticos habían sido muy valiosos, pero otros no se deberían haber publicado nunca.

La defensora del lector analizó muchos de los vídeos emitidos y descubrió numerosos problemas: vídeos en los que el sonido no funcionaba bien, vídeos demasiado largos, vídeos con problemas técnicos, vídeos en los que se ignoraban las preguntas formuladas por los lectores... Según ella, demasiados vídeos producidos para Facebook Live no se ajustaban a los estándares de calidad periodística que exige el *Times* y, por tanto, no deberían haberse publicado.

Sin embargo, muchos otros trabajos sí habían aportado valor al periodismo del diario. "Capturan una experiencia inmediata, suenan espontáneos y ponen al espectador en primera fila y en situación de control", explicó Spayd.

El director del diario, Dean Baquet, le dijo a la defensora del lector que los errores son el precio que hay que pagar por tratar de innovar. "¿Hemos producido algún trabajo que no es tan bonito? Sí -admitió Baquet-, pero los redactores necesitan sentirse cómodos utilizando sus imaginativos cerebros para contar historias de maneras distintas".

Uno de los trabajos más interesantes e imaginativos de los realizados por el *Times* en Facebook Live formó parte de una investigación de la reportera Deborah Acosta (@DeborahAcosta) sobre unas misteriosas diapositivas que alguien había tirado a la basura en las calles de Nueva York. La periodista del *Times* utilizó Facebook Live para mostrar su hallazgo e intentar identificar tanto a la persona que había hecho las fotos como a la que había decidido desprenderse de ellas. Logró las dos cosas.

Apuesta por la realidad virtual y el vídeo 360

El *Times* se ha convertido en el medio internacional que ha realizado una apuesta más decidida por la incorporación de la realidad virtual y el vídeo de 360 grados a su trabajo periodístico. Este destacado tema se aborda de manera detallada en el siguiente capítulo.

Acceso a los vídeos

La consulta de los vídeos que produce *The New York Times* se puede realizar a través de distintas vías.

Por un lado, los vídeos más destacados que están ligados a la actualidad del día se publican en la portada de la web. También aparecen allí vídeos que forman parte de producciones propias y especiales del diario, como largos reportajes o especiales interactivos.

En la home de NYTimes.com, después del primer bloque dedicado a las principales noticias del día, se ofrece un módulo dedicado exclusivamente a los vídeos. Incluye un gran reproductor de vídeo con la principal apuesta del día y acceso a vídeos anteriores. En la web móvil, el vídeo también cuenta con espacios fijos.

Como se ha señalado anteriormente, la web del *Times* tiene su propia sección de vídeo -accesible tanto desde el PC como desde el móvil o la tableta- en la que se recoge toda la producción del diario. Está organizada por canales y por series.

Lógicamente, los vídeos del *Times* están también accesibles desde cada pieza informativa relacionada con los mismos. Pueden aparecen en la parte superior del artículo correspondiente o a lo largo del texto.

Fuera de la web del *Times*, el diario cuenta con un canal propio en YouTube que, a principios de 2017, tenía casi 800.000 seguidores.

YouTube permite organizar los vídeos en función de distintos criterios. Uno de ellos es el de los vídeos más vistos. En el caso del *Times*, 39 de sus vídeos habían superado a principios de 2017 el millón de visualizaciones. Desde octubre de 2006, cuando se abrió este canal, los vídeos del diario han acumulado 320,5 millones de visualizaciones (datos de enero de 2017).

El más visto de todos, con más de 10,3 millones de visualizaciones, era el discurso completo de Barack Obama tras su victoria en las elecciones presidenciales de 2012.

Otro espacio externo a la web del *Times* para consumir sus vídeos es su página de Facebook, que cuenta con una sección específica para vídeos.

En Instagram, entre las cuentas del NYT hay una dedicada específicamente a los vídeos del diario, que en enero de 2017 era seguida por 220.000 usuarios.

Adicionalmente, la sección de vídeo del Times tiene una cuenta propia en Twitter (@nytvideo) con 254.000 seguidores (en enero de 2017) en la que va presentando nuevos trabajos o relacionando noticias sobre los mismos.

Informe "The Future of Online News Video"

La apuesta que *The New York Times* está realizando por el vídeo online coincide con la de otros muchos actores del sector. En el informe "The Future of Online News Video", publicado en 2016 por el Reuters Institute for the Study of Journalism de la Universidad de Oxford, se analiza la actividad de unas 30 empresas informativas de Europa y Norteamérica y se constata que en los últimos dos o tres años "se ha producido una explosión del vídeo en línea, impulsada por los avances técnicos, por iniciativas de plataformas como Facebook y por la inversión de compañías de medios en nuevos formatos de narración visual".

Sin embargo, según señala también el informe, los usuarios de los sitios web parecen mostrar cierta resistencia a consumir noticias de vídeo: sólo un 2,5% del tiempo medio de las visitas está dedicado al vídeo, aunque el interés "aumenta significativamente cuando hay una gran noticia de última hora". En cambio, el consumo de noticias de vídeo fuera de los propios sitios web de los medios, especialmente en Facebook, ha experimentado un crecimiento muy rápido en la etapa más reciente.

El informe del Reuters Institute pone de manifiesto el problema con el que se han encontrado los medios no audiovisuales a la hora de crear sus equipos de vídeo. Tanto los periódicos como los medios nativos digitales "han tenido que desarrollar capacidades y habilidades desde cero" para "adaptarse a la nueva gramática del vídeo digital online". El informe señala que "para los periódicos, en un período de recortes, ha sido un reto financiar nuevas inversiones y entrenar de nuevo a una mano de obra basada de manera predominante en el texto".

EN RESUMEN

- *The New York Times* está realizando una decidida apuesta por el vídeo –reforzada durante los tres últimos años- como parte de su estrategia más global por el periodismo visual.

- El vídeo es también un elemento central para el área de negocio, y en concreto para la unidad de marketing del diario, T Brand Studio.

- El primer equipo de vídeo del *Times* se creó en el año 2005.

- A principios de 2017, el equipo de vídeo está formado por unos 60 personas, lo que supone casi el 5% de la redacción del *Times*.

- Alex MacCallum es, desde finales de 2015, la máxima responsable del equipo de vídeo del diario.

- Los vídeos del *Times* están organizados en 20 canales o secciones.

- La apuesta de vídeo del *Times* incluye la realización de numerosas series temáticas sobre distintos temas. Entre ellas, los documentales de opinión Op-Docs.

- Los vídeos del *Times* son de consulta gratuita para todos los usuarios. No forman parte del servicio de suscripción digital. Su objetivo es generar la máxima audiencia e ingresos publicitarios posibles.

- El *Times* ha apostado de manera decidida por formatos innovadores como la realidad virtual y el vídeo 360

- Unos 300 periodistas del *Times* han experimentado con los vídeos en directo de Facebook Live.

- Los vídeos del *Times* se ofrecen en su web pero también tienen presencia en las redes sociales. El diario tiene su propio canal en YouTube (donde sus vistos acumulaban hasta enero de 2017) más de 320 millones de visualizaciones. La página del *Times* en Facebook tiene su propio espacio para vídeos, entre ellos los de Facebook Live. En Instagram, la cuenta de vídeos del *Times* es seguida por más de 220.000 usuarios, mientras que la sección de vídeos tiene una cuenta propia en Twitter con más de 250.000 seguidores.

36

El *Times* cree en la realidad virtual

Como si fuera ayer. Recuerdo perfectamente el momento en el que, en noviembre de 2015, vi con un móvil y un sencillo aparato visor de cartón el reportaje "The Displaced", la primera película periodística de realidad virtual producida por el *Times*. La experiencia fue impactante y no pude evitar compartirla inmediatamente con familiares, amigos y compañeros de trabajo. Tenía la sensación de haber descubierto un nuevo mundo, una nueva manera de meterte en una historia periodística. Fue una de esas infrecuentes sensaciones de asombro profesional con las que uno se encuentra a lo largo de su vida.

"The Displaced" es un documental de diez minutos de duración ofrecido por *The New York Times Magazine*, la revista dominical del *Times*, que presenta la historia de tres niños refugiados que habían sido desplazados de sus lugares de origen por culpa de la guerra o de persecuciones políticas: Oleg, un niño de 11 años del este de Ucrania; Hana, una niña siria de 12 años de edad, y Chuol, un niño de 9 años de Sudán del Sur.

"The Displaced" fue la ambiciosa película con la que *The New York Times* inauguró su app de realidad virtual NYT VR. El tema había sido escogido con mucho cuidado: la crisis de los refugiados -60 millones de personas en todo el mundo, la mitad de ellas en edad infantil- era y sigue siendo uno de los grandes asuntos informativos del siglo XXI.

Ese primer trabajo periodístico del *Times* basado en la tecnología de la realidad virtual se preparó durante varios meses y estuvo acompañado de un lanzamiento espectacular por parte del diario. En colaboración con Google, el *Times* repartió entre sus suscriptores 1,3 millones de unidades del visor de realidad virtual Google Cardboard, con la intención de que el mayor número posible de personas pudieran descubrir las enormes y espectaculares posibilidades narrativas que ofrecía esta tecnología.

El reto logístico fue muy remarcable. Casi un millón de suscriptores del diario impreso recibieron el visor de cartón en sus casas, junto al periódico. Adicionalmente, también fue enviado a unos 300.000 suscriptores digitales. Hasta entonces, la mayor operación de distribución de Google Cardboards había sido de 50.000 unidades, así que el proyecto era ciertamente ambicioso. Pero, tratándose del *Times*, Google aceptó el reto. El diario aprovechó su infraestructura y su capacidad de distribución física, nacidas en el siglo XIX, para hacer llegar a los usuarios una tecnología propia del siglo XXI.

La respuesta inicial de los usuarios fue muy positiva y un buen síntoma de las grandes posibilidades que ofrecía la realidad virtual. Según explicó la compañía, NYT TV fue la app del *Times* con un lanzamiento más exitoso y, durante los primeros días, los usuarios dedicaron una media de casi 15 minutos a consumir las películas disponibles.

Casi un año después, en agosto de 2016, el *Times* organizó un evento dirigido a los suscriptores de Times Insider para explicar sus experiencias en el campo de la realidad virtual y lo que suponían para el futuro del periodismo. Participaron algunos de los principales impulsores de esta iniciativa: el director de *The New York Times Magazine*, Jake Silverstein; el editor asociado Sam Dolnick, responsable de desarrollos digitales, y la editora de realidad virtual de *The New York Times Magazine*, Jeena Pirog, además del editor gráfico Graham Roberts. El evento está disponible en forma de podcast (50 minutos de duración) en Times Insider.

Según expusieron en su charla, en los diez meses anteriores el *Times* "había construido la mayor plataforma del mundo de realidad virtual periodística", tras haber publicado algo más de 20 películas sobre distintos temas.

En noviembre de 2016, un año después de su lanzamiento, la app NYT VR -disponible gratuitamente en Google Play para dispositivos Android y en la App Store para dispositivos iOS- había superado el millón de descargas. En modo visor, el tiempo medio dedicado por los usuarios a las películas de realidad virtual del *Times* era realmente elevado: 6 minutos y medio, con alrededor de tres millones de visualizaciones en total, además de más de 15 millones de visualizaciones directamente en el móvil.

Todos los vídeos de realidad virtual del *Times* pueden verse a través de la aplicación NYT VR utilizando un visor especial –como el mencionado Google Cardboard, distribuido por el diario-, que permite una completa experiencia inmersiva, o sin ella, como un vídeo de 360º.

Desde el 18 de noviembre de 2016, la app NYT VR es compatible con **Daydream**, la plataforma de realidad virtual móvil de alta calidad de Google.

La película "The Displaced" ganó un premio en la categoría de "Innovative Storytelling" en los 2016 Word Press Photo Multimedia Contest. En esta misma categoría fue premiado otro espectacular trabajo del Times, "Greenland Is Melting Away", en el que se utilizan imágenes grabadas con un dron para ofrecer una novedosa visión del deshielo en Groenlandia.

Con la realidad virtual, *The New York Times* quiere transportar al público al lugar de los hechos; transmitir y explicar la realidad de un modo nuevo, que atrape al usuario, que le permita entender mejor lo que se está contando.

Se trata de un terreno totalmente nuevo y muy prometedor para el periodismo, que abre enormes posibilidades a la hora de contar historias y explicar el mundo a los lectores, pero que también requiere de ajustes y aprendizajes. De hecho, el equipo del *Times* dedica mucho tiempo a pensar y valorar qué historias vale la pena contar a través de la realidad virtual y cuáles no. En muchos casos, un vídeo tradicional, una serie de fotografías o simplemente un artículo pueden resultar mucho más efectivos.

Relación de proyectos

Entre los proyectos de realidad virtual publicados por *The New York Times* se encuentran los siguientes:

· Pilgrimage: A 21st Century Journey to Mecca and Medina
Vídeo producido por el fotógrafo y documentalista Luca Locatelli para *The New York Times Magazine* que permite visitar virtual-

mente las ciudades sagradas del Islam, La Meca y Medina, y muestra el rápido crecimiento urbanístico de estas zonas.

· **Man on Spire**
La película ofrece impresionantes vistas desde lo más alto del rascacielos 1 World Trade Center del sur de Manhattan. Acompañó un <u>número especial</u> de *The New York Times Magazine* publicado en junio de 2016 dedicado a los rascacielos de la ciudad de Nueva York, que incluía numerosas piezas multimedia e interactivas.

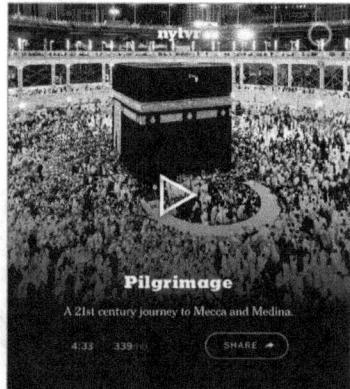

- **Seeking Pluto's Frigid Heart**
Una exploración de Plutón en realidad virtual

- **The Fight for Falluja**
Publicada en agosto de 2016, esta película de 11 minutos de duración muestra lo que es la guerra en Irak.

- **The Click Effect**
Nadar entre ballenas y delfines en realidad virtual

- **"10 Shots Across the Border"** y **"10 disparos a través de la frontera"**
Versiones en inglés y en español de un vídeo de realidad virtual sobre el asesinato de un joven mexicano de 16 años y las dudas generadas sobre la Patrulla Fronteriza en Estados Unidos.

- **The Contenders**
Realidad virtual para experimentar lo que vive un candidato en plena campaña presidencial.

- **The Displaced**
El mencionado documental con el que se estrenó la app NYT VR en noviembre de 2015.

- **Take Flight**
Propuesta de realidad virtual de *The New York Times Magazine* protagonizada por diversos actores de Hollywood.

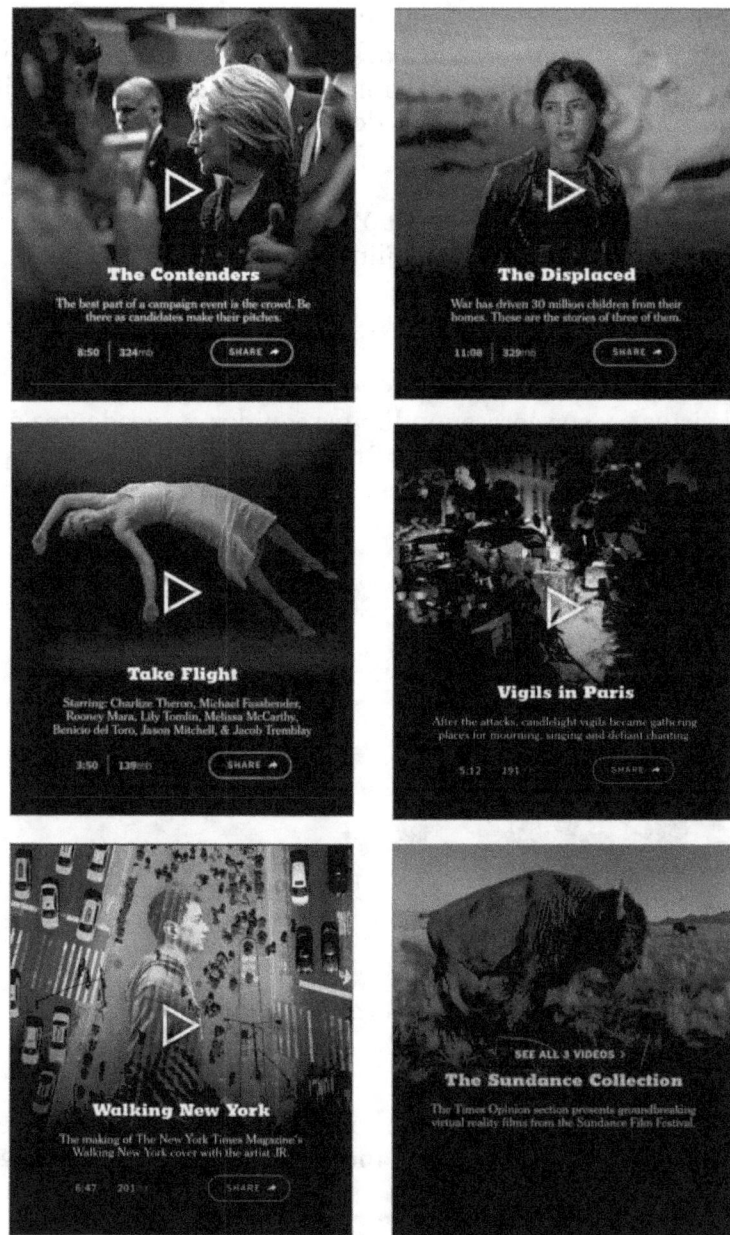

· **Vigil in Paris**
La reacción de los parisinos en las calles de la ciudad tras los atentados de París de 2015.

· **Walking New York**
Este trabajo es anterior a la publicación de la app NYT VR y sirvió al equipo del *Times* para aprender sobre este nuevo formato. Se realizó con motivo de la preparación de la portada del número especial de

The New York Times Magazine titulado "Walking New York", publicado en abril de 2015, dedicado a descubrir los mejores rincones de la ciudad. En YouTube, el vídeo había acumulado más de 2,3 millones de visualizaciones a mediados de noviembre de 2016.

· **The Sundance Collection**
La sección de Opinión de *The New York Times* seleccionó tres vídeos de realidad virtual del Sundance Film Festival que se incluyeron en la app NYT VR.

· **Meditation Journeys**
Una invitación a meditar con estas reconfortantes imágenes en realidad virtual -y sus correspondientes sonidos- procedentes de distintos escenarios de California. Proyecto incluido en la oferta informativa y de servicios de Well, el espacio de salud del *Times*.

· **The Modern Games**
Recreación en realidad virtual de momentos estelares de los Juegos Olímpicos. Trabajo publicado con motivo de los Juegos de Rio 2016.

· **The Creators: Rob Pruitt**
La primera propuesta de realidad virtual ofrecida por la revista *T Magazine* del *Times*. La película se centra en el trabajo del artista neoyorquino Rob Pruitt.

· **How I Became a Laughter Yoga Photographer**
Trabajo integrado en el número especial sobre viajes de septiembre de 2016 de *The New York Times Magazine*. Esta película sigue al fotógrafo Alex Soth en su viaje a la ciudad india de Bangalore "para realizar un retrato de la risa y la felicidad".

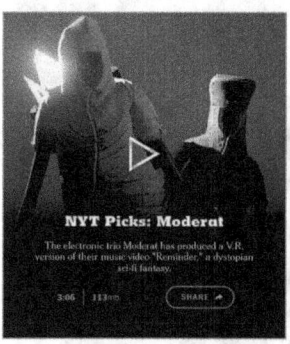  

· **Reminder**
Versión en realidad virtual del vídeo musical "Reminder" del trío de música electrónica Moderat.

· **Smile More**
El camino seguido por un nuevo tema musical de Syd desde el estudio hasta el escenario.

· **Crown**
Otra propuesta musical en VR, en este caso de Run the Jewels. Estos dos vídeos en realidad virtual formaban parte de un número especial de *The New York Times Magazine*, publicado en marzo de 2016, dedicado al futuro de la música

Proyectos publicitarios

El proyecto de realidad virtual del *Times* ha contado desde el principio con el apoyo de diversos patrocinadores. Por ejemplo, el trabajo de lanzamiento contó con GE y Mini como *sponsors*. En la app se incluyen películas de realidad virtual de estos dos patrocinadores (Nature Is Inspiring Our Industrial Future – GE).

El equipo de publicidad nativa del *Times*, T Brand Studio, ha integrado en su oferta de servicios la creación de películas de realidad virtual para sus clientes, en lo que pretende ser una oferta diferencial respecto a la competencia gracias a la gran experiencia adquirida en este ámbito.

En su primer año, creó media docena de proyectos de realidad virtual para anunciantes como los ya mencionados GE y Mini y otros como Tag Heuer, Lufthansa o Hilton.

El proyecto de realidad virtual para GE

En junio de 2016, el proyecto de realidad virtual del Times ganó un Grand Prix for Mobile en el Festival publicitario Lions de Cannes en la categoría "app como parte de una campaña".

La idea del equipo del *Times* es la de intentar asociar un patrocinador a cada proyecto de realidad virtual, según explicó el vicepresidente de publicidad e innovación del diario, Sebastian Tomich, en mayo de 2016 durante la conferencia anual NewFronts organizada por el IAB en Nueva York.

Compra de la agencia Fake Love

En agosto de 2016, The New York Times Company anunció la adquisición de la agencia Fake Love, especializada, entre otros campos, en proyectos de realidad virtual y realidad aumentada. Se trataba de una agencia creativa joven, fundada en 2010, ganadora de numerosos premios gracias a sus innovadores proyectos. Con esta adquisición, el *Times* ampliaba la oferta de servicios creativos de su agencia de marketing T Brand Studio.

Unos meses después, en enero de 2017, el T Brand Studio del *Times* lanzó, en colaboración con IBM, su primer proyecto de realidad aumentada, producido por Fake Love. Se tituló "Outthink Hidden" y estaba inspirado en la película "Hidden Figures", basada en la historia real de tres matemáticas afroamericanas que jugaron un papel clave en la carrera espacial de la NASA durante los años 60. Esta primera experiencia de realidad aumentada está disponible en la app gratuita T Brand Studio AR en iTunes y Google Play.

La primera editora de realidad virtual

Jenna Pirog (@jennapirog) es la editora de realidad virtual de *The New York Times Magazine* y, muy posiblemente, la primera persona que ha ocupado este puesto en un medio de comunicación. Se incorporó al *Times* en julio de 2015 procedente del mundo de la fotografía y la tecnología para impulsar los proyectos de realidad virtual que estaba planificando el diario.

Jenna Pirog fue seleccionada por la red social profesional LinkedIn como una de las profesionales jóvenes más relevantes del año 2016 en el sector de los medios de comunicación gracias a las siete películas de realidad virtual producidas para *The New York Times Magazine*. Entre ellas la inaugural, "The Displaced", ganadora de múltiples premios, y "The Fight for Falluja".

La publicación digital Digiday publicó en marzo de 2016 un artículo en el que contaba el día a día de Jenna Pirog en su trabajo como editora de realidad virtual. Un trabajo que, como ella mismo explicaba, al ser nuevo no tenía una clara definición. Para poder preparar los proyectos de realidad virtual, Pirog colabora con otros 30 profesionales de distintas áreas del *Times*, como redacción, equipo de vídeo, marketing o diseño, cuya participación es necesaria para poder producir las películas.

Todos los martes, el equipo del *Magazine* celebra una reunión para compartir y debatir ideas para próximos números de la revista. En esta reunión, Pirog intenta descubrir qué historias podrían ser trabajadas con un componente de realidad virtual. Durante el primer año hubo mucha experimentación para aprender qué podía funcionar mejor en este formato. Un componente que parece esencial para el éxito es que se trate de historias que puedan ser captadas en directo por la cámara y que ofrezcan acceso a lugares habitualmente inaccesibles para los espectadores.

En ese artículo, Jenna Pirog explica que estaba a punto de publicar una nueva película de realidad virtual sobre un grupo musical y, al tratarse de un campo relativamente nuevo en el que las reglas del juego aún no están totalmente definidas, se reunió con el "standards editor" del *Times* -un cargo que podríamos definir como el responsable de calidad de la redacción- para visionar el trabajo y asegurar que cumplía con todos los requisitos éticos y profesionales del diario. Los cumplía.

The Daily 360

En una clara apuesta por el periodismo inmersivo y las nuevas posibilidades narrativas que ofrece el vídeo de 360º, a principios de noviembre de 2016 *The New York Times* empezó a publicar diariamente vídeos en este formato.

El elemento diferencial de estos vídeos es que permiten al usuario situarse en el centro de la acción y moverse a derecha e izquierda, o hacia arriba y abajo, para contemplar un panorama de 360º de la escena en movimiento. Los vídeos pueden verse en cualquier plataforma: ordenador, móvil o tableta.

Estos vídeos, producidos por la redacción del *Times* desde distintos lugares del mundo, se agrupan bajo el espacio The Daily 360, disponible tanto en la sección de vídeos de la web como en las apps del diario (la app general del *Times* y la app de realidad virtual, NYT VR)

El proyecto The Daily 360 cuenta con la colaboración de la multinacional coreana Samsung, que aporta la tecnología necesaria para producir los vídeos. Los periodistas del *Times* disponen de casi 200 cámaras Gear 360 de Samsung, que permite grabar y editar fácilmente vídeo de 360°. En noviembre de 2016 esta cámara tenía un precio de 350 dólares en el mercado de Estados Unidos. Los vídeos producidos por *The New York Times* están también disponibles en Samsung VR, la plataforma de realidad virtual de esta compañía.

Cada día el *Times* publica por lo menos un vídeo en este formato. Se trata de vídeos de corta duración –la mayor parte tienen entre 40 segundos y 1 minuto y medio- que permiten al usuario trasladarse virtualmente a distintos lugares del mundo y ubicarse en el centro de la acción para vivir las escenas con mucha más intensidad.

El director del diario, Dean Baquet, dijo en la presentación de este nuevo servicio que "el *Times* ha sido el líder a la hora de contar historias visuales digitales" gracias a proyectos como el reportaje multimedia "Snowfall", la sección de periodismo de datos The Upshot o la película de realidad virtual "The Displaced". Con The Daily 360, el diario pretende seguir la estela de esos proyectos y ampliar su oferta de periodismo visual.

Con The Daily 360, el *Times* se ha convertido en el primer medio nacional estadounidense que apuesta por contar cada día historias de manera inmersiva utilizando vídeos de 360°. Su intención es integrar este innovador formato narrativo visual en su rutina productiva diaria.

The Daily 360 se estrenó con un vídeo filmado en Yemen sobre la devastación provocada en un edificio por un ataque aéreo que provocó la muerte de un centenar de personas. Las imágenes fueron captadas por el fotógrafo Tyler Hicks, ganador de un Pulitzer, y el reportero Ben Hubbard.

En los días y semanas posteriores, los usuarios del *Times* pudieron trasladarse virtualmente a multitud de escenarios de distintos lugares el mundo: a la selva del Amazonas para contemplar el trabajo de los guardas que actúan contra los barcos piratas; al puerto de Nueva York para seguir la salida del crucero Queen Mary 2; a Haití para comprobar los devastadores efectos del huracán Matthew; a Nairobi en compañía de pastores urbanos; a París para visitar un café reabierto tras los atentados terroristas de 2015 o revivir el ataque a la sala Bataclan; al Gran Cañón del Colorado, en un paseo en helicóptero; a Nueva York para contemplar cómo los seguidores de Donald Trump celebraron su elección como presidente, o a la redacción del Times en plena jornada electoral, entre otros lugares.

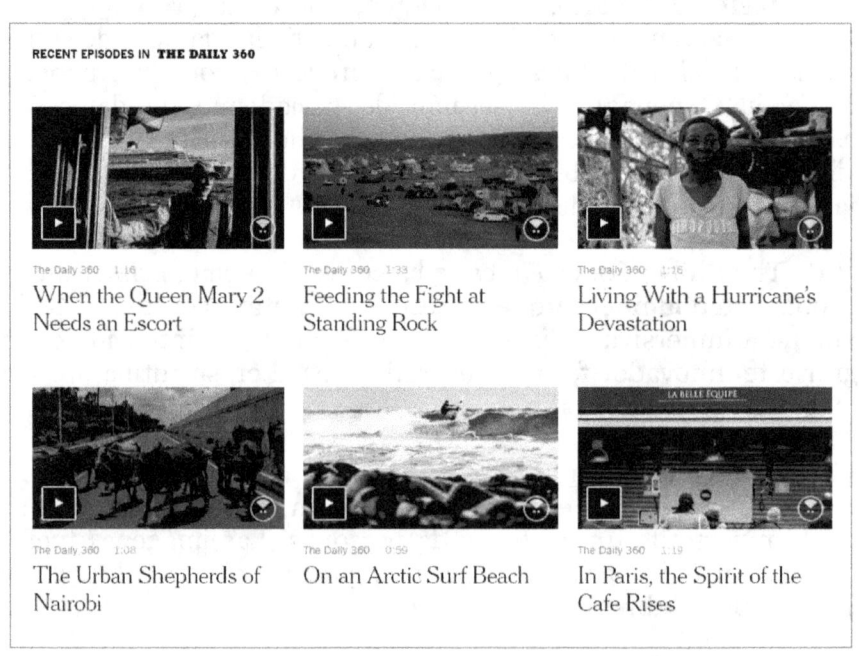

Captura de pantalla de varios episodios incluidos en The Daily 360, en la sección de Vídeo de NYTimes.com

En la edición impresa, al igual que ha hecho con otros productos o servicios, *The New York Times* promocionó esta nueva oferta informativa con un desplegable de cuatro páginas insertado como un cuadernillo del diario. La siguiente imagen muestra las dos páginas centrales del desplegable promocional (incluido en la edición del jueves 17 de noviembre de 2016).

Más información:

- The Daily 360: http://www.nytimes.com/video/the-daily-360

Puesta de largo de la realidad virtual

En la práctica, la operación de realidad virtual de *The New York Times* ha supuesto la gran puesta de largo de esta tecnología en el ámbito periodístico. Está claro que no ha sido el único actor activo, pero sí el que ha hecho la apuesta más decidida y convincente, lo que ha animado a otros medios a seguir sus pasos.

La gran operación inicial sirvió para dar a conocer esta nueva tecnología a centenares de miles de personas, que por primera vez pudieron comprobar en qué consistía la realidad virtual. A partir de ese momento, otros medios se lanzaron también a la aventura de crear equipos especializados para poder contar historias mediante esta tecnología.

Por ejemplo, el diario británico *The Guardian* publicó su primer proyecto en abril de 2016, titulado "6x9: A virtual experience of solitary confinement", en el que narra la angustiosa experiencia de vivir permanentemente encerrado en una celda. Su siguiente trabajo de realidad virtual, "Underworld", publicado en noviembre de 2016, estuvo dedicado a la red de alcantarillado de Londres creada durante la época victoriana. Para seguir impulsando sus proyectos de realidad virtual, *The Guardian* cuenta con un equipo de cinco personas liderado por la periodista Francesca Panetta. El objetivo es lanzar cinco películas más en el plazo de un año y medio.

El *Financial Times*, otro diario británico que es además competidor global de *The New York Times*, se adentró en el mundo de la realidad virtual con el trabajo "Hidden Cities", un recorrido virtual por las favelas de Rio de Janeiro publicado en colaboración con Google coincidiendo con la celebración de los Juegos Olímpicos de Rio 2016.

La revista *The Economist* también ha impulsado algunos proyectos de realidad virtual. El primero, presentado públicamente en noviembre de 2015 y puesto a disposición de todos los usuarios en mayo de 2016, fue el documental "RecoVR: Mosul", en el que se ofrece un paseo virtual por las antigüedades de la ciudad de Mosul, en el norte de Irak.

El diario *USA Today* es otro de los medios que está intentando asociar su marca informativa a la realidad virtual y el vídeo de 360°. Lo hace a través de sus VR Stories y de la serie de vídeos semanales VRtually There que publica desde el mes octubre de 2016 en YouTube y en su app.

El proyecto más importante de realidad virtual del diario *The Washington Post* se publicó en marzo de 2016. Fue un impactante paseo interactivo por el planeta Marte realizado con imágenes de la NASA. Este proyecto contó con la participación de diversos departamentos de la Universidad de Texas en Austin, coordinados por el director de la Escuela de Periodismo del Moody College of Communication de esta universidad, R.B. Brenner, que había trabajado durante ocho años en el *Post*.

The Wall Street Journal, uno de los principales competidores del *Times*, inició su apuesta por la realidad virtual en noviembre de 2015 con un trabajo sobre una bailarina del Lincoln Center. En noviembre de 2016, un año después de su primera experiencia en este ámbito, lanzó su app de realidad virtual WSJ VR en la plataforma Daydream de Google.

La lista podría continuar, ya que son muchos otros los medios que se han adentrado en el terreno de la realidad virtual con la intención de explorar nuevas formas de contar historias a sus lectores.

Algunos de estos medios, al igual que hace *The New York Times*, están utilizando también la realidad virtual para ofrecer a sus anunciantes nuevas plataformas interactivas con las que captar de manera original el interés de los usuarios. *The Guardian* lo hace a través de su equipo Guardian Labs, mientras que el equipo de publicidad del *Financial Times* cuenta con su propio estudio de creación de contenidos, llamado FT² (FT Squared). En el caso de *The Economist*, su plan es el de incorporar la realidad virtual a sus proyectos de vídeo de Economist Films, que incluyen series temáticas que cuentan con el patrocinio de distintas compañías.

EN RESUMEN

- *The New York Times* lanzó su proyecto periodístico de realidad virtual en noviembre de 2015 con la publicación de la película "The Displaced", un documental de 10 minutos dedicado a explicar la experiencia de tres niños refugiados en distintos lugares del mundo.

- El espectacular lanzamiento de la app NYT VR incluyó la distribución de 1,3 millones de visores Google Cardboard entre los suscriptores del NYT y supuso, en la práctica, la puesta de largo de la realidad virtual en el mundo del periodismo.

- En su primer año de actividad, el *Times* ha publicado alrededor de 20 proyectos periodísticos de realidad virtual y se ha consolidado como líder en este segmento.

- La revista dominicial, *The New York Times Magazine*, dirigida por Jake Silverstein, ha liderado hasta ahora buena parte de los proyectos de realidad virtual del diario. El equipo contó con la primera editora de realidad virtual del sector.

- Además de la realidad virtual, el *Times* está apostando de manera decidida por el vídeo en 360º. Desde noviembre de 2016, ofrece el espacio The Daily 360, en el que publica como mínimo un vídeo al día en este formato.

- La oferta de realidad virtual y vídeo de 360º se integra en la apuesta global del *Times* por el periodismo visual. Los dos formatos ofrecen un periodismo inmersivo que permite situar al usuario en el centro de la acción.

- La agencia de publicidad nativa del *Times*, T Brand Studio, ha incorporado la realidad virtual en su oferta de servicios a los anunciantes. Diversos patrocinadores han apoyado los proyectos de realidad virtual del *Times*. Adicionalmente, T Brand Studio ha creado piezas de realidad virtual para distintos clientes.

37

NYT Beta: Un equipo para impulsar nuevos proyectos digitales

En el año 2013, *The New York Times* creó un nuevo equipo interno de trabajo, llamado NYT Beta, con el objetivo de impulsar del modo más ágil posible el desarrollo de nuevos proyectos digitales. Desde entonces, el diario ha realizado una destacada apuesta estratégica por este equipo y sus proyectos, que se ha traducido en una importante inversión en recursos y dinero.

Ubicado fuera de la redacción del *Times*, en la novena planta del edificio, NYT Beta fue concebido desde sus inicios como un equipo multidisciplinar. NYT Beta está liderado por Ben French (@BenFrench), un profesional con más de quince años de experiencia en el desarrollo de productos y negocios digitales que trabaja en el *Times* desde el año 2011.

En este equipo, que a finales de 2016 contaba con unos 50 profesionales, participan periodistas, gestores de producto, diseñadores, programadores o analistas, entre otros. Todos ellos trabajan de manera colaborativa. Un modelo de trabajo que es el que la dirección de The New York Times Company ha querido ir extendiendo al resto de la empresa. De hecho, unas de las razones esgrimidas para la remodelación del edificio que se realizará durante el año 2017 es la de crear espacios más abiertos que faciliten la colaboración entre los distintos equipos del *Times*.

NYT Beta se ha dedicado durante sus primeros años de existencia a impulsar dos tipos de proyectos. Por un lado, nuevas apps o mejoras de apps ya existentes –como NYT Now, NYT Opinion, Real Estate o Crossword-, con las que el *Times* ha ido experimentando y aprendiendo. Por otro lado, nuevos productos digitales, de carácter eminentemente práctico, que tienen un elemento en común: intentar hacer más fácil el día a día de la gente. En este grupo están incluidas la guía de recetas NYT Cooking, la guía de cine y televisión Watching y la guía de salud Well.

Además, el equipo de NYT Beta también participó en la creación y lanzamiento de *The New York Times en Español* y empezó a gestionar los dos sitios web de análisis y recomendación de productos que el diario adquirió en octubre de 2016: The Wirecutter y The Sweethome.

NYT Now

El primer producto que salió de la factoría de NYT Beta fue la app NYT Now, en abril de 2014. Esta aplicación se cerró en agosto de 2016, casi dos años y medio después de su lanzamiento, después de pasar por varios modelos de explotación.

A pesar de su cierre, NYT Now aportó muchas cosas al *Times*. La más importante, quizás, aprender a moverse por las desconocidas aguas de la publicación y consumo de noticias en el móvil. Las buenas prácticas descubiertas a través de NYT Now fueron trasladadas a la app principal del *Times*, que se ha convertido en una de las referencias esenciales en el mundo de las noticias móviles.

NYT Now aportó cosas como el Morning Briefing, un ágil y práctico resumen de lo más importante del día que ahora forma parte esencial tanto de la app como de la web móvil del *Times*. También representó una apuesta por elementos más visuales, por el uso de un tono más conversacional y por los resúmenes con viñetas que facilitan el rápido escaneo de las noticias. Otra de sus apuestas, aplicada en productos como el newsletter "What We're Reading", fue la recomendación a cargo de periodistas y editores del diario de buenas historias publicadas por otros sitios web.

Al anunciar en agosto de 2016 la desaparición de NYT Now –y agradecer al equipo implicado el trabajo realizado-, los directivos del *Times* Kinsey Wilson y David Perpich explicaron que NYT Now había representado "un hito para *The New York Times*, demostrando que podíamos reimaginar de manera radical cómo conectábamos con los lectores en la era móvil". Según explicaron, el director del diario, Dean Baquet, consideraba que NYT Now había mostrado "que podemos ser más visuales –y menos formales- y seguir siendo *The New York Times*".

NYT Now permitió también rejuvenecer la audiencia del Times, incorporando a la misma a muchos *millennials*.

La app NYT Now había nacido en 2014 como una propuesta de pago más barata que la suscripción digital básica a NYTimes.com para intentar atraer, en teoría, a usuarios para los que ya fuera suficiente una cantidad menor de información. Sin embargo, la apuesta no dio los resultados esperados desde el punto de vista de las suscripciones y el *Times* decidió cambiar de estrategia. En mayo de 2015, un año después del lanzamiento, convirtió NYT Now en un producto gratuito para intentar atraer a un nuevo público hacia su periodismo.

Precisamente ese mes de mayo de 2015 se convirtió en el de mayor audiencia de NYT Now: 334.000 usuarios únicos, según publicó el diario al anunciar en agosto de 2016 los planes de cierre de la app. En sus tres últimos meses de vida, la media de usuarios mensuales de NYT Now fue de 257.000, una cifra que parece excesivamente modesta para una web que a finales de 2016 logró superar los 100 millones de usuarios únicos sólo en Estados Unidos.

Con la desaparición de NYT Now en agosto de 2016, desaparecía también el único producto en inglés del *Times* que permitía consultar una cantidad importante de noticias de manera gratuita. El cierre de NYT Now coincidió en el tiempo con el espectacular despegue de las suscripciones digitales del *Times* ocurrido durante los meses previos a las elecciones presidenciales del 8 de noviembre de 2016 y, de manera muy especial, justo después del triunfo del candidato republicano, Donald Trump.

NYT Opinion

Otro producto realizado por NYT Beta fue la app NYT Opinion. Al igual que NYT Now, este nuevo producto del *Times*, lanzado en junio de 2014, pretendía ampliar la oferta de productos de pago por la banda baja, con precios inferiores a la suscripción digital básica que costaba 15 dólares al mes.

La app para iPhone NYT Opinion permitía consultar por 6 dólares al mes todos los artículos de la sección de Opinión del *Times*, tanto a través de la app como de la web. También ofrecía una selección de artículos de opinión de otros sitios web seleccionados por los editores de NYT Opinion.

Era la segunda vez que el diario intentaba crear un producto de pago relacionado con sus artículos de Opinión, tras la experiencia de TimesSelect lanzada en 2005 y abandonada dos años después, en 2007.

NYT Opinion pretendía atraer a suscriptores que quisieran pagar una pequeña cantidad al mes por contenidos muy específicos, pero la fórmula no funcionó. A principios de octubre de ese mismo año, sólo cuatro meses después de su lanzamiento, la dirección del *Times* anunció el cierre de la app al no lograr atraer a suficientes suscriptores.

Real Estate App

En noviembre de 2014 el *Times* relanzó Real Estate, su app inmobiliaria para dispositivos iOS, que ofrece noticias e información sobre el sector y un buscador de viviendas. Era el primer gran rediseño de esta app desde su lanzamiento en el año 2007. El proyecto fue gestionado por el equipo de NYT Beta.

La app inmobiliaria Real Estate del *Times*.

La app Real Estate, que es gratuita, ofrece potentes herramientas de búsqueda y filtrado de los resultados, además de servicios especializados como una calculadora de hipotecas, entre otras opciones.

Crossword

Otro de los productos que gestiona el equipo NYT Beta es el de los crucigramas digitales, Crossword.

La historia del *Times* y sus crucigramas se remonta al año 1942, cuando se empezaron a publicar en la revista dominical (el primero se puede consultar aquí). El 11 de septiembre de 1950 el crucigrama pasó a ser un elemento fijo de la edición diaria del periódico. Desde entonces, los crucigramas del *Times* han ido ganando popularidad, con decenas de miles de aficionados que los intentan resolver cada día.

Esta enorme popularidad de los crucigramas del *Times*, editados desde 1993 por Will Shortz, se ha trasladado con éxito al mundo digital. A finales de septiembre de 2016, *The New York Times* contaba con 225.000 suscriptores digitales de sus crucigramas, lo que le reportaba unos ingresos trimestrales de 2,4 millones de dólares. En el tercer trimestre de 2016 había ganado 13.000 nuevos suscriptores digitales para este servicio, que no está incluido en la suscripción digital general del *Times*.

Estos suscriptores tienen acceso digital al mismo crucigrama que se publica cada día en la edición impresa del *Times* y a mini puzzles diarios. Además, pueden intentar resolver los crucigramas y otros juegos publicados por el diario a lo largo de los últimos 20 años. La suscripción anual tiene un precio de 39,95 dólares, mientras que la mensual cuesta 6,95 dólares. Los suscriptores del diario impreso o de la edición digital del *Times* tienen un descuento del 50% en el precio de la suscripción.

Los suscriptores de Crossword pueden resolver los crucigramas a través de la app, utilizando cualquier dispositivo iOS o Android, y también desde la web. Incluso pueden cambiar de dispositivo y seguir resolviendo el crucigrama en el mismo punto en que lo dejaron.

La app Crossword para iOS se lanzó el 1 de abril de 2009, mientras que la app para los usuarios con dispositivos Android —millones de clientes potenciales- no llegó al mercado hasta una fecha mucho más reciente, el 17 de noviembre de 2016.

Cada día el *Times* ofrece gratuitamente un Mini Crossword a través de la web y de su app principal (tanto iOS como Android).

En noviembre de 2012 se rediseñó completamente la sección digital de Crosswords —la versión anterior era de casi diez años antes- para aprovechar mejor las tecnologías web existentes y permitir la resolución de los crucigramas en la misma página. Con motivo de ese rediseño, el *Times* publicó una serie de vídeos en los que el editor de los crucigramas, Will Shortz, contaba detalles sobre los mismos y ofrecía algunos consejos prácticos para resolverlos mejor.

Los crucigramas cuentan con su propia columna en el *Times*, titulada Wordplay, que previamente había sido un blog del diario. El editor Will Shortz trabaja desde su casa, como se explicó en el blog

Wordplay en una serie de seis entradas consecutivas publicada en el año 2010 en las que se detallaba cómo realiza su trabajo.

En febrero de 2017 el *Times* celebró el 75 aniversario de sus crucigramas con el lanzamiento de una pequeña sección especial conmemorativa. Además, Will Shortz participó en un evento de Times Insider para hablar con Deb Amlen, columnista de "Wordplay", y Joel Fabliano, editor de los puzzles digitales, sobre la actividad del *Times* en este campo.

NYT Cooking, Watching y Well

Como se ha indicado anteriormente, otros productos digitales que son gestionados por el equipo de NYT Beta están centrados en ofrecer información de carácter práctico sobre aspectos a aficiones que afectan a la vida cotidiana de los usuarios. Los tres primeros ámbitos trabajados por el *Times* ayudan a decidir qué cocinar (Cooking), qué ver (Watching) o cómo estar en forma y llevar una vida más sana (Well).

Lo que el equipo NYT Beta ha hecho con estos tres productos –y podría seguir haciendo con otros ámbitos en el futuro- es aprovechar el enorme archivo de contenidos del *Times* para alimentarlos con información diferencial como puedan ser las críticas de películas y de series de televisión o las recetas de cocina.

En todos los casos, se trata de productos especialmente pensados para ser consumidos tanto desde el móvil como desde cualquier otro dispositivo.

El objetivo del *Times* con este tipo de producto es el de generar grandes audiencias para dar a conocer a millones de usuarios su enorme oferta de contenidos de calidad y conseguir que acaben suscribiéndose a su oferta general. NYT Cooking, por ejemplo, superó en noviembre de 2016 los diez millones de usuarios únicos.

NYT Cooking

La exitosa web y app de recetas NYT Cooking fue el primero de estos productos desarrollados por NYT Beta. El caso se analiza a fondo en uno de los capítulos de este libro.

Watching

Watching es la guía de recomendación de películas de cine y programas de televisión de *The New York Times* que intenta dar respuestas a una simple pregunta: ¿qué veo hoy?

El equipo NYT Beta lanzó Watching en fase de pruebas –únicamente para un grupo limitado de usuarios registrados de NYTimes.com– en agosto de 2016 con el objetivo de acabar de afinar el producto. Unos meses después, en noviembre de 2016, el *Times* abrió el servicio a todos los usuarios.

El objetivo principal de Watching es el de ayudar a los lectores a decidir qué películas o series de televisión ver y dónde hacerlo. Durante los últimos años, la oferta de entretenimiento digital se ha multiplicado con la aparición de servicios de streaming como Netflix, Amazon Prime o Hulu, entre otros, que compiten agresivamente por la audiencia con la televisión tradicional. Los usuarios nunca habían tenido tanta oferta audiovisual a su disposición. Watching pretende simplificar el cada vez más difícil proceso de selección intentando garantizar al lector que aprovechará bien su tiempo de ocio.

Todas las recomendaciones que se incluyen en Watching están realizadas por el editor de televisión del *Times*, Gilbert Cruz, y los integrantes de su equipo.

Una de las características del servicio Watching es que permite a los usuarios filtrar las recomendaciones en función de distintos criterios: su estado de ánimo, sus géneros preferidos o los servicios de streaming a los que tienen acceso.

Cada película o programa cuenta con una página individual en la que se incluye toda la información relacionada: dónde verlo, por qué vale o no la pena y enlaces a críticas, entrevistas y otros contenidos que puedan resultar útiles para el usuario que quiera saber más. Los usuarios registrados pueden guardar sus selecciones favoritas en una lista personal ("Watchist").

Además de los resultados personalizados, Watching incluye cada día su recomendación general y clasifica todas las opciones disponibles mediante listados temáticos.

Como el resto de productos informativos con personalidad propia del *Times*, Watching cuenta también con su propio newsletter, que se envía gratuitamente dos veces por semana a los usuarios que se suscriban. El boletín está escrito por la crítica de televisión del *Times* Margaret Lyons y la crítica de cine Monica Castillo.

Dentro del equipo NYT Beta, el director del producto Watching es Mehdi Sanoh. En una entrevista publicada en The Drum cuando se lanzó la versión beta de Watching, Sanoh explicó que habían dedicado "más de un año a hablar con lectores y a analizar el entorno para entender qué valoran y cómo podemos ayudarles". Además, el proceso de mejoras sobre el producto es continuo "ya que nuevos lectores nos dicen cada día nuevas cosas sobre sus necesidades y deseos".

Al igual que NYT Cooking, Watching puede ser consultado de manera gratuita por cualquier usuario que esté registrado en NYTimes.com.

Además de la guía Watching, que se actualiza diariamente, el *Times* cuenta también con secciones informativas específicas sobre televisión y cine. La consulta de los artículos de estas secciones –que pueden aparecer como enlaces relacionados en Watching- sí cuenta para el límite de diez artículos mensuales de consumo gratuito en la web del diario.

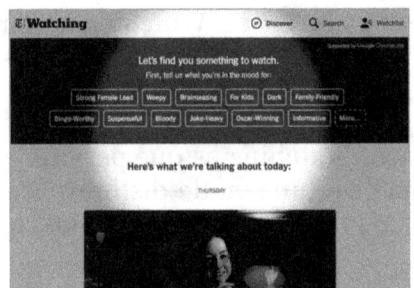 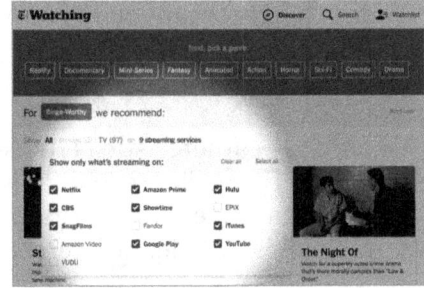

Capturas de pantalla de la presentación del servicio Watching del Times.

Well

Well es el nombre de la sección de salud y bienestar del *Times*.

Este espacio, que durante años funcionó como un blog especializado del diario, se ganó a pulso convertirse en una sección con personalidad propia gracias al éxito de sus contenidos. En abril de 2012, Well fue rediseñado y convertido en sección con nuevos contenidos interactivos y multimedia.

La sección Well de NYTimes.com.

Posteriormente, en marzo de 2016, Well recibió un nuevo impulso con la incorporación de nuevas herramientas, guías prácticas y otros contenidos orientados a ayudar a los usuarios a vivir de manera más saludable.

Well, que como producto está gestionado por el equipo Beta, se ha convertido en una de las principales apuestas del *Times* a la hora de ofrecer servicios prácticos para el usuario, con informaciones y herramientas útiles para mejorar su vida diaria.

Por ejemplo, en Well -donde los contenidos se clasifican en cinco secciones (Eat, Move, Mind, Family y Live)-, se han publicado guías prácticas sobre cómo empezar a correr, cómo hacer ejercicio en pocos minutos, cómo correr mejor una maratón, cómo alimentarse para correr, cómo iniciarse en el yoga o cómo meditar, entre otras.

La guía práctica del Times sobre cómo iniciarse en el *running*.

Durante el año 2016, Well contó con el patrocinio de Philips, que en colaboración con el T Brand Studio del *Times* publicó una serie de piezas sobre salud en forma de publicidad nativa (por ejemplo, "Tech for a New Age", "Loving Hearts", "Healthy Connections" o "Unobstructed Sleep", entre otras.

Well tiene su propio newsletter semanal en el que se ofrece una selección tanto de nuevos contenidos como de materiales interesantes procedentes del archivo del *Times*.

La editora de Well es la periodista y escritora Tara Parker-Pope (@taraparkerpope), que trabaja en el *Times* desde agosto de 2007 como responsable de este espacio.

The Wirecutter y The Sweethome

Uno de los últimos movimientos empresariales realizados en 2016 por el *Times* fue la compra de los sitios web The Wirecutter y The Sweethome, dedicados al análisis y recomendación de productos tecnológicos y para el hogar, entre otras categorías.

El anuncio de la adquisición se realizó el 24 de octubre. El *Times* pagó 25 millones de dólares en efectivo y comprometió alguna cantidad más para los tres años siguientes para servicios de consultoría y retención de personal. La cantidad total podría superar ligeramente los 30 millones de dólares.

The Wirecutter y The Sweethome fueron fundados en el año 2011 por el periodista tecnológico Brian Lam, que previamente había trabajado en Gizmodo y Wired. El objetivo esencial de estas dos webs es ofrecer análisis independientes y en profundidad de distintos productos para ofrecer recomendaciones prácticas a los compradores.

Además de su apuesta por la excelencia editorial, el elemento más interesante de The Wirecutter y The Sweethome es su modelo de negocio: sus ingresos están basados en los acuerdos de afiliación con comercios electrónicos como Amazon y otras tiendas online especializadas. Cada vez que un usuario realiza una compra a través de los enlaces a los productos que ofrecen estos dos sitios, se genera una comisión que va a parar a sus arcas.

El CEO de The New York Times Company, Mark Thompson, valoró en el momento de anunciar la compra de The Wirecutter y The Sweethome su modelo de ingresos, que calificó de "muy atractivo", y que el éxito de los dos sitios estuviera basado "en un gran y riguroso periodismo de servicio". Según explicó Thompson, estos dos sitios encajaban muy bien con los valores editoriales de la redacción del *Times* y con el "compromiso" del diario de "crear productos que sean parte indispensable de las vidas de nuestros lectores".

El *Times* encargó provisionalmente al responsable del equipo Beta, Ben French, la dirección de manera interina de estas dos webs para facilitar su integración en la compañía. El fundador, Brian Lam, pasó a realizar una función de asesoría. Poco después, en enero de 2017, el diario nombró a uno de sus principales ejecutivos, David Perpich, nuevo presidente y director general de The Wirecutter y The Sweethome.

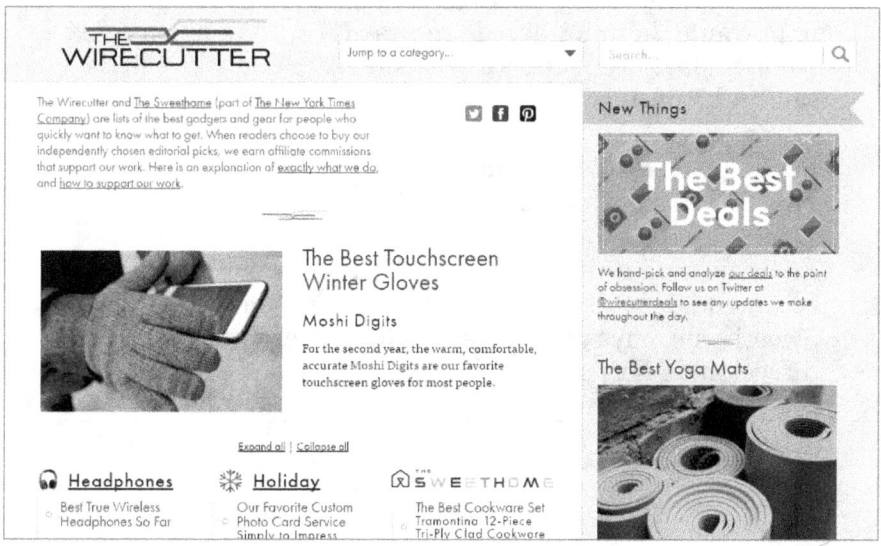

Captura de la home de The Wirecutter

Más información:

- [Meet Beta, the team that brings The New York Times to your smartphone](#) – Poynter

---

EN RESUMEN:

- NYT Beta es un equipo multidisciplinar creado por el *The New York Times* en 2013 para impulsar nuevos proyectos digitales de manera más ágil. Está integrado por medio centenar de profesionales.

- Este equipo se encargó de la creación de dos apps ya desaparecidas: NYT Now y NYT Opinion. Muchas de las lecciones aprendidas gracias a NYT Now fueron incorporadas como mejoras a la app general del *Times*.

- También se ha encargado de mejorar la app inmobiliaria Real Estate y la de los crucigramas (Crossword). El *Times* contaba a finales de septiembre de 2016 con 225.000 suscriptores digitales de Crossword, lo que aportaba unos ingresos de 2,4 millones de dólares trimestrales.

- NYT Beta ha impulsado también varios productos de carácter práctico por los que el **Times** está haciendo una apuesta muy importante: la web y app de recetas NYT Cooking, la guía de recomendación de cine y televisión Watching y la web de salud y bienestar Well.

- El equipo de NYT Beta también participó en la preparación de *The New York Times* en Español.

- En octubre de 2016 el diario adquirió las webs de recomendación de productos The Wirecutter y The Sweethome, cuya gestión recayó de manera interina en la dirección de NYT Beta.

38

NYT Cooking: más de 18.000 recetas de cocina

Captura de la portada de Cooking del 27 de diciembre de 2016, cuando el servicio había superado los 10 millones de usuarios únicos al mes

NYT Cooking es un excepcional producto informativo sobre cocina, de carácter eminentemente práctico, lanzado oficialmente por *The New York Times* en septiembre de 2014.

Se trata de una completísima guía de recetas de cocina -en el momento del lanzamiento contaba con más de 16.000 propuestas y, a finales de 2016, había superado las 18.000- que se puede consultar tanto a través de la web (www.nytcooking.com) como de la app NYT Cooking. La versión web utiliza un diseño *responsive* que se adapta de manera automática y optimizada al tamaño de la pantalla de cualquier dispositivo: ordenador, tableta o teléfono móvil. Cada semana la guía se va ampliando con la publicación de nuevas recetas.

NYT Cooking es uno de los productos de servicio que el *Times* ha ido lanzando durante los tres últimos años para complementar su información más tradicional y hacer más fácil la vida de la gente. En esta misma línea de productos especializados se encuentran la guía práctica sobre televisión y cine Watching y la guía de salud Well. Todos estos productos están creados e impulsados por el equipo NYT Beta.

En el caso de NYT Cooking, su objetivo principal es el de ayudar a los usuarios a cocinar de manera fácil. Así, todas las recetas siguen un mismo esquema de presentación, que incluye los siguientes elementos:

Un primer bloque con la siguiente información:

- Producto a cocinar
- Autor
- Tiempo de preparación
- Para cuántas personas
- Texto breve de presentación con enlace al artículo de *The New York Times* en el que se habla de la receta
- Fotografía o vídeo sobre la receta
- Herramientas para guardar o compartir la receta

Un segundo bloque con:

- Palabras clave del producto
- Valoración de los usuarios
- Listado de ingredientes necesarios para preparar la receta
- Guía paso a paso de preparación de la receta, con instrucciones precisas

Un tercer y último bloque con otras recetas relacionadas.

Los usuarios pueden ir guardando aquellas recetas que más les interesen y consultarlas posteriormente en su "Recipe Box", disponible desde el menú de navegación de cualquier dispositivo que utilicen. Si lo desean, pueden también agrupar sus recetas favoritas en colecciones temáticas.

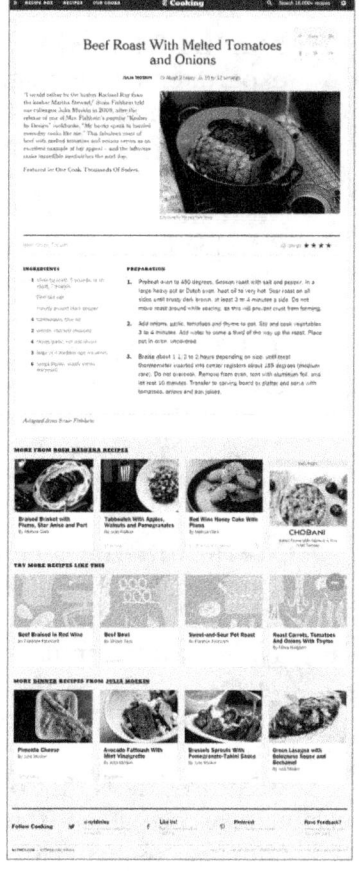

NYT Cooking ofrece un eficaz buscador que permite realizar búsquedas sobre las miles de recetas disponibles siguiendo distintos criterios: por tipo de cocina, por tipo de alimento, por tipo de dieta, por método de preparación o por otras múltiples palabras clave.

El amplio equipo de "cocineros" de NYT Cooking está liderado por el editor de "Food" **Sam Sifton**, que escribe todas las semanas sobre cocina en la edición dominical del diario. Sifton es autor de diversos libros sobre cocina y ha realizado diversas funciones en la redacción de The New York Times, entre ellas la de crítico de restaurantes. (Twitter: @samsifton)

El resto del equipo de NYT Cooking está integrado por los siguientes expertos:

- **David Tanis**: escribe la columna semanal "City Kitchen" en el diario. Autor de tres libros sobre cocina y experto en cocina familiar. (Twitter: @davidtaniscooks)

- **Florence Fabricant**: autora de 11 libros sobre cocina y colaboradora de The New York Times durante años. (Twitter: @flofab)

- **Julia Moskin**: reportera de la sección "Dining" del *Times* desde el año 2004. (Twitter: @juliamoskin)

- **Kim Severson**: periodista del diario especializada en el mundo de la cocina. (Twitter: @kimseverson)

- **Martha Rose Shulman**: prolífica autora de libros de cocina, experta en comida sana. Creó y escribe el espacio "Recipes for Health" en el blog sobre salud "Well" de The New York Times. (Twitter: @martharshulman)

- **Melissa Clark**: columnista de la sección "Dining" desde 2007 ("A Good Appetite") y autora de múltiples libros sobre cocina. (Twitter: @goodappetite).

- **Tejal Rao**: escritora y crítica de cocina, se incorporó al *Times* en 2016 procedente de Bloomberg News y The Village Voice para trabajar como reportera de cocina y columnista de *The New York Times Magazine*.
Twitter: @tejalrao).

- **Mark Bittman**: columnista de opinión de *The New York Times*, *The New York Times Magazine* y de la sección "Dining" del diario hasta septiembre de 2015, cuando dejó el *Times* para impulsar su propia startup de cocina. Autor de varios libros especializados, entre ellos *How to Cook Everything*. (Twitter: @bittman)

Los editores de NYT Cooking van elaborando continuamente colecciones de recetas en función del momento del año o de la actualidad. Además, los usuarios pueden recibir en su correo electrónico, varias veces a la semana, un newsletter con sugerencias prácticas sobre qué cocinar en cada momento.

El carácter práctico de NYT Cooking se pone de manifiesto también con la serie de guías y vídeos "Learn to Cook", en la que los expertos del *Times* ofrecen consejos prácticos para aprender a cocinar. Todos los vídeos sobre cocina que elabora *The New York Times* están disponibles también a través del canal "Food" de la sección de vídeos de la web.

Arranque prometedor

Tras unos meses de funcionamiento en fase beta, NYT Cooking arrancó oficialmente -abierto a todo el público- a mediados de septiembre de 2014. Los primeros resultados de audiencia fueron espectaculares: más de un millón de usuarios únicos visitaron la web durante las dos primeras semanas, según publicaron en un comunicado conjunto el editor del diario, Arthur Sulzberger, y el consejero delegado de la compañía, Mark Thompson.

A diferencia de otros productos del *Times*, NYT Cooking se empezó a ofrecer al público de manera totalmente gratuita. Las visitas realizadas a las recetas no contabilizaban como página vista para el límite de 10 artículos gratuitos al mes impuesto a los usuarios que no son suscriptores. Los máximos responsables del diario señalaron que la idea era la de dar a conocer el producto y facilitar su uso "antes de considerar un modelo de suscripción de pago". Con el tiempo, y ante el éxito de audiencia, NYT Cooking se ha mantenido como producto gratuito (seguía siéndolo a finales del año 2016).

En su fase de lanzamiento, NYT Cooking contó con un patrocinador oficial: la compañía estadounidense Chobani, especializada entre otros productos en la elaboración de yogurt griego.

The New York Times ha utilizado en NYT Cooking su servicio de publicidad nativa "Paid Post", que permite a los anunciantes ofrecer contenidos en un formato similar al del resto de la web, siempre con una clara identificación gráfica de que se trata de un contenido ofrecido por un anunciante.

En el caso de NYT Cooking, la publicidad nativa se utilizó en forma de receta ofrecida por el patrocinador Chobani, y mezclada entre el resto de propuestas culinarias. Cuando el usuario hacía clic en el "Paid Post", se encontraba con una receta prácticamente idéntica desde el punto de vista gráfico a las de NYT Cooking, salvo por una banda gráfica en azul claro, superior e inferior, que indica que se trata de un contenido pagado y publicado por un anunciante, en este caso por Chobani.

Cambios en la información sobre cocina

El editor de cocina del *Times*, Sam Sifton, explicó en el comunicado en el que se presentaba el nuevo servicio NYT Cooking que la sección "Dining" del diario cambiaría más adelante su nombre por el de "Food" y que se ampliarían los contenidos sobre cocina, restaurantes, comida y bebida ofrecidos por el diario.

El 30 de julio de 2014 el director de *The New York Times*, Dean Baquet, nombró a Sifton editor de una nueva área de la redacción, "Food", en la que quedaban englobados tanto la sección "Dining" como el nuevo servicio NYT Cooking. El mensaje interno de Baquet estaba elaborado en clave culinaria: "Coge la sección "Dining". Añádele el nuevo *site* y app NYT Cooking. Mezcla todos los ingredientes —un amplio menú de recetas fáciles de buscar, críticas de restaurantes y vinos, y noticias sobre cocina y restaurantes- y ya tienes un gran bufé a ofrecer a los lectores del *Times*".

Baquet quiso también recordar que *The New York Times* ha apostado durante décadas por la información relacionada con la comida y la bebida, y que la reorganización de los equipos vinculados a estos temas pretendía dar un nuevo impulso a esta apuesta. NYT Cooking es, de hecho, la evidencia más clara de ello.

Buscador de restaurantes

The New York Times ofrece en su web un buscador de restaurantes de la ciudad de Nueva York. Las búsquedas pueden realizarse por barrios, por precios, por la calificación de los críticos del diario o por tipo de cocina.

Más de 18.000 recetas

Sam Sifton y Tejal Rao, reportera y crítica de restaurantes del *Times* y autora también de recetas en Cooking, participaron a finales de 2016 en un evento organizado por Times Insider para explicar cómo cubría el diario la información sobre cocina. En esa sesión, disponible como podcast, Sifton reveló que se habían superado las 18.000 recetas disponibles en NYT Cooking y que el número de usuarios únicos de este servicio había alcanzado los 10 millones en noviembre de 2016.

El éxito de esta web y app de cocina quedó refrendado también con el premio Webby del público obtenido en el año 2016 en la categoría de sitios móviles y apps de Cocina. Por su parte, la revista Time incluyó a Cooking entre las 10 apps del año 2016.

Venta de kits para preparar recetas

En mayo de 2016 *The New York Times* anunció un acuerdo plurianual con la tienda online de ingredientes culinarios Chef'd por la que ésta se convertía en el socio exclusivo de NYT Cooking para ofrecer kits de cocina a domicilio.

El servicio, lanzado durante el verano de 2016, permite comprar en Chef'd todos los ingredientes necesarios para preparar distintas recetas de NYT Cooking y recibirlos en casa en un plazo de 24-48 horas.

Captura de pantalla del servicio de NYT Cooking en Chef'd

Cada kit de cocina ("À La Carte Meal Kit") contiene los ingredientes necesarios para preparar el plato correspondiente, con las porciones adecuadas según el número de personas, acompañado de las instrucciones para preparar la receta.

El servicio de Chef'd ofrece dos opciones: compras individuales de kits o un servicio de suscripción que incluye un plan de comidas elaborado según las preferencias del usuario, con un máximo se siete comidas a la semana y envíos gratuitos.

Chef'd es una startup californiana que empezó su actividad en abril de 2015 y que está dedicada a la venta de ingredientes culinarios para que los usuarios puedan preparar fácilmente en casa recetas de cocina ofrecidas por chefs de renombre, medios especializados –como NYT Cooking- o expertos en el mundo de la cocina.

En las redes sociales

La cuenta de Twitter de la sección Food del Times, @NYTFood, tenía a finales de 2016 un total de 1,24 millones de seguidores. En Facebook, el número de fans de la página de NYT Food era de 523.000 por esas mismas fechas.

NYT Cooking publica con frecuencia cuáles son sus recetas más populares. En diciembre de 2016 publicó una lista de las 50 recetas más consultadas durante ese año por los lectores. Adicionalmente, en Trending se muestran siempre las recetas más populares en cada momento, actualizadas de manera permanente.

Las recetas más populares aparecen en el servicio Trending de NYTimes.com.

Más información:

- NYT Cooking: www.nytcooking.com
- The New York Times Launches NYT Cooking Available as a New App for iPad and on the Web – The New York Times Company
- Sección "Food" de NYTimes.com
- Sam Sifton and Tejal Rao: How The Times Covers Food – Times Insider

Captura de la portada de Cooking poco después de su lanzamiento

EN RESUMEN:

- *The New York Times* amplió su oferta de cocina con la excelente guía práctica de recetas NYT Cooking, disponible desde septiembre de 2014 en la web para todo tipo de dispositivos y como app en el iPad.

- NYT Cooking se lanzó con algo más de 16.000 recetas. A finales de 2016 había superado las 18.000.

- NYT Cooking pretende ayudar a los usuarios a cocinar fácilmente.

- La guía está elaborada por un completo equipo de redactores y autores expertos en cocina, liderados por el editor de "Food" del *Times*, Sam Sifton.

- Los usuarios pueden guardar y clasificar fácilmente sus recetas favoritas.

- Desde sus inicios, el servicio es totalmente gratuito. La consulta de las recetas no afecta al límite de 10 artículos mensuales gratuito que ofrece NYTimes.com.

- Durante las dos primeras semanas de funcionamiento, NYT Cooking fue visitado por más de un millón de usuarios. En noviembre de 2016 había superado los diez millones de usuarios únicos al mes.

39

La renovada apuesta del *Times* por los podcasts

¿Cómo debería sonar *The New York Times*?

Esta era la pregunta que encabezaba la original oferta de trabajo que publicó el *Times* en marzo de 2016 para intentar encontrar al mejor productor ejecutivo para su nuevo equipo de Audio.

Entre sus misiones estaría el tratar de "identificar a las siguientes estrellas del podcast en la redacción y lanzar varios nuevos programas". Se buscaba a alguien que fuera "parte editor, parte gestor y parte visionario". Y se añadía: "Si puedes desarrollar podcasts atractivos, genial. Si puedes anticipar cómo evolucionará la manera de contar historias con audio y crear nuevos vehículos para escuchar, incluso mejor".

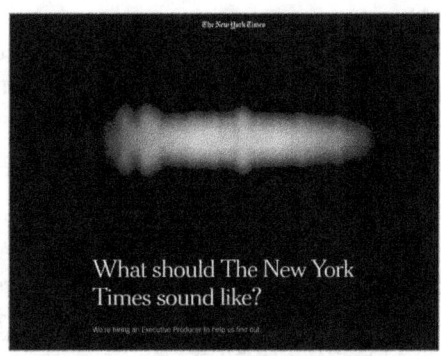

Esta es la página con la que el *Times* publicó su oferta de trabajo para potenciar su equipo de Audio.

Durante las semanas siguientes el diario recibió más de 70 candidaturas. El 30 de junio anunció que la persona escogida para este nuevo puesto era Lisa Tobin, que trabajaba en el equipo de nuevos proyectos digitales de WBUR, la emisora de Boston de la NPR. Allí, Tobin había impulsado múltiples podcasts, entre ellos "Modern Love", el exitoso podcast lanzado por el *Times* –en colaboración con WBUR- unos meses antes, en enero de 2016, y que logró situarse en su primera semana en el número uno de la lista de iTunes. El podcast "Modern Love" había sido una idea suya. Además, Lisa Tobin estaba habituada a trabajar en proyectos de audio con periodistas de *The Boston Globe*, por lo que el mundo de los periódicos le era familiar. Y también tenía experiencia en la transformación digital de un medio tradicional como la WBUR. Era la candidata ideal.

Lisa Tobin se sumó al pequeño equipo de Audio del *Times*, formado entonces por media docena de profesionales, que había sido anunciado un poco antes, el 31 de marzo de 2016, por el responsable de innovación y estrategia del Times, Kinsey Wilson, y el editor senior para proyectos digitales Sam Dolnick. A través de un mensaje interno titulado "New Audio Endeavors", los dos directivos del *Times* ofrecieron detalles sobre la creación de este nuevo equipo dedicado a la producción de podcasts y al uso innovador del audio en la producción periodística del diario. Era la escenificación de la apuesta periodística que el *Times* quería hacer por este formato creativo.

En su mensaje, Wilson y Dolnick hablaban del "remarcable resurgimiento" que se había producido desde el año 2014 de las historias contadas mediante audio, gracias especialmente al éxito que tuvo el podcast "Serial". Una creciente demanda por este tipo de contenidos y unas mayores posibilidades de explotación comercial ayudaban a realizar esta apuesta.

El precedente más inmediato era precisamente el podcast "Modern Love", que fue lanzado en enero de 2016 y consiguió rápidamente superar las 300.000 descargas semanales, lo que le llevó al número uno en iTunes. En las semanas y meses siguientes, "Modern Love" se mantuvo habitualmente entre los 20 primeros podcasts de ese ranking.

El nuevo equipo de Audio había nacido con el encargo de ir aumentando la oferta de podcasts del *Times* durante lo que quedaba de 2016 y a lo largo de 2017, con productos que encajaran bien con el periodismo que practicaba el diario y que aportaran la máxima calidad creativa posible.

Diez años de historia

El inicio de la apuesta del *Times* por los podcasts se remonta al año 2006, como se explica en el capítulo sobre la evolución del diario durante las dos últimas décadas. El 26 de enero de ese año se lanzó el primer servicio de podcasts, que incluía "The New York Times Front Page", un resumen diario de las principales noticias publicadas por el *Times*.

El 30 de abril de ese año se publicó el primer episodio del podcast más veterano de entre los que sigue ofreciendo el *Times*: "Inside The New York Times Book Review". Más de diez años después, este podcast mantiene su cita semanal con los oyentes para contarles lo que sucede en el mundo de los libros.

The Book Review es el podcast más veterano del *Times*.

The New York Times fue añadiendo diversos podcasts a su oferta hasta que a finales del año 2011 decidió replantear este servicio. Suprimió buena parte de los podcasts que ofrecía entonces para poder dedicar mayores recursos de la redacción a otros temas más rentables, que pudieran aportar mayores beneficios a corto plazo o mayores audiencias. De la lista de 2011 sólo se mantienen "Inside The New York Times Book Review" y "Music Popcast".

Pero en 2016 el escenario había cambiado y los podcasts volvieron a formar parte de la apuesta del *Times*, más deseoso que nunca de conectar con la audiencia a través de vías innovadoras.

El equipo

Las dos personas que lideraron el nuevo equipo de Audio fueron la ya mencionada Lisa Tobin, en calidad de productora ejecutiva, y Samantha Henig como directora editorial de audio. Tobin supervisa el desarrollo y producción de los proyectos, mientras que Hening coordina el trabajo con la redacción y los equipos de producto, diseño, tecnología y publicidad implicados en los podcasts. Tanto

Tobin como Hening dependen de Sam Dolnick.

Otros integrantes del equipo inicial de Audio fueron Diantha Parker, editora y productora senior de audio, que antes de trabajar en el *Times* había acumulado experiencia en la radio pública; Pedro Rosado, productor de audio, que había formado parte del equipo original de podcasts del *Times* mientras trabajaba también en el equipo de vídeo, y Catrin Einhorn, productora de audio.

Además, Jocelyn Gonzalez, editora de audio freelance que llevaba una década colaborando en los podcasts del *Times*, siguió participando en la creación de los podcasts "Inside the Times", "Music Popcast" e "Inside The New York Times Book Review".

Los podcasts son un ejemplo del nuevo modo colaborativo de trabajar implantado estos últimos años en el *Times*, y en el que se quiere profundizar. Así, además del equipo de Audio, en los proyectos se involucra a profesionales de la redacción, del equipo de Opinión y de las áreas de estrategia, tecnología, producto, diseño o marketing.

En el planteamiento inicial del nuevo proyecto de podcasts habían participado dos profesionales de la redacción del *Times*, Samantha Henig y Charles Duhigg, y Erik Borenstein, del área de estrategia. Uno de los creadores del popular programa de radio sobre economía de la NPR Planet Money, el columnista del Magazine dominical Adam Davidson, actuó como consejero en la fase de creación del equipo de audio del *Times*.

En septiembre de 2016, seis meses después de la creación del equipo de audio, Samantha Henig y Lisa Tobin compartieron con el equipo del *Times* los avances realizados y los planes para los meses siguientes. Anunciaron el fichaje de Andy Mills, un productor de Radiolab especializado en la creación de nuevas narrativas mediante el audio. Su principal encargo era impulsar la creación de miniseries basadas en audio sobre grandes reportajes realizados por el Times. Uno de sus trabajos –junto a Diantha Parker- fue una recopilación de los mejores sonidos y momentos de la campaña presidencial ("The 2016 Election: An Audio Time Capsule").

De hecho, el trabajo del equipo de audio del *Times* no se acaba con los podcasts. Cualquier proyecto que implique el uso de audio forma parte de su misión. Esto incluye analizar qué se puede ofrecer en plataformas como Alexa o Google Home y sus dispositivos activados por voz. Uno de los proyectos en estudio en septiembre de 2016 era, a petición de los lectores, una versión en audio del exitoso

"Morning Brief" en el que se resume la actualidad para el día que empieza.

El 19 de diciembre de 2016 el *Times* anunció la ampliación de su equipo de Audio. El periodista y presentador del podcast Run-Up, Michael Barbaro, pasó a trabajar a tiempo completo en el proyecto con el objetivo de lanzar, a principios de 2017, una nueva iniciativa que contaría como productora con un nuevo fichaje, Theo Balcomb, hasta entonces productora de "All Things Considered", el programa estrella de la tarde de la NPR. El nuevo podcast, titulado The Daily, se estrenó el 1 de febrero de 2017.

El plan elaborado inicialmente por el equipo de Audio del *Times* sigue dos estrategias: por un lado, impulsar podcasts en colaboración con empresas especializadas y bien posicionadas en este sector para alcanzar rápidamente una gran audiencia, como se había hecho en el caso de "Modern Love"; por otro, producir nuevos podcasts de manera interna.

Desde el principio, el equipo de Audio ha querido involucrar en el proyecto al resto del personal del *Times*. Una de sus primeras tareas fue lanzar un concurso interno de ideas, abierto a todos los profesionales de la compañía, sobre posibles nuevos podcasts. Unos meses después, en octubre de 2016, *The New York Times* organizó durante un mes su primer "Podcast Pitchfest" para que cualquier empleado de la compañía pudiera proponer ideas sobre nuevos programas. Y para divulgar internamente la cultura sobre el podcasting, todos los viernes, a las 13.30 horas, se reúne el llamado Podcast Club para debatir sobre un episodio de alguno de los podcasts del diario y aprender más sobre esta forma de contar historias.

Durante los primeros meses de funcionamiento del equipo de podcasts el *Times* aprendió mucho "sobre el tiempo y la inversión que supone la creación de un gran podcast, sobre cómo promocionar los podcasts en las redes sociales y mediante estrategias "push", sobre cómo crear una mejor experiencia de usuario en y fuera de las plataformas, sobre cómo monetizar nuestra programación"y también "sobre cómo encontrar modos de ofrecer acceso especial a nuestros suscriptores mientras seguimos cortejando a nuevas audiencias", según explicaron Samantha Henig y Lisa Tobin en un mensaje interno de septiembre de 2016.

Los podcasts del *Times* empezaron a incluir publicidad en agosto de 2016. El diario se asoció con la empresa californiana ART19 - especializada en ofrecer soluciones para gestionar y monetizar los podcasts- y empezó a utilizar su plataforma tecnológica, a la que irá migrando todos sus podcasts.

Los podcasts del *Times*:

En marzo de 2017, la relación de podcasts que ofrece *The New York Times* estaba formada por los siguientes ocho programas, todos ellos gratuitos y disponibles tanto en la web del diario como en las plataformas de podcasts para dispositivos móviles iOS y Android.

· **The Book Review**
Es el podcast más veterano del *Times*. Se ofrece de manera semanal desde el año 2006. El equipo de periodistas del diario especializado en libros acerca a los oyentes la actualidad de este sector, habla con los autores más destacados y cuenta interioridades sobre el mundo literario.

· **Popcast**
El segundo podcast con más historia de los que ofrece el *Times*. Cada semana, los expertos en música del diario hablan sobre las noticias del sector, las canciones del momento y los artistas más destacados.

· **Inside The Times**
Este podcast, lanzado en 2015, forma parte del servicio Times Insider. Presentado por Susan Lehman, permite descubrir qué se esconde detrás del día a día del trabajo de *The New York Times* gracias a sus conversaciones con profesionales del diario.

· **Modern Love**
Podcast semanal basado en la exitosa columna "Modern Love" de

The New York Times. Se lanzó el 21 de enero de 2016 gracias a una colaboración entre el Times y WBUR, la emisora de la NPR de Boston. El podcast ha sido un éxito desde sus inicios. En su primer mes tuvo más de 1,4 millones de descargas. Está presentado por Meghna Chakrabarti, de WBUR, y el editor de "Modern Love", Daniel Jones.

Cada episodio de Modern Love ofrece la lectura a cargo de reconocidos actores –como Colin Farrell, Angela Bassett, Tony Hale, Ruth Negga, John Cho, Sarah Paulson, Sterling K. Brown, Sarah Silverman, Jason Alexander o Lauren Molina- de algún relato escrito por los lectores sobre cómo se vive el amor en la actualidad. Los autores de los relatos participan también en la parte final de cada podcast. Con motivo del primer aniversario del proyecto se organizó un evento en directo previsto para el 14 de febrero de 2017, Día de San Valentín, en el Wilbur Theatre de Boston.

· **The Run-Up**
Podcast lanzado el 9 de agosto de 2016 para cubrir los tres últimos meses de la campaña electoral presidencial de Estados Unidos. Emitido dos veces a la semana y presentado en su primera etapa por el periodista político Michael Barbaro en colaboración con Carolyn Ryan y el equipo de Política del *Times*. En su primer mes de funcionamiento superó el millón de descargas y se situó como el número dos en el ranking de iTunes. Fue el primer podcast lanzado por el nuevo equipo de Audio del diario.

The Run-Up ha sido el producto del *Times* que ha conseguido atraer a una audiencia más joven, según explicó Kinsey Wilson a la defensora del lector del diario, Liz Spayd, en octubre de 2016. Una encuesta realizada por el Times entre los oyentes de Run-Up reveló que el 97% se consideraba "fan entusiasta" del programa.

Tras las elecciones, y ante el éxito de audiencia logrado, el *Times* decidió mantener activo el podcast. Su impulsor, Michael Barbaro, dejó de presentarlo para dedicarse a The Daily, el nuevo proyecto del equipo de Audio que vio la luz a principios de 2017.

· **Still Processing**
Podcast semanal lanzado en septiembre de 2016. Un programa cultural en el que Wesley Morris, crítico del *Times* y ganador de un Pulitzer, y Jenna Wortham, autora de *The New York Times Magazine,* conversan sobre diversos temas de actualidad.

· **Tell Me Something I Don't Know**
Lanzado en noviembre de 2016, este podcast está realizado en colaboración con una de las principales personalidades del mundo del podcasting, Stephen Dubner, ex periodista del *Times* y presentador de Freakonomics Radio. El podcast es la grabación en directo del show semanal que, con el mismo nombre, "Tell Me Something I Don't Know", se celebra en la ciudad de Nueva York. Inicialmente se emitieron seis episodios entre noviembre y diciembre de 2016, con nuevos shows y podcasts previstos para 2017 en otras ciudades de Estados Unidos. Freakonomics Radio, que se emite en la mayor parte de emisoras de la NPR, tiene más de 7 millones de descargas mensuales. El popular blog "Freakonomics", que iniciaron Dubner y el economista Steven Levitt, formó parte de NYTimes.com entre los años 2007 y 2011.

· **The Daily**
Este podcast, lanzado el 1 de febrero de 2017, ha sido desde el principio una importante apuesta periodística del *Times*. Presentado por Michael Barbaro, ofrece cada mañana, de lunes a viernes, un repaso de entre 15 y 20 minutos de duración de los principales temas de actualidad del día. Lo hace de la mano de periodistas del *Times* que han trabajado en las correspondientes historias. The Daily tiene desde su primer día presencia fija en la portada de la web y de la edición móvil. Este excelente producto informativo supone un magnífico ejemplo de la apuesta del *Times* por intentar hacer llegar su distintivo periodismo a nuevas audiencias. Desde su lanzamiento, The Daily se ha mantenido en los primeros puestos del ranking de podcasts de iTunes, y no sólo en el mercado de Estados Unidos.

Un mercado en crecimiento

La dirección de *The New York Times* considera que los podcasts ofrecen un "enorme potencial" a la hora de hacer llegar al público, a través de innovadores formatos, el periodismo que practica el *Times*. De hecho, lo ha comparado con otras áreas en las que el diario realiza un trabajo excepcional, como la visualización de datos, los interactivos o las películas de realidad virtual.

El grado de implicación que muestra un usuario con el medio cuando decide escuchar un podcast va mucho más allá del simple clic que pueda hacer en un titular de la web. Al podcast se le dedica más tiempo y más atención. Y eso supone, también, una buena oportunidad para los anunciantes.

El porcentaje de estadounidenses que han escuchado por lo menos un podcast durante el último mes ha pasado del 9% del año 2008 al 21% en 2016, según el estudio "The Podcast Consumer 2016" realizado por las compañías Edison Research y Triton. En cifras absolutas, eso supone unos 57 millones de usuarios. Si se analiza el consumo de podcasts durante la última semana, el porcentaje de usuarios es del 13% (35 millones de oyentes).

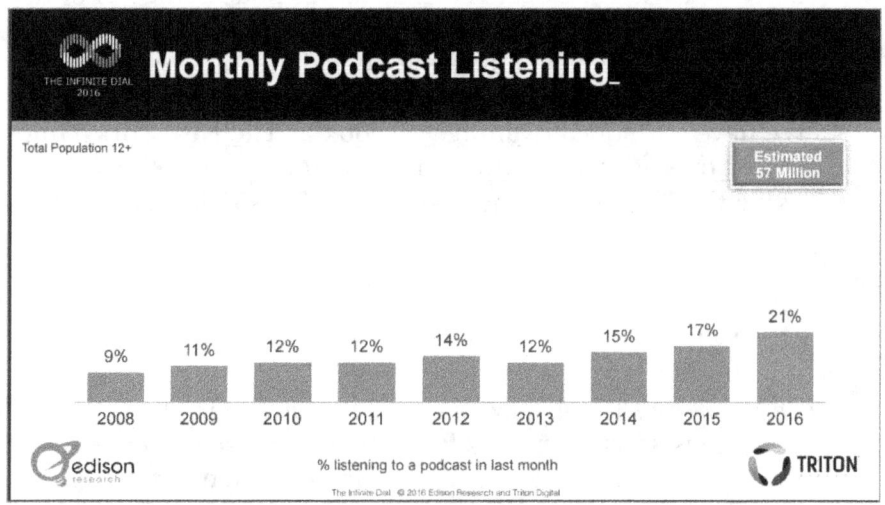

Evolución anual del porcentaje de usuarios de podcasts en Estados Unidos. Fuente: "The Podcast Consumer 2016" de Edison Research y Triton.

No son cifras enormes, pero sí se trata de un mercado muy interesante. Según este mismo estudio, los hogares con usuarios de podcasts tienen una media de ingresos mensuales más elevada (63.000 dólares) que el conjunto de hogares del país (53.000). Su nivel educativo es también superior.

El popular informe anual "The State of the News Media" del año 2016, realizado por el Pew Research, recopiló también algunos datos interesantes sobre la creciente popularidad de este formato.

Además de *The New York Times*, que como se ha indicado cuenta con un equipo específico dedicado a los podcasts desde el mes de marzo de 2016, otros muchos medios están invirtiendo en este ámbito. Por ejemplo, el diario *The Wall Street Journal* cuenta con sus WSJ Podcasts desde diciembre de 2015. Por su parte, la publicación digital Slate lanzó en febrero de 2015 una plataforma de podcasts llamada Panoply en la que participan otros destacados medios de comunicación. Y diversos programas y emisoras de la radio pública americana forman parte también de este cada vez más interesante panorama creativo: del programa This American Life surgió el conocido podcast Serial, responsable en buena parte del reciente boom del fenómeno podcasting.

Más información:

- Lisa Tobin Named Executive Producer for Audio – nytco.com
- What should The New York Times sound like? – NYTimes.com
- The New York Times gets serious about podcasting – Politico Media
- The New York Times launches a podcast team to create a new batch of wide-reaching shows - NiemanLab
- ´We have a unique advantage': A look at The New York Times podcast operations, six month in – Digiday
- Taking the Plunge Into the Podcast Pool – NYTimes.com

EN RESUMEN

- *The New York Times* lanzó su primer podcast en el año 2006. Durante los años siguientes fue aumentando su oferta de programas hasta que en 2011 tomó la decisión de frenar el proyecto.

- En 2016 el diario volvió a apostar decididamente por este formato, que ha ido ganando popularidad durante los últimos años. En marzo de 2016 el *Times* creó un equipo específico de Audio para impulsar nuevos podcasts. El equipo empezó a trabajar con media docena de profesionales, cifra que fue aumentando ligeramente durante los meses siguientes.

- A principios de 2017 el *Times* ofrecía ocho podcasts gratuitos. Dos de ellos – "The Book Review", sobre libros, y "Popcast", sobre música- procedían de la etapa inicial. El más veterano es "The Book Review", que fue creado en 2006. En 2015 se lanzó "Inside The Times". Cuatro podcasts fueron lanzados en 2016: "Modern Love", "The Run-Up", "Still Processing" y "Tell Me Something I Don't Know". A principios de 2017 se lanzó el podcast informativo "The Daily".

- Con sus podcasts, el *Times* pretende ofrecer un nuevo modo de contar historias y una vía alternativa de llegar a nuevos públicos. Desde el punto de vista narrativo, se ha equiparado la iniciativa a la apuesta realizada por *The New York Times* en otros ámbitos, como la visualización de datos, los interactivos o la realidad virtual.

- En 2016, el 21% de la población estadounidense (unos 57 millones) escuchaba por lo menos un podcast al mes.

- El modelo de negocio inicial de los podcasts es el publicitario, básicamente en forma de patrocinio. Los podcasts de éxito ofrecen ventajas como un elevado grado de implicación por parte de los oyentes que se traduce en largos periodos de consumo.

- El *Times* trabaja con la compañía californiana ART19, que cuenta con una plataforma tecnológica especializada en podcasting.

40

NYT Global: 50 millones de dólares para la expansión internacional

Más de 50 millones de dólares en tres años. Esta es la cifra que The New York Times Company tiene previsto invertir en la expansión de su audiencia digital internacional –y, consiguientemente, de sus ingresos procedentes de fuera de Estados Unidos- hasta mediados de 2018, según el plan que fue anunciado el 14 de abril de 2016.

Para llevar a cabo estos ambiciosos planes de expansión, el diario decidió crear NYT Global, un equipo multidisciplinar dedicado específicamente a este proyecto.

Al dar a conocer esta iniciativa a través de un mensaje dirigido a todo el equipo del *Times*, el editor, Arthur Sulzberger, Jr., el CEO de la compañía, Mark Thompson, y el director del diario, Dean Baquet, quisieron resaltar la oportunidad que suponía para *The New York Times* su internacionalización: "Debido a que nuestro periodismo digital está todavía diseñado y producido principalmente para un público estadounidense, no hemos llegado a darnos cuenta de nuestro potencial para atraer a lectores de fuera de nuestro mercado nacional".

El crecimiento internacional del *Times* fue una de las prioridades editoriales y comerciales identificadas en el importante documento interno "Our Path Forward" de octubre de 2015 (ofrecido en español, en su totalidad, en uno de los capítulos de este libro).

En ese documento se había fijado el objetivo de doblar los ingresos digitales globales en el año 2020. Parte de ese crecimiento deberá llegar, necesariamente, del mercado internacional. De hecho, según afirmaron los directivos del *Times*, los objetivos fijados para el crecimiento de los ingresos internacionales eran "superiores" a los globales.

La dirección de The New York Times Company se mostraba convencida de que existe "una gran audiencia internacional sin explotar" para el tipo de periodismo que practica el *Times*. Y consideraban que aunque ya se estaba produciendo un crecimiento destacable de los ingresos internacionales, el margen de mejora era todavía muy grande si el diario conseguía conectar mejor con sus lectores no estadounidenses "haciendo periodismo para ellos y sobre ellos".

Sulzberger, Thompson y Baquet asimilaron este nuevo proyecto de expansión internacional a la expansión nacional que marcó la estrategia y trayectoria del diario durante toda la década de los 90. "Tenemos ahora la oportunidad –afirmaban en su mensaje- de convertirnos en un líder indispensable de noticias y opiniones globales".

Para lograrlo, veían necesario cambiar "la mentalidad, la cultura y los incentivos de toda nuestra organización". Era necesario "poner a los lectores internacionales en el centro de nuestra toma de decisiones".

De esta manera, la tarea de crecer internacionalmente se concibió como un proyecto global, de todas las áreas de la compañía: redacción, producto, tecnología, publicidad, marketing, datos y análisis... todos debían "pensar creativamente en atraer y retener a una mayor audiencia no estadounidense y aumentar los ingresos fuera de EE.UU."

El equipo de NYT Global

El proyecto de NYT Global cuenta con dos supervisores globales: **Joseph Kahn**, que desde septiembre de 2016 es el número dos de la redacción, se encarga de la parte editorial, mientras que **Stephen Dunbar-Johnson**, que es el presidente internacional de la compañía, supervisa la parte de negocio.

La entonces directora adjunta de internacional, **Lydia Polgreen**, que había impulsado el lanzamiento en febrero de ese año de *The New York Times en Español*, fue nombrada directora editorial de NYT Global. Polgreen, que era una de las figuras emergentes dentro de la redacción del *Times*, dejó el diario en diciembre de 2016 al aceptar una oferta para dirigir The Huffington Post, en lo que para ella fue "la decisión más difícil" de su vida profesional, según explicó en una entrevista publicada en la sección Times Insider.

En el momento de su creación en abril de 2016, el equipo de NYT Global contaba también con las siguientes personas:

- **Paul Walborsky**: vicepresidente senior de desarrollo de mercados internacionales. Encargado de gestionar los negocios en los mercados internacionales identificados como claves para la expansión, incluidos los de China y América Latina. Walborsky lideró, junto a Lydia Polgreen, el lanzamiento de The New York Times en Español.

- **James Slezak**: vicepresidente y jefe de operaciones de NYT Global. Encargado de coordinar el trabajo de los equipos de NYT Global. Slezak dejó el *Times* en noviembre de 2016 tras haber trabajado desde finales de 2013 en la dirección de estrategia de la compañía.

- **Charlotte Gordon**: vicepresidente de marketing de consumo internacional. Encargada de impulsar y supervisar los ingresos derivados de los consumidores no estadounidenses, como las suscripciones digitales.

- **Dan Blumberg**: director de producto. Había trabajado en el desarrollo de los productos para móvil y otras plataformas del *Times*.

- **Suzanne Yvernes**: directora financiera internacional.

- **Jean Christophe Demarta**: vicepresidente senior de publicidad global. Su misión era seguir liderando los esfuerzos para aumentar los ingresos publicitarios en el mercado internacional en todas las plataformas del *Times*.

Un mes después, en mayo de 2016, se incorporó al equipo como director editorial adjunto **Daniel J. Wakin**, que previamente había sido editor adjunto de la sección de Cultura.

Adicionalmente, en NYT Global participan también la sección de Internacional y otros periodistas del *Times*.

El 13% de los suscriptores digitales son internacionales

El CEO del *Times*, Mark Thompson, dijo el 5 de diciembre de 2016, durante su intervención en la UBS Global Media Conference celebrada en Nueva York, que de los 1,6 millones de suscriptores digitales que tenía entonces el diario –contando los más de 200.000 suscriptores de sus crucigramas-, un total de 180.000 eran de fuera de Estados Unidos, el 13% del total. Ese porcentaje del 13% de suscriptores digitales internacionales se había mantenido relativamente estable durante bastante tiempo.

Después de Estados Unidos, los países con un mayor uso de la web del *Times* son Reino Unido, Canadá y Australia. En el móvil, en cambio, el mayor país es China, por delante de mercados donde se habla inglés.

Expansión en Australia y Canadá

En agosto de 2016, el periodista Joe Pompeo, de Politico Media, publicó que los primeros dos mercados internacionales en los que el diario estaba pensando para continuar con su expansión internacional eran dos países de habla inglesa: Canadá y Australia.

Según Politico Media, el diario había realizado estudios de mercado y había empezado a contratar a periodistas para construir pequeñas redacciones en esos dos países, similares a la existente en Ciudad de México para *The New York Times en Español*.

Al día siguiente, el equipo de comunicación del *Times* confirmó que se estaba trabajando para ampliar la audiencia digital del diario en esos dos mercados, pero sin ofrecer más detalles concretos.

Previamente, en otro artículo publicado en Politico Media en mayo de 2016, el presidente internacional de la compañía editora del *Times*, Stephen Dunbar-Johnson, citó una serie de "mercados clave" en los que el diario creía que podía aumentar su negocio. En esa lista se incluían países de habla inglesa como Canadá, Reino Unido o Australia, mercados europeos como Alemania o los países nórdicos, o los mercados asiáticos de Japón e India.

A finales del mes de enero de 2017, *The New York Times* hizo públicos sus planes de expansión internacional en estos dos mercados,

Australia y Canadá, con el anuncio de sus respectivos responsables y de los planes de ampliación del equipo.

En el caso de Canadá, el 26 de enero de 2017 se anunció el fichaje de Catherine Porter, periodista y columnista del diario *The Toronto Star*, como jefa de la delegación del *Times* en Toronto. Durante el año 2016 el diario ya había ampliado su cobertura periodística canadiense y había también lanzado "con un gran éxito" el newsletter semanal Canada Today. Los planes para 2017 hablaban de ir mucho más allá, con "un poderoso periodismo de alto impacto, oportunidades innovadoras de conectar con los lectores, eventos y más".

Sólo tres días antes, el 23 de enero, el *Times* había explicado también sus planes de expansión en Australia. El periodista Damien Cave se convertía en el nuevo responsable de la delegación del diario en Sydney, a la que también se incorporaban Jacqueline Williams y Michelle Innis. Además, el Times publicó varias ofertas de trabajo para ampliar su equipo australiano con personal fijo y colaboradores. En concreto, buscaba un editor gráfico y multimedia, un reportero, un editor de desarrollo de audiencia y un asistente editorial.

Al día siguiente, Damien Cave lanzó en la web del *Times* el newsletter en fase beta "Australia", que definió en el artículo de presentación, "Australia: The Lucky Country", como "un experimento en periodismo y comunidad" para ayudar a definir los planes de expansión del diario en esa zona del mundo.

Expansión internacional de T Magazine

Una de las vías de expansión internacional de The New York Times Company es la de licenciar productos para su publicación en otros mercados.

Uno de los casos en los que se está aplicando esta política es con la revista de estilo y moda T Magazine, que publica 13 números al año. T Magazine cuenta con ediciones internacionales en China, Japón y Qatar y a partir del mes de marzo de 2017 se publicará también en España y en Singapur, según el acuerdo que se hizo público el 16 de noviembre de 2016.

T Spain y T Singapure publicarán doce números mensuales al año en los que se combinarán contenidos procedentes de la edición principal de T Magazine con materiales originales producidos localmente por las editoriales asociadas.

El anuncio del lanzamiento de la edición española de T Magazine.

El director general de News Services and Print Innovation de *The New York Times*, Michael Greenspon, explicó que, en Estados Unidos, la revista se dirige a una audiencia "altamente sofisticada e influyente", la misma que se buscará en los mercados de España y Singapur a partir de marzo de 2017.

En España, T Spain será editada por la compañía editorial especializada en revistas impresas y digitales Spainmedia, que actualmente publica las ediciones españolas de Esquire, Forbes, Tapas, L'Officiel y Robb Report. El editor de Spainmedia, Andrés Rodríguez, mostró su satisfacción por poder anunciar el lanzamiento de T Spain coincidiendo con el décimo aniversario de Spainmedia. Se espera que cada número de T Spain tenga unas 200 páginas. Además de las revistas, Spainmedia también ofrece diversos podcasts a través de Spainmediaradio.

En el caso de Singapur, la edición de T Magazine será editada en inglés por Atlas Press.

EN RESUMEN:

- *The New York Times* tiene previsto invertir 50 millones de dólares en el periodo 2016-2018 para expandir su audiencia internacional e incrementar el negocio generado fuera del mercado de Estados Unidos..

- NYT Global es el equipo multidisciplinar formado por el *Times* para expandirse por otros mercados.

- El proyecto se enmarca en los objetivos establecidos en el documento estratégico "Our Path Forward" de 2015, en el que se establecía la meta de doblar los ingresos digitales del *Times* en el año 2020, para alcanzar los 800 millones de dólares. Parte de ese crecimiento debe lograrse en el mercado internacional.

- El *Times* lanzó en 2016 su edición en español, *The New York Times* en Español, para aumentar su presencia en el mercado de habla hispana.

- Australia y Canadá son los dos primeros mercados de habla inglesa de fuera de Estados Unidos por los que ha apostado *The New York Times* para crecer.

- A finales de 2016, el 13% de los suscriptores digitales del *Times* procedían del mercado internacional.

41

The New York Times en Español

El 8 de febrero de 2016 se lanzó la edición digital en español del diario *The New York Times*, disponible en www.nytimes.com/es.

La expansión internacional es uno de los principales objetivos que persigue The New York Times Company. Ganar influencia y relevancia informativa en mercados distintos al de Estados Unidos -y distintos también a los de habla inglesa- pasa por ofrecer propuestas editoriales sólidas en otros idiomas.

Tras el chino, que cuenta también con una edición digital del *Times*, el español parecía una opción muy lógica al tratarse de la tercera lengua más usada del mundo, con cerca de 500 millones de hablantes. Es también el segundo idioma en Estados Unidos gracias a la creciente comunidad latina de este país.

La existencia de estas tres ediciones idiomáticas del *Times* —inglés, chino y español- es muy visible en la cabecera de la web, con tres pestañas ubicadas justo encima del logo del diario que permiten seleccionar la edición.

Desde la cabecera de NYTimes.com se puede acceder a las tres ediciones de la web en inglés, chino y español.

El español, sin embargo, no había sido la opción elegida de manera inicial por el diario para continuar con su expansión internacional. En octubre del año 2012, el *Times* anunció sus planes para lanzar a lo largo del año 2013 una edición digital en portugués dirigida al mercado de Brasil. Se detalló incluso el número de artículos que se iban a publicar diariamente: entre 30 y 40 piezas. Sin embargo, el proyecto nunca llegó a ver la luz debido a las dificultades financieras que planteaba. Tiempo después, el planteamiento hecho para la edición en español preveía un proyecto menos costoso y, posiblemente, más realista y ajustado a las posibilidades del mercado.

The New York Times en Español es un producto editorial con personalidad propia en el que se combinan dos tipos de contenidos periodísticos: por una lado, una selección diaria de los mejores contenidos del *Times* traducidos al español (el objetivo inicial era mostrar entre 10 y 15 artículos diarios, aunque en la práctica han sido algunos menos durante el primer año de actividad); por otro lado, artículos publicados originalmente en español (algunos de estos artículos se traducen posteriormente al inglés para ser publicados en NYTimes.com).

Según explicó la compañía en el comunicado en el que anunciaba el lanzamiento, *The New York Times en Español* pretende ofrecer "noticias, investigación, análisis y opinión sobre los asuntos de interés para América Latina y el mundo en español". Su propósito es el de mostrar "a la audiencia hispanohablante el periodismo de servicio público que caracteriza al *Times*".

La entonces directora adjunta de Internacional de *The New York Times*, Lydia Polgreen -que posteriormente sería nombrada responsable de la expansión global del *Times* y, en diciembre de 2016, dejó el diario para dirigir The Huffington Post-, explicó en un mensaje de bienvenida dirigido a los lectores que su misión "es ofrecerles periodismo de alta calidad todos los días". Por ejemplo, una de las primeras historias publicadas en *The New York Times en Español* fue un reportaje escrito por el corresponsal del diario en México, Azam Ahmed, sobre "la peligrosa y larga travesía" realizada por un grupo de emigrantes centroamericanos para llegar a Estados Unidos.

El mensaje de bienvenida a The New York Times en Español que se publicó durante su lanzamiento.

Bienvenidos a The New York Times en Español

En esta página encontrarán una selección de lo mejor del New York Times traducido al español y también artículos originales.

The New York Times en Español cuenta con una pequeña redacción ubicada en Ciudad de México. El director editorial de la edición en español es el periodista venezolano Elías López, que trabaja en la redacción del *Times* desde el año 2007. Allí, pasó entre otras áreas por la sección de Internacional y el espacio de debate digital de la sección de Opinión "Room for Debate". Previamente había trabajado en *The Miami Herald*.

Entre las tareas que realiza Elías López se encuentran la selección de los artículos del *Times* a traducir al español, la coordinación de la cobertura diaria y de los reportajes originales de *The New York Times en Español* y la definición de la estrategia de crecimiento del sitio.

En una entrevista realizada por Semana poco después del lanzamiento, Elías López explicó que la idea del proyecto se remontaba a finales de 2014, cuando Polgreen "propuso una expansión global para conquistar nuevas audiencias" para el *Times*. El mercado en español suponía una oportunidad "por la cercanía geográfica, la afinidad cultural y las relaciones económicas" con el mercado estadounidense.

Durante el año 2015, el *Times* empezó a realizar pruebas con la traducción y publicación de diversos artículos en español "para ver cómo reaccionaba la audiencia", explicó López. El diario analizó los datos de consumo y también realizó una investigación de campo en Ciudad de México "para saber qué lee la gente en el celular y qué periodismo quiere", añadió el responsable de *The New York Times en Español*. Y lo que descubrieron es que "sí hay apetito para el periodismo global y serio de nuestro periódico".

Cuando alguien visita *The New York Times en Español* no encuentra un gran sitio de noticias centrado en la última hora, como el que puedan ofrecer múltiples cabeceras informativas de América Latina. Lo que se ofrece, en cambio, es una cuidada selección de artículos –presentada con un diseño muy sencillo- que se agrupan en cinco secciones: Noticias, Cultura, Opinión, América Latina y un espacio denominado "Reposado", en el que aparecen "lecturas diferentes, inspiradoras, reveladoras, entretenidas y muy informativas de largo aliento, de interés social y cultural, de familia y crianza", según la descripción realizada por Elías López en la entrevista en Semana.

Entre los meses de febrero y diciembre de 2016 *The New York Times en Español* publicó alrededor de 2.400 artículos, lo que supone una media de algo más de 7 contenidos diarios.

Cuando un contenido de NYTimes.com está disponible en español, se suele ofrecer un enlace al mismo desde la parte superior del artículo. Se hace esto mismo, a la inversa, desde *The New York Times en Español* para facilitar la visita a la versión en inglés del artículo en cuestión.

Los periodistas de la redacción de *The New York Times en Español* ubicada en Ciudad de México escriben, editan y traducen contenidos. En el equipo inicial trabajaban seis periodistas: Verónica Calderón, Paulina Chavira, Paula Duran, Albinson Linares, Dulce Ramos y Alberto Arce, que dejó el equipo en noviembre de2016.

También publican en The New York Times en Español los corresponsales del *Times* en México (Azam Ahmed, Kirk Semple y Elizabeth Malkin), Venezuela (Nicholas Casey), Brasil y Argentina (Simon Romero) y Miami (Frances Robles) y el miembro del comité editorial del diario en Nueva York Ernesto Londoño.

El proyecto inicial de *The New York Times en Español* estuvo liderado por la mencionada Lydia Polgreen y por Paul Walborsky, que en abril de 2016, un par de meses después del lanzamiento, fue nombrado vicepresidente de desarrollo del mercado internacional del *Times,* integrado en el nuevo equipo NYT Global dedicado específicamente a la expansión internacional del diario (ver capítulo).

A diferencia de lo que sucede con su edición principal en inglés, el *Times* decidió ofrecer de manera gratuita todos los artículos publicados en su edición en español. Así, estos no cuentan para el límite de diez historias gratuitas que se pueden leer cada mes en la web del

Times sin necesidad de ser suscriptor. A finales de 2016 la política seguía siendo la misma.

El presidente internacional del diario, Stephen Dunbar-Johnson, explicó que la idea era "desarrollar una relación de suscripción" con el tiempo, pero no en el momento inicial. "Es un camino de desarrollo de la audiencia a largo plazo... En mercados donde aún tenemos que alcanzar una penetración significativa, nos estamos centrando primero en el crecimiento de la audiencia con el apoyo de la publicidad", añadió el directivo del *Times*.

La primera campaña de publicidad nativa de T Brand Studio en español fue contratada por Bancomer.

Entre los patrocinadores que apoyaron al diario en el lanzamiento del producto en español se encontraban las compañías Acciona, Banamex y el Gran Premio de México 2016 de Fórmula 1. En diciembre de 2016 se publicó en *The New York Times en Español* la primera campaña de publicidad nativa realizada por el equipo de T Brand Studio, la agencia propia del *Times*. Se trató de una campaña para Bancomer de BBVA Wallet.

The New York Times en Español tiene su propio boletín, en el que ofrece los contenidos más destacados de la web.

The New York Times en Español cuenta con presencia propia en las principales redes sociales. En Facebook, en marzo de 2017 contaba con 1,23 millones de fans, mientras que en Twitter era seguido por 203.000 usuarios por esas mismas fechas.

Otro de los elementos que utiliza la edición en español del *Times* para dar a conocer sus contenidos es su propio boletín electrónico, que se envía cada semana por correo electrónico, de manera gratuita, a los usuarios que lo soliciten, y que incluye una selección de lo más relevante e interesante publicado durante los siete días anteriores.

El modelo de *The New York Times en Español* podría ser replicado en el futuro en otros idiomas, según indicó Lydia Polgreen en Twitter el día del lanzamiento:

Durante su etapa inicial, *The New York Times en Español* ha realizado algunas apuestas específicas por el periodismo visual. Por ejemplo, ha publicado en colaboración con la compañía mexicana Pictoline varias piezas gráficas dinámicas para explicar temas como el supermartes de las primarias de Estados Unidos o el conflicto entre Apple y el FBI sobre el desbloqueo de un iPhone utilizado por uno de los terroristas en el ataque de San Bernardino. También preparó con Pictoline las cartas del juego para enamorarse que tuvo una enorme audiencia en la web del *Times*.

Diseño responsive y app para Android

La web de *The New York Times en Español* utiliza, como todos los productos que desde hace varios años lanza el *Times*, un diseño responsive, de manera que se adapta automáticamente al tamaño de pantalla de cualquier dispositivo desde el que se consulte la página, ya sea un PC, una tableta o un móvil.

Adicionalmente, desde el 3 de agosto de 2016, todos los contenidos de *The New York Times en Español* están disponibles en la app para Android del *Times*. Los usuarios pueden configurar en la app cómo desean acceder a los contenidos en español. Al igual que sucede en la web, estos contenidos no afectan al límite de diez artículos gratuitos que los usuarios pueden consultar cada mes en el *Times* sin necesidad de pagar una suscripción.

Más información:

- Bienvenidos a The New York Times en Español – The New York Times en Español
- The New York Times Presenta a The New York Times en Español – nytco.com
- Newsonomics: The New York Times restarts its new-product model, in Spanish– NiemanLab

Captura de la portada de The New York Times en español del 8 de febrero de 2016, primer día de publicación.

Captura de la portada completa de *The New York Times en Español*.

EN RESUMEN:

- El *Times* lanzó el 8 de febrero de 2016 su edición digital en español, The New York Times en Español, dirigida al mercado internacional de habla hispana.

- Es uno de los proyectos impulsados por NYT Global, el equipo del *Times* que trabaja en la expansión internacional del diario con el objetivo de ampliar la audiencia y captar nuevos suscriptores.

- *The New York Times* en Español, dirigido por el periodista venezolano Elías López, se realiza desde una pequeña redacción ubicada en Ciudad de México.

- En la web se publican cada día varios artículos procedentes de NYTimes.com, traducidos al español, y algunas piezas producidas de manera original para *The New York Times* en Español. Entre los meses de febrero y diciembre de 2016 se publicaron alrededor de 2.400 artículos, lo que supone una media de algo más de 7 contenidos diarios.

- La consulta de la edición en español es gratuita.

- *The New York Times* en Español tiene su propia página en Facebook y su cuenta en Twitter (con más de 150.000 seguidores), y publica un boletín electrónico semanal.

42

Times Insider: Bienvenidos a la redacción

"Bienvenidos a la redacción". Este es el eslogan utilizado para describir Times Insider, un espacio de la web del *Times* dirigido especialmente a los suscriptores del diario y que se ha convertido en un exquisito -y poco habitual- paraíso para profesionales, estudiantes, profesores y cualquier otra persona interesada en conocer los entresijos del mundo periodístico.

En Times Insider se ofrecen cada día historias que cuentan lo que pasa entre bastidores en *The New York Times*. Cómo trabajan los periodistas, cómo se preparan determinadas historias, anécdotas sobre coberturas periodísticas, curiosidades sobre momentos históricos del diario, detalles sobre nuevas iniciativas, apuntes sobre cómo se toman las decisiones... el día a día del *Times* queda reflejado de mil maneras distintas en esta sección.

Times Insider ha sido, de hecho, una gran fuente de información para la preparación de este libro. Veamos, simplemente a título de ejemplo, algunos de los múltiples temas tratados en este espacio periodístico, que darían para escribir varios libros más:

· 1995 | Castro Visits a Word Factory (Ours)
Un relato para rememorar la histórica visita de más de dos horas de duración que el líder cubano Fidel Castro, fallecido el 25 de noviembre de 2016, realizó a la redacción de *The New York Times* en octubre del año 1995. Castro asistió en Nueva York a los actos de conmemoración del 50 aniversario de Naciones Unidas, y el último día de su estancia en la ciudad visitó el *Times*, se reunió con el equipo directivo y paseó por la antigua redacción del diario. Los veteranos del lugar no recuerdan una visita de un líder político que despertara tanta expectación e interés entre el personal del diario como la de Castro.

· Decades in the Making: Fidel Castro's Obituary
El primer borrador del obituario del líder revolucionario cubano Fidel Castro se preparó en el *Times* en el año 1959, 57 años antes de su fallecimiento. Durante casi seis décadas, numerosos periodistas participaron en su constante edición. De hecho, ninguna otra pieza periodística preparada por *The New York Times* a lo largo de su historia ha acumulado tantas horas de preparación. En este interactivo, 16 profesionales del diario repasan su relación periodística con la Cuba de Castro y con el obituario preparado por el *Times*, y ofrecen incontables detalles personales sobre su trabajo. En conjunto, se trata de un extraordinario y revelador ejemplo de cómo se trabaja en el diario.

· My Chance to Interview Trump Was Nearly Derailed by a Tweet
El 22 de noviembre de 2016 el presidente electo Donald Trump visitó la sede de *The New York Times*. Participó en un encuentro *off the record* con la máxima dirección de la compañía y luego respondió a las preguntas abiertas que le efectuaron diversos perio-

distas, editores y columnistas del *Times* durante un almuerzo celebrado en la Sala Churchill de la planta 16 del edificio del diario. Diversos periodistas del Times tuitearon en directo sobre el encuentro. En esta pieza de Times Insider, uno de los periodistas de política de la redacción del *Times* en Washington DC explica las aventuras que vivieron ese día para llegar a tiempo a la reunión con Trump en Nueva York tras la confusión creada en Twitter esa misma mañana por el propio presidente electo, que anunció a primera hora que cancelaba la reunión porque el diario había cambiado sin avisar las condiciones del encuentro. En realidad, el *Times* no había cambiado nada y, cuando se aclaró el tema, la visita se mantuvo como estaba prevista.

· In 13 Headlines, the Drama of Election Night
La jornada electoral del 8 de noviembre de 2016 se convirtió en una de las mayores sorpresas de la historia de las elecciones presidenciales americanas. El "drama de la noche electoral" quedó perfectamente reflejado en los 13 titulares que la web del *Times* llegó a publicar durante esa tarde-noche. Esos trece titulares, hasta el último con el anuncio del triunfo de Donald Trump a las 2.50 de la mañana, se recopilaron en un GIF animado disponible en Times Insider.

El titular de NYTimes.com cuando se confirmó el triunfo de Donald Trump en las elecciones presidenciales de EE.UU. del 8 de noviembre de 2016.

De Times Premier a Times Insider

Times Insider fue lanzado el 5 de octubre de 2015. Suponía una reformulación del servicio premium que ofrecía hasta entonces el diario a sus suscriptores digitales, llamado Times Premier, que había sido creado en marzo de 2014. Los estudios realizados por *The New York Times* entre sus suscriptores digitales indicaban que estos deseaban conocer más de cerca cómo los periodistas del periódico realizaban su trabajo. Y con este objetivo en mente se replanteó este espacio, al que tienen acceso completo los suscriptores impresos y los digitales que han optado por la fórmula All Access (algo más cara que la básica).

Times Premier también se había ideado como una opción premium para los suscriptores impresos y digitales más entusiastas del *Times*. Usuarios que estuvieran dispuestos a pagar algo más cada mes para tener acceso a ventajas adicionales. Parte de esa oferta exclusiva era un servicio que se llamaba ya Times Insider, y que permitía precisamente descubrir aspectos ocultos del día a día del diario. La reformulación del servicio de Times Premier aprovechó el nombre de ese exitoso espacio, y los servicios que formaban parte de Times Premier fueron incluidos en la nueva oferta de Times Insider.

Además de artículos, entrevistas, fotos o relatos en primera persona sobre la actividad diaria del diario, Times Insider ofrece también de manera regular diversos podcasts en los que intervienen profesionales del *Times*. Uno de ellos es el podcast semanal "Good, Bad and Mad: Andrew Rosenthal on the News", en el que el columnista de Opinión y anterior director de la página editorial del *Times*, Andrew Rosenthal, comenta las noticias que más le han llamado la atención durante los últimos siete días. Los podcasts están también disponibles en iTunes y Google Play.

Los suscriptores con acceso a Times Insider pueden además leer los más de 140 libros electrónicos publicados por el diario en su colección TBooks. Cada mes los editores del diario preparan dos nuevos libros electrónicos temáticos a partir de contenidos publicados por *The New York Times* a lo largo de su historia.

Hamilton. The History-Making Musical es uno de los libros electrónicos publicados por el *Times*.

Otro de los servicios que ofrece el *Times* a sus "Insiders" es la organización de eventos en directo en los que periodistas y otros profesionales del diario explican cómo realizan su trabajo o debaten sobre temas de actualidad en los que son expertos. Posteriormente estos encuentros se ofrecen en forma de vídeo o podcast en la sección para que los suscriptores los puedan consultar cuando deseen.

Un repaso a la celebración de los eventos organizados durante los últimos meses del año 2016 ofrece una buena perspectiva de esta actividad. Entre otros, se celebraron los siguientes encuentros:

- Gilbert Cruz: How The Times Covers Television
El editor responsable de televisión del *Times*, Gilbert Cruz, modera un debate en el que participan Margaret Lyons, crítica de televisión, y John Koblin, reportero de la sección.

- Bear Traps and Empathy Engines: Virtual Reality at The New York Times
El director de The New York Times Magazine, Jake Silverstein, modera una charla sobre las iniciativas de realidad virtual del Times (uno de los capítulos del libro está dedicado a este tema).

- Gun Control | Gun Rights: Is Resolution Possible?
Cuatro periodistas del *Times* debaten sobre el control de armas y los derechos de posesión de armas.

- Dean Baquet: The Golden Age of Journalism Is Now!
El director de *The New York Times*, Dean Baquet, habla con el columnista especializado en medios de comunicación del diario, Jim Rutenberg sobre "una manera de contar historias que es inimaginablemente diferente".

- Modern Love: The Column and the Podcast
Los responsables de Modern Love, una de las columnas de más éxito del diario y uno de los podcasts más reconocidos del *Times*, debaten sobre cómo hacer que Modern Love sea un producto interesante tanto para ser leído como escuchado.

- Hot on the Campaign Trail: Reporters Describe the Candidates Up-Close
Cuatro periodistas de política del *Times* debaten sobre la cobertura de la campaña presidencial realizada por el diario.

Los suscriptores de Times Insider pueden compartir de manera gratuita su suscripción digital al *Times* con otras dos personas.

Cada sábado, Times Insider envía un newsletter a los suscriptores que lo deseen con un resumen de los principales contenidos ofrecidos durante la última semana (ver ejemplo del 26 de noviembre de 2016)

Times Insider cuenta con su propia cuenta de Twitter: @timesinsider

Talk to *The Times* (2006-2010): así se trabaja en el diario

Uno de los espacios más interesantes para descubrir detalles sobre el funcionamiento de la redacción del *Times* o sobre el conjunto de la actividad del diario fue "**Talk to The Times**" (o "**Talk to the Newsroom**"), una larga serie de piezas online publicadas entre los años 2006 y 2010 en los que un centenar de profesionales del diario –editores, reporteros, columnistas y ejecutivos- respondieron a las preguntas realizadas por los lectores.

En "Talk to The Times" los lectores pudieron encontrar respuesta detallada a miles de cuestiones sobre el día a día del diario, en lo que supuso en su conjunto un gran esfuerzo de transparencia.

Por este espacio pasaron dos directores del diario -Bill Keller, en dos ocasiones, y Jill Abramson, en tres-, el director de las páginas de Opinión, Andrew Rosenthal (dos veces), responsables de secciones, reporteros de todas las áreas del diario, columnistas, profesionales de las áreas de diseño o interactivos y ejecutivos de la parte de negocio del diario. La relación completa de artículos está disponible en este enlace.

(NOTA: Este material es especialmente interesante para profesores y alumnos de periodismo o para cualquier persona interesada en saber cómo se trabaja en un periódico como The New York Times. Pocos medios del mundo han ofrecido una descripción tan amplia y detallada sobre su forma de trabajar. Aunque hayan pasado siete años desde el último artículo publicado, muchos aspectos comentados siguen siendo vigentes. Actualmente, el Times sigue ofreciendo muchísimos detalles sobre el trabajo de sus profesionales a través de la sección Times Insider).

43

Más de 50 newsletters

El correo electrónico sigue siendo un método muy eficaz, fiable y práctico para ofrecer información a los lectores, y el *Times* ha apostado de manera decidida por él como mecanismo para meterse en la vida diaria de sus usuarios.

Hace unos años, el *email* parecía haber perdido cierto glamour frente a otros fenómenos comunicativos más novedosos e impactantes, como las redes sociales o las apps de mensajería. Pero la realidad es que siguen existiendo millones de usuarios que confían en el correo electrónico a la hora de recibir y leer información de sus medios de comunicación preferidos. Con los newsletters, es el medio el que va a ellos, y no ellos los que tienen que acceder al medio.

Así, los *newsletters* o boletines electrónicos forman parte hoy de la apuesta informativa de muchos sitios web. Se han convertido en un mecanismo muy práctico para estar presentes en el menú informativo habitual de los usuarios y son, además, eficaces generadores de tráfico hacia sus propiedades digitales.

De hecho, prácticamente todos los medios digitales cuentan con algún tipo de *newsletter*. La oferta va desde productos muy sencillos y poco elaborados —como simples listados automáticos de titulares del día con sus respectivos enlaces- hasta ofertas mucho más trabajadas —que suelen ser las que funcionan mejor-, como boletines especializados, *newsletters* editados expresamente por especialistas en una determinada materia o una selección de lo mejor que ofrece ese día el medio de la mano de su director, entre otras posibilidades.

Diversos medios nativos digitales surgidos durante estos últimos años, como la web de información económica Quartz (www.qz.com) o la web de periodismo de análisis Vox (www.vox.com), entre otras, ofrecen *newsletters* de gran calidad y personalidad que se han convertido en parte importante de su oferta informativa diaria. En el caso de Quartz se trata de su boletín diario Daily Brief; Vox, por su parte, ofrece su boletín Sentences.

Por otra parte, algunos nuevos proyectos informativos digitales, como the Skimm, están precisamente basados en la creación de un newsletter diario que intenta conectar con los usuarios de un modo distinto, con un carácter y una personalidad especiales, para diferenciarse de la competencia.

El éxito de estas fórmulas ha prestigiado un formato informativo que parecía algo olvidado y ha animado a distintos medios tradicionales a lanzar nuevos boletines. Por ejemplo, el diario *Financial Times* presentó en octubre de 2014 su newsletter matutino First FT, un producto ideado para lectores muy ocupados que quieren que una marca de confianza y con criterio editorial les presente de manera concisa y clara las noticias y los enlaces más relevantes del día. Otro medio que utiliza este formato es *The Wall Street Journal*. Su director, Gerard Baker, ofrece cada mañana el newsletter The 10-Point, una visita guiada sobre lo mejor que publica ese día su periódico.

El Reuters Institute de la Universidad de Oxford publicó en noviembre de 2016 un informe dedicado específicamente a analizar el fenómeno de los newsletters editoriales, titulado "Editorial Email Newsletters – The Medium Is Not the Only Message". El estudio fue realizado por Andrew Jack, periodista del diario británico *Financial Times* responsable desde 2014 de los boletines electrónicos de este medio. Jack analizó el trabajo realizado en este ámbito por una docena de medios, entre ellos *The New York Times*.

En el informe se afirma que "los newsletters electrónicos ofrecen a los medios una oportunidad de mantener una fuerte relación directa con los lectores, un alto grado de focalización y un modo mejor de presentar contenidos existentes, opiniones y análisis originales".

El punto fuerte de los newsletters, señala el autor del informe, es su capacidad de "ofrecer directamente a los lectores contenido corto, sencillo y básicamente textual en un formato fácilmente accesible y rápido de hojear". Y describe con acierto que los newsletters "están a medio camino entre lo impreso y lo digital".

Los boletines, concluye, ofrecen una serie de valores periodísticos que, en un entorno donde la oferta de contenido digital no para de crecer, adquieren todavía mucho más valor, como "la capacidad de descubrir, la selección, los descubrimientos casuales y la finitud" del producto.

Entre los newsletters analizados por Andrew Jack se encuentra el boletín del *Times* "Morning Briefing" (que se describe a continuación). Este newsletter contaba en el momento de realizar el informe con 700.000 suscriptores.

Los newsletters de *The New York Times*

El diario **The New York Times** cuenta con una amplia, variada y creciente oferta de <u>newsletters</u> a los que se pueden suscribir de manera gratuita los usuarios registrados en la web.

En el mes de febrero de 2017, el *Times* contaba con algo más de 50 newsletters disponibles que abarcaban todo tipo de temas. A continuación se ofrece una breve descripción de cada uno de ellos:

Noticias, política y opinión

· **Morning Briefing:Americas Morning**
Es uno de los principales newsletters del *The New York Times*. Se envía a las 6 de la mañana, de lunes a viernes, para que los usuarios puedan empezar el día bien informados. Ofrece un resumen, presentado en un lenguaje coloquial y un formato muy fácil de leer, de las principales noticias y los temas a tener en cuenta durante el día. Este boletín se ha convertido en una de las propuestas ideadas para el consumo en el entorno móvil con mayor personalidad del *Times*. El boletín tiene su origen en uno de los contenidos que se incluyó en la desaparecida app NYT Now, que el Times lanzó en abril de 2014: el "Morning Briefing". El éxito editorial de esta fórmula hizo que se convirtiera también en un newsletter en noviembre de 2014 para que pudiera estar disponible para cualquier usuario del Times, no sólo de los lectores de la app NYT Now.

Página de promoción del boletín "Morning Briefing" del *Times*.

El boletín cuenta también con ediciones propias para Europa y para Asia y Australia:

- **Morning Briefing: Europe Edition**
- **Morning Briefing: Asia and Australia Edition**

· **Evening Briefing**
El mismo concepto que el Morning Briefing, pero publicado y enviado por la tarde, de lunes a viernes. Otra propuesta informativa fundamental para el *Times*.

· **What We're Reading**
En este boletín, que se envía dos veces a la semana, diversos editores y reporteros del *Times* recomiendan interesantes historias publicadas en otros sitios web. Para cada enlace propuesto se ofrece una breve descripción escrita por el periodista que ha hecho la selección.

"What We're Reading" nació como un servicio exclusivo para los suscriptores del servicio premium Times Premier (que luego pasó a ser Times Insider), pero en octubre de 2014, solo unos meses después de su lanzamiento, se puso a disposición de cualquier usuario registrado de *The New York Times*.

· **The Upshot**
Boletín que se envía tres veces por semana en el que se recopilan los mejores contenidos publicados por el equipo de **The Upshot**, la sección del *Times* especializada en periodismo de análisis y datos.

· Today's Headlines
Boletín diario que ofrece las principales noticias, análisis y artículos de opinión publicados por el diario. Es un boletín largo, organizado por secciones (World, U.S., Politics, Business, etc.).

· Breaking News Alerts
Alertas informativas que se envían cuando se produce una noticia especialmente importante.

· New York Today
Boletín diario con los principales contenidos producidos por The New York Times relacionados de un modo u otro con la ciudad de Nueva York.

· First Draft
Newsletter especializado en política ofrecido cada mañana, de lunes a viernes, por el equipo de *The New York Times*. Incluye noticias y artículos de análisis para entender la actualidad política del día. Fue lanzado el 22 de septiembre de 2014. El objetivo periodístico del boletín es el de "marcar la agenda política del día". En esa batalla compite con otros importantes jugadores del ámbito político, especialmente de la capital de EEUU, Washington DC, como la web **Politico.com** o el diario **The Washington Post**, entre otros.

· The Edit
Newsletter publicado cada dos lunes que ofrece noticias e información práctica para estudiantes organizadas por áreas académicas, además de consejos de expertos y artículos que han sido especialmente populares en las redes sociales.

· Nicholas Kristof
Boletín que se envía dos veces a la semana con comentarios exclusivos del articulista Nicholas Kristof y referencias a sus columnas de los jueves y domingos.

· Opinion Today
Boletín diario (lunes a viernes) de la sección de Opinión del *Times*, con referencias a los artículos publicados por los columnistas del diario, el comité editorial y otros colaboradores.

· Today's Headlines European Morning
Newsletter diario (de lunes a viernes), enviado a primera hora de la mañana en Europa, que ofrece los titulares de la edición internacional de *The New York Times*.

- **Today's Headlines Asian Morning**
Igual que el anterior pero para el continente asiático.

- **Booming**
Newsletter semanal dirigido especialmente a la generación de los "baby boomers" (las personas nacidas durante las dos décadas posteriores a la II Guerra Mundial, a partir de 1946). El boletín recopila noticias, artículos y todo tipo de contenidos publicados durante la última semana que puedan ser de interés para los mayores de 50 años.

- **@Times**
Boletín semanal en el que se destacan diversos contenidos publicados exclusivamente en la edición digital, con especial atención a los interactivos y especiales multimedia. Además se ofrecen siempre las cinco piezas digitales que han recibido más visitas durante la última semana. Es una muy buena guía para los que no quieran perderse ningún contenido especial producido por el equipo digital.

- **Boletín de The New York Times en Español**
La edición en español del Times cuenta con su propio boletín, que se envía los martes, miércoles y viernes de cada semana. Recoge los temas más destacados publicados en la web.

Negocios y tecnología

- **DealBook**
Enviado de lunes a viernes, por la mañana y por la tarde. DealBook es un proyecto del *Times* dirigido por el popular columnista **Andrew Ross Sorkin** (@andrewrsorkin). El boletín permite seguir las principales noticias económicas que afectan a los mercados, con especial atención a las grandes operaciones empresariales.

- **Bits**
Las últimas noticias tecnológicas y lo más relevante que esté sucediendo en internet tienen cabida en el *newsletter* Bits, ofrecido diariamente –de lunes a sábado- por la sección de Tecnología del *Times*.

- **Your Money**
Boletín semanal que se envía todos los lunes con consejos prácticos para gestionar de manera eficaz nuestro dinero: dónde y cómo invertir, cómo gestionar la jubilación, cómo pagar la universidad, cómo gestionar las tarjetas de crédito, etc.

· **Personal Tech**
Las últimas novedades tecnológicas son analizadas cada jueves en este boletín semanal producido por el equipo de Tecnología del *Times*.

· **Entrepeneurship**
Este boletín semanal, que se publica cada miércoles, ofrece noticias, análisis y herramientas pensadas para ayudar a los emprendedores y propietarios de pequeñas empresas a gestionar mejor sus negocios.

Estilos de vida

· **Running**
Boletín semanal dedicado específicamente al *running*. Ofrece trucos, consejos prácticos de expertos y otros contenidos prácticos para los aficionados a correr.

· **Science Times**
Boletín semanal con una selección de los mejores temas científicos ofrecidos por el diario.

· **The New York Times Magazine**
Newsletter semanal de la revista de los domingos, The New York Times Magazine.

· **NYT Living**
Newsletter que se envía dos veces por semana con las principales noticias sobre las secciones Style, Travel o Food del *Times*.

· **T Magazine**
Boletín semanal de la revista T Magazine del Times, sobre moda, diseño, decoración, viajes y otros temas.

· **Real Estate**
Boletín semanal sobre el mercado inmobiliario de la ciudad de Nueva York.

· **Cooking**
El newsletter Cooking, que se envía cinco días a la semana, ofrece recetas e inspiración culinaria por parte del equipo de cocina del Times, dirigido por Sam Sifton.

· Book Review
Cada semana los aficionados al mundo del libros pueden recibir en su correo electrónico este boletín, en el que se incluyen críticas de libros, noticias literarias y un avance del tema de portada del suplemento dominical sobre libros The New York Times Book Review.

· Big City Book Club
Boletín esporádico del Big City Book Club que informa sobre debates online sobre libros relacionados con la ciudad de Nueva York.

· Movies Update
Newsletter semanal que repasa los últimos estrenos cinematográficos e incluye la valoración realizada por los críticos del diario.

· Theater Update
Lo último sobre los espectáculos de Broadway y, en general, sobre el mundo de la escena se recoge en este boletín semanal.

· Travel Dispatch
Newsletter semanal (sábados) dedicado al mundo de los viajes. Consejos prácticos para viajeros, destinos turísticos destacados, imágenes, vídeos... un completo resumen de la cobertura periodística sobre viajes que realiza el diario.

· Times Video
Boletín semanal que ofrece una completa selección de los vídeos más interesantes producidos por el equipo de The New York Times durante los últimos días.

· Wheels
Boletín mensual con las últimas pruebas de coches y las principales noticias y tendencias del sector del automóvil.

· The Learning Network
Newsletter semanal en el que se recopilan los mejores materiales educativos -dirigidos tanto a profesores como estudiantes- basados en los contenidos ofrecidos por The New York Times.

· Well
El newsletter Well, que se envía dos veces por semana, ofrece noticias e información práctica sobre salud, ejercicio o nutrición.

· Well Family
Boletín semanal especializado en temas de salud familiar (nuevos padres, salud infantil, relaciones...)

· **Sports**
Boletín semanal que recoge las principales noticias y los mejores trabajosde la sección de Deportes del *Times*.

Últimas novedades

· **The Interpreter**
Newsletter semanal en el que se comentan y explican los grandes temas de la actualidad internacional de los últimos siete días. Realizado por Max Fisher y Amanda Taub, autores de la columna "The Interpreter" de la sección de Internacional del *Times*.

· **Canada Today**
Boletín semanal con una selección de noticias y artículos de opinion relacionados con Canadá.

· **California Today**
Newsletter diario (de lunes a viernes) con las principales noticias relacionadas con California.

· **Louder**
Boletín semanal realizado por los críticos musicales del Times dedicado especialmente al pop y al jazz.

· **Op-Docs**
Newsletter semanal que ofrece información relacionados con los nuevos documentales realizados por la sección de Opinión del *Times*.

· **Watching**
Boletín que se envía dos veces a la semana en el que se ofrecen recomendaciones sobre las mejores series y películas disponibles tanto en televisión como en los servicios más populares de streaming de internet.

· **Race/Related**
Newsletter quincenal dedicado a explorar temas raciales

Comerciales – Ofertas (sin periodicidad fija)

· **Sophisticated Shopper**
Newsletter sobre nuevos lanzamientos de productos, promociones comerciales especiales y otras ofertas comerciales seleccionadas por el *Times*.

- **Great Getaways**
Ofertas especiales para realizar escapadas, seleccionadas por el *Times*.

- **Travel Deals**
Newsletter semanal con ofertas turísticas seleccionadas por el *Times*.

- **TicketWatch**
Ofertas especiales y promociones sobre los espectáculos de Broadway y otros eventos en directo.

- **The New York Times Store**
Newsletter con ofertas especiales, promociones y otras informaciones prácticas sobre la tienda de The New York Times.

- **Times Journeys**
Es el newsletter de Times Journeys, el servicio de viajes educativos organizados por el *Times*.

- **Updates and Special Offers**
Información sobre las últimas novedades sobre productos y servicios del *Times*, recomendaciones personalizadas de contenidos y otras ofertas especiales.

EN RESUMEN

- *The New York Times* ofrece una amplia selección de boletines electrónicos a los que se pueden suscribir de manera gratuita los usuarios registrados en la web.

- El *Times* ha apostado de manera decidida por este formato, que en los últimos años ha recuperado un gran protagonismo en los medios digitales.
- Con sus newsletters, el diario explota de manera segmentada la vía del correo electrónico para acrecentar la fidelidad –y las visitas recurrentes- de sus lectores.

- En febrero de 2017 *The New York Times* contaba con una amplia oferta formada por 55 newsletters: 48 informativos y siete de carácter comercial.

44

La historia de los blogs del *Times*

The New York Times fue uno de los diarios que antes y con más convicción apostó por los blogs como un modo alternativo, ágil y eficaz de informar a sus usuarios sobre determinados temas, o como la vía para dar mayor protagonismo a algunas de sus firmas principales. El primer blog del diario se lanzó en noviembre de 2005.

En el momento de mayor protagonismo de los blogs, el *Times* llegó a contar con 80 blogs activos y a publicar decenas de entradas diarias, en lo que suponía una inyección de contenidos muy relevante para la web. Con el tiempo, sin embargo, muchos blogs se fueron cerrando porque la función que realizaban ya había quedado integrada en el trabajo habitual de alguna sección, o porque mantenerlos suponía duplicar el trabajo sin aportar un claro valor añadido. Además, las ventajas formales diferenciales que ofrecía el blog a la hora de publicar dejaron de existir cuando se mejoraron tanto el diseño como las funcionalidades básicas de los artículos de la web del *Times*.

Algunos de los blogs impulsados por el *Times*, como The Lede o CityRoom, permitieron mostrar de manera práctica al resto de la redacción del diario las posibilidades que ofrecía el entorno digital para publicar información de manera más ágil y para conectar mejor con los usuarios. Fueron, en cierto modo, eficientes escuelas periodísticas internas de la necesaria transformación digital del *Times*.

También las secciones se convirtieron, con el último rediseño de la web a principios de 2014, en estructuras mucho más sencillas y flexibles, pensadas también para el consumo en dispositivos móviles. Algunos de los antiguos blogs del *Times* son hoy simplemente series de artículos o columnas. La eliminación de blogs formó parte también del permanente plan de reducción de costes que el diario lleva años aplicando. Así, en 2013 se realizó un proceso de revisión de todos los blogs para decidir, caso por caso, cuáles convenía mantener y cuáles podían eliminarse.

Antes del último rediseño, aplicado en enero de 2014, la portada de la web del Times ofrecía un espacio específico para mostrar los últimos *posts* publicados en los blogs. Adicionalmente, cualquier entrada publicada en un blog podía aparecer destacada como noticia independiente o complementando a otra información. Los blogs también tenían un destacado protagonismo en las portadas de las distintas secciones de la web, donde aparecían destacados en función del tema.

Últimos cinco blogs activos

Actualmente (enero de 2017) la web del *Times* únicamente mantiene activos cinco blogs. Se trata de Lens (sobre fotografía, vídeo y periodismo visual), Open (blog de los desarrolladores del *Times*) y los blogs de tres columnistas del diario que conservan este espacio como una vía adicional para conectar con sus lectores: Nicholas Kristof (titulado "On the Ground"), Paul Krugman ("The Conscience of a Liberal") y Ross Douthat ("Evaluations", muy poco activo).

· Open

La transparencia es una de las cualidades más valoradas por muchos usuarios de internet. Para el equipo de desarrolladores de *The New York Times*, esa voluntad de transparencia se tradujo hace años en el lanzamiento de un blog llamado "Open" que juega en su subtítulo con el histórico lema del diario: "All the Code That's Fit to printf()".

Este espacio, que para los usuarios sin conocimientos tecnológicos avanzados puede resultar a menudo algo incomprensible, es un verdadero tesoro para programadores, desarrolladores de páginas web, diseñadores y, en general, personas interesados en los aspectos técnicos de una web.

En "Open" los desarrolladores del *Times* hablan de los múltiples desarrollos tecnológicos en los que trabaja el diario y lo hacen con la misma mentalidad abierta que tiene la compañía respecto al desarrollo de software.

El equipo de desarrolladores del *Times* se ha mostrado siempre muy activo en el ámbito del código abierto, habiendo realizado multitud de aportaciones para que otros desarrolladores puedan aprovecharlas.

La siguiente relación de temas tratados por los autores del blog ofrece una visión general sobre lo que allí se puede encontrar:

- HTTPS on NYTimes.com
  Detalles sobre el proceso de migración a HTTPS de la web del *Times*

- Building a Cross Platform 360-degree Video Experience at The New York Times
  Los cambios realizados para incorporar el vídeo 360 a los productos del *Times*

- Putting {Style} into the Online New York Times Stylebook
  Creación de una web app para el uso interno por parte de la redacción de libro de estilo del *Times*.

- The Future of the Past: Modernizing the New York Times Archive
  Cómo se realizó el proceso de migración de artículos antiguos al nuevo diseño de la web.

- Scoop: A Glimpse Into the NYTimes CMS
  Información sobre el sistema editorial desarrollado por el equipo técnico del *The New York Times* para crear y publicar sus productos, tanto impresos como digitales, llamado Scoop.

Además del blog, el equipo de desarrollo del *Times* mantiene la Times Developer Network, un espacio colaborativo en el que NYTimes.com pone a disposición de terceros sus APIs y otras herramientas tecnológicas para que otros usuarios o empresas pueden desarrollar, a partir de los datos ofrecidos por *The New York Times*, sus propios productos.

Por otra parte, cada año el *Times* organiza un evento interno llamado "Maker Week" (anteriormente denominado "Hack Week"), en el que empleados de la compañía pueden idear y participar en la elaboración de propuestas para nuevos proyectos. En la edición celebrada durante el verano de 2016, de una semana de duración, participaron "centenares" de profesionales del *Times*, que prepararon unos 85 proyectos distintos, según publicó el NiemanLab en un artículo dedicado a este evento. Adicionalmente, cada trimestre se celebra un "Maker Day".

· **Lens**

La imagen —ya sea en forma de fotografías, vídeos o galerías multimedia- es la gran protagonista de este blog, en el que se va mostrando lo mejor del periodismo visual y multimedia publicado por *The New York Times*. En el blog también se hace referencia de vez en cuando al buen periodismo gráfico realizado por otros periódicos, revistas y agencias informativas. En Lens, que se ha convertido en una comunidad de referencia para los amantes del fotoperiodismo y el periodismo visual, aparecen listados todos los fotógrafos del diario, con enlaces a sus respectivos trabajos.

· **Nicholas D. Kristof**
En su blog, titulado "On the Ground", Nicholas D. Kristof amplía los contenidos que publica dos veces por semana en las páginas de Op-Ed del diario. Viajero incansable —ha visitado más de 150 países- y ganador de dos Pulitzers, Kristof ha sido corresponsal del diario en Los Angeles, Hong Kong, Beijing y Tokio, ha seguido campañas presidenciales y ha ocupado distintos puestos de responsabilidad en la redacción.

· Paul Krugman
"The Conscience of a Liberal" es el título del blog que escribe en The New York Times el economista y premio Nobel (2008) Paul Krugman, profesor de Economía y Asuntos Internacionales en la Princeton University. Krugman es columnista del diario desde 1999.

· Ross Douthat
Columnista del diario desde abril de 2009, en su blog aborda fundamentalmente cuestiones políticas y culturales.

La historia de los blogs del *Times*

Desde 2005 y durante los años siguientes fueron decenas los blogs creados por *The New York Times*. En buena parte de los casos se trataba de blogs publicados por periodistas del propio diario. En otros, se contaba con la colaboración de expertos externos. Algunos de los blogs estaban mantenidos por una única persona, pero en otros muchos casos se trataba de blogs colaborativos en los que participaban varios autores.

El primer blog del diario vio la luz en noviembre de 2005. Se trataba del blog inmobiliario The Wlak-Though y el primer post se tituló "The D.C.Market Cools".

Este blog tuvo una vida corta, ya que el 11 de septiembre de 2006, cuando aún no tenía un año de vida, *The New York Times* anunció su cierre para centrar los esfuerzos editoriales en otros nuevos productos del ámbito inmobiliario: una base de datos de segundas residencias (Great Homes), un espacio práctico sobre financiación (The Home Finance Center) y una nueva revista especializada en el sector de la vivienda (Key).

El segundo blog publicado fue The Carpetbagger un espacio impulsado por la sección de Cultura para informar de un modo más relajado y entretenido sobre los grandes premios del mundo del cine, como los Oscar o los Globos de Oro. Como sucedería con otros blogs del *Times*, The Carpetbagger acabó adoptando el formato de artículo o columna, y como tal se publica hoy en día. El espacio está a cargo de la reportera de la sección de Cultura Melena Ryzik y cuenta con la colaboración de otros redactores especializados.

El tercer blog por orden de aparición fue el espacio de opinión The Opinionator. Este blog dejó de actualizarse en abril de 2016. Formaba parte de la sección editorial The Opinion Pages y agrupaba a distintas firmas. En el blog se abordaban series temáticas en las que participaban autores invitados por *The New York Times*.

En agosto de 2013, *The New York Times* toadavía mantenía activos más de 40 blogs. Entre los que alcanzaron mayor protagonismo se encontraban los siguientes:

· **The Lede**
Fue uno de los blogs periodísticos más interesantes de *The New York Times*. Estaba dedicado a ofrecer información adicional y en tiempo real sobre las principales noticias del día, con referencias constantes a contenidos de interés publicados por otras páginas web y a material original del propio diario. The Lede permitía en muchos casos acudir directamente a las fuentes más relevantes sobre cada tema tratado. Para los aficionados a la actualidad, era una referencia ineludible y que no solía defraudar.

The Lede animaba a los lectores a sugerir enlaces relevantes o a enviar sus propios vídeos, fotos o relatos cuando habían sido testigos de acontecimientos informativos. El blog estaba mantenido por diversas personas de la redacción de *The New York Times*, que también lo utilizaba como una plataforma para actualizar la información en tiempo real siempre que se producía una noticia muy relevante.

Dejó de actualizarse en julio de 2014. El último mensaje decía lo siguiente: "The Lede ya no se actualizará más, pero sus funcionalidades habituales, incluidas las coberturas en directo de noticias de última hora y los comentarios en redes sociales seguirán formando parte del trabajo informativo de *The New York Times*".

· **CityRoom**
Fue uno de los blogs emblemáticos del *Times*. Se creó en junio de 2007 y se convirtió en una referencia esencial sobre la vida informativa de la ciudad de Nueva York. La redacción del diario lo utilizó para informar en tiempo real y conversar con los lectores sobre todo tipo de cuestiones del ámbito local: política, sucesos, transporte, educación, vivienda, barrios o ciudadanos de Nueva York, entre otros temas. Tras algo más de ocho años de actividad, dejó de actualizarse en octubre de 2015 tras 20.000 entradas publicadas, 425.000 comentarios de los lectores y decenas de millones de visitas acumuladas. Buena parte del trabajo que se hacía en el blog está hoy disponible en el espacio New York Today, que se actualiza constantemente durante el día.

- **FiveThirtyEight**

Popular blog de **Nate Silver**, el periodista experto en datos estadísticos que fue capaz de predecir acertadamente los resultados de las elecciones presidenciales de 2012 en todos los estados del país. Publicado en la web de *The New York Times* desde el año 2008, su último post apareció en julio de 2013, mes en el que Silver anunció que abandonaba el diario y se llevaba su blog a la web de deportes ESPN, donde dirigiría un equipo de periodistas, programadores y expertos en datos. El blog estaba dedicado al análisis de temas políticos y otros asuntos de la actualidad basándose siempre en datos estadísticos.

- **India Ink**

"Apuntes sobre la mayor democracia del mundo". Así se presentaba este blog dedicado por entero a informar sobre India, realizado por periodistas de *The New York Times* en colaboración con una serie de colaboradores expertos en este país asiático. El blog también aspiraba a convertirse en un espacio de debate sobre "esta compleja y cambiante democracia". Lanzado el 8 de septiembre de 2011, India Ink fue el primer espacio informativo creado por *The New York Times* dedicado por entero y de manera exclusiva a un país en concreto. Dejó de actualizarse a finales de junio de 2014.

- **DealBook**

DealBook fue rápidamente mucho más que un blog. Se trata de una completa web económica especializada en todo tipo de operaciones empresariales y bursátiles: fusiones, adquisiciones, inversiones, etc. DealBook, a diferencia de la mayor parte de blogs de *The New York Times*, contó con un diseño distintivo. Su fundador y editor es el periodista económico **Andrew Ross Sorkin** (@andrewrsorkin), columnista del *Times*, autor del best seller "Too Big to Fail: Inside the Battle to Save Wall Street" y copresentador del programa económico de la CNBC "Squawk Box". DealBook empezó siendo un boletín diario de noticias económicas lanzado en el año 2001. En 2006, cuando había alcanzado ya la cifra de 160.000 suscriptores que lo recibían por correo electrónico y gozaba de gran relevancia entre el sector empresarial, se convirtió en un blog para poder ir actualizando la información de manera mucho más ágil a lo largo del día. Con el tiempo se convertiría en un proyecto periodístico con personalidad propia dentro de la web del *Times*.

- **Bits**

Casi una veintena de periodistas del diario llegaron a participar desde Nueva York, San Francisco o Seattle en este importante blog de *The New York Times* dedicado a informar sobre "el negocio de la tecnología". Fue uno de los blogs más visitados del diario. Hoy es uno de los proyectos que se ha convertido en una subsección de Tecnología. Bits tuvo su propio diseño desde noviembre de 2011, cuando el diario decidió ampliarlo y contrató a varios periodistas adicionales para trabajar en él.

· **Gadgetwise**
Blog dedicado a los *gadgets* y a la tecnología que utilizan los usuarios en su vida diaria. A partir de mediados de julio de 2013 el blog quedó integrado en la sección Personal Tech de la web.

· **Pogue's Posts**
Desde el año 2000 todos los jueves se publicaba en *The New York Times* la columna tecnológica de David Pogue, periodista que también escribió una columna semanal que se enviaba por correo electrónico titulada "From the Desk of David Pogue". Todo ese material, más otras entradas que publicaba Pogue, quedaban recogidos en este blog, que dejó de publicarse en octubre de 2013 cuando Pogue fichó por el portal Yahoo! para lanzar un nuevo canal de información tecnológica.

· **First Look**
Durante un tiempo *The New York Times* utilizó este blog para mostrar a los usuarios novedades en las que estaba trabajando para mejorar la web. En marzo de 2013, por ejemplo, usó este espacio para avanzar algunos de los cambios que estaba preparando el equipo de diseño de la web –en concreto, con un nuevo formato para los artículos- y para pedir la opinión de los usuarios. La última entrada se publicó en febrero de 2015. Desde entonces, las novedades del *Times* se canalizan por otras vías, como Times Insider o la web corporativa (nytco.com), además de la web principal del diario.

· **ArtsBeat**
ArtsBeat fue un blog realizado por los reporteros y los críticos de la sección de Cultura del diario y del suplemento Book Review. En el blog aparecían noticias de última hora, coberturas de eventos en vivo, críticas, contenidos multimedia y muchos otros elementos que permitían conectar de un modo muy directo con la audiencia. Todas las entradas estaban categorizadas en ocho áreas temáticas: arte y diseño, libros, música clásica, danza, cine, música, televisión y teatro. El blog desapareció y sus trabajos quedaron integrados en la cobertura general de la sección Arts.

· **After Deadline**
El libro de estilo del *Times* –su primera edición es del año 1950- era la referencia de este blog en el que se analizaban cuestiones gramaticales, de uso del lenguaje y de estilo con las que lidiaban diariamente

los periodistas y editores de *The New York Times*. El material básico utilizado en el blog surgía de una reunión semanal supervisada por Philip B. Corbett, el editor responsable en la actualidad del libro de estilo, en la que se realizaba un repaso crítico al material publicado durante los días anteriores. El blog dejó de actualizarse en marzo de 2016. Puntualmente, Philip B. Corbett realiza aportaciones en el espacio Times Insider en el que se reflejan distintos aspectos del trabajo periodístico del equipo del *Times*.

· Public Editor's Journal

Margaret Sullivan, que fue la quinta defensora del lector (Public Editor) de *The New York Times* (desde 2012 hasta 2016), publicaba dos veces al mes una columna en la edición impresa dominical del diario, en la sección Sunday Review, y de manera más frecuente fue analizando la práctica periodística del *Times* a través de este blog. Como muchos otros blogs del *Times*, con el nuevo diseño de la web adoptó el formato normal de artículo y quedó integrado en la sección Public Editor.

· Well

La salud fue una de las apuestas más importantes realizadas de *The New York Times* en su área de blogs, y lo sigue siendo actualmente como parte fundamental de su propuesta de periodismo de servicio. Desde el mes de abril de 2012, Well contó con un diseño propio que lo convirtió, de hecho, en una web temática o en un *site* vertical más que en un simple blog. El blog Well trataba todo tipo de temas relacionados con el bienestar personal y familiar: cuerpo, mente, alimentación, ejercicio, familia, relaciones, médicos o mascotas eran algunas de las secciones en las que se agrupaban los contenidos coordinados por Tara Parker-Pope, periodista de *The New York Times* experta en este ámbito. Además, ofrecía diversas herramientas prácticas relacionadas con el ejercicio físico y la salud. Todos estos temas siguen tratándose, todavía de manera más amplia, en la sección Well del *Times*.
(Se ofrece detallada información sobre el producto Well en el capítulo dedicado al equipo NYT Beta).

· Motherlode

Ayudar en la complicada aventura de ser y ejercer de padres para conseguir que los hijos crezcan sanos y felices. Este era el objetivo principal del blog Motherlode, que en marzo de 2016 quedó integrado en la sección "Family" del vertical Well.

· The New Old Age

Cada vez vivimos más años, lo que se traduce en un aumento muy importante de la población anciana que requiere de cuidados especiales. El blog The New Old Age, creado en 2008, estuvo dedicado de manera específica a abordar este asunto, atendiendo en especial a la relación entre las personas de la tercera edad y los hijos o familiares que se ocupan de ellos. El blog quedó integrado en la sección "Health" del *Times* en enero de 2015.

· The Learning Network

Enseñar y aprender utilizando *The New York Times* como recurso. Esto es lo que ofrecía a profesores, padres y estudiantes este blog educativo en el que cada día aparecían nuevos recursos basados en artículos, fotos, vídeos, ilustraciones o gráficos publicados por *The New York Times*.

Como se explica en el capítulo dedicado al mundo de la educación, hoy The Learning Network es mucho más que un blog: se ha convertido en una sección con personalidad propia en la que se ofrecen multitud de recursos educativos.

· Booming

La generación de los "baby boomers" —casi 80 millones de estadounidenses nacidos entre 1946 y 1964- era la protagonista y destinataria de este espacio, creado en septiembre de 2012 y desaparecido en enero de 2014, con el que *The New York Times* prestaba especial atención a un segmento de público muy amplio e interesante desde el punto de vista publicitario: los mayores de 50 años. Los contenidos abordados en el blog aparecen ahora dispersos entre el contenido general de la web.

· Wordplay

Los crucigramas y juegos de palabras, que cuentan con una larga tradición en *The New York Times*, merecieron también un espacio entre los blogs del diario. Wordplay, hoy convertido en una columna, es un espacio abierto de diálogo con los muchos aficionados a estos juegos.

(Se ofrece más información sobre los crucigramas del *Times* en el capítulo sobe el equipo NYT Beta).

De WordPress a Scoop

Durante años los blogs de *The New York Times* fueron creados con WordPress, la plataforma de publicación de blogs más utilizada del mundo, aunque posteriormente la estrategia del diario fue la de ir abandonando esta plataforma para utilizar su propio sistema de gestión de contenidos (CMS), llamado Scoop. Esta herramienta ha sido desarrollada internamente por el equipo técnico de *The New*

York Times desde el año 2007. Actualmente se emplea para publicar tanto los productos digitales como la edición impresa.

EN RESUMEN:

- *The New York Times* apostó desde el año 2005 de manera decidida por los blogs como un nuevo formato para publicar contenidos y conectar con la audiencia.

- El *Times* llegó a publicar unos 80 blogs.

- La reducción de costes y las mejoras en el diseño del *Times* provocaron la desaparición o la transformación de la mayor parte de los blogs del diario.

- A principios de 2017 el *Times* únicamente mantenía activos cinco blogs: Open (de los desarrolladores del diario), Lens (sobre periodismo visual) y los de los columnistas Nicholas Kristof, Paul Krugman y Ross Douthat.

- Algunos de los blogs más destacados del *Times* se han convertido en columnas o han quedado integrados en sus respectivas secciones temáticas.

- Algunos blogs ya desaparecidos, como The Lede o CityRoom, permitieron mostrar de manera práctica al resto de la redacción del *Times* las posibilidades que ofrecía el entorno digital para publicar información de manera más ágil y conectar mejor con los usuarios. Fueron escuelas periodísticas de la transformación digital.

45

Los comentarios de los lectores en la web del *Times*

La interactividad es una de las características diferenciales de internet. Lo ha sido desde los inicios de la web, pero muy especialmente desde la consolidación del fenómeno de la Web 2.0, la web social, la web participativa en la que el usuario es el rey.

Los medios de comunicación han descubierto durante estos años las enormes posibilidades que ofrece internet a la hora de integrar la participación de sus usuarios. Pero también han aprendido que la gestión de esta participación no es tarea fácil y conlleva algunos riesgos que hay que saber gestionar de manera adecuada.

En las ediciones impresas de periódicos y revistas, las cartas de los lectores han sido tradicionalmente la forma más habitual de integrar la participación de los usuarios. Se trataba –y aún es así- de un proceso pausado, reflexivo y selectivo que permitía escoger los mejores comentarios de los lectores para publicarlos en el papel, generalmente en la sección de Opinión. Era el modo de dar voz a la audiencia, de integrarla en el proceso productivo del diario.

En la web, sin embargo, existen muchas más opciones de canalizar la participación de los usuarios: comentarios, encuestas, cartas, concursos, cuestionarios, votaciones, valoraciones, aportación de materiales (textos, fotos o vídeos)... Muchas vías que, en casi todos los casos, exigen una ágil capacidad de gestión y respuesta si quieren ser efectivas.

De todas estas formas de participación digital, la de los comentarios de los lectores a las noticias y artículos publicados por el medio es una de las más relevantes desde el punto de vista cualitativo. Se podría decir que el valor de un medio digital depende tanto del equipo que lo produce como de su audiencia. Estos dos colectivos aportan contenidos al medio: cuanto mayor sea la calidad y pertinencia de dichos contenidos, más valor tendrá el producto tanto para sus usuarios como para sus anunciantes.

Por tanto, la gestión de los comentarios de los lectores es un asunto importante que cada medio debe abordar teniendo en cuenta sus principios, objetivos y posibilidades presupuestarias. Las opciones son muchas y variadas: desde aquellos medios que no permiten realizar comentarios de ningún tipo en sus noticias hasta los que permiten hacerlo sin ningún tipo de limitación, pasando por los que aplican distintos grados y fórmulas de moderación. Las decisiones que se tomen en este ámbito hablarán por sí solas de la relación que el medio quiere tener con su audiencia y de su posicionamiento en el mercado de la información.

En este capítulo se describe cuál es y cómo se aplica la política de comentarios que sigue *The New York Times*.

La gestión de los comentarios en el *Times*

The New York Times permite realizar comentarios en alguna de sus noticias diarias desde finales de octubre del año 2007. Antes de esa fecha únicamente ofrecía la opción de hacer comentarios en los blogs del diario.

Cada día el equipo de moderación de comentarios de *The New York Times*, integrado por 14 personas, selecciona una serie de noticias que serán las que los usuarios podrán comentar. Habitualmente, el número de artículos abiertos a comentarios es de unos 20 al día, lo que supone el 10% aproximadamente del total de artículos publicados. Así lo explicó en septiembre de 2016 el responsable de este equipo, Bassey Etim, que también señaló que la media de comentarios recibidos era de unos 11.000 al día.

Como se explica en la página de ayuda del diario, cuando *The New York Times* permite a sus usuarios realizar comentarios en una noticia o artículo determinado, pretende lograr "comentarios elaborados y bien informados que sean relevantes para el artículo" en cuestión. "Damos la bienvenida a tu consejo, a tu crítica y a tus personales puntos de vista sobre los temas del día".

El diario espera que los comentarios de sus lectores sigan el buen gusto de la línea marcada por los artículos que se publican tanto en el diario impreso como en la web. Así, en ningún caso se toleran los ataques personales, los comentarios obscenos, la vulgaridad, la ordinariez (incluyendo palabrotas o letras seguidas de guiones equivalentes a palabras malsonantes), los mensajes comerciales, las suplantaciones de personalidad o los GRITOS que reflejan las palabras escritas en mayúsculas).

Para que todo esto sea posible, no hay otro modo de proceder que contar con un equipo humano que modere los comentarios de los lectores. *The New York Times* selecciona cada día solo algunas noticias en las que será posible realizar comentarios, en función de las posibilidades del equipo de moderación.

"Nuestra meta es ofrecer comentarios sustanciales para una audiencia general. Gracias a la revisión de los comentarios enviados, hemos creado un espacio en el que los lectores pueden intercambiar comentarios inteligentes y bien informados que mejoran la calidad de nuestras noticias e información", explica el diario.

La moderación, como todo proceso humano, es subjetiva, aunque el equipo del *Times* promete hacerla "de manera tan cuidadosa y consistente como sea posible".

Para poder realizar comentarios en *The New York Times* es imprescindible ser un usuario registrado. Los lectores que quieran comentar deben aportar en todos los casos un nombre de usuario y una ubicación geográfica. El *Times*, como muchos otros medios, considera que el registro obligatorio y la identificación aseguran un mayor grado de responsabilidad a la hora de hacer comentarios por parte de los usuarios.

Los comentarios, que pueden tener un máximo de 1.500 caracteres, deben realizarse en inglés. Los realizados en otros idiomas son rechazados.

Una vez el usuario ha escrito un comentario, éste pasa a la cola de moderación y no aparece publicado hasta que ha sido aprobado por un moderador. Durante el horario de oficina, este proceso de moderación suele ser rápido. Por la noche y durante los fines de semana es más lento.

Pero esta política de moderación previa no aplica en todos los casos. *The New York Times* ha creado una categoría de usuarios, los "Verified Commenters", que gracias a su positivo historial no precisan de moderación previa. Sus comentarios se publican automáticamente en la web.

En septiembre de 2016, el *community editor* del *Times*, Bassey Etim, explicó que el diario estaba trabajando con Google Jigsaw "para crear un nuevo sistema de moderación que nos ayudará a revisar los comentarios entrantes a partir de decisiones realizadas por los moderadores en el pasado". Así, los robots ayudarán a agilizar el proceso de moderación.

Diseño

Desde el cambio de diseño de enero de 2014, los comentarios se despliegan en la parte derecha de los artículos cuando el usuario lo solicita haciendo clic en el enlace correspondiente. De esta manera, es posible leer los comentarios sin tener que llegar necesariamente al final del artículo.

Las noticias que aceptan comentarios se distinguen porque en su presentación en la portada general o en las portadas de las secciones aparece, después del titular y entradilla, en color azul, el símbolo de comentario junto con la palabra "Comments" (con el número de comentarios publicados hasta ese momento). Si se accede directamente a un artículo, los que incluyan comentarios o permitan realizarlos lo indican en la parte superior derecha siguiendo el mismo esquema: símbolo de comentario, número y palabra "comments".

Así se muestra en la web del *Times* que un artículo incluye comentarios (en portada, a la derecha, y en la página de artículo, abajo).

Además, según se va leyendo una noticia o artículo haciendo *scroll* vertical, en la columna derecha pueden aparecer algunos comentarios destacados de esa noticia. Así, se invita a los lectores a consultarlos o a añadir sus propios comentarios.

Una vez desplegados los comentarios en la parte derecha de la página, el usuario puede ordenarlos siguiendo distintos criterios: todos los comentarios ("All"), los comentarios más valorados por los lectores ("Reader's Picks") o los comentarios destacados por el equipo de *The New York Times* ("NYT Picks").

Los comentarios se pueden ordenar en función de distintos criterios.

The New York Times no edita los comentarios realizados por los lectores. Se aprueban o se rechazan, pero no se editan. Solo cuando un comentario es citado en un artículo del *Times*, el diario se reserva el derecho de editarlo para corregir algún posible error gramatical.

Aunque los comentarios hayan sido ya aprobados, los lectores pueden alertar al equipo de moderación si consideran que un comentario no es apropiado por cualquier motivo. Para ello existe la herramienta "Flag" (bandera) en la parte derecha de todos los comentarios. El usuario debe aportar el motivo por el que considera que el comentario debe ser revisado de nuevo.

Para realizar comentarios no es obligatorio que los usuarios utilicen su nombre real, aunque *The New York Times* anima a hacerlo así por considerar que "la gente que utiliza sus nombres reales participa en conversaciones más interesantes y respetuosas".

Cuando un comentario es aprobado por el equipo de moderación, el usuario que lo ha realizado recibe un mensaje de confirmación con un enlace directo a su comentario publicado. Todos los comentarios pueden ser compartidos en Facebook y Twitter de manera individual. Asimismo, los usuarios pueden recomendar un comentario en concreto o responder a un comentario específico, abriendo así un hilo de debate.

Los "comentaristas verificados"

Un "Verified Commenter" (comentarista verificado) puede realizar comentarios en noticias o entradas de blog del *Times* sin pasar por el proceso de moderación.

Un algoritmo que tiene en cuenta el número de comentarios realizados y el historial de aceptación de los mismos decide quiénes son los usuarios que merecen convertirse en comentarista verificado. Por tanto, no existe una implicación directa del personal del diario para tomar esta decisión.

En cualquier caso, el equipo de moderación de *The New York Times* puede revisar y eliminar si lo considera oportuno en cualquier momento los comentarios realizados por un comentarista verificado.

El equipo de moderación del diario cuenta con la ayuda de un sistema tecnológico que filtra palabras inapropiadas.

El anterior director de las páginas de Opinión de *The New York Times*, Andrew Rosenthal, publicó en marzo de 2012 una entrada en el blog de su sección, "Taking Note", ofreciendo consejos a los usuarios para lograr que sus comentarios fuesen aprobados.

No utilizar un lenguaje obsceno, opinar sobre el tema del artículo –y no sobre cualquier otro asunto- y no realizar ataques personales eran algunos de los consejos de Rosenthal. Ante el interés de los usuarios, al día siguiente se publicó una continuación del tema ("Is There a Chief Comments Moderator?") con las aportaciones de Bassey Etim, el *community editor* de *The New York Times*.

Bassey Etim explicó que el equipo de moderadores del *Times* que él coordina revisa los comentarios realizados en las noticias de cualquier sección del diario en las que se permiten comentarios. Anteriormente también ayudaba a revisar los comentarios en algunos de los blogs más activos, aunque en la mayor parte de ellos el trabajo de moderación lo realizaba el propio equipo del blog (a veces, el propio autor del blog; en otros casos, un productor o asistente). Los columnistas no moderan los comentarios realizados en sus columnas. Esa es tarea del equipo de moderación.

Este equipo de moderación está integrado por periodistas profesionales cuya tarea es revisar todos los comentarios aportados por los lectores y decidir si se publican o no según los criterios generales establecidos por *The New York Times*.

El responsable del equipo de moderación señaló también que, en líneas generales, "los lectores de NYTimes.com están extremadamente bien informados y son muy amables".

La anterior defensora del lector del *Times*, Margaret Sullivan, abordó en su blog "Public Editor's Journal" en octubre de 2012 el tema de la gestión de los comentarios de los lectores por parte del diario. Con la ayuda de las personas que gestionaban entonces las redes sociales (Sasha Koren) y los comentarios de los lectores (Bassey Etim) respondió a algunas de las principales dudas planteadas por los usuarios.

Por ejemplo, se explicaba que en aquel momento el número diario de artículos que se abrían a comentarios era de unos 17. Para decidir qué artículos se escogían se tenían en cuenta aspectos como el valor informativo de la noticia, el potencial interés de los lectores o el tiempo que hacía que un tema similar se había debatido, entre otros.

Por lo general, la posibilidad de realizar comentarios en una noticia permanece abierta durante 24 horas, aunque a veces se amplía ese plazo si la noticia online se ha publicado antes que en el papel, para cerrarla el día después de su aparición en la edición impresa.

Un ejercicio práctico de moderación

Para mostrar y explicar a los usuarios en qué consiste el trabajo de moderación de comentarios, el Times publicó en septiembre de 2016 un ilustrativo interactivo titulado "Approve or Reject: Can You Moderate Five New York Times Comments?", en el que invitaba a los usuarios a decidir si un comentario se podía aprobar o no según los criterios del diario, y ofrecía una explicación sobre cada caso una vez el usuario había tomado una decisión.

En noviembre de 2015, el responsable de moderación del *Times*, Bassey Etim, recopiló en un artículo ("Meet Some of Our Top Commenters") los perfiles de 14 de los usuarios que realizaban un mayor número de comentarios en la web del diario.

The Coral Project

The New York Times colabora junto al diario *The Washington Post* y la Mozilla Foundation en The Coral Project, un proyecto financiado por la Knight Foundation que pretende aumentar la participación de los usuarios en los medios de comunicación para mejorar el periodismo y la confianza del público en el mismo.

The Coral Project está desarrollando herramientas de código abierto y guías de buenas prácticas para ser usadas por todo tipo de redacciones. El primer producto lanzado fue Ask, una herramienta para recibir, gestionar y mostrar distintos materiales aportados por los usuarios.

Análisis de 9,6 millones de comentarios

El Engaging News Project de la Universidad de Texas en Austin analizó más de 9,6 millones de comentarios que los usuarios habían enviado a la web del *Times* entre octubre de 2007 y agosto de 2013. Talia Stroud, directora del proyecto, y Ashley Muddiman publicaron las conclusiones de su estudio, que titularon "10 Things We Learned by Analyzing 9 Million Comments from The New York Times".

En noviembre de 2011, el *Times* había rediseñado su espacio de comentarios (lo volvería a modificar en enero de 2014 con el nuevo diseño de la página de noticia). El estudio del Engaging News Project descubrió que la mejora formal en el diseño se había traducido en un incremento del número de comentarios y en una reducción de las denuncias por comentarios inadecuados. También concluyó que el hecho de seleccionar comentarios destacados se había traducido en un importante incremento del número de comentarios realizados por los usuarios con comentarios escogidos.

EN RESUMEN:

- *The New York Times* selecciona cada día alrededor de 20 noticias o artículos –el 10% del total de contenidos publicados- que pueden ser comentados por los usuarios. El resto de artículos no admiten comentarios.

- Cada día el *Times* recibe unos 11.000 comentarios (datos de septiembre de 2016).

- Todos los comentarios son moderados por un equipo integrado por 14 personas antes de su publicación. Este equipo de moderadores rechaza todos aquellos comentarios que no respeten las normas de buen gusto y calidad que exige el diario.

- *The New York Times* entiende que el alto nivel que exige en los comentarios de los lectores mejora el producto informativo en su conjunto.

- Los lectores con un muy buen historial de comentarios pueden ser considerados "Verified Commenters". En ese caso, sus comentarios se publican automáticamente sin pasar por el equipo de moderación.

- Los comentarios tienen una presencia más destacada en la página de noticia o artículo tras el rediseño aplicado en enero de 2014. Los comentarios se despliegan en la parte derecha de la pantalla cuando el usuario lo solicita.

46

La lista de *best sellers* más importante del mundo editorial

Desde hace muchas décadas, para el poderoso sector editorial de Estados Unidos, y para decenas de miles de aficionados a la lectura de todo el mundo, la lista de *best sellers* que publica cada semana el diario *The New York Times* es una referencia ineludible.

Editores y autores se apresuran a mostrar con gran orgullo en las portadas de sus libros y en sus páginas web que un determinado título ha conseguido aparecer en la lista de los libros más vendidos del *Times*. Ese sello es sinónimo indiscutible de triunfo y, muy posiblemente, un gran incentivo para lograr nuevas ventas.

La lista de *best sellers* es una más de las evidencias del poder y trascendencia que tiene la marca The New York Times, en este caso ganada a pulso durante casi nueve décadas de trabajo. También es una gran demostración de la apuesta por la calidad y por el producto único y diferencial que ha realizado históricamente el diario, y que ha ayudado a cimentar su prestigio y relevancia en todo el mundo.

Un poco de historia

La primera lista de *best sellers* se publicó de manera muy discreta en las páginas de *The New York Times* el 12 de octubre de 1931. Esa lista pionera ofrecía información sobre los libros de ficción y no ficción más vendidos en varias librerías de la ciudad de Nueva York.

Los libros que aparecieron en esa primera lista (reproducida en la imagen adjunta) fueron los siguientes:

FICCIÓN:
- *The Ten Commandments*, de Warwick Depping (Knopf)
- *Finch's Fortune*, de Mazo de la Roche (Little, Brown)
- *The Good Earth*, de Pearl S. Buck (John Day)
- *Shadow son the Rock*, de Willa Cather (Knopf)
- *Scaramouche the King Maker*, de Rafael Sabatini (Houghton, Mifflin)

NO FICCIÓN:
- *Ellen Terry-Bernard Shaw, a correspondence* (Putnam)
- *The Epic of America*, de John T. Adams (Little, Brown)
- *Man's Own Show: Civilization*, de George Dorsey (Harper)
- *Washington Merry-Go-Round*, anónimo (Liveright)

La primera lista de los libros más vendidos, publicada por el *Times* el 12 de octubre de 1931.

Unos años después, el 6 de octubre de 1935, se publicó una primera lista mensual de los libros de ficción y no ficción más vendidos en Estados Unidos.

Durante los meses y años siguientes la lista fue expandiéndose –aunque publicándose de manera irregular- para incluir los títulos de más éxito en distintas ciudades de Estados Unidos, hasta que el 9 de agosto de 1942 se publicó la primera lista nacional, con periodicidad semanal, en el suplemento dominical *The New York Times Book Review*.

Esa lista ofrecía la relación de libros más vendidos de ficción y no ficción y el lugar que ocupaban en el ranking en las 14 ciudades entonces analizadas: Nueva York, Boston, Philadelphia, Washington, Baltimore, Atlanta, Cleveland, Detroit, Chicago, St. Louis, New Orleans, Dallas, San Francisco y Los Angeles. Las listas separadas por ciudades se mantuvieron sólo unos años más. (Ejemplo: lista publicada el 10 de enero de 1943)

Un ejemplo de la lista de libros más vendidos por ciudades, publicada el 10 de enero de 1943.

El ranking de libros elaborado cada semana por *The New York Times* fue ganando rápidamente protagonismo entre el público y los profesionales del sector, quedando ya desde los años 50 como la lista de *best sellers* de referencia junto a la publicada, desde el año 1912, por la revista especializada en el sector editorial *Publishers Weekly*.

¿Cómo se elabora la lista del *Times*?

Según se explica en la propia página web de las listas, el ranking se confecciona a partir de la información de ventas que ofrece una larga lista de proveedores repartidos por todo el país: librerías independientes; cadenas nacionales, regionales y locales de librerías; comercios online; supermercados; tiendas de universidades y de regalos, y quioscos. En el caso de los libros electrónicos, los datos los proporcionan diversas tiendas online que ofrecen ebooks en distintos formatos. Según *The New York Times*, la información recopilada procede de un total de 4.000 librerías y de mayoristas que prestan servicio a más de 50.000 puntos de venta repartidos por toda la geografía de Estados Unidos.

La lista se publica primero en la web. Unos días después, aparece una versión de la misma en el suplemento dominical *The New York Times Book Review*. Los datos de venta con los que se prepara la lista han sido siempre recopilados con dos semanas de antelación respecto a la fecha de publicación en el papel.

Según el diario, desde el punto de vista estadístico los datos correspondientes a las ventas de libros impresos están ponderados para reflejar la actividad en el conjunto de Estados Unidos. Esa ponderación no se aplica en el caso de las ventas de ebooks.

Algunos libros no se tienen en cuenta a la hora de elaborar las listas. Entre ellos, libros de texto, libros de obligada lectura en las escuelas, clásicos, guías de preparación de exámenes o cómics. Tampoco se incluyen los libros autoeditados.

Una vez recibida de manera confidencial la información procedente de los distintos vendedores, el departamento de encuestas y análisis de elecciones ("News Surveys and Election Analysis") de *The New York Times*, especializado en el análisis de datos estadísticos, se encarga de elaborar las listas para cada una de las categorías.

¿Qué información ofrece la lista de *best sellers*?

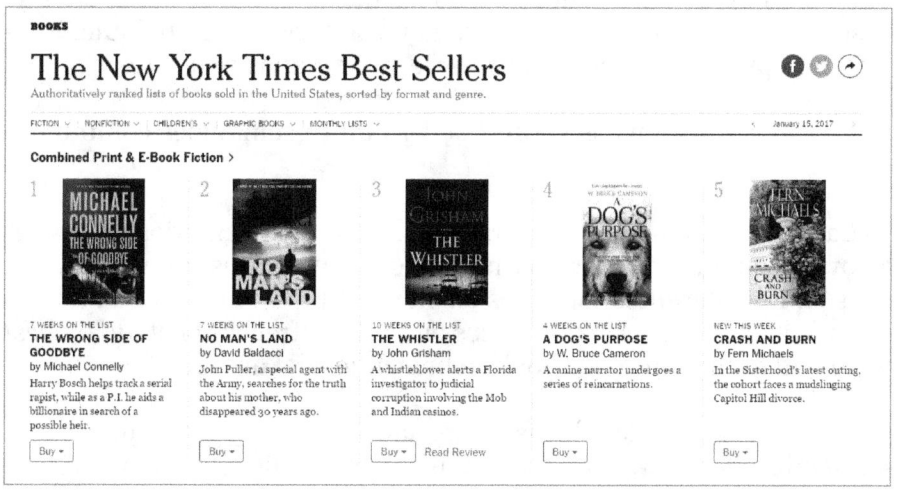

Captura de pantalla de la página principal de la lista de Best Sellers del *Times*.

La página de *best sellers* del *Times* renovó completamente su aspecto gráfico en mayo de 2016 para adoptar un diseño *responsive* –como se había hecho con otras muchas áreas internas de la web– que facilitara la consulta de la misma desde cualquier dispositivo, especialmente desde los móviles.

En la portada de este espacio se ofrece un resumen de los datos más recientes, con las cinco obras más vendidas en algunas de las principales categorías en que se clasifican los libros:

- Ficción (libros impresos y electrónicos combinados)
- Ficción (tapa dura)
- No ficción (libros impresos y electrónicos combinados)
- No ficción (tapa dura)
- No ficción (tapa blanda)

Para cada uno de los libros se muestra la portada, el número de semanas que el libro lleva en la lista, el título (enlazado, si existe, a la crítica del libro realizada por el *Times*), el autor, un breve resumen de presentación y varios enlaces para poder comprar el libro en Amazon, Barnes & Noble o librerías locales.

Desde esta portada se puede acceder al detalle de cada una de las categorías, que aparecen como desplegable en la parte superior de la página o también al pie de la misma.

Una vez dentro de la categoría seleccionada, la lista se amplía hasta los 15 ó 20 más vendidos de la semana, con una indicación de si suben o bajan respecto a la semana anterior. En cualquier momento se puede acceder a las listas de las semanas anteriores.

El *Times* ofrece listas de *best sellers* tanto semanales como mensuales.

Las listas semanales muestran los libros más vendidos en las categorías generales de ficción, no ficción, para niños y jóvenes y cómics en los diferentes formatos existentes (tapa dura, blanda o libro electrónico). *The New York Times* empezó a ofrecer el listado de *best sellers* en la categoría de ebooks a principios del año 2011.

En el caso de las listas mensuales, que se introdujeron en septiembre de 2014, los rankings incluyen los diez libros más vendidos cada mes en una larga lista de categorías:

- Animales
- Negocios
- Famosos
- Crimen
- Cultura
- Educación
- Espionaje
- Expediciones
- Moda
- Cocina y dieta
- Juegos

- Salud
- Humor
- Amor y relaciones
- Paternidad y familia
- Política e Historia de América
- Raza y derechos civiles
- Religión y espiritualidad
- Ciencia
- Deportes
- Viajes

A veces, junto a algunos títulos, se muestra el símbolo de una pequeña cruz (†). Esto se produce cuando los vendedores han advertido a *The New York Times* que se han recibido órdenes de compra de gran volumen para ese título en concreto, lo que podría indicar –como ha sucedido en algunos casos- que alguien intenta influir de manera artificial para que ese libro aparezca en el ranking y lo haga en la mejor posición posible.

La lista en *The New York Times Book Review*

Como se ha señalado, las listas de *best sellers* aparecen todos domingos dentro del suplemento impreso *The New York Times Book Review*. Las páginas con los libros más vendidos fueron rediseñadas en septiembre de 2014 para dar cabida a algunas listas que antes aparecían únicamente en la versión digital y para incluir nuevos contenidos editoriales.

A principios de 2017, se incluían un total de doce listas distintas en la edición impresa del *Book Review*, entre ellas las de ficción y no ficción (libros impresos y electrónicos combinados), ficción y no ficción en tapa dura, cuatro listas sobre libros infantiles y cuatro listas más sobre otras categorías.

The New York Times Book Review es un suplemento semanal de crítica literaria que el diario empezó a publicar el 10 de octubre de 1896, hace casi 120 años. Esta publicación, que ofrece más de 2.000 críticas de libros a lo largo del año, está considerada como una de las más leídas e influyentes de la industria editorial.

Lista de los *best sellers* publicada en The New York Times Book Review

Además de aparecer insertado en la edición impresa del domingo del *Times*, *The New York Times Book Review* se ofrece también como una publicación que se vende y distribuye de manera autónoma. El precio de la suscripción en Estados Unidos es de 2 dólares a la semana. Los suscriptores de Estados Unidos lo reciben en sus casas antes de que aparezca en la edición dominical del diario.

The New York Times Book Review ofrece únicamente críticas de libros publicados en Estados Unidos y que estén a la venta en las librerías de interés general del país.

Otros contenidos sobre libros

En la sección dedicada a los libros de la web de *The New York Times*, que integra los materiales publicados por *The New York Times Book Review*, se ofrecen otros contenidos sobre el mundo editorial. Entre ellos destaca el podcast "Inside The New York Times Book Review", un programa semanal que se presenta como archivo de audio descargable, en el que Pamela Paul, editora del suplemento desde la primavera de 2013, "habla con autores, editores y críticos acerca de nuevos libros, la escena literaria y los *best sellers* del momento". Cada podcast tiene una duración aproximada de 50 minutos.

En agosto de 2016 el director del *Times*, Dean Baquet, anunció que Pamela Paul –que es también autora de cuatro libros- asumía la coordinación de la cobertura del sector editorial tanto diaria como dominical del periódico. La medida formaba parte de las sugerencias realizadas por el equipo estratégico interno 2020, dedicado a preparar el *Times* del futuro. Pamela había iniciado su trabajo en el suplemento Review como editora de libros infantiles en 2011.

Cada año los críticos y editores de *The New York Times Book Review* realizan su selección de los 10 mejores libros del año (éstas son las de los años 2013, 2014, 2015 y 2016) y también una selección más amplia con los 100 títulos más destacados del año ("100 Notable Books of the Year") cuyas críticas han sido publicadas en el suplemento (aquí están las selecciones de los años 2013, 2014, 2015 y 2016). Además, algunos de los críticos literarios publican su propia selección personal.

Amazon y Barnes & Noble

Algunas de las principales tiendas de internet dedicadas a la venta de libros, como Amazon o Barnes & Noble, ofrecen a sus usuarios la posibilidad de consultar la lista de los *best sellers* de *The New York Times*. Es un claro reconocimiento al peso que dicha lista tiene entre los consumidores.

· Amazon: The New York Times Best Sellers
· Barnes & Noble: The New York Times Bestsellers

Más información:

- The New York Times Book Review
- The New York Times Best Sellers
- Podcast: Inside The New York Times Book Review
- Amazon: The New York Times Best Sellers
- Barnes & Noble: The New York Times Bestsellers
- About.com: The New York Times Best Seller List
- Inside the List – The New York Times (3 de octubre de 2004)
- Este es el primer ejemplar de The New York Times Book Review, publicado el 10 de octubre de 1896 (ofrecido a los suscriptores impresos y digitales a través del servicio de hemeroteca digital TimesMachine del diario).
- Pamela Paul, editora de The New York Times Book Review (@PamelaPaulNYT, www.pamelapaul.com).

EN RESUMEN:

- El listado de los libros más vendidos (The New York Times Best Sellers) que elabora cada semana el diario The New York Times es una de las principales referencias del sector editorial.

- Aparece todos los domingos en el suplemento literario The New York Times Book Review y, con unos días de antelación, en la web del diario.

- Fue publicada por vez primera el 12 de octubre de 1931.

- La lista permite descubrir los libros más vendidos cada semana o cada mes en multitud de categorías.

- Desde el año 2011 ofrece también listas de los libros electrónicos más vendidos.

- En septiembre de 2014 fue ampliada para incluir nuevas categorías mensuales.

- En mayo de 2016 se renovó el diseño de la lista, que pasó a ser responsive para facilitar las consultas desde los dispositivos móviles.

- El *Times* ofrece enlaces a diversas tiendas de internet, como Amazon, Barnes & Noble y librerías locales, para que los usuarios puedan comprar directamente los libros que aparecen en la lista.

47

Otros contenidos y servicios de la web del *Times*

En este capítulo se describen cuatro contenidos y servicios disponibles en la web del *Times* que no han sido incluidos en otras partes del libro:

- Today's Paper
- Times Topics
- Recomendaciones personales
- TimesMachine
- La sección de Opinión
- Las correcciones del *Times*

Today's Paper

NYTimes.com publica cada día en la sección Today's Paper todos los titulares de las noticias incluidas en la edición impresa de ese día, ordenados por secciones. Cada titular enlaza con la noticia digital correspondiente. También se ofrecen las portadas de la edición impresa (correspondientes a la edición de Nueva York, la edición nacional y la edición internacional). Se puede acceder al listado de titulares y portadas de los siete días anteriores.

Captura de pantalla del servicio Today's Paper, donde se listan todos los titulares de la edición impresa del día y se ofrece la portada de las tres ediciones del *Times*.

Los suscriptores del diario tienen también acceso a través de este espacio a una edición digital especial en la que aparecen los contenidos completos de la edición impresa en el mismo orden que en el diario y formateados para ser leídos más fácilmente en la pantalla (app.nytimes.com)

Captura de pantalla de la edición digital disponible para suscriptores con todos los contenidos del diario impreso

Times Topics
http://www.nytimes.com/pages/topics/

La web del *Times* ofrece en su espacio "Times Topics" miles de páginas temáticas dedicadas a personajes, temas, lugares y organizaciones.

Cada una de estas páginas, a las que se puede acceder desde el buscador general de la web o por orden alfabético desde "Times Topics", agrupa todas las noticias, fotos, gráficos, audios o vídeos publicados por el diario a lo largo de su historia sobre el tema en cuestión.

De esta manera, "Times Topics" se convierte en un excelente recurso para conocer, por ejemplo, las últimas noticias relacionadas con un asunto determinado que interese al lector.

En la página del tema correspondiente aparecen los titulares de los contenidos relacionados con el tema por orden cronológico (con la fecha de publicación, resumen, autor y foto si corresponde). Un buscador específico permite saber cuántos artículos aparecen seleccionados y realizar un filtro sobre los mismos con palabras clave.

Los contenidos recomendados

Uno de los grandes objetivos que tiene el *Times* es que sus usuarios permanezcan el mayor tiempo posible consumiendo sus contenidos digitales. A mayor *engagement*, más probabilidades de que ese usuario acabe convirtiéndose en suscriptor. Además, un mayor consumo se traduce también en mayores ingresos publicitarios.

Una de las estrategias seguidas por el diario para intentar retener a los usuarios es la de las recomendaciones personalizadas, con las que el *Times* sugiere a cada usuario otros contenidos por los que seguir navegando.

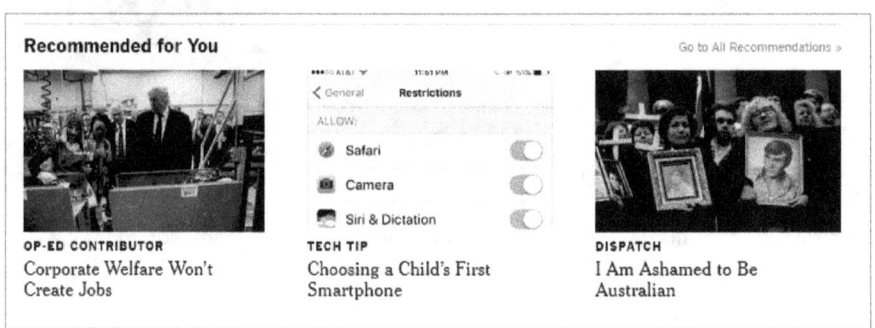

Estas recomendaciones se realizan a partir del análisis del comportamiento de cada usuario en las distintas propiedades digitales del *Times*. En concreto, se tiene en cuenta lo que el lector ha visitado anteriormente en NYTimes.com, en la web móvil y en las apps para proponer contenidos adicionales que se ajusten lo mejor posible a sus intereses.

Estas recomendaciones aparecen en distintos puntos de la web:

- En un módulo ubicado en la parte inferior derecha de la portada.
- En un módulo que se ofrece al final de cada noticia.
- En la página recopilatoria de recomendaciones que tiene cada usuario registrado del *Times*. Si el usuario no está registrado, en la página de recomendaciones se le informa sobre este servicio y se le invita a registrarse o conectarse si ya tiene una cuenta de usuario y estaba navegando de manera anónima. En el caso de que estuviera navegando sin estar identificado, las recomendaciones se basan en el historial del navegador.

El *Times* ofrece una página con recomendaciones personalizadas para cada usuario en función de su uso de la web.

En la página personal de recomendaciones se muestran varios elementos. Por un lado, la lista de los diez artículos sugeridos para ese usuario según su historial de navegación. Por otro, se ofrece un análisis visual de la actividad reciente de ese usuario en el que se indica lo siguiente:

- Número total de artículos y otros contenidos visitados recientemente
- Cuáles han sido las diez secciones más visitadas, mostrando el número de piezas vistas
- Relación de los diez temas más vistos (cada noticia de la web está asociada a varios temas)
- Listado de los diez últimos contenidos visitados

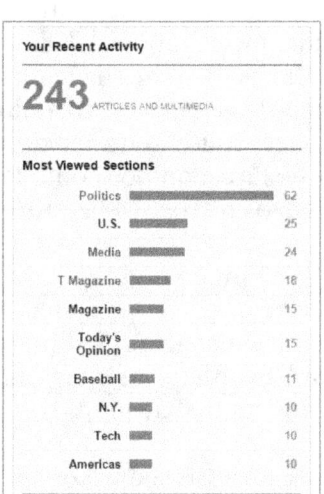

Uno de los elementos que se muestra en la página de recomendaciones es el número de artículos consultados recientemente y un ranking de las secciones correspondientes.

Para que se activen las recomendaciones es necesario que el usuario realice un mínimo de consumo de la web. Mientras no se llega a ese nivel, se ofrecen simplemente los contenidos más vistos.

Las recomendaciones personalizadas están disponibles tanto en NYTimes.com como en la web móvil, pero no en las apps, aunque el consumo realizado a través de las apps sí afecta a la selección de contenidos recomendados.

Según explica *The New York Times*, el análisis de las visitas realizadas por cada usuario se utiliza únicamente para los fines descritos en el servicio de personalización y nunca se comparte dicha información con ninguna otra empresa ni con otros usuarios.

En marzo de 2017, la defensora del lector del *Times*, Liz Spayd, publicó un artículo ("A 'Community' of One: The Times Gets Tailored") en el que avanzó que a mediados de año el diario impulsaría "un ambicioso nuevo intento" de personalizar su producto digital para adaptarlo a los intereses individuales de cada usuario. Esta personalización tendría en cuenta elementos como los temas que más interesaran a cada lector, su ubicación geográfica o la frecuencia de sus visitas a NYTimes.com.

Este anuncio generó muchos mensajes y comentarios, por lo que unos días después la defensora del lector publicó una nueva pieza ("Why'd Do You That? Individualizing The News") en la que transmitió las explicaciones ofrecidas por el responsable de innovación y estrategia del *Times*, Kinsey Wilson, sobre este proyecto.

Wilson quiso aclarar que el objetivo del proyecto no era el de crear un producto tan personalizado que pudiera desvirtuar la misión informativa del diario. De hecho, incluso rechazó el uso de la palabra "personalización" para definir este proyecto: "La 'personalización' -término utilizado por Liz para esto, no por nosotros- es un concepto lleno de tensión, particularmente en un momento de gran preocupación por cómo las noticias son filtradas y difundidas". Crear nuevos filtros "es la antítesis de lo que representa el Times", añadió.

"El único objetivo" del proyecto -explicó Kinsey Wilson- era el de hacer que la experiencia de lectura del *Times* fuera más confortable para el usuario, facilitándole la tarea de "descubrir la enorme variedad de historias que publicamos", pero siempre "sin perder nada importante" de lo que ofrezca el diario.

Entre los ejemplos de las opciones que tenían en mente probar, Wilson citó las siguientes: saber cuándo un autor favorito acababa de publicar un nuevo artículo, seguir un tema que interesara especialmente al usuario, guardar una historia vista en el móvil para leerla más tarde con calma, o modificar la ubicación destacada en la página de algún elemento, como The Daily Briefing, si a un usuario no le resultaba especialmente interesante.

TimesMachine

El diario *The New York Times* lanzó en el año 2014 un nuevo servicio para sus suscriptores: la hemeroteca digital TimesMachine.

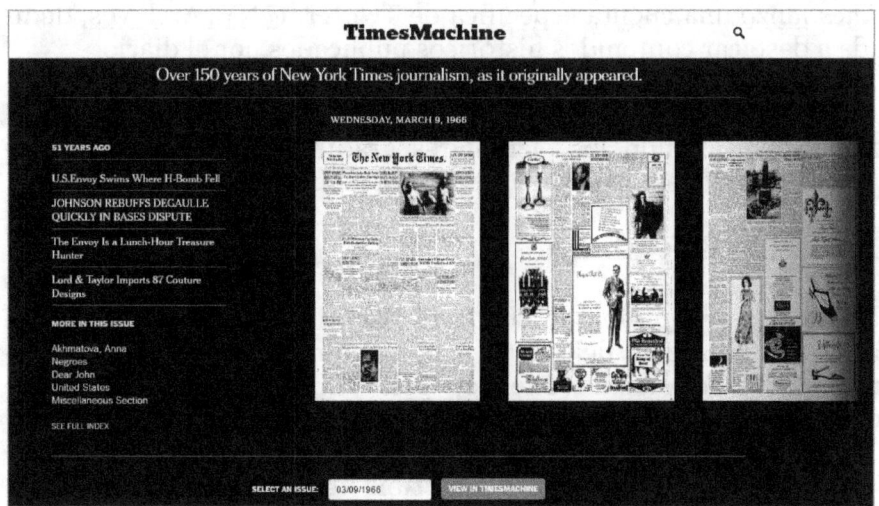

Captura de pantalla de la página inicial del servicio TimesMachine de la web del Times.

Este "lector virtual de microfilms" permite consultar, tal como fueron impresas, todas las ediciones en papel publicadas por el *Times* desde su primer ejemplar del 18 de septiembre de 1851 hasta finales del año 2002. En una primera fase, la TimesMachine contenía los diarios publicados hasta el año 1980, pero a principios de 2016 se amplió la colección en 22 años, hasta el 2002. (Una versión previa y con menos funcionalidades de TimesMachine, disponible desde el año 2008, permitía consultar las páginas publicadas por el diario entre 1851 y 1922).

Antes del lanzamiento de la TimesMachine, los artículos del archivo del *Times* estaban disponibles para los suscriptores del diario en formato PDF y de manera individualizada. Con TimesMachine, el diario pudo ofrecer una experiencia de usuario mucho más avanzada, que permitía recrear la lectura completa del diario impreso y valorar así mejor el contexto de las informaciones.

En total, la TimesMachine del *Times* contiene 4,1 millones de páginas y 12,4 millones de artículos. Además de ver cómo era la edición completa de un día determinado, los usuarios pueden realizar búsquedas o enlazar a artículos o anuncios de manera individual.

El equipo de tecnología del *Times* explicó en su blog Open los retos técnicos a los que se había enfrentado para realizar este proyecto, en una entrada titulada "How to Build a TimesMachine".

Coincidiendo con la mejora del servicio, a principios de 2016 el *Times* lanzó una cuenta específica de Twitter, @NYTArchives, dedicada a destacar contenidos históricos publicados por el diario.

Los usuarios que no están suscritos al *Times* pueden probar el servicio consultando los ejemplares gratuitos de muestra que se ofrecen cada día en la portada de TimesMachine.

La sección de Opinión

Las páginas de Opinión de *The New York Times* no están gestionadas por la redacción del diario, sino por un consejo editorial integrado por 17 periodistas (The New York Times Editorial Board) que actualmente dirige James Bennet.

Este equipo se encarga de escribir los editoriales del *Times*, donde se refleja la voz del editor del diario. También son tareas del departamento editorial del *Times* la gestión de las cartas de los lectores y de la sección Op-Ed.

James Bennet está al frente del equipo de Opinión del *Times* desde mayo de 2016, cuando sustituyó en el cargo a Andrew Rosenthal. Bennet era el presidente y director de la revista *The Atlantic*, a la que se había incorporada en 2006. Previamente, había trabajado durante 15 años en el *Times*.

El máximo responsable del equipo de Opinión está acompañado por dos directores adjuntos: Jim Dao y Terry Tang. El resto del consejo editorial del *Times* está formado por 14 periodistas con amplia experiencia periodística en distintos ámbitos (entre paréntesis se indican los temas en los que están especializados):

- Robert B. Semple Jr., *Associate Editor*
- Linda Cohn, *Senior Staff Editor*
- Vikas Bajaj (Negocios, Economía internacional)
- Francis X. Clines (Política nacional, Congreso, Financiación de campañas)
- Lawrence Downes (Nueva York, Inmigración)

- Carol Giacomo (Asuntos exteriores)
- Mira Kamdar (Asuntos exteriores)
- Ernesto Londoño (Asuntos exteriores)
- Anna North (Cultura)
- Serge Schmemann (Asuntos exteriories)
- Brent Staples (Educación, Justicia criminal, Economía)
- Teresa Tritch (Economía, Impuestos)
- Jesse Wegman (Tribunal Supremo, Judicial)
- Elizabeth Williamson (Congreso, Política nacional)

En la sección de Opinión de la web del *Times* tienen cabida los siguientes espacios:

· Los editoriales del diario.
· Columnistas. La lista en marzo de 2017 estaba formada por los siguientes autores: Charles M. Blow, David Brooks, Frank Bruni, Roger Cohen, Gail Collins, Ross Douthat, Maureen Dowd, Thomas L. Friedman, Nicholas Kristof, Paul Krugman, David Leonhardt y Andrew Rosenthal.
· Firmas invitadas.
· La página Op-Ed, que en el papel es la que acompaña a la de los editoriales y las cartas de los lectores.
· Series de artículos sobre varios temas concretos.
· Las cartas de los lectores.
· El suplemento Sunday Review de los domingos.
· La columna Taking Note, en la que escriben miembros del consejo editorial.
· El espacio de debate Room for debate.
· Los vídeos de Opinión, entre ellos la serie documental Op-Docs.
· La sección "Public Editor", mantenida por la defensora del lector del *Times*.

Uno de los editoriales del *Times* que ha despertado más interés en los últimos años fue el publicado el sábado 4 de diciembre de 2015, titulado "End the Gun Epidemic in America", en el que se pedía un mayor control de la venta de armas a la población de Estados Unidos para intentar frenar las matanzas masivas ocurridas periódicamente en el país.

Este editorial llamó especialmente la atención porque se publicó en la portada impresa del diario, lo que no sucedía desde el año 1920. El editor del *Times*, Arthur Sulzberger, Jr., explicó que, con la ubicación excepcional del editorial, el diario había querido expresar de manera "contundente y visible" la frustración sobre este asunto.

"Incluso en esta era digital, la portada impresa sigue siendo una forma increíblemente fuerte y poderosa de plantear temas que requieren atención", dijo Sulzberger. "Y, ¿qué cuestión es más importante que el fracaso de nuestra nación para proteger a sus ciudadanos?", añadió.

Muchas décadas antes, el 13 de junio de 1920, el diario había publicado también un editorial en su portada en el que lamentaba la nominación de Warren G. Harding como candidato republicano a la presidencia de Estados Unidos.

Las correcciones del *Times*

Cada día, *The New York Times* publica en su edición impresa y en la web una serie de correcciones sobre errores cometidos en artículos publicados durante los días anteriores.

El *Times* considera que es una "responsabilidad ética" corregir todos sus errores, "grandes y pequeños", incluso los nombres mal escritos. Todas las quejas recibidas por parte de los lectores son analizadas por algún editor y, si corresponde, corregidas lo antes posible, con la consiguiente aclaración.

El diario también puede publicar "Notas de los editores" para "reconocer (y rectificar, cuando sea posible) lapsos de equidad, equilibrio o perspectiva" en su cobertura periodística.

En la página de correcciones se ofrecen todas las publicadas recientemente, ordenadas por días, y también una relación de los artículos en los que se ha realizado alguna corrección.

En algunas ocasiones, el *Times* realiza rectificaciones en artículos publicados tiempo atrás. El caso más extremo fue la corrección que el diario hizo pública el 4 de marzo de 2014 sobre un asunto publicado… ¡161 años antes!

El diario publicó ese día una rectificación sobre el apellido de Solomon Northup, el abolicionista estadounidense de raza negra en cuya vida estaba basada la película "12 años de esclavitud", que ganó ese año el Oscar a la mejor película. En un artículo publicado el 20 de enero de 1853 por el *Times*, en el que se contaba de manera detallada la historia de Northup, el apellido de Solomon aparecía mal escrito tanto en el titular (Northrup) como en el texto (Northrop). El artículo de la hemeroteca del diario había sido referenciado en Twitter por un usuario.

48

"Smarter Living": una apuesta por el periodismo de servicio

En los primeros meses del año 2016, *The New York Times* empezó a realizar pruebas agrupando bajo un mismo concepto diversos artículos procedentes de distintas secciones del diario. En la portada de la web apareció durante algunas semanas el siguiente módulo experimental, que mencioné en Twitter:

Ofrecía cuatro nuevos agrupadores de artículos bajo los títulos de "Great Reads" (historias largas y que habían enganchado a los lectores), "Smarter Living" (historias de carácter práctico), "Newsmakers" (perfiles de protagonistas de la actualidad) y "Diversions" (noticias divertidas, para pasar el rato).

Varios de estos espacios dejaron de actualizarse pasados unos meses. Pero uno de ellos, gracias a los buenos resultados obtenidos, "Smarter Living", consolidó su presencia en la portada y se convirtió en un reflejo concreto de la apuesta que el *Times* estaba realizando por el periodismo de servicio: contenidos informativos de carácter práctico que permiten mejorar la vida de los lectores en múltiples frentes.

Portada del espacio "Smarter Living" en la web del *Times*.

"Smarter Living" no es una sección tradicional en la que los contenidos se agrupan de manera temática. Es más bien un espacio agrupador en el que los artículos y contenidos ofrecidos proceden de secciones muy variadas pero tienen siempre un enfoque común: ofrecen consejos útiles para la vida diaria de los usuarios.

A principios de febrero de 2017, "Smarter Living" acumulaba 850 artículos que habían sido publicados en distintas secciones de la web del *Times*, como tecnología, ciencia, viajes, The Upshot, economía, cultura, teatro, moda, opinión, Well (salud) o Watching (tv y cine), entre otras.

En diciembre de 2016, según publicó la periodista Kara Bloomgarden-Smoke en la web WWD, el *Times* decidió que Tim Herrera, integrante del equipo de desarrollo de audiencia del diario y que se había dedicado desde el inicio del proyecto a "Smarter Living", pasara a dedicarse a tiempo completo al mismo. Herrera se había incorporado al *Times* en mayo de 2015 procedente del diario *The Washington Post*.

El módulo de "Smarter Living" que aparece habitualmente en la portada de la web del *Times* muestra dos artículos destacados. Estos artículos no siempre son nuevos: en numerosos casos proceden del vasto archivo del diario: son piezas que perduran fácilmente en el tiempo y que cuadran perfectamente con los objetivos de este espacio.

Dos ejemplos del módulo de promoción de "Smarter Living" utilizados en la portada de NYTimes.com.

Los artículos que se ofrecen en "Smarter Living" son muy variados y cubren, como se ha señalado, múltiples aspectos de la vida cotidiana de la gente. Así, se combinan piezas que incluyen consejos para llevar una vida más sana con recomendaciones de libros interesantes; o artículos sobre temas de psicología, educación o relaciones de pareja con trucos para mejorar nuestra vida digital. La gestión de la economía doméstica, la alimentación, los viajes, la moda o los regalos son otros de los muchos temas sobre los que "Smarter Living" ofrece consejos prácticos y útiles para los lectores.

49

El departamento de I+D del *Times*

The New York Times es uno de los pocos diarios del mundo que ha mantenido durante años un departamento estable de investigación y desarrollo. Desde el año 2006 hasta mayo de 2016, el diario contó con el departamento de Research & Development (R&D Labs), que impulsó numerosos proyectos de investigación y creó distintos prototipos dedicados a aventurar cómo podrían ser las noticias del futuro. En mayo de 2016, la dirección de la compañía decidió dar un giro a este departamento para integrarlo más en la redacción y el equipo de producto del *Times*. Anteriormente, el equipo de R&D estuvo ubicado en una de las plantas altas del edificio del *Times*, alejado físicamente de la redacción. El grupo cambió también de nombre para convertirse en Story[X].

El objetivo básico de Story[X] es el de "anticipar cómo las innovaciones en tecnología cambiarán el modo en que nos comunicamos y expresamos", según explicó la compañía al anunciar la nueva orientación del laboratorio. Para ello, este equipo pone en contacto a diseñadores y desarrolladores del *Times* con investigaciones y experimentos "que miran más allá de las noticias inmediatas o de los ciclos de producto y publicidad" para intentar avanzarse al futuro.

El 7 de septiembre de 2016, Marc Lavallee fue nombrado responsable de Story[X]. Antes de llegar al *Times*, Lavallee había trabajado en las redacciones de *The Boston Globe*, *The Washington Post*, *National Journal* y NPR, moviéndose siempre "en la intersección del periodismo y la tecnología". Se incorporó al diario neoyorquino en 2011 como desarrollador del equipo de Interactive News, departamento que pasó a dirigir en 2014. Tras el cambio de funciones de Lavallee, el equipo de Interactivos pasó a ser dirigido por Chase Davis.

En el equipo de Interactive News, Lavallee se había dedicado a "construir herramientas rápidas y flexibles para contar historias", según explicó al anunciar su nombramiento el vicepresidente de producto y tecnología del *Times*, Kinsey Wilson. Más en concreto, había trabajado en la creación de herramientas para la realización de directos, mejorar la participación de los lectores, construir listados y crear cuestionarios. También había coordinado la participación de su grupo en la cobertura de grandes eventos como las elecciones o los Juegos Olímpicos.

Wilson señaló que Story[X] "nos permitirá experimentar con tecnologías emergentes que tienen el potencial de impactar de manera significativa en nuestro trabajo".

El equipo de Story[X] está formado por cinco profesionales. El plan de trabajo diseñado señalaba que cada trimestre se centrarían en un par de nuevas áreas para explorar temas "como la inteligencia artificial, la visión por computador y los sensores" y "evaluar cómo estas tecnologías pueden ayudarnos a servir mejor a nuestros lectores" con un periodismo de calidad.

Además de colaborar con la redacción, el equipo Story[X] también trabaja con otras áreas de la compañía, como producto, tecnología o diseño, y de manera especial con los desarrolladores y diseñadores del T Brand Studio, la agencia de marketing del *Times*, para intentar aplicar los avances que se consigan también al entorno publicitario.

El equipo se ubicó de manera inicial en el segundo piso de la redacción del *Times*, junto a los departamentos de Gráficos, Interactivos y Diseño de Noticias Digitales, para facilitar la colaboración con ellos.

Marc Lavallee trabaja en dependencia directa de Kinsey Wilson, aunque su día a día depende también de responsable del equipo de Gráficos, Steve Duenes, y del equipo de producto (liderado en ese momento por David Perpich, que en enero de 2017 pasó a dirigir The Wirecutter).

La historia de R&D Labs

Como se ha señalado, la versión original del laboratorio de I+D del *Times*, R&D Labs, dejó de funcionar de manera efectiva en mayo de 2016, tras casi once años de actividad pionera, en muchos sentidos, en el ámbito de los medios de comunicación, un sector en el que los departamentos de I+D son, lamentablemente, una excepción.

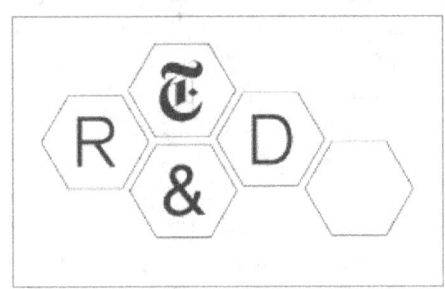

El logotipo original del departamento de I+D del *Times*.

Durante sus años de actividad, el equipo de investigación y desarrollo del *Times*, que llegó a estar formado por algo más de 15 personas, intentó anticiparse al futuro mediante la identificación de las tendencias y tecnologías que podrían emerger en los tres o cinco años siguientes. Investigó, creó aplicaciones y prototipos y compartió muchos de sus experimentos para intentar ayudar tanto al *Times* como al resto del sector de los medios a afrontar el futuro en mejores condiciones.

La labor de este equipo fue también una demostración tangible de la apuesta realizada por *The New York Times* por la innovación en el ámbito del periodismo. Durante años han sido habituales los peregrinajes de directivos de medios de todo el mundo al edificio del *Times* para conocer de primera mano, entre otros temas, la actividad de este departamento. Yo mismo he tenido la oportunidad de visitarlo en varias ocasiones. En una de ellas, en octubre de 2012, con motivo de un viaje de estudio organizado por la organización mundial de periódicos WAN-IFRA durante el cual visitamos varias redacciones y empresas digitales de Nueva York y Boston, asistimos a la demostración del funcionamiento de un "espejo mágico" para el baño (proyecto "Mirror") al que se le podía hablar en voz alta para pedirle las noticias del día o la previsión del tiempo, entre muchas otras cosas. La información solicitada se mostraba inmediatamente sobre la superficie del espejo. La interacción con ese espejo mediante la voz guarda muchas similitudes con el funcionamiento de dispositivos que actualmente son protagonistas centrales de la innovación digital, como Amazon Echo –con su asistente Alexa- o Google Home.

También vimos en acción un proyecto interno denominado Cascade, un sistema que mostraba de manera muy gráfica y en tiempo real el alcance que lograban los tuits realizados por el *Times* y el tráfico que aportaban a la web del diario. Este concepto de incidencia inmediata sobre el tráfico de la web puede apreciarse hoy en el servicio Trending (descrito de manera detallada en uno de los capítulos de este libro).

Otro de los proyectos futuristas que nos mostró el equipo de R&D del *Times* durante esa visita fue Surface, descrita por sus creadores como "la mesa de cocina del futuro". Se trataba de una gran pantalla táctil interactiva que permitía acceder de maneras innovadoras a los contenidos del diario e interactuar con ellos (ver vídeo).

Estos fueron algunos de los proyectos o prototipos en los que trabajó el departamento de I+D del *Times*, que fue creado en el año 2006. La compañía contrató a finales de 2005 al que entonces era el presidente de la Online Publishers Association (hoy llamada Digital Content Next), Michael Zimbalist, como nuevo vicepresidente de investigación y desarrollo para impulsar un nuevo grupo interno que tenía la misión de ayudar al *Times* "a crear innovadores productos informativos" y a ir un paso por delante de los rápidos cambios tecnológicos y de consumo que se estaban produciendo.

Zimbalist estuvo al frente de este departamento durante algo más de 10 años, hasta que en marzo de 2016 se convirtió en el jefe de marketing de Simulmedia, una compañía tecnológica especializada en extraer el máximo valor posible a la publicidad televisiva. Desde el año 2013, y durante su última etapa en el *Times*, Michael Zimbalist asumió también la responsabilidad del desarrollo de los productos publicitarios, trabajando por ejemplo en el ámbito de la publicidad programática.

En la web de R&D Labs se exponen los siguientes 16 proyectos impulsados por este equipo durante sus años de actividad:

- Editor: (2015): Un editor para simplificar el sistema de etiquetado de contenidos
- Delta (2014): Un sistema visual para analizar en tiempo real la actividad que realizan los usuarios en la web del Times.
- Listening Table (2014): Una mesa de reuniones capaz de entender las conversaciones que se producen a su alrededor (vídeo).

- Madison (2014): Un sistema para catalogar, con la ayuda de los usuarios, anuncios históricos publicados en las páginas del diario.
- Streamtools (2014): Conjunto de herramientas gráficas de código abierto para trabajar con datos en directo.
- Lazarus (2013): Proyecto para enriquecer el archivo fotográfico del *Times*.
- Kepler (2013): Visualización de los temas tratados o consultados en la web de *The New York Times*.
- Julia (2013): Interacciones entre distintos dispositivos en la cocina
- Compendium (2012): Un sistema para guardar, anotar, organizar y compartir contenidos del *Times*.
- Chronicle (2012): Análisis del uso histórico del lenguaje.
- Mirror (2011): Un espejo mágico que ofrece información solicitada por voz.
- Surface Reader (2011): Mesa que permite interactuar con las noticias del *Times*.
- Open Paths (2011): Sistema seguro para guardar información personal sobre localización.
- Cascade (2011): Visualización de la actividad social sobre las noticias.
- News.me (2011): Lector social y personalizado de noticias.
- Custom Times (2009): Un *Times* a medida para cada usuario. disponible en distintas plataformas.

Seis de los proyectos inpulsados por R&D Labs del *Times*.

Durante sus años de funcionamiento, el equipo de R&D del *Times* también mantuvo un blog en el que iba explicando sus proyectos o compartiendo algunas de las reflexiones de sus integrantes sobre el futuro de las noticias.

Uno de los artículos del blog que tuvo más repercusión entre el sector fue "The future of news is not an article", publicado en octubre de 2015 por Alexis Lloyd (@alexislloyd), actualmente directora de diseño del nuevo proyecto periodístico digital Axios. En dicho artículo, la entonces integrante del equipo de I+D del *Times* proponía un sugestivo replanteamiento del concepto de artículo como elemento básico de la información periodística. Según ella, en la era digital, en vez de "articles" (artículos) había que hablar de "particles" (partículas), que era un término utilizado internamente por el equipo de I+D del *Times* para referirse a piezas o elementos reutilizables de información.

Más información:

- David Riordan, Chief Technology Innovation Officer del Brown Institute de la Columbia Journalism School, escribió en Medium, en mayo de 2016, un largo artículo en el que repasaba y elogiaba la labor realizada por el departamento de I+D del *Times*: Eulogy for The New York Times R&D Lab.

50

The New York Times en las redes sociales

Las redes sociales se han convertido en una de las principales puertas de entrada de los medios de comunicación digitales. Cada día, millones de usuarios acceden a las páginas web de los medios desde Facebook, Twitter y otras redes.

El grado de dependencia de las redes no es igual en todos los sitios informativos. En algunos casos, la mayor parte de visitas llegan desde la web social. En otros, como sucede con *The New York Times*, la dependencia es menor ya que un porcentaje elevado de usuarios acceden directamente al medio.

En cualquier caso, la estrategia del *Times* ha sido en todo momento la de estar muy activo en las redes, especialmente después de la publicación del informe "Innovation" en 2014, en el que se determinó la necesidad de crear un equipo específico de desarrollo de la audiencia que trabajara para que los contenidos publicados por el *Times* llegaran al mayor número posible de usuarios en cualquier rincón de internet.

Cuando se publicó ese informe, en marzo de 2014, *The New York Times* contaba con 11,3 millones de seguidores en Twitter y con 5,7 millones en Facebook. Tres años después, el trabajo realizado por el equipo de desarrollo de audiencia ha permitido aumentar considerablemente estas cifras. En el caso de Twitter, el número de seguidores se ha multiplicado por tres, alcanzando los 34 millones. En Facebook, se han alcanzado los 13,5 millones, casi 2,5 veces más que en 2014.

Además de sus cuentas principales, el *Times* mantiene decenas de cuentas temáticas en Twitter y Facebook, y también tiene una presencia destacada en Instagram.

En este capítulo se recopilan todas las cuentas del *Times* en las principales redes sociales, indicando el número de seguidores en cada una de ellas. Además, se ha realizado un análisis específico, en colaboración con la compañía Sibilare, sobre el medio centenar de cuentas que tiene el diario en Twitter para intentar descubrir el grado de relación entre ellas.

The New York Times en Twitter

Datos de febrero de 2017

La cuenta principal del *Times* en Twitter, @nytimes, tenía un total de 33,8 millones de seguidores a mediados de febrero de 2017. Si a ésta le sumamos las algo más de 50 cuentas oficiales especializadas que tiene *The New York Times*, el número de seguidores ascendía a 57,5 millones.

Entre las cuentas especializadas destacan tres que logran superar los dos millones de usuarios: la dedicada al mundo de los libros (@nytimesbooks), con 4,5 millones de seguidores, la especializada en el sector del arte y el espectáculo (@nytimesarts), con 2,4 millones, y la de la revista T Magazine (@tmagazine), con 2,1 millones.

La cuenta principal del *Times* en Twitter.

Otras siete cuentas del *Times* superaban el millón de seguidores: New York Times World, NYT Food, NYT Photo, NYT Health, NY Times Travel, NYT Science y NYT Fashion.

Con más de medio millón de usuarios se encontraban las cuentas de NYT Business, NYT Styles, NYTimes Well y The Frugal Traveler. Y entre 100.000 y medio millón de usuarios se situaban otras catorce cuentas temáticas: NYT Opinion, NYT Politics, NYTimes Tech, New York Times Video, NYT Magazine, NYTimes en Español, The Upshot, New York Times Music, NYT Watching, NYT Metro Desk, NYT Theater, NYT Graphics, NYT Real Estate y DealBook.

Las otras 24 cuentas oficiales del *Times* en Twitter se situaban a mediados de febrero de 2017 por debajo de los 100.000 usuarios.

Esta es la lista completa de cuentas oficiales (en la web del libro se muestran permanentemente actualizados los tuits de todas ellas).

Cuenta de Twitter	@	Seguidores (17/02/2017)
The New York Times	@nytimes	33.775.446
New York Times Books	@nytimesbooks	4.492.445
New York Times Arts	@nytimesarts	2.436.869
T Magazine	@tmagazine	2.101.532
New York Times World	@nytimesworld	1.661.882
NYT Food	@nytfood	1.334.125
NYT Photo	@nytimesphoto	1.193.136
NYT Health	@NYTHealth	1.108.313
NY Times Travel	@nytimestravel	1.081.649
NYT Science	@NYTScience	1.040.945
NYT Fashion	@NYTFashion	1.015.990
NYT Business	@nytimesbusiness	775.707
NYT Styles	@NYTStyles	726.218
NYTimes Well	@nytimeswell	563.248
The Frugal Traveler	@frugaltraveler	509.568
NYT Opinion	@nytopinion	471.949
NYT Politics	@nytpolitics	362.381
NYTimes Tech	@nytimestech	285.454
New York Times Video	@nytvideo	273.907

NYT Magazine	@NYTmag	207.829
NYTimes en Español	@nytimesES	196.410
The Upshot	@UpshotNYT	190.738
New York Times Music	@nytimesmusic	156.457
NYT Watching	@Watching	145.338
NYT Metro Desk	@NYTMetro	127.635
NYT Theater	@nytimestheater	124.878
NYT Graphics	@nytgraphics	120.577
NYT Real Estate	@nytrealestate	109.584
DealBook	@dealbook	108.254
Well Family	@WellFamilyNYT	88.063
NYT Sports	@NYTSports	87.767
NYT Obituaries	@NYTObits	74.738
NYT Media	@nytmedia	72.020
NYT National News	@NYTNational	69.932
NYT Education Life	@nytedlife	57.704
NYT Archives	@NYTArchives	56.161
Room for Debate	@roomfordebate	40.118
NYTCo Communications	@NYTimesComm	37.765
NYTimes Travel Show	@NYTTravelShow	30.582
NYT Your Money	@NYT_Your_Money	27.520
NYT 4th Down Bot	@NYT4thDownBot	27.053
NYT Learning Network	@NYTimesLearning	26.646
TimesTalks	@TimesTalks	21.455
NY Times Weddings	@nytimesvows	16.912
T Brand Studio	@TBrandStudio	12.459
NYTimesWordplay	@NYTimesWordplay	11.527
NYTimesRecruit	@NYTimesRecruit	10.707
NYTLive	@NYTLive	6.777
NYT Developers	@nytdevs	6.333
Times Insider	@timesinsider	3.726
NYT Forecast	@NYTForecasts	3.119
NYT Investors	@NYT_IR	2.765
NYT Institute	@nyt_institute	804

Interacción y audiencias compartidas entre las cuentas del *Times* en Twitter

Sibilare, empresa de consultoría estratégica especializada en comunicación y Big Data, ha realizado para este libro un análisis de las interacciones ocurridas durante tres semanas entre los usuarios y el medio centenar de cuentas oficiales que *The New York Times* tiene en Twitter. El período analizado fue desde el 13 de enero al 2 de febrero de 2017.

Se analizaron casi medio millón de tuits (498.603) en los que los usuarios habían hecho mención explícita a las cuentas del *Times* o habían retuiteado algún mensaje de cualquier de ellas, incluida la principal (@nytimes). En total, 274.975 usuarios interactuaron de manera activa con las cuentas del *Times* durante esas tres semanas.

El análisis de Sibilare permite descubrir cuáles son las cuentas del *Times* en Twitter entre las que existe un mayor y un menor grado de solapamiento teniendo en cuenta a los usuarios activos. También permite ver, por ejemplo, cuáles son las cuentas que consiguen aportar más usuarios activos distintos de los que ya siguen al *Times* en su cuenta principal.

@nytimes	202.178
@nytopinion	38.816
@nytimesworld	22.297
@nytpolitics	15.504
@nytgraphics	10.746
@nytimesarts	9.918
@nytvideo	9.833
@NYTScience	6.416
@UpshotNYT	6.240
@nytimesbooks	5.126
@NYTNational	4.984

Las cuentas con un mayor número absoluto de seguidores activos durante las tres semanas analizadas fueron las siguientes (se indica el número de usuarios que mencionaron o retuitearon a cada una de las cuentas):

En la web del libro se muestran gráficos interactivos para cada una de las cuentas del *Times* analizadas por Sibilare durante las tres semanas mencionadas. Los gráficos permiten descubrir la relación entre los usuarios activos de cada una de las cuentas. A continuación se muestran los gráficos de las seis cuentas que tuvieron más usuarios activos en las semanas analizadas y el grado de relación con otras cuentas del diario:

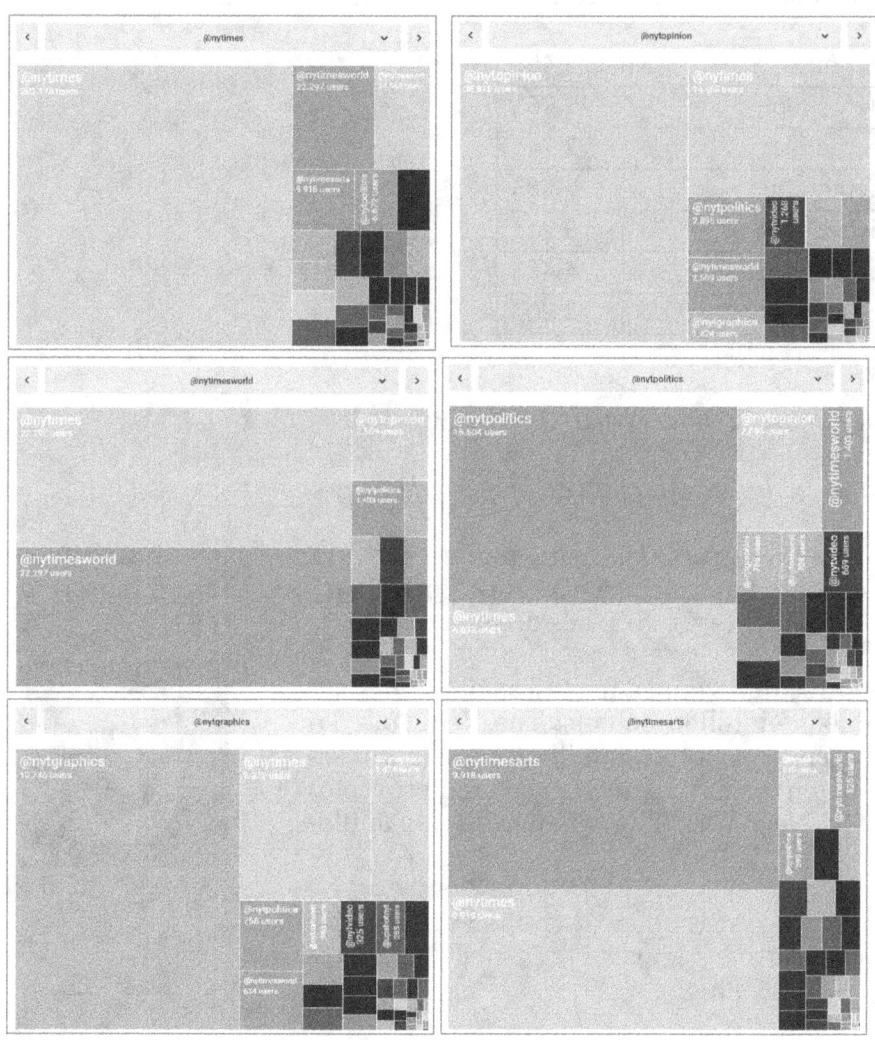

El análisis de Sibilare revela que todos los usuarios activos de 18 de las 50 cuentas analizadas interactuaron también en algún momento con, por lo menos, una de las otras cuentas del *Times*. Las más relevantes en los que se dio esta circunstancia fueron las de @nytimesworld, @nytimesarts, @nytimesbooks, @nytimeses,

@nytimeswell, @nytimesbusines, @nytimescomm, @nytimesphoto y @nytimestravel.

En cambio, hubo cuentas del *Times* en Twitter en las que una parte importante de sus usuarios activos no interactuaron con otras cuentas del diario. En cifras absolutas, las más relevantes fueron las siguientes (se indica el número de usuarios activos que únicamente mencionaron o retuitearon esa cuenta):

nytimes	125.458
nytopinion	21.961
nytpolitics	7.745
nytgraphics	6.683
nytvideo	6.215
nytscience	4.423
upshotnyt	3.906

The New York Times en Facebook

Datos actualizados el 22 de febrero de 2017

The New York Times tiene algo más de 20 páginas activas en Facebook. La principal, The New York Times, contaba en febrero de 2017 con casi 13,5 millones de seguidores.

Otras dos páginas temáticas del *Times* superaban el millón de fans: The New York Times en Español (1,2 millones, cifra conseguida en apenas un año de vida del proyecto) y The New York Times Science (1,02 millones).

Con algo más de medio millón de seguidores había tres páginas: NYT Food, NYT Opinion y NYT Photo.

Esta es la lista completa de las páginas del *Times* en Facebook. Se incluye la dirección y el número de fans:

The New York Times en Facebook	Fans
The New York Times	13.413.000
The New York Times en Español	1.201.000
The New York Times Science	1.022.000
NYT Food	568.000
NYT Opinion	567.000
NYTimes Lens Photography	530.000
T Magazine	301.000
NYT Politics	273.800
Well – Health	246.00
NYToday	221.300
Modern Love	202.000
NYT Travel	168.300
Styles	164.700
The Upshot	152.000
NYT Video	138.000
Watching	129.000
NYT Books	115.000
The Learning Network	48.800
NYT Theater	47.700
TimesTalks	36.400
Store	7.556

Análisis de las interacciones de los usuarios de Facebook con los artículos del *Times*

La compañía NewsWhip realiza desde hace años un seguimiento y análisis constante del comportamiento de los sitios de noticias en Facebook. Desde el año 2013, cada mes presenta un ranking de los medios en inglés que han logrado un mayor número de interacciones con sus usuarios en esta red social.

Los analistas de NewsWhip explican que los medios siguen distintos modelos o estrategias para conectar con sus usuarios. En unos casos, publican un número muy elevado de artículos cada mes.

En otros, como sucede con el *Times*, el número de contenidos distribuidos a través de Facebook es mucho menor.

Por ejemplo, en diciembre de 2016, el *Times* ocupó la novena posición entre los medios en inglés con un mayor número de interacciones (me gusta, comentarios, compartir o reacciones). En total, sumó 19,3 millones de interacciones, frente a los 25,8 millones de primer medio en el ranking (indiatimes.com) o los 25,5 millones del segundo (nbc.com). Sin embargo, *The New York Times* logró este volumen de interacciones con únicamente 5.435 artículos, mientras que los dos medios que encabezaban el ranking publicaron 39.569 y 37.950 artículos respectivamente. La CNN sigue una estrategia similar a la del *Times*: con 5.152 piezas logró 21 millones de interacciones.

The Most Engaged Sites on Facebook, December 2016

Total Facebook engagements (likes, comments, shares and reactions) on articles published in December 2016. Data: NewsWhip Analytics.

Rank	Publisher	Article Count	Facebook Engagement
1	indiatimes.com	39,569	25,819,407
2	nbc.com	37,950	25,531,284
3	foxnews.com	61,758	24,121,368
4	huffingtonpost.com	11,385	22,921,487
5	cnn.com	5,152	21,040,797
6	goal.com	29,158	20,786,280
7	dailymail.co.uk	50,553	20,603,059
8	bbc.co.uk	23,484	19,864,883
9	nytimes.com	5,435	19,338,166
10	usatoday.com	11,557	18,773,761
11	washingtonpost.com	9,847	17,595,558
12	buzzfeed.com	9,892	15,664,278

Fuente: NewsWhip

Por otra parte, según datos ofrecidos también por NewsWhip, el volumen medio de interacciones de los usuarios de Facebook con cada contenido publicado por el *Times* ha ido aumentando durante los tres últimos años. Así, la media de interacciones pasó de 1.145 por artículo en febrero de 2014 a 3.558 en diciembre de 2016.

Los análisis de NewsWhip confirman también una de las características del producto informativo del Times: su apuesta frecuente por temas largos y bien desarrollados.

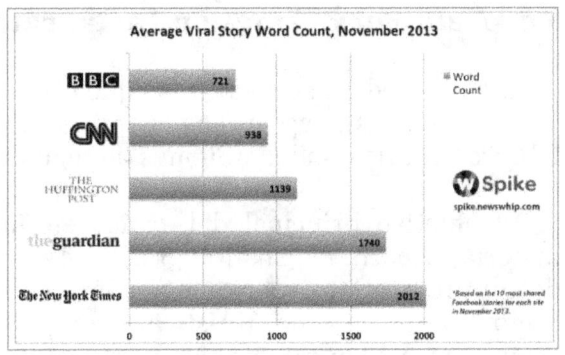

Fuente: NewWhip

Otro estudio realizado por NewsWhip con datos del mes de noviembre de 2013 comparaba cuál era el número medio de palabras de los artículos con más interacciones en Facebook de cinco destacados medios online. El estudio se basó en los diez artículos con más interacciones de cada medio durante ese mes de noviembre de 2013. El sitio con los artículos más largos fue *The New York Times*, con una media de 2.012 palabras por artículo. El segundo era *The Guardian* (1.740 palabras), el tercero The Huffington Post (1.139), el cuarto la CNN (938) y el quinto la BBC (721). Los artículos del *Times* casi triplicaban a los de la BBC en número de palabras.

NewsWhip repitió este experimento en diciembre de 2016 con cinco de los diez medios que habían tenido más interacciones sociales ese mes. Analizó para cada medio las diez historias con más éxito en las redes. El ejercicio volvió a situar al *Times* en primer lugar en número medio de palabras, con 1.021, por delante del *Daily Mail* británico (873), la BBC (721), The Huffington Post (641) y la cadena Fox (244).

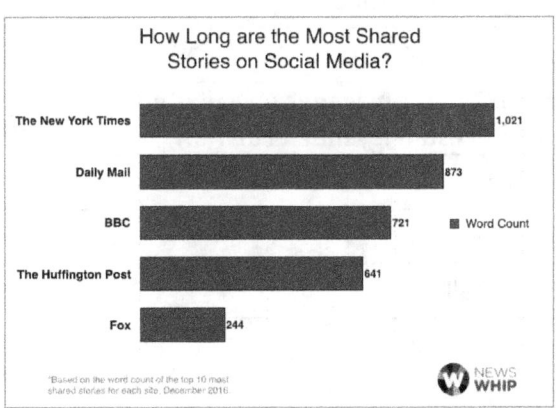

Fuente: NewsWhip

The New York Times en Instagram

Otra de las redes sociales en las que está presente y activo *The New York Times* es Instagram. La cuenta principal del *Times* contaba en febrero de 2017 con 2,2 millones de seguidores.

El objetivo principal del *Times* en Instagram es el de contar historias a partir de sus fotografías. Así, cada imagen se acompaña de un breve relato sobre algún tema de actualidad, una receta de cocina o un destino turístico. Las publicaciones del *Times* en Instagram hablan también de personajes del día, muestran escenas cotidianas de la vida de Nueva York y de otros rincones del mundo, o presentan espectaculares imágenes captada por los fotógrafos del diario.

Estas son las 12 cuentas del *Times* en Instagram con sus correspondientes seguidores (datos de febrero de 2017):

Cuentas del *Times* en Instagram	Seguidores
The New York Times	2,2 millones
Fashion	2 millones
T Magazine	560.000
Food	473.000
Travel	317.000
Video	231.000
NYTimes Magazine	64.000
nytimesopinionart	57.200
MyNYTimes (Imágenes enviadas por los usuarios cuando están leyendo el diario.)	33.900
Sports	22.000
Archives	20.300
TimesTalks	2.490

51

Orígenes y evolución de la publicidad nativa en *The New York Times*

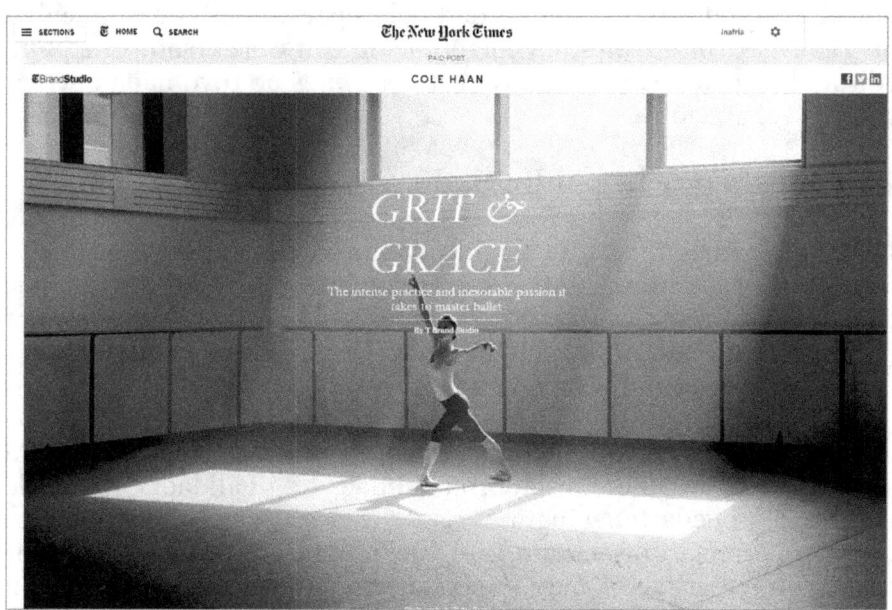

Captura de pantalla de la campaña de publicidad nativa de Cole Haan publicada en la web del *Times*

"Grit & Grace" es el título de una magnífica pieza de contenido multimedia que apareció en la web de *The New York Times* en octubre de 2014. Tres de las bailarinas más prestigiosas del New York City

Ballet – Megan Fairchild, Sara Mearns y Gretchen Smith- explicaban, con el apoyo de varios vídeos excelentemente realizados, el enorme esfuerzo, la intensa práctica y la gran pasión que se necesitan para llegar a ser una estrella del ballet.

Esta pieza se presentó en la portada de la web del *Times* a través de un recuadro con una etiqueta de fondo azul claro en la que podía leerse "Paid Post". Y cuando el usuario entraba en el reportaje, volvía a encontrar en la parte superior del mismo una banda horizontal de color azul con las palabras "Paid Post" y, justo debajo, el nombre de la tienda de ropa y complementos Cole Haan.

Porque "Grit & Grace" era, en realidad, un anuncio de Cole Haan. No un anuncio ofrecido en alguno de los formatos tradicionales de publicidad digital, como los banners de distintos tamaños, sino publicidad en forma de contenido. Era un gran ejemplo de la llamada publicidad nativa, también definida con otros nombres, como contenido de marca ("branded content").

Al final de esa pieza, y para que no quedase ninguna duda al respecto, se podía leer el siguiente mensaje: "Esta página fue producida por el T Brand Studio, una unidad del departamento de publicidad de *The New York Times*, en colaboración con Cole Haan. El equipo editorial y de noticias de *The New York Times* no tuvo nada que ver con su preparación".

La apuesta por la publicidad nativa

La publicidad nativa, que ha ido ganando rápidamente protagonismo entre los anunciantes y determinadas webs de contenidos, consiste en ofrecer contenidos digitales publicitarios -pagados por un anunciante- en un formato similar al del resto de contenidos informativos que se publican en una web.

Son varias las claves que pueden marcar el éxito o el fracaso de la publicidad nativa. Por un lado, la calidad, originalidad y grado de interés que pueda tener para el usuario el contenido ofrecido. Por otro, su correcta ubicación e integración con el producto informativo. Y un tercer factor muy importante: una adecuada señalización gráfica de la pieza para que el usuario sepa en todo momento que se trata de un contenido ofrecido y pagado por un anunciante.

Numerosos medios de comunicación han empezado a hacer uso estos últimos años de este formato publicitario. Algunos medios nativos digitales, como BuzzFeed (www.buzzfeed.com) o la web de información económica Quartz (www.qz.com), han apostado decididamente por la publicidad nativa como su principal formato publicitario, renunciando a los tradicionales banners de distintos tamaños que, muchas veces, entorpecen la navegación del usuario.

También los medios tradicionales se han ido apuntando a la publicidad nativa. Para poder preparar de manera adecuada estos anuncios, en algunos casos han creado estudios de producción –integrados en sus equipos de publicidad- especializados en la creación de contenidos digitales para terceros para poder ofrecer un servicio completo a sus anunciantes y, al mismo tiempo, no comprometer la integridad de sus equipos periodísticos.

Entre los casos más destacados se encuentran los del diario británico *The Guardian*, que cuenta para esta función con su unidad Guardian Labs; el diario *The Wall Street Journal*, que lanzó en marzo de 2014 WSJ. Content Studios; el WP BrandStudio de *The Washington Post*, y el diario *The New York Times*, que crea su publicidad nativa –como se detalla en este capítulo- a través de la unidad T Brand Studio de su departamento publicitario.

Otros medios digitales ofrecen a través de sus páginas contenidos realizados directamente por los anunciantes, que pagan por poder publicar en el entorno del medio. Uno de los pioneros de esta fórmula es la revista Forbes. En Forbes.com existen diversas secciones identificadas claramente con la marca "BrandVoice", a través de las cuales los anunciantes publican contenidos informativos relacionados de un modo u otro con su actividad.

La revista The Economist cuenta con un espacio permanente sobre innovación llamado "Look Ahead" realizado en colaboración con la compañía GE.

Por su parte, la web Mashable ofrece a las marcas la fórmula "BrandSpeak", una vía por la que sus anunciantes pueden mostrar lo mejor de sus contenidos a los usuarios de Mashable. Empresas como Visa, Intuit, Samsung o incluso *The New York Times*, entre otras, ha utilizado este programa de Mashable. En el caso del *Times*, el diario neoyorquino apostó por mostrar artículos escritos en sus páginas por "nueve iconos culturales", una selección de vídeos inspiradores publicados en su web, una cronología de los teléfonos móviles o una selección de lo mejor del periodismo interactivo producido por el diario.

Campaña de publicidad nativa del *Times* en Mashable

También las cadenas de televisión han decidido apostar por este tipo de publicidad y por el lanzamiento de sus propios estudios de creación de contenidos. Es el caso, por ejemplo, de la CNN, que cuenta con Courageous Studio, o de la NBC y su NBCU Content Studio.

Anuncios nativos en el *Times*

En el caso de *The New York Times*, la publicidad nativa es uno de los formatos publicitarios digitales disponibles para los anunciantes desde principios del año 2014.

Dada la trascendencia que tiene para el *Times* la tradicional y sagrada separación que debe existir entre las noticias y la publicidad, el anuncio de la utilización de este nuevo formato publicitario –que se mueve en la frontera de esos dos mundos- fue realizado por el propio editor del diario, Arthur Sulzberger Jr., a través de un mensaje interno dirigido a toda la redacción.

Una noticia publicada el 19 de diciembre de 2013 en la web del diario así lo explicaba: "Times Publisher Sets Out Plan for 'Native' Ads" ("El editor del *Times* presenta el plan para los anuncios 'nativos", decía el titular.

El artículo, firmado por el redactor Ravi Somaiya –que entonces cubría habitualmente la información sobre el propio diario en el que trabajaba-, empezaba con estas palabras: "Buscando apaciguar potenciales preocupaciones de la redacción sobre la introducción de un nuevo producto digital llamado publicidad nativa, el editor de *The New York Times* dijo el jueves que distintos elementos como una barra de color y las palabras "Paid Post" permitirían a los lectores identificar el material como contenido publicitario".

En la noticia se explicaba también que a través de una carta enviada a todos los empleados, el editor dijo que habría una "estricta separación entre la redacción y el trabajo de crear contenido para los nuevos anuncios nativos". Según Sulzberger, el nuevo formato era "relativamente nuevo y podía ser controvertido", pero resultaba necesario para lograr que la publicidad digital volviera a la senda del crecimiento en el *Times*.

En su mensaje Sulzberger quiso dejar muy claro que la publicidad nativa sería "totalmente consistente con los valores del *Times* y con las expectativas de nuestros lectores". El editor del diario explicó que "ha habido ocasiones en las que los editores han colocado publicidad nativa frente a los lectores mediante formas que realmente difuminaban la frontera entre el periodismo y los mensajes comerciales. Todos apostamos por que esto no suceda en el *Times*, y creemos que hemos puesto todas las protecciones necesarias para asegurar que esto no suceda". Además de la barra azul y las palabras "Paid Post", los anuncios nativos deben mostrar el logo de la compañía, un tipo de letra distinto del utilizado para las noticias y otros elementos de diseño que permitan en todo momento al lector saber qué es lo que está mirando.

Pero además de los aspectos estrictamente formales de presentación del material, los contenidos ofrecidos por los anunciantes deben ajustarse "a un muy elevado nivel de calidad", según dictan las normas establecidas para este formato publicitario.

La entonces directora del diario, Jill Abramson, que había expresado en algún momento sus dudas sobre este formato, señaló que éstas habían quedado plenamente superadas con las directrices marcadas por el editor. A pesar de ello, no pensaba bajar la guardia: "Estaré controlando para asegurar que el *Times* sigue las normas", dijo.

El diario anunció que iba a realizar en esa fase inicial diversas contrataciones en su departamento de Publicidad para la puesta en marcha de los anuncios nativos. El mes previo a ese anuncio, unos 20 empleados del departamento habían aceptado ofertas de bajas voluntarias, y la intención del *Times* era la de reemplazarlos con personal con el perfil adecuado para afrontar nuevos retos como el de la publicidad nativa.

La entonces defensora del lector del diario, Margaret Sullivan, quiso también intervenir en este tema, como hacía con cualquier asunto que pudiera afectar de un modo u otro a la relación que mantiene el diario con sus lectores. En su blog, la defensora expuso con claridad la situación:

"Después de meses de preparación y estudio, "la publicidad nativa" está a punto de llegar al *Times*. Esta práctica, muy discutida en los círculos mediáticos, ha sido el tema de un reciente taller de trabajo de la Federal Trade Commission bajo el apropiado nombre de 'Líneas difusas'".

Sullivan explicó que el editor del diario, Arthur Sulzberger Jr., había enviado un correo electrónico al equipo del *Times* para dejar muy clara su postura: "Aseguraremos que nunca habrá ni una duda en la mente de nadie sobre lo que es periodismo del *Times* y lo que es publicidad".

Margaret Sullivan exponía en su artículo una serie de conclusiones sobre este asunto después de comentarlo durante los días previos con varias personas clave de la compañía: el CEO, Mark Thompson; la entonces vicepresidenta ejecutiva para publicidad, Meredith Kopit Levien; la entonces directora del diario, Jill Abramson, y el responsable de diseño del *Times*, Tom Bodkin.

Entre otros temas, la defensora comentó que el diario tenía puestas muchas esperanzas en la "publicidad nativa", que podría concretarse en "decenas de millones de dólares" de ingresos publicitarios en un futuro no lejano. Además, remarcó que se utilizaría siempre la fórmula de identificarla con las palabras "Paid Post", además de otros elementos gráficos diferenciadores. Y también explicó que la producción de los anuncios se realizaría a través de un equipo interno de producción que podría hacer uso de "las mismas herramientas y técnicas que el *Times* utiliza para su periodismo multimedia: vídeo, gráficos interactivos, visualización de datos y otros formatos similares se pondrán a disposición de los anunciantes".

Este era el planteamiento a finales de diciembre de 2013, pocas semanas antes de que se lanzara la publicidad nativa en *The New York Times*.

El [primer anuncio nativo](#) ofrecido en este nuevo formato apareció en enero de 2014, coincidiendo con el estreno del nuevo diseño de la web. Fue un anuncio de la compañía Dell.

Campaña de publicidad nativa de Dell en la web del Times

Durante los meses siguientes fueron apareciendo varias decenas de anuncios en formato de publicidad nativa. Estos anuncios están disponibles en el espacio "**Idea Lab**", en el que *The New York Times* ha ido agrupando trabajos innovadores realizados tanto por su redacción como por el departamento de publicidad.

Idea Lab recopila trabajos innovadores del *Times*, tanto de la redacción como del departamento de Publicidad.

Los ejemplos de publicidad nativa, agrupados bajo el epígrafe "Paid Post", incluyen trabajos realizados para las compañías Cole Haan, Farmer's Insurance, Emirates, Chobani, Reuters, Prada, MetLife, Chevron, Netflix, J&J, HP, CTCA, Sotheby's, Vacheron, Dell, Intel, Goldman Sachs o United Airlines, entre muchas otras (a principios de febrero de 2017, el número de ejemplos disponible era de 173). Para todos los casos se ofrece una breve descripción del objetivo planteado por el anunciante, la solución aportada por el T

Brand Studio del *Times* y el enlace al trabajo definitivo publicado en la web.

Además del espectacular y ya mencionado "Paid Post" para Cole Haan, uno de los anuncios nativos que también mereció grandes elogios fue el creado para la promoción de la segunda temporada de serie "Orange is The New Black", ofrecida por **Netflix**. La solución ofrecida por *The New York Times* fue la creación de un anuncio nativo en forma de reportaje multimedia en el que se hablaba de la situación y las necesidades específicas de las mujeres encarceladas. Era un reportaje que incluía un pequeño documental en tres partes, entrevistas en audio, ilustraciones animadas e infográficos, entre otros contenidos.

Campaña de publicidad nativa de Netflix sobre su serie "Orange is The New Black" publicada como "Paid Post" en NYTimes.com.

La primera indicación de que el nuevo formato de publicidad nativa podía estar funcionando de manera positiva para *The New York Times* se produjo a principios de octubre de 2014, cuando el editor y el CEO de la compañía avanzaron que los ingresos publicitarios digitales correspondientes al tercer trimestre de 2014 habían aumentado un 16% respecto a los del mismo trimestre del año anterior, y eso había sucedido gracias a la combinación de tres factores: los nuevos anuncios nativos, el buen comportamiento de la publicidad en el móvil y la mejora en la publicidad en vídeo.

Al presentar sus resultados, el *Times* ofrece información sobre la evolución global tanto de la publicidad impresa y digital, pero no detalla nunca los ingresos para cada formato o tipo de publicidad. Sí indica qué tipo de publicidad ha funcionado mejor, y desde entonces, las menciones positivas sobre la evolución de la publicidad nativa han sido una constante cada trimestre, como también lo han sido las referencias a la publicidad móvil o en vídeo. En cualquier caso, a finales de 2016 el CEO de la compañía, Mark Thompson, señaló durante su intervención en la UBS Global Media Conference celebrada en Nueva York que, a pesar del crecimiento logrado, el objetivo de multiplicar por dos los ingresos derivados de la publicidad nativa a lo largo de 2016 no se estaba alcanzando.

Meredith Kopit Levien

La persona clave para la incorporación de la publicidad nativa en el *Times* fue Meredith Kopit Levien (@meredith_levien), que fichó por el diario como vicepresidenta ejecutiva del área de publicidad en agosto de 2013 y, posteriormente, fue ascendida al cargo de Chief Revenue Officer en abril de 2015. Levien se ha convertido en una persona clave en el negocio del *Times*, ya que es la principal responsable de la generación de ingresos tanto publicitarios como de suscripción para todos los productos y servicios y en todas las plataformas. Además, está al frente de los equipos de publicidad, marketing, vídeo y eventos.

Antes de sumarse al equipo del *Times*, Meredith Kopit Levien era la responsable de ingresos en Forbes Media. Precisamente durante su mandato en Forbes —donde gestionó desde 2011 las operaciones de generación de ingresos en Forbes.com, las revistas impresas y el negocio de conferencias-, Meredith Levien impulsó el formato BrandVoice anteriormente mencionado, convertido de hecho en la apuesta más relevante de publicidad nativa por parte de un medio tradicional durante la primera fase de este formato publicitario. No es de extrañar, por tanto, que ya en el *Times* la publicidad nativa fuera una de las principales novedades introducidas por su nueva responsable de ingresos publicitarios.

Cuando se anunció su fichaje en julio de 2013, uno de los aspectos que quiso resaltar el CEO del *Times*, Mark Thompson, del perfil de Levien fue su capacidad creativa y de innovación en áreas clave para el diario como la publicidad impresa y digital y la organización de eventos. Thompson explicó que "como uno de los primeros periódicos que ha integrado sus operaciones de ventas impresas y digitales, el *Times* ofrece una impresionante trayectoria de innovación publicitaria; recurriremos a Meredith para que nos ayude a dar el siguiente paso" en este ámbito.

En su anterior empresa, Forbes, se interpretó el fichaje de Meredith Levien como "un movimiento que sugiere un posible nuevo enfoque del negocio publicitario" de *The New York Times*. En la noticia sobre la incorporación de Levien al *Times* se mencionaba de manera explícita su impulso del formato BrandVoice de publicidad nativa en Forbes.com.

El reportaje "Going native at the Times", aparecido en el número de octubre de 2014 de Capital -publicación especializada en la cobertura de los personajes, los negocios y las instituciones clave de la ciudad de Nueva York- detallaba los importantes avances realizados en el terreno de la publicidad nativa por parte de *The New York Times* bajo la dirección de ventas publicitarias de Meredith Levien.

De hecho, no sólo en el ámbito de la publicidad nativa. En el artículo se explicaba que en su primer año al frente del equipo de publicidad, Meredith Levien había contratado a más de 80 profesionales —cerca de la tercera parte de su equipo-, muchos de ellos con "profundas habilidades digitales", para sustituir a un número similar de empleados del departamento de publicidad que habían dejado la compañía durante ese periodo a través de bajas incentivadas o despidos. "El plan para el año uno era talento, cultura y productos publicitarios", decía Levien.

El reportaje de Capital, escrito por Joe Pompeo, incluía detalles interesantes sobre el nuevo formato de publicidad nativa, que había sido ya contratado por algo más de 30 anunciantes. El equipo T Brand Studio, responsable de la producción de los anuncios, estaba entonces integrado por 16 profesionales liderados por Adam Aston (@adamanyc), un ex redactor de la revista BusinessWeek especializado en energía, medio ambiente, ciencia y tecnología.

T Brand Studio en 2017

T Brand Studio es la unidad de marketing de *The New York Times* dedicada a la creación de contenidos y experiencias para otras marcas. Este equipo se encarga de preparar para otros anunciantes la publicidad nativa que aparece en las distintas plataformas del diario. Trabaja de manera totalmente separada e independiente de la redacción del *Times*.

Captura de la home de la web de T Brand Studio en febrero de 2017

El equipo de T Brand Studio se ha ido configurando estos primeros años como una completa agencia creativa con capacidad para ofrecer a los anunciantes soluciones integrales que incluyen propuestas en distintos ámbitos: editorial, fotografía, tecnología, estrategia, diseño, vídeo, realidad virtual, eventos o desarrollo de audiencia, entre otros.

T Brand Studio, que cuenta en su equipo con profesionales tanto del mundo del marketing como de los medios, realiza una "aproximación periodística" para elaborar historias para las marcas. Desde el año 2014, ha trabajado con más de un centenar de anunciantes.

Uno de los elementos definitorios de T Brand Studio es que se puede encargar tanto de la creación del mensaje, en el formato que sea, como de su distribución a través de las distintas plataformas del *Times*.

En la web del T Brand Studio se muestran 40 ejemplos concretos del trabajo realizado por el equipo para diversos anunciantes.

Según cifras aportadas por el analista de medios Ken Doctor en un artículo publicado a finales de enero de 2017 en Politico Media ("The Times' T Brand Studio aims to stand out amid crowded branded content battleground"), el T Brand Studio del *Times* había producido hasta entonces un total de 225 campañas para más de un centenar de clientes y contaba con un equipo formado por 120 personas repartidas en sus tres oficinas internacionales, Nueva York, Londres y Hong Kong, a las que se sumaría una cuarta ciudad en un futuro próximo.

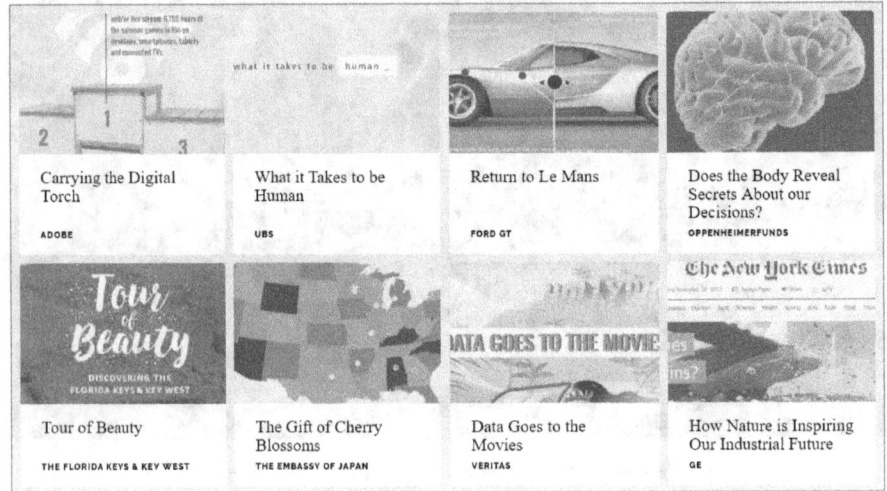

Algunas de las campañas desarrolladas por T Brand Studio que se muestran en su web.

Doctor explicaba también en dicho artículo que, en total, el equipo de publicidad de The New York Times Company estaba formado por 375 profesionales, incluidos vendedores y creativos.

T Brand Studio tiene presencia propia en las redes sociales Facebook y Twitter.

App de realidad aumentada

A principios de enero de 2017, T Brand Studio lanzó en colaboración con la compañía IBM su primera experiencia en realidad aumentada, titulada "Outthink Hidden" e inspirada en la película "Hidden Figures", que se estrenaba esos mismos días. Para ello lanzó también su nueva app de realidad aumentada, llamada T Brand Studio AR (tanto para dispositivos iOS como Android).

El trabajo "Outthink Hidden" fue el primero realizado por la agencia de diseño Fake Love, que el Times adquirió en agosto de 2016.

Unos meses antes, en marzo de 2016, el diario había adquirido otra empresa, la agencia de marketing digital Hello Society, también con el objetivo de ampliar los servicios ofrecidos que podía ofrecer a través de T Brand Studio.

Además de la experiencia en realidad aumentada, T Brand Studio también ha realizado varios trabajos en realidad virtual, aprovechando la decidida apuesta informativa y comercial que el diario ha realizado desde 2015 por esta tecnología (ver capítulo sobre la realidad virtual).

En español

A finales de 2016 el T Brand Studio produjo la primera campaña en español, "Inmersos en tecnología", para BBVA Wallet.

Presencia de la publicidad nativa en la web

La manera de mostrar las campañas de publicidad nativa en la web del *Times* ha ido variando ligeramente desde los inicios. A principios de 2017, se ofrecía en la portada de NYTimes.com un módulo horizontal con cinco campañas, ubicado justo al final del primer gran bloque informativo y por encima del vídeo. Un epígrafe en letras azules, en el que se leía "From our advertisers", indicaba que se trataba de contenidos ofrecidos por anunciantes del *Times*.

Módulo para mostrar la publicidad nativa ubicado en la home de NYTimes.com.

Los "Paid Posts" de publicidad nativa también estaban presentes en varias posiciones en la página de noticia. Por un lado, tanto en la parte superior como en la inferior, ocupando de vez en cuando uno de los espacios del módulo de recomendación de otros contenidos. Por otro, también de manera aleatoria, en un módulo específico de publicidad nativa (identificado con el título "From ours advertisers") ubicado en la columna lateral derecha de la noticia.

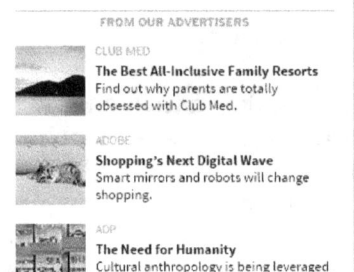

Distintos módulos de la web del *Times* en los que se ofrecen campañas de publicidad nativa desarrolladas por T Brand Studio

EN RESUMEN:

- A principios de 2014 *The New York Times* empezó a ofrecer a sus anunciantes la posibilidad de crear y publicar en su web anuncios en un nuevo formato de publicidad nativa llamado "Paid Post".

- Los "Paid Post" ofrecen contenidos de alta calidad pagados por el anunciante e integrados en la web del diario con elementos gráficos que los distinguen de los contenidos informativos.

- Más de 100 anunciantes han contratado este formato desde su lanzamiento.

- Los anuncios son creados por el equipo de T Brand Studio, la agencia de marketing del área de Publicidad de The New York Times. Este equipo trabaja de manera totalmente separada de la redacción del *Times*.

- La propiedad y la dirección del *Times* han asegurado

siempre el mantenimiento de una estricta separación entre la publicidad nativa y el trabajo periodístico del diario.

- La publicidad nativa puede utilizar las mismas técnicas y herramientas narrativas que las informaciones elaboradas por la redacción del *Times*.

- Meredith Kopit Levien, actual Chief Revenue Officer de The New York Times Company -y anteriormente vicepresidenta ejecutiva de publicidad de *The New York Times* desde julio de 2013-, fue la principal impulsora de este nuevo formato publicitario.

- La publicidad nativa es una de las principales apuestas de *The New York Times* para aumentar sus ingresos publicitarios digitales.

- A finales de enero de 2017 el equipo de T Brand Studio estaba integrada por 120 profesionales repartidos entre Nueva York, Londres y Hong Kong.

- En enero de 2017 T Brand Studio lanzó su primera experiencia en realidad aumentada.

52

El defensor del lector del *Times*

El 27 de octubre de 2003 el diario *The New York Times* anunció el nombramiento de su primer defensor del lector ("Public Editor"). El escogido para ese nuevo cargo fue Daniel Okrent, periodista y autor con una amplia experiencia como editor en las revistas *Life* y *Time* del grupo Time Warner.

La creación de esta nueva figura fue una de las principales recomendaciones formuladas por un comité de 25 periodistas creado meses antes por *The New York Times* para analizar –e intentar dejar atrás- uno de los mayores escándalos periodísticos de su historia: el caso del reportero Jayson Blair, que entre los meses de octubre de 2002 y abril de 2003 plagió, inventó y publicó decenas de artículos en las páginas del diario. El descubrimiento de los engaños acabó provocando la dimisión, a principios del mes de junio de 2003, tanto del entonces director del diario, Howell Raines, como de su número dos en la redacción, Gerald M. Boyd. Unas semanas después, el 30 de julio de 2003, Bill Keller fue nombrado nuevo director del diario.

The New York Times se había resistido hasta entonces a contar con un defensor del lector, una figura existente en otros diarios – aunque no de forma mayoritaria- cuya función es la de velar por los intereses de los lectores del periódico. La dirección del *Times* había defendido siempre que esa tarea, la de atender las preocupaciones de los lectores sobre la calidad del trabajo periodístico realizado por el diario, era algo que competía al propio equipo editorial.

Pero la magnitud del escándalo provocado por Jayson Blair acabó por derrumbar las reticencias sobre la conveniencia de esta figura. El editor y presidente del *Times*, Arthur Sulzberger Jr., defendió la creación de este puesto y el nombramiento de Okrent como pasos necesarios para "hacer de *The New York Times* una institución menos opaca". Sulzberger señaló que "nos ayudará a estar más en sintonía con lo que nuestros lectores y nuestros críticos –nuestros honorables críticos- están diciendo" y "nos ayudará a explicarnos ante ellos".

El *Times* se debatió entre nombrar a un periodista que hubiera trabajado en el diario o a un profesional externo. Finalmente, optó por esta última fórmula por considerar que podría realizar su trabajo de manera más independiente.

El caso Jayson Blair

El 11 de mayo de 2003 el diario *The New York Times* publicó un largo artículo ("CORRECTING THE RECORD; Times Reporter Who Resigned Leaves Long Trail of Deception") en el que detallaba e intentaba corregir todos los artículos fraudulentos escritos por su reportero Jayson Blair, de 27 años, durante los meses anteriores.

"La invención y el plagio generalizados representan una profunda traición a la confianza y el punto más bajo en los 152 años de historia del diario", se afirmaba en el primer párrafo del artículo, que se iniciaba de esta contundente e inequívoca manera: "Un reportero de plantilla de *The New York Times* cometió frecuentes actos de fraude periodístico durante la cobertura de acontecimientos informativos significativos durante los meses recientes, según ha descubierto una investigación realizada por periodistas del *Times*".

El artículo continuaba explicando que "el reportero, Jayson Blair, de 27 años, engañó a los lectores y a colegas del *Times* con crónicas que pretendían haber sido enviadas desde Maryland, Texas y otros estados, cuando con frecuencia él estaba muy lejos de esos lugares, en Nueva York. Fabricó comentarios. Inventó escenas. Utilizó material de otros periódicos y agencias de noticias. Seleccionó detalles a partir de fotografías para crear la impresión de haber estado en otro sitio o haber visto a alguien, lo que no había sucedido".

Jayson Blair trabajó como periodista en el *Times* durante casi cuatro años. Abandonó el diario cuando se descubrieron sus engaños. Al año siguiente, en 2004, publicó el libro *Burning Down My Masters' House: My Life at The New York Times*, en el que contaba su experiencia en el periódico neoyorquino.

A los diez años del estallido del escándalo, en 2013, se estrenó el documental "A Fragile Trust", una película dirigida por Samantha Grant dedicada a analizar el caso. Su subtítulo era "Plagiarism, Power, and Jayson Blair at The New York Times". El *Times* publicó en su web el trailer y una crítica sobre el documental.

También al cumplirse los diez años, la entonces defensora del lector, Margaret Sullivan, dedicó al caso una de sus columnas del mes de mayo de 2013: "Repairing the Credibility Cracks". Recordó el profundo impacto que provocó este episodio en *The New York Times* y los decididos pasos que había dado posteriormente el diario para reparar el daño causado.

La figura del "Public Editor" del *Times*

El defensor del lector de *The New York Times* no está integrado en la estructura ni de la redacción ni del equipo de opinión. Atiende todos los comentarios que le quieran formular los lectores sobre el trabajo periodístico del diario, realiza las oportunas verificaciones sobre aquellos temas que considere relevantes y publica sus conclusiones con entera libertad –sin pasar por la revisión de la dirección– tanto en las páginas del diario como en la web. Las opiniones que exprese públicamente y las conclusiones a las que llegue en sus investigaciones son siempre estrictamente personales.

The New York Times ha contado hasta el momento con seis defensores del lector:

· **Daniel Okrent**: primer defensor del lector del Times, ocupó el cargo durante 18 meses, desde diciembre de 2003 hasta mayo de 2005.

· **Byron Calame**: segundo defensor del lector, desde mayo de 2005 hasta mayo de 2007. Dedicó prácticamente toda su vida profesional al diario *The Wall Street Journal*, donde acabó siendo subdirector hasta su retirada a finales de 2004. Ganó el Gerald Loeb Lifetime Achievement Award por toda su carrera en el campo del periodismo económico, entre otros galardones.

· **Clark Hoyt:** tercer defensor del lector del *Times*, ocupó el cargo desde mayo de 2007 hasta junio de 2010, un año más de lo previsto inicialmente. Periodista ganador de un Pulitzer con una larga experiencia en distintos diarios del grupo Knight Ridder. Fue durante años responsable de la redacción de este grupo en Washington antes de su venta a otro conglomerado de periódicos, McClatchy, donde trabajó como consultor de redacciones. Fue también presidente de la National Press Foundation.

· **Arthur S. Brisbane**: cuarto defensor del lector de *The New York Times*, desde agosto de 2010 hasta agosto de 2012. Trabajó como periodista y editor en *The Washington Post*, como director y *publisher* de The Kansas City Star y como alto ejecutivo en el grupo Knight Ridder.

· **Margaret Sullivan**: quinta defensora del lector. Ocupó el cargo desde septiembre de 2012 hasta abril de 2016. Antes de trabajar para el *Times*, Sullivan fue la directora y vicepresidenta de The Buffalo News, siendo la primera mujer en ocupar ese puesto. Formó parte del comité directivo de los premios Pulitzer y ha sido directora de la American Society of News Editors (ASNE).

Margaret Sullivan publicó de manera muy frecuente en la web a través del espacio "Public Editor's Journal" y mantuvo una columna quincenal en la edición impresa del diario, en la sección dominical Sunday Review.

· **Liz Spayd**: sexta defensora del lector del diario. Fue nombrada en mayo de 2016. Trabajó durante años en *The Washington Post*, donde llegó a ser la jefa de redacción, y desde 2014 a 2016 fue la editora y directora de la revista Columbia Journalism Review.

Balance final de Byron Calame

Todos los defensores del lector han publicado sus impresiones finales al acabar su mandato como "Public Editor". Sus reflexiones han resultado siempre de gran interés ya que ofrecen un retrato de la situación del diario desde un puesto de observación muy privilegiado.

Por ejemplo, el segundo defensor del lector del *Times*, Byron Calame, escribía en su despedida, en mayo de 2007, conclusiones como las siguientes:

- "El *Times* es un periódico excepcional, a pesar de las cuestiones que he planteado como defensor del lector. Usted, como lector, recibe un diario que no tiene rival en su profundidad y consistencia. Pero sostener la tradición de gran periodismo del diario es costoso. El *Times* no discute la reciente confesión de Donald E. Graham, presidente de The Washington Post Company, de que el presupuesto anual de la redacción del *Times* es de más de 200 millones de dólares, a pesar de los recortes de los últimos años".

- "De cómo gestione el Times dos grandes retos estratégicos dependerá la calidad de las noticias que reciban los lectores durante los próximos años. Los retos, que también afrontan la mayor parte de diarios, son la caída de los ingresos publicitarios y la transición hacia la web".

- "Generar los ingresos necesarios para pagar la redacción que se necesita para mantener la alta calidad del *Times* es el reto más serio".

- "La transición del centro de gravedad de la redacción hacia la web, crucial para el futuro del *Times*, está haciendo notables progresos. Pero el continuo empuje para integrar completamente sus redacciones impresa y online para apoyar la rápida expansión de la web plantea dudas sobre lo que constituirá un periodismo de la máxima calidad en el mundo online de titulares cada minuto. Un proyecto piloto actualmente en marcha en la sección de Economía busca integrar realmente las operaciones impresas y online sobre una base 24/7. En lo que supone un paso adelante vital y un plus distintivo para los lectores web, el proyecto piloto testea la idea de hacer que el editor responsable de una sección clave de la edición impresa sea también el responsable de la cobertura online".

En su resumen, Calame también hacía mención a los riesgos que podía suponer para la calidad del producto la creciente presión ejercida sobre los redactores para producir tanto para el papel como para la web.

El defensor del lector también mencionó que la "transparencia –explicar los procesos de la redacción y cómo se toman determinadas decisiones- puede enganchar a los lectores" y fortalecer la credibilidad del diario.

Mensaje de despedida de Clark Hoyt

El tercer defensor del lector, Clark Hoyt, se despedía en junio de 2010 con una columna titulada "Un último informe desde asuntos internos", en la que resumía su impresión sobre el diario tras recibir miles de comentarios –unos 300 mensajes al día de media- y analizar durante los dos años anteriores el trabajo realizado por la redacción:

"El *Times* es imperfecto. Como en cualquier institución humana, las 1.150 personas de la redacción cometen errores. Pero aciertan mucho, mucho más de lo que se equivocan. El milagro es que no cometan más errores teniendo en cuenta la complejidad de crear un producto periodístico diario y amplísimo en dos plataformas, la edición impresa e Internet. Sin el *Times*, que sigue invirtiendo con fuerza en la cobertura informativa por todo el mundo cuando otros están haciendo recortes de manera drástica, todos seríamos más pobres".

Balance de Arthur S. Brisbane

El cuarto defensor del lector, Arthur S. Brisbane, habló en su despedida del "éxito y riesgo" que conllevaba la transformación que estaba realizando el diario. Brisbane alabó que el diario mantuviera "su inversión en periodismo sin parangón" incluso cuando la rentabilidad del negocio estaba en duda, y también que la redacción estuviera aceptando la nueva estrategia de expansión basada en la internacionalización del diario, el vídeo, las redes sociales y el mundo móvil.

Arthur S. Brisbane reclamó mejoras en el ámbito de "la transparencia, el dar cuentas y la humildad", aunque quiso alabar el trabajo realizado por el equipo de corrección de errores, que cada año analiza y aclara miles de erratas.

Margaret M. Sullivan, quinta defensora del lector

De septiembre de 2012 a abril de 2016 una mujer, Margaret M. Sullivan, ocupó por primera vez el puesto de defensora del lector. Ha sido, hasta el momento, la persona que ha desempeñado este cargo durante más tiempo (tres años y ocho meses).

En el comunicado en el que se anunciaba su nombramiento, se describía el rol del defensor del lector con estas palabras: "Representar a los lectores y dar respuesta a sus preocupaciones, criticar el periodismo del *Times* e incrementar la transparencia y el grado de comprensión sobre el modo de operar de la institución".

Una de las principales novedades respecto a sus antecesores en el cargo era el mayor énfasis que se iba a poner en el mundo digital para poder realizar mejor su trabajo: "Con los vastos cambios en el periodismo de estos últimos años, la nueva defensora del lector buscará nuevas avenidas para esa misión", se decía. Así, "continuará escribiendo una columna impresa, pero se centrará en tener un papel online más activo: como iniciadora, orquestadora y moderadora de una conversación permanente sobre el periodismo del *Times*". Dicha conversación se centró en el mantenimiento de un blog, además de una presencia activa en las redes sociales (en Twitter, @Sulliview).

Al igual que los anteriores defensores del lector, Sullivan realizó su trabajo fuera de la estructura de la redacción, dependiendo directamente del editor del diario, Arthur Sulzberger, Jr.

Balance del segundo año de Sullivan

En octubre de 2014, Margaret Sullivan quiso repasar la actividad de su segundo año en el cargo. Explicó que recibía más de 800 correos electrónicos cada semana -unos 45.000 durante ese año-, a partir de los cuales generó sus entradas en el blog y sus columnas en el papel, que se publicaban los domingos.

Entre los principales asuntos tratados durante ese año se encontraban el uso gratuito y excesivo de fuentes anónimas en artículos del diario (lo que va en contra de las normas del *Times*), la mejora de la cobertura informativa sobre los temas relacionados con el medio ambiente (que se había reducido anteriormente), o el necesario fomento de la diversidad (racial y de otros tipos) en la redacción de *The New York Times*.

Sullivan también se refirió a los retos en el modelo de negocio que afrontaba el diario -con la publicidad impresa a la baja pero el número de suscriptores digitales al alza-, nuevos fenómenos como el de la publicidad nativa, los anunciados recortes en la redacción o la supresión de algún producto como la app Opinion.

Balance final de Sullivan

La lectura atenta del trabajo desarrollado por Margaret Sullivan durante sus casi cuatro años como "Public Editor" del diario permite aprender mucho sobre el *Times*, en particular, y sobre el mundo del periodismo, en general. Durante ese tiempo, la defensora del lector publicó nada más y nada menos que 691 artículos entre columnas y entradas en el blog. Los profesionales del mundo de la información, los estudiantes que aspiren a hacer algún día de periodistas y todos aquellos lectores aficionados a la buena prensa encontrarán en los artículos que publicó Margaret Sullivan como defensora del lector del *Times* un material muy valioso. En ellos, Sullivan habla con gran transparencia sobre el trabajo periodístico realizado por los profesionales del *Times*, a partir siempre de los mensajes, quejas, dudas o cuestiones que le hacían llegar los lectores.

En su mensaje final ("Public Editor No. 5 Is Yesterday's News"), publicado el 16 de abril de 2016, Sullivan quiso recordar que, durante esos "complicados" años, el diario se había estado "reinventando", como explicaba la dirección de la compañía, o había vivido una etapa "tumultuosa" en la que se estaba "luchando por la supervivencia" y por "mantener el alma del diario", si se atendía a la visión desde "las trincheras".

Sullivan explicó que, desde su llegada en el verano de 2012, habían cambiado muchas cosas. Entonces, según ella, el *Times* era todavía "un periódico tradicional en su funcionamiento", con su reunión de portada y el énfasis puesto en los titulares de la edición impresa. En el momento de irse, en abril de 2016, "el *Times* parece una compañía de medios digitales que además publica un periódico impreso", dijo, y en la que se lucha "por encontrar un modelo de negocio sostenible para mantener sus ambiciones periodísticas, incluyendo una redacción de más de 1.300" profesionales.

"El viejo modelo de negocio —escribió Sullivan-, basado en la publicidad impresa y las suscripciones impresas, está roto. Uno nuevo, basado en las suscripciones digitales, nuevos formatos publicitarios y asociaciones con otros negocios y plataformas mediáticas, se está formando. Hay signos de esperanza, elevada ambiciones y grandes planes, pero realmente no existe una garantía de éxito".

Basándose en su experiencia y en lo que los lectores le habían estado demandando durante sus años como defensora, Margaret Sullivan quiso plantear una serie de recomendaciones al *Times* de cara al futuro:

- "Mantener el control editorial". Especialmente en los acuerdos con gigantes como Facebook, para que no sean los algoritmos los únicos que dicten qué ven los lectores.

- "Recordar que la velocidad mata". El *Times*, dijo, no debe olvidar nunca que "la exactitud y la imparcialidad son primordiales".

- Resistir el impulso del "clickbait" para no caer en una lucha desenfrenada por la audiencia que podría comprometer los valores del diario.

- Mantener la apuesta por el periodismo de investigación, por un periodismo que controle a los poderosos.

- No menospreciar la importancia de la edición.

- "Recordar la misión de defender a los marginados de la sociedad" en su cobertura informativa

- "Proteger la credibilidad ante los lectores por encima de todo". De manera más concreta, "profundizar en la relación con ellos y encontrar nuevos modos de escuchar y atender los temas que les preocupen".

El día anterior, Margaret Sullivan publicó otro mensaje en un tono más personal, en el que comentó qué era lo que iba a echar de menos del *Times*, y qué no ("Five Things I Won't Miss at The Times — and Seven I Will"). La idea del artículo había surgido durante un reciente almuerzo con el director de BuzzFeed, Ben Smith, a quien le gustaría saber qué era lo que Sullivan amaba y odiaba del *Times* después de su etapa en el diario. Sullivan explicó que el formato final del artículo tomaba prestado el enfoque del libro de Nora Ephron *I Remember Nothing: And Other Reflections*.

Lo que Margaret Sullivan no iba a echar de menos del *Times* era lo siguiente:

- "La tensión inherente" a su puesto, que implicaba "ir cada día a trabajar para gestionar quejas y, quizás, criticar el trabajo que se hace en el despacho de al lado".

- "El excepcionalismo del *New York Times*". O, dicho de otro modo, "la idea de que, sea lo que sea lo que el *Times* haga, es por definición lo correcto".

- "El estar a la defensiva". Según Sullivan, a pesar de que el *Times* publica muchas correcciones y cuenta con dos personas dedicadas a esa tarea, la actitud de "muchos periodistas" del diario es que les cuesta admitir que han hecho algo mal.

- "Artículos que celebran los excesos del 1 por ciento", de las clases más ricas de la sociedad.

- "Artículos o proyectos que parecen llevar el sello "cebo para premio" estampado en ellos". Aunque Sullivan reconocía que muchas de esas piezas "son buen o gran periodismo, y es fundamentalmente por ello por lo que ganan premios".

Y en el capítulo de lo que sí iba a echar de menos de su etapa en el *Times*, Margaret Sullivan incluyó, entre otros, los siguientes elementos:

- Los avisos recibidos por parte de integrantes del equipo del *Times* sobre posibles prácticas internas inadecuadas.

- "Lo mejor del *Times*". Según escribió Sullivan, "hay mucho de glorioso sobre esta institución: su profundidad y amplitud, su variado talento, su reconocida historia, su presencia mundial, la calidad global de su periodismo. El periódico impreso del domingo es (todavía) increíblemente impresionante". Y añadió: "Ha sido fascinante ver cómo se reinventa a sí mismo una compañía tradicional de medios. El *Times* tiene mucho de lo que sentirse orgulloso, y ha sido un honor haber estado asociada a él".

- Sus ayudantes, a los que agradeció su trabajo. Cuatro de ellos habían ascendido como editores o reporteros del *Times*.

- El buen ambiente general entre los colegas del diario. La actitud general de la gente del *Times* había sido "amable y de apoyo", dijo Sullivan, "aunque el defensor del lector es indudablemente un agente extraño en la redacción". Y a pesar de algunas discrepancias importantes con la dirección y otros profesionales del diario, "ha dominado un espíritu de cooperación y mutuo respeto".

- El "fuerte apoyo" recibido por parte del editor del *Times*, Arthur Sulzberger, que le dio en todo momento "completa independencia editorial".

- Los lectores. "El conjunto de lectores del *Times* –dijo Sullivan-, a juzgar por sus comentarios y correos electrónicos, es inteligente, escéptico y apasionado por la exactitud y la imparcialidad". Margaret Sullivan señaló que, como defensora de los lectores, había intentado mejorar las cosas en temas como la aprobación de citas, el uso de fuentes anónimas, la cobertura informativa sobre el cambio climático o sobre Oriente Medio o la precisión periodística en la era digital, entre otros, "recordando la misión central del diario: <u>descubrir y contar la verdad 'sin miedo ni favoritismo'</u>", como estableció en el año 1896 el editor del *Times*, Adolph S. Ochs, en una declaración de principios que publicó en el periódico que acababa de adquirir.

En su mensaje de despedida, y tras desearle suerte en su nueva etapa como columnista de medios de un diario rival, el *Washington Post*, el editor del *Times*, Arthur Sulzberger, Jr., alabó el trabajo realizado por Margaret Sullivan como "Public Editor" del periódico. "Cuando fue nombrada defensora del lector en 2012 –explicó Sulzberger- esperábamos que Margaret asumiera un papel más activo como iniciadora, orquestadora y moderadora de una conversación continua sobre el periodismo del *Times* para beneficio de nuestros lectores. Ella ha hecho eso y mucho más. Ha llevado este puesto hacia una nueva era".

Sulzberger quiso añadir que "el papel de defensor del lector no es el más fácil de defender aquí, y sospecho que en ningún otro lugar. La naturaleza misma del trabajo pone a veces a la persona que lo realiza en conflicto con algunos de nosotros, tanto en la redacción como incluso entre el equipo directivo. Margaret ha podido ser dura, pero en mi opinión, siempre ha sido justa. Ha cumplido con la misión del puesto: representar a los lectores y responder a sus preocupaciones y mantener a esta institución dentro de nuestros valores. Tiene mi profundo aprecio y afecto".

Liz Spayd, sexta defensora del lector del *Times*

Elizabeth Spayd (@spaydl) se convirtió el 18 de mayo de 2016 en la sexta defensora del lector de *The New York Times*. Spayd había desarrollado la mayor parte de su carrera profesional en el diario *The Washington Post*, donde llegó a ser la jefa de redacción (*managing editor*) del área digital, primero, y del conjunto del periódico después. Durante los dos años anteriores, Liz Spayd había sido la editora y directora de la revista Columbia Journalism Review (CJR) de la Escuela de Periodismo de la Columbia University de Nueva York. En esa etapa, la revista realizó la transición del mundo impreso al digital.

Al anunciar su nombramiento, el editor del *Times*, Arthur Sulzberger, Jr., afirmó que Spayd era una "pionera digital" y destacó su "larga y exitosa historia en el *Washington Post*". La nueva defensora del lector empezaría a ejercer el cargo de manera efectiva en el mes de julio.

La primera columna de Liz Spayd, que se publicó el 9 de julio de 2016, estuvo dedicada al valor que podía tener para un medio como el *Times* escuchar con atención a sus lectores, no sólo analizar su comportamiento ("Want to Attract More Readers? Try Listening to Them").

Tuit de la defensora del lector del *Times*, Liz Spayd, sobre su columna dedicada a la falta de diversidad en la redacción del diario.

Durante sus primeros meses en el cargo, el tema que posiblemente despertó mayor interés entre todos los abordados por Spayd fue el de la falta de diversidad étnica y racial en la redacción del *Times*, planteado en un artículo ("Preaching the Gospel of Diversity, but Not Following It") que publicó a mediados de diciembre de 2016. Dicha pieza generó un amplio debate en el sector periodístico y en las redes sociales. En respuesta a su texto, y en forma de propuesta de diez puntos para intentar mejorar la situación, la periodista de la CNN especializada en este tema, Tanzina Vega (@TanzinaVega), que había trabajado anteriormente en la redacción del *Times*, publicó una pieza titulada "How newsrooms can stop being so white" que también fue ampliamente comentada.

Otros temas tratados por Spayd que también despertaron un especial interés durante sus primeros meses fueron sus reflexiones sobre la cobertura periodística que había realizado el *Times* durante la campaña electoral. La sorprendente victoria electoral de Donald Trump, que prácticamente nadie había pronosticado, desencadenó el inicio de un profundo proceso de autorreflexión por parte del sector periodístico -también del *Times*- que no había sabido detectar, al menos en parte, los motivos que llevaron a los estadounidenses a escoger al candidato republicano en vez de a la favorita en casi todas las encuestas, la demócrata Hillary Clinton.

Este asunto protagonizó dos de las columnas de la defensora del lector del *Times*: "One Thing Voters Agree On: Better Campaign Coverage Was Needed" y "Want to Know What America's Thinking? Try Asking".

Liz Spayd dedicó otra de sus columnas ("When to Call a Lie a Lie") a un tema relacionado con la campaña presidencial que generó también un amplio debate en el sector periodístico. El *Times* decidió de manera muy consciente utilizar en un titular la palabra "mentira" para referirse al posicionamiento adoptado durante años por Donald Trump sobre el lugar de nacimiento de Barack Obama. La noticia en cuestión ("Donald Trump Clung to 'Birther' Lie for Years, and Still Isn't Apologetic") se publicó el 16 de septiembre de 2016. El director del diario, Dean Baquet, defendió unos días después, en un podcast publicado en Times Insider, dicha decisión y argumentó por qué el *Times* había decidido acusar a Trump de mentir sobre ese tema. Unas semanas después, hizo lo propio durante una entrevista en la NPR.

Uso de Twitter por parte de los periodistas del *Times*

A principios del mes de diciembre de 2016, la defensora del lector del *Times* participó como invitada en el programa de Tucker Carlson de Fox News. A preguntas de Carlson, que leyó en pantalla varios tuits críticos con el entonces presidente electo Donald Trump que habían sido publicados por periodistas del *Times*, Liz Spayd criticó el uso que algunos de estos profesionales hacían de las redes sociales y consideró que ese comportamiento debía tener algún tipo de consecuencia por no ajustarse a las normas internas del diario.

La intervención de Spayd en la cadena conservadora generó polémica y muchos mensajes —a favor y en contra- por parte de los lectores. La propia defensora del lector abordó el tema en su espacio en la web del *Times*. Dijo que, en su opinión, Twitter "no es un lugar para que los reporteros expresen sus opiniones políticas", y recordó que "ese no es sólo mi punto de vista: es la política oficial de la redacción, que de manera regular se envía a todos los reporteros a modo de recordatorio". Dicho eso, terminó su escrito con estas palabras: "Me pagan por ser la crítica de la casa, pero al lector que planteó el tema le diré que el trabajo que se produce aquí es definitivamente un servicio público".

Unas semanas después, a principios de enero de 2017, Liz Spayd entrevistó al director del diario, Dean Baquet, para repasar temas de presente y futuro del periódico. Uno de los asuntos planteados fue justamente el del uso de Twitter por parte de los redactores. Baquet dijo que ese era uno de los temas que, según él, se debían mejorar en el *Times*, y admitió que "a veces los reporteros y editores cruzan la línea" o utilizan un lenguaje que no podría aparecer en las páginas del diario.

Datos de contacto del Public Editor de The New York Times:

- Web: The Public Editor
- Correo electrónico: public@nytimes.com
- Dirección:
  Public Editor
  The New York Times
  620 Eighth Avenue
  New York, NY 10018
  US
- Twitter de la actual defensora del lector, Liz Spayd: @spaydl

---

EN RESUMEN:

- *The New York Times* cuenta con un defensor del lector (Public Editor) desde finales del año 2003. El cargo ha sido ocupado de momento por seis profesionales.

- La posición fue creada tras el escándalo protagonizado por el joven reportero Jayson Blair, que entre finales de 2002 y principios de 2003 plagió o inventó decenas de historias que se publicaron en el *Times*.

- El defensor del lector atiende todas las quejas o comentarios de los lectores sobre el trabajo periodístico que realiza el diario. Es una figura independiente, ubicada fuera de la redacción, que depende directamente del editor del diario y tiene plena libertad para publicar lo que considere oportuno.

- Liz Spayd, que trabajó durante años en el Washington Post, es la actual defensora del lector. Fue nombrada en mayo de 2016 tras ser durante los dos años anteriores la editora y directora de la revista Columbia Journalism Review (CJR).

- Spayd sustituyó a Margaret Sullivan, que fue la quinta persona que ocupó este cargo (de septiembre de 2012 a abril de 2016). Al dejar el *Times*, Sullivan se convirtió en columnista sobre medios del Washington Post. Durante su etapa en el NYT, Margaret Sullivan adaptó el puesto de

"Public Editor" a la era digital.

- Los cuatro primeros defensores del lector del *Times* fueron Daniel Okrent (de diciembre de 2003 a mayo de 2005), Byron Calame (de mayo de 2005 a mayo de 2007), Clark Hoyt (de mayo de 2007 a junio de 2010) y Arthur S. Brisbane (de agosto de 2010 a agosto de 2012).

53

El fondo solidario del *Times*

Durante algo más de 100 años, el diario *The New York Times* ha proporcionado ayuda y asistencia a los más necesitados de la ciudad de Nueva York a través del The New York Times Neediest Cases Fund.

La idea de crear este fondo solidario surgió el día de Navidad de 1911, cuando el entonces editor del diario, Adolph S. Ochs, salió a dar un paseo después de cenar y se encontró con un hombre que le pidió ayuda. Adolph S. Ochs pensó que un buen modo de despertar las conciencias de los lectores y captar ayuda económica sería contar en el periódico las historias concretas de  las personas más necesitadas de la ciudad. Y así lo hizo en la siguiente Navidad. El 15 de diciembre de 1912 el *Times* inició la primera campaña, que duró nueve días y logró recaudar 3.630,88 dólares —equivalentes a unos 86.500 dólares en 2016- gracias a las donaciones de 117 contribuyentes.

Desde entonces, la campaña anual de recogida de fondos para ayudar a los niños, ancianos y familias más desfavorecidos de la ciudad de Nueva York se realiza alrededor de las fechas de Navidad, habitualmente entre los meses de noviembre y enero. La de 2016-17 fue la campaña solidaria número 105 del diario.

Las ayudas se canalizan a través de grandes agencias de ayuda que actúan en Nueva York y su área metropolitana. Tradicionalmente han sido siete las entidades participantes en la campaña: Brooklyn Community Services, Catholic Charities de la Archidiócesis de New York, Catholic Charities Brooklyn and Queens, The Children's Aid Society, Community Service Society of New York, Federation of Protestant Welfare Agencies y UJA-Federation of New York. En la campaña de 2016 se añadió una nueva entidad colaboradora, el International Rescue Commitee, que tiene su sede en la ciudad de Nueva York pero presta ayuda en todo el territorio de Estados Unidos y también en el resto del mundo.

Durante las semanas en las que está activa la campaña, el *Times* publica en la home de la web y en su edición impresa historias diarias de las personas que se benefician de las ayudas para mostrar "la diferencia que incluso una modesta cantidad de dinero puede suponer". Todos los gastos de la campaña corren a cargo de The New York Times Company.

De los poco más de 3.500 dólares de 1912 se ha pasado a cerca de 6 millones de dólares recaudados actualmente cada año (5,8 millones en la campaña de 2016). De manera excepcional, en el año 2001 se recaudaron más de 50 millones de dólares para ayudar a las víctimas del 11-S y a sus familias. Desde sus inicios, la suma total de donaciones supera los 288 millones de dólares.

Más información:

- Noticias sobre las ayudas: http://www.nytimes.com/column/neediest-cases
- Cómo ayudar: http://www.nytimes.com/2016/02/28/nyregion/neediest-cases-how-to-give.html
- Donaciones: nytneediestcases.com
- Campaña 2016-17: https://www.gofundme.com/the-new-york-times-neediest-cases

PARTE IV

54

Los otros negocios de *The New York Times*

Además del clásico negocio generado por el diario *The New York Times*, basado en los ingresos por circulación y por publicidad tanto del producto impreso como del digital, The New York Times Company lleva a cabo una larga lista de actividades que, en los resultados económicos, se incluyen en la categoría de Otros ingresos.

En esta parte del libro se describen estas líneas de actividad del *Times*, que en 2016 representaron el 6,1% del total de ingresos de la compañía.

Estas líneas de negocio adicionales dependen de distintas unidades de la compañía:

· El **News Services & Syndicate**, que coordina Michael Greenspon y depende del vicepresidente del Print Products & Services Group, Roland A. Caputo, se encarga de la venta y sindicación de contenidos informativos del *Times*. Además, gestiona los productos International Weekly, Times Digest y Large Print Weekly, la publicación de libros con la marca del *Times* y la Best Seller List.

· El **Brand Marketing Group**, que dirige David Rubin y está bajo la supervisión de la *Chief Revenue Officer* del *Times*, Meredith Kopit

Levien, gestiona diversos servicios como la tienda (The New York Times Store), los viajes (Times Journeys), la escuela del *Times* (The School), el club de vino (The Wine Club), un negocio de comida a domicilio (Meal Kits) y las licencias de merchandising.

· **NYT Live** -cuyas actividades se describen en un capítulo específico del libro- se encarga de la organización de eventos, de las TimesTalks y del NYT Film Club.

A continuación se describen de manera más detallada los otros negocios del *Times*:

Sindicación de contenidos

Se trata de la venta de derechos a otros medios de comunicación nacionales e internacionales que quieran publicar contenidos de todo tipo del *Times*: artículos, reportajes, fotografías, vídeos, gráficos, viñetas, columnas de opinión... En la web de sindicación de detalla la amplia oferta disponible

The New York Times cuenta con una amplia oferta de sindicación de contenidos disponibles para otros medios (www.nytsyn.com)

Alianzas con periódicos locales:

La edición impresa de *The New York Times – International Edition* incluye en algunos países una edición en inglés del diario nacional con el que el *Times* tiene una alianza. Es el caso de Grecia (*Kathimerini*), Israel (*Haaretz*), Malasia (*Malaysian Reserve*), Nepal (*República*), Pakistán (*Tribune*), Corea del Sur (*Korea Joongang Daily*), Turquía (*Dünya*) y Japón (*The Japan Times*).

International Weekly

The New York Times International Weekly es una publicación semanal de entre 8 y 16 páginas que a principios de 2017 se distribuía cada semana como un suplemento de 17 periódicos de 13 países distintos. Ofrece una selección de contenidos periodísticos publicados por el *Times*. La audiencia acumulada supera los cinco millones de lectores semanales. El suplemento utiliza el mismo formato y tipografía que *The New York Times*.

The New York Times International Weekly

Entre los diarios que distribuyen este producto se encuentran los siguientes: *Asahi Shimbun* (Japón), *Libération* (Francia), *Toronto Star* (Canadá), *Clarín* (Argentina), *Correo* (Perú), *El Norte*, *Expreso* y *Reforma* (México), *La Razón* (Bolivia), *La Segunda* (Chile), *Listín Diario* (República Dominicana) y *Prensa Libre* (Guatemala). En España se distribuyó durante años, hasta finales de 2015, con el diario *El País*.

El *International Weekly*, que tiene 15 años de antigüedad, cuenta con varios productos adicionales: International Weekly Digital, International Report, The New York Times Book Review, Spending Well y Life/Style.

El diario argentino Clarín es uno de los que ofrece en su web el servicio Weekly Digital del *Times*.

Times Digest

Un resumen diario de 10 páginas de *The New York Times*, publicado los 365 días del año y distribuido en más de 50 países. Según se explica en la web del producto, Times Digest llega a 190.000 lectores de todo el mundo. Entre los suscriptores se encuentran hoteles, empresas y compañías de cruceros, entre otros.

Imagen de promoción del servicio Times Digest

The New York Times Store
https://www.nytimes.com/store/
El *Times* cuenta con una tienda online que abrió sus puertas en el año 1998 y en la que ofrece una amplia variedad de productos de regalo vinculados de un modo u otro al diario y a su marca. La tienda no tiene un referente físico; está disponible únicamente en internet.

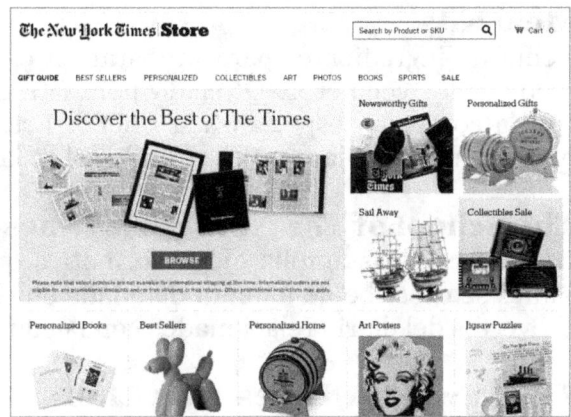

Portada de la web de The New York Times Store.

En esta tienda, que se anuncia frecuentemente en la edición impresa, es posible comprar, por ejemplo, fotografías históricas publicadas por el diario, reproducciones de portadas o de ejemplares completos del *Times*, libros, puzzles, productos personalizados, tazas, sudaderas, camisetas, gorras, máquinas de escribir o sets de escritura, entre otras muchas opciones.

La tienda ofrece más de 6.000 productos distintos y realiza campañas de promoción específicas en determinados momentos del año, como la campaña de Navidad, el Black Friday o el Cyber Monday, entre otros.

A principios del año 2015 la tienda fue remodelada para adoptar un diseño *responsive* con el objetivo de facilitar las compras desde cualquier dispositivo. Además, se unificó el sistema de registro para que fuera el mismo que el de la web del diario. Esta nueva versión destaca los productos más vendidos en cada categoría y ofrece productos personalizados para cada usuario.

La tienda del *Times* cuenta con una versión para los clientes internacionales.

Wine Club

El Club de Vino de *The New York Times* ofrece a sus socios la posibilidad de descubrir vinos procedentes de todo el mundo, con envíos de 6 botellas con la frecuencia  que prefiera cada cliente: mensual, cada dos meses o trimestral. El club tiene dos niveles según la calidad de los vinos (90 ó 180 dólares por envío).

Meal Kits

Venta de ingredientes para preparar en casa recetas sugeridas por reconocidos cocineros. Ofrecido por NYT Cooking en colaboración con la compañía especializada Chef'd. Este servicio se describe de manera más detallada en el capítulo sobre la web NYT Cooking.

The School of The New York Times

La cada vez más amplia oferta formativa que ofrece *The New York Times* se describe de manera detallada en el capítulo dedicado a los proyectos del diario relacionados con la educación.

The New York Times Film Club

El diario *The New York Times* lanzó en noviembre de 2010 un club de cine, **The New York Times Film Club**, que ofrece a sus miembros la posibilidad de atender un total de 12 preestrenos exclusivos de películas al año, participar en eventos con expertos cinematográficos o recibir descuentos en productos relacionados con el mundo del cine, entre otras ventajas.

Portada del servicio Film Club del *Times*.

El club estuvo inicialmente disponible para lectores de las ciudades de Nueva York y Los Angeles. En febrero de 2016, el club se expandió a otra ciudad californiana, San Francisco, gracias a una colaboración con la San Francisco Film Society.

A finales del año 2016, la cuota anual para ser miembro del Film Club ascendía a 150 dólares. Para dos personas, el precio era de 250 dólares. Con este club, el *Times* pretende ahondar la relación con su público aficionado al séptimo arte.

Los miembros del club pueden escoger las doce películas que más les interesen entre decenas de preestrenos ofrecidos a lo largo del año en diversas salas de cine de Nueva York, Los Angeles y San Francisco.

Además de los preestrenos de nuevas películas, el club también ofrece a sus socios la posibilidad de participar en galas con alfombra roja en las que se emiten películas clásicas de Hollywood restauradas digitalmente. Asimismo, los socios pueden asistir a pases de películas independientes todavía no estrenadas, documentales especiales y películas seleccionadas en festivales cinematográficos.

El primer evento del club de cine del *Times* se celebró el 5 de enero de 2011 en la ciudad de Nueva York y consistió en una gala organizada en el TimesCenter para asistir al pase de una versión restaurada digitalmente de uno de los grandes clásicos del cine, "El Padrino", película estrenada en 1972.

El Film Club ha contado a lo largo de estos años con diversos patrocinadores. Los primeros fueron Intel, Marc Jacobs, Nespresso y Tourneau/TAG Heuer. Durante los últimos tres años, HBO ha sido el patrocinador exclusivo del club.

55

NYTLive: el negocio de las conferencias y eventos en vivo del *Times*

NYTLive es la unidad de negocio de *The New York Times* dedicada a la organización de conferencias y otros eventos en vivo. El diario se refiere a esta actividad con el término de "live journalism" al entender que estos eventos, realizados en directo, generan información periodística de interés para los usuarios.

Portada de la web NYTLive

El negocio de NYTLive incluye principalmente dos tipos de actividades: por un lado, una serie de grandes conferencias temáticas anuales celebradas en distintas ciudades del mundo; por otro, decenas de eventos individuales en forma de entrevistas o conversaciones con personajes de actualidad agrupados bajo la marca Times-Talks.

Desde agosto de 2016, el director editorial de NYTLive es el periodista Adam Bryant. A lo largo de su larga trayectoria en el *Times*,

Adam Bryant ha entrevistado a casi 500 directivos de empresa para su columna Corner Office y ha escrito dos libros basados en este espacio.

Anteriormente, el responsable editorial de los eventos en vivo del *Times* había sido el también periodista del diario, escritor y conferenciante Charles Duhigg, ganador de un Pulitzer y autor de los libros *Smarter Faster Better: The Secrets of Beign Productive in Life and Business* y *The Power of Habit*.

La actividad de NYTLive está regulada por una serie de normas y criterios editoriales y profesionales definidos en el documento "Editorial Standards for NYTLive". NYTLive tiene una cuenta propia en Twitter: @nytlive

TimesTalks

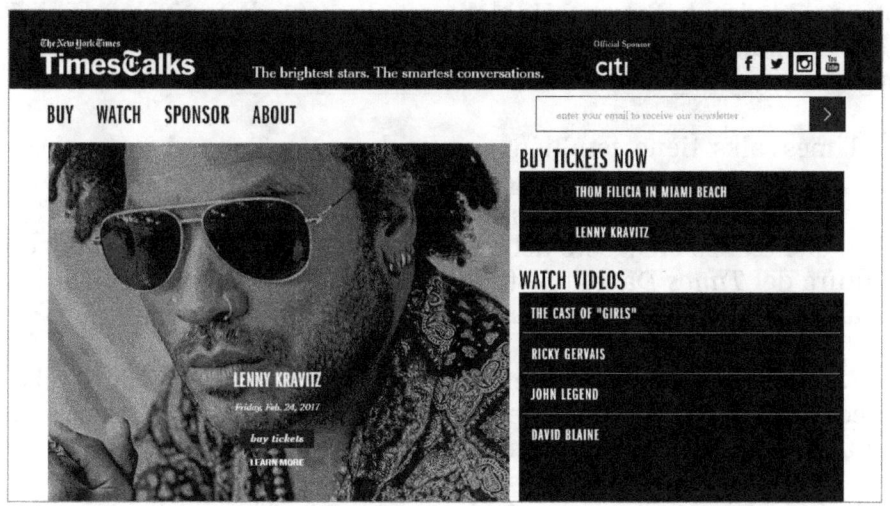

Portada de la web de TimesTalks

Las TimesTalks son entrevistas o conversaciones en directo, ofrecidas también a través de internet, entre periodistas del diario y destacados personajes del mundo del cine, el teatro, la televisión, la música, el arte, los libros, la moda o las ideas.

El *Times* organiza estos encuentros desde el año 1998. Se celebran en distintas sedes. Una de las habituales es, lógicamente, TheTimesCenter, el elegante y moderno espacio de conferencias y exposiciones ubicado en la planta baja del edificio de *The New York Times*, diseñado por el arquitecto Renzo Piano. Además de un auditorio con 378 localidades, TheTimesCenter cuenta también con espacios para recepciones y exposiciones. La entrada a TheTimesCenter está ubicada en el 242 West de la Calle 41, entre la Séptima y la Octava Avenida de Manhattan. El *Times* alquila este espacio a otras muchas compañías para la celebración de sus eventos.

TheTimesCenter, el espacio de conferencias y exposiciones ubicado en el edificio del *Times*.

También se organizan TimesTalks en teatros de Nueva York y otras ciudades de Estados Unidos y en el marco de festivales de cine como Sundance o Cannes. Además, las conversaciones pueden ser seguidas en vídeo a través de la web timestalks.com.

TimesTalks tiene también un canal en YouTube al que va subiendo los vídeos de los encuentros celebrados. En febrero de 2017, el que acumulaba más visitas (algo más de un millón) era la entrevista que realizó en agosto del año 2013 el periodista de la sección de Cultura del *Times* Dave Itzkoff al creador y a los protagonistas principales de la serie Breaking Bad.

Los usuarios interesados en seguir las actividades de TimesTalks pueden recibir gratuitamente un newsletter semanal en el que se informa sobre los nuevos eventos.

Tanto las conferencias como los eventos de TimesTalks se anuncian de manera habitual en las páginas impresas del *Times* y en la web del diario.

El evento New Work Summit, anunciado en la home de NYTimes.com.

La reinvención de *The New York Times* | 441

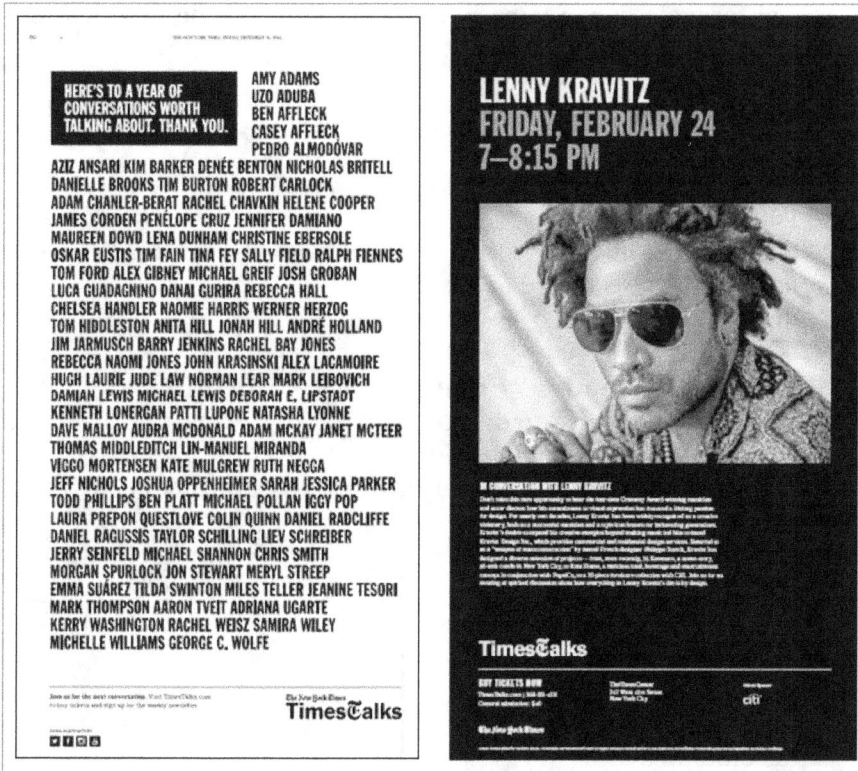

Dos de los anuncios publicados por el *Times* en las páginas del diario impreso para dar a conocer las TimesTalks

Conferencias

Las conferencias nacionales e internacionales organizadas cada año por *The New York Times* están dedicadas a debatir sobre el futuro de la política, la economía, las ciudades, la cultura o la educación, entre otros grandes temas.

Estos eventos se organizan en estrecha colaboración con la redacción del *Times*. Además de la cobertura informativa, periodistas del diario participan activamente en las conferencias como organizadores, presentadores o moderadores.

Para el año 2017, el calendario de actividades incluye los siguientes eventos:

- **New York Summit**
  6-7 de marzo de 2017
  Half Moon Bay, California

Conferencia sobre la creación y el liderazgo de equipos empresariales
newworksummit.com

- **Art for Tomorrow**
  10-13 de marzo de 2017
  Doha, Qatar
  Conferencia internacional centrada en el sector artístico y cultural.
  artfortomorrow.com

- **Higher Ed Leaders Forum**
  31 de mayo-1 de junio de 2017
  The Times Center, Nueva York
  Dedicada a debatir sobre el futuro de la educación universitaria.
  nythigheredleaders.com

- **Cities for Tomorrow**
  10-11 de Julio de 2017
  Nueva York
  Conferencia internacional sobre el futuro del desarrollo de las ciudades
  nytcitiesfortomorrow.com

- **Athens Democracy Forum**
  13-17 de septiembre de 2017
  Atenas (Grecia)
  Foro internacional en el que se debaten temas que afectan al desarrollo democrático de las naciones como la globalización, el libro comercio, la inmigración o el control de fronteras.
  athensdemocracyforum.com

- **Oil & Money**
  17-18 de octubre de 2017
  Londres (Reino Unido)
  Dedicada a debatir los principales temas de actualidad de la industria petrolera y del gas.
  www.oilandmoney.com

Durante el año 2016 el *Times* organizó un total de 13 conferencias en distintos lugares del mundo, como Nueva York, California, París, Singapur, Doha o Atenas. Entre otras, las siguientes:

- International Luxury Conference: luxurybeyondproduct.com

- Food for Tomorrow: nytfoodfortomorrow.com
- Energy for Tomorrow: nytenergy.com
- New York Times Election Night Live: nytelectionnightlive.com
- DealBook: nytdealbookconference.com
- Global Leaders Collective: nytleaderscollective.com
- Luxury Travel Conference: nytluxurytravel.com

Por otra parte, *The New York Times* colabora desde diciembre de 2014 con la compañía Women in the Word - fundada y dirigida por la periodista Tina Brown- en la producción de la serie de eventos Women in the Word Summit. El *Times* es también inversor en esta compañía, que fue creada en 2010 con el objetivo de mejorar las condiciones de vida de mujeres y niñas en todo el mundo.

Fruto de este acuerdo, en abril de 2015 las dos instituciones lanzaron conjuntamente la plataforma digital Women in the World.

56

Times Journeys: viajes educativos en compañía de expertos del *Times*

El 10 de octubre de 2013 el diario *The New York Times* puso en marcha una nueva actividad de negocio en el ámbito del turismo: **Times Journeys**.

Se trata de un programa de viajes organizados, educativos y turísticos al mismo tiempo, en los que el elemento diferencial es la participación de periodistas del diario y otros expertos que acompañan al grupo en calidad de guías para cada uno de los destinos ofrecidos.

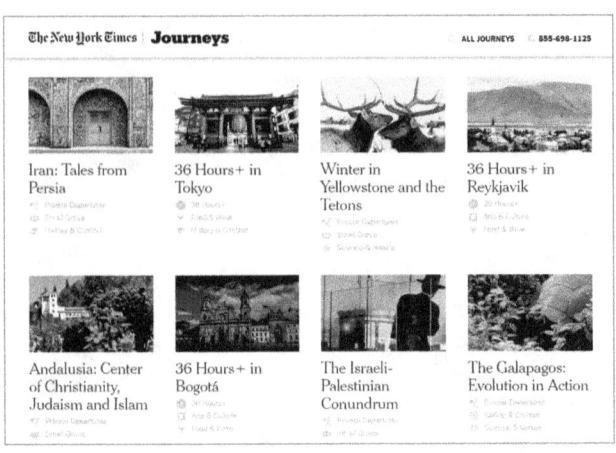

Captura de la web de Times Journeys.

Desde su lanzamiento, Times Journeys ha ido incrementando cada año su oferta de viajes educativos. En el año 2016 se lanzaron tres nuevos programas: Student Journeys (dirigido a grupos de estudiantes), 36 Hours+ (para escapadas cortas basadas en la oferta editorial de viajes del *Times* que lleva este mismo nombre, 36 Hours) y un viaje muy especial, que celebrará su primera edición en febrero de 2018: una vuelta al mundo en jet privado de 26 días de duración titulada "Cultures in Transformation".

Este viaje de lujo, organizado en colaboración con Abercrombie & Kent, tiene un precio mínimo de 135.000 dólares. Con salida desde Nueva York, los participantes visitarán países como Cuba, Colombia, Australia, Myanmar, Irán, Marruecos o Islandia y contarán con la guía de diversos periodistas del *Times* y otros expertos locales en cada uno de los países.

El extenso catálogo de viajes de Times Journeys del año 2017, de 132 páginas, ofrece hasta 60 propuestas distintas que cubren prácticamente todo el planeta. Hay desde escapadas breves de un máximo de cuatro días hasta largos viajes de varias semanas de duración. También quedan cubiertos intereses muy variados: artísticos o culturales, culinarios, históricos, políticos, científicos, naturales o deportivos.

Portada del catálogo de Times Journeys de 2017.

Como se explica en la descripción de la oferta de Times Journeys, estos viajes están ideados teniendo en mente "a las audiencias del *Times*" y pretenden "satisfacer su curiosidad intelectual".

Para la organización de sus viajes, Times Journeys trabaja en colaboración con varias empresas especializadas del sector: Judy Per Worldwide Travel e Insight Cruises (para los cruceros), Abercrombie

& Kent (viajes de lujo), Academic Travel Abroad (viajes educativos) y Mountain Travel Sobek (viajes de aventura).

La oferta de viajes de Times Journeys se anuncia de manera muy frecuente en las páginas de la edición impresa del Times, con anuncios a página completa o incluso a doble página. Estos son dos de los anuncios publicados a finales de 2016 y principios de 2017:

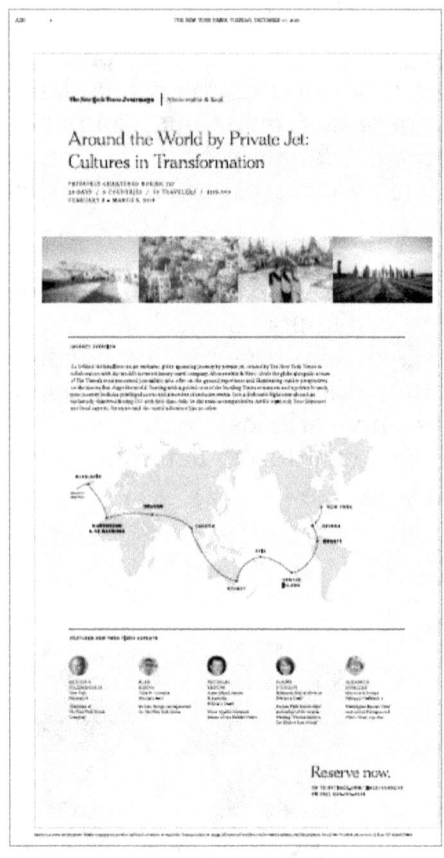

57

Iniciativas del *Times* en el ámbito educativo

El diario *The New York Times* presta una especial atención al mundo educativo. La compañía considera que conectar con las generaciones más jóvenes es una eficiente manera de atraer a futuros lectores y usuarios hacia su variada oferta de productos y servicios.

Para lograr este objetivo, el diario ofrece una serie de programas e iniciativas dirigidos a estudiantes de todas las edades, desde los inicios de la vida escolar hasta la universidad. En este capítulo se hace un repaso de todas estas iniciativas.

- Sección "Education": Education Life y The Learning Network
- Newsletter "The Edit"
- Nuevos planteamientos multimedia para los temas de Educación
- The School of The New York Times
- The New York Times Upfront
- The New York Times in Education
- The New York Times in College
- The New York Times Student Journalism Institute
- The New York Times College Scholarship Program
- Patrocinio de suscripciones para estudiantes
- The News Literacy Project
- Student Journeys

Sección "Education"

La web del *Times* cuenta con una sección sobre Educación ("Education") en la que se publican todas las noticias relacionadas con el mundo educativo.

Esta sección tiene dos espacios informativos con personalidad propia, Education Life y The Learning Network, que se describen a continuación:

· Education Life

Education Life es una sección informativa que se publica trimestralmente en la edición impresa y que está centrada en la educación universitaria. En ella se abordan temas como la política universitaria, la vida estudiantil o la ayuda financiera para estudiantes, entre otros asuntos relacionados con la experiencia de los estudiantes universitarios.

· The Learning Network

The Learning Network es uno de los espacios más veteranos de la web del NYT. Nació en 1998 con el objetivo de ofrecer a profesores y alumnos recursos educativos gratuitos basados en artículos, imágenes, vídeos, gráficos y otros contenidos publicados en NYTimes.com.

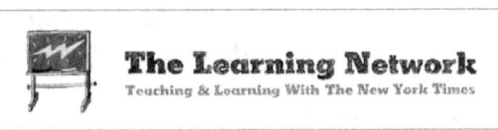

Desde el año 2009 hasta el mes de septiembre de 2016, The Learning Network fue uno de los múltiples blogs del *Times*. En septiembre de 2016 cambió su formato para utilizar el nuevo modelo *responsive* de secciones que se ha ido aplicando en la web del diario, que se adapta automáticamente a cualquier dispositivo móvil y permite organizar mejor el material publicado.

The Learning Network ofrece numerosas actividades pensadas para estudiantes y multitud de recursos para profesores.

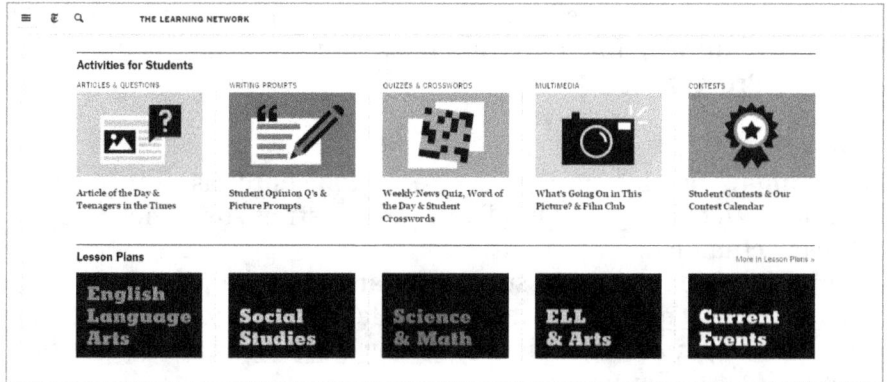

Las actividades para estudiantes y lecciones en The Learning Network

Actividades para estudiantes:

Todos los materiales incluidos en este espacio son de consulta gratuita, de manera que los alumnos pueden acceder a ellos sin necesidad de tener una suscripción digital. Son también materiales que los profesores pueden utilizar como apoyo a su actividad docente.

Los centenares de miles de comentarios y respuestas de los estudiantes acumulados durante años reflejan el alto grado de implicación de los alumnos en The Learning Network.

Los recursos que se ofrecen en este espacio son los siguientes:

· Artículos y preguntas
Cada día de la semana (de lunes a viernes) se selecciona un artículo sobre algún tema relevante del momento ("Article of the Day") y se proponen una serie de preguntas sobre el mismo. Los profesores suelen utilizar este material para impartir una breve lección en clase o para encargar tareas extras a los alumnos.

Adicionalmente, el espacio "Teenagers in The Times" recopila cada mes historias aparecidas en el diario en las que los protagonistas son estudiantes.

· Ejercicios de escritura
Los alumnos pueden publicar sus respuestas a las preguntas formuladas en este espacio ("Student Opinion"). Todos los comentarios son moderados siguiendo los criterios generales de la web del *Times*, de manera que profesores y alumnos encuentran aquí un espacio seguro y de "debate civilizado".

Además, cada martes y cada viernes se publica una foto o una ilustración que invita a los alumnos a participar en el debate ("Picture Prompts").

· Cuestionarios y crucigramas
Los alumnos pueden participar en un *quiz* sobre las noticias de la semana ("Weekly News Quiz") para demostrar sus conocimientos sobre la actualidad.

Además, pueden mejorar su vocabulario con la palabra del día ("Word of the Day"), que se acompaña de un pequeño test, o intentar completar alguno de los más de 150 crucigramas creados específicamente para estudiantes.

· Multimedia
Cada semana se plantea a los estudiantes un debate a partir de una fotografía en la que se ha eliminado su correspondiente pie de foto ("What's Going On in This Picture?")

El "Film Club" es otro de los recursos educativos disponibles. Cada viernes se presenta un breve documental que permite debatir sobre temas de todo tipo (raciales o de género, tecnología, sociedad, derechos civiles, ética, arte, ciencia...)

· Concursos
The Learning Network organiza a lo largo del año diversos concursos de todo tipo abiertos a estudiantes de todo el mundo.

Lecciones:
http://www.nytimes.com/section/learning/lesson-plans

Cada mes, The Learning Network ofrece a los profesores 10 lecciones gratuitas sobre distintas materias que pueden utilizar en sus clases. Adicionalmente, las escuelas o los profesores pueden suscribirse a NYTimes.com con las tarifas especiales educativas para acceder sin restricciones a todas las lecciones publicadas a lo largo de los últimos años.

Las lecciones están organizadas por materias: Lenguaje, Ciencias sociales, Ciencias y Matemáticas, Inglés y Artes y Actualidad.

Además de su espacio en la web del *Times*, The Learning Network mantiene también una presencia activa en las redes sociales. Su página de Facebook tenía en noviembre de 2016 más de 47.000 fans, y la de Twitter contaba con 26.000 seguidores. Además, cuenta con un newsletter semanal propio.

Katherine Schulten (@kschulten) es la editora de The Learning Network desde el año 2006.

Newsletter "The Edit"

"The Edit" es un newsletter de *The New York Times* dirigido especialmente a estudiantes universitarios en el que se ofrecen noticias organizadas por materias educativas, artículos que han sido especialmente populares en las redes sociales o consejos de expertos, entre otros contenidos. Se envía gratuitamente por correo electrónico cada dos lunes a los usuarios suscritos (ver ejemplo).

Este boletín electrónico fue lanzado en febrero de 2016. Según sus responsables, el proyecto "fue creado con la intención de ofrecer noticias que pudieran ayudar a los estudiantes universitarios a dar sus siguientes pasos, tanto profesionales como personales" sin utilizar un tono prescriptivo.

El equipo editorial de "The Edit" está formado por Katherine Schulten, Michael Gonchar y Jane Karr, de las secciones The Learning Network y Education Life.

Nuevos planteamientos multimedia para los temas de Educación

La información sobre educación es una de las que el *Times* quiere impulsar de manera especial con un nuevo enfoque multimedia. Las otras dos áreas en las que específicamente se quiere realizar un esfuerzo digital innovador son las del cambio climático y las noticias sobre género. Así lo anunció el diario en agosto de 2016, cuando publicó tres ofertas de trabajo para localizar a los nuevos editores responsables de estos ámbitos (educación, cambio climático y género).

En el caso del responsable de educación, se anunció que lideraría un equipo multiplataforma -formado inicialmente por unas 10 ó 12 personas- que, específicamente, no tendría obligación de publicar en la edición impresa. Se explicaba que la cobertura de los temas educativos debería ofrecer una gran variedad de formatos, entre ellos vídeo, fotografía, newsletters, visualizaciones de datos, podcasts e incluso conferencias. Es decir, un equipo totalmente orientado al producto digital y con el encargo específico de renovar el modo en el que el *Times* cubre informativamente los temas educativos.

Coincidiendo con la publicación de esas tres ofertas, el director del *Times*, Dean Baquet, envió un mensaje interno a la redacción -

que fue publicado en la web del Poynter Institute- en el que ofrecía las claves de estos nuevos equipos *digital-first*, que debían servir de modelo para futuros movimientos en la redacción.

The School of The New York Times
www.nytedu.com

The School of The New York Times

Uno de los proyectos más recientes de The New York Times Company en el ámbito de la educación es **nytEducation - The School of The New York Times**, lanzada en septiembre de 2015.

En la presentación pública de la escuela del *Times* se explicó que "no es sorprendente que un periódico que empezó su andadura en 1851 y que ha sido utilizado durante décadas en las clases haya creado ahora The School of *The New York Times*". El plan del diario es aprovechar su amplio equipo de expertos en distintas áreas "para crear una nueva y vibrante comunidad intelectual como parte de una institución educativa formal".

Con esta escuela, la compañía editora del *Times* suma una nueva vía de ingresos. De entrada, los cursos se dirigen a tres mercados: alumnos preuniversitarios, profesionales y cualquier persona interesada en el mundo de la comunicación.

La escuela del *Times* inició formalmente su andadura en octubre de 2015 con la celebración de un simposio sobre el proceso de admisión a la universidad orientado a padres y futuros estudiantes universitarios. El encuentro se celebró en The Times Center, la sala de conferencias y eventos ubicada en la planta baja del edificio del diario.

Ese mismo mes de octubre se empezaron también a ofrecer cursos breves, presenciales, dirigidos a estudiantes de *high school* (de 14 a 18 años de edad). Entre las opciones disponibles había clases sobre el cambio climático, cómo hacer de reportero en la ciudad de Nueva York, narrativa y creación de la marca personal, crítica cultural, periodismo deportivo o cómo ser emprendedor.

La filosofía de los programas formativos dirigidos a estudiantes preuniversitarios se explica en este vídeo.

Posteriormente, en la primavera de 2016, The School of The New York Times amplió su oferta formativa con el lanzamiento de varios cursos online dirigidos a profesionales. Entre ellos, un curso sobre realidad virtual -impartido por el equipo del *Times* dedicado a la producción de contenidos en este formato- y otro sobre Marketing de Contenidos ofrecido por profesionales del T Brand Studio.

La escuela del *Times* ofrece también cursos online dirigidos a cualquier persona interesada en "adquirir las habilidades necesarias para prosperar en la era de la información". Los cursos, que son impartidos por expertos del diario y otros especialistas en medios de comunicación, tienen precios que oscilan entre los 30 y los 95 dólares.

Entre los cursos disponibles inicialmente se encontraban los siguientes: "Cómo escribir y pensar como un crítico", "Cómo realizar una entrevista exitosa para vídeo, podcast, medio impreso y otros", "El Times como tu libro de texto" (ideado para ayudar a los profesores a mejorar sus clases), "Conviértete en un consumidor crítico de información" (consejos para descubrir la información que realmente interesa en el caótico mundo de las noticias sin fin), "Escribir y editar según el Manual de Estilo del NYT" y "Periodismo de investigación y periodismo de soluciones".

Reporteros, editores y fotógrafos del diario, además de profesionales del equipo de publicidad nativa del *Times*, el T Brand Studio, se encuentran entre los profesores de la escuela, cuya lista incluye también a otros expertos externos.

La escuela del *Times* cuenta con la colaboración del CIG Education Group, una empresa especializada en el desarrollo de las habilidades y competencias necesarias para triunfar en el mundo profesional.

The New York Times Upfront
upfront.scholastic.com

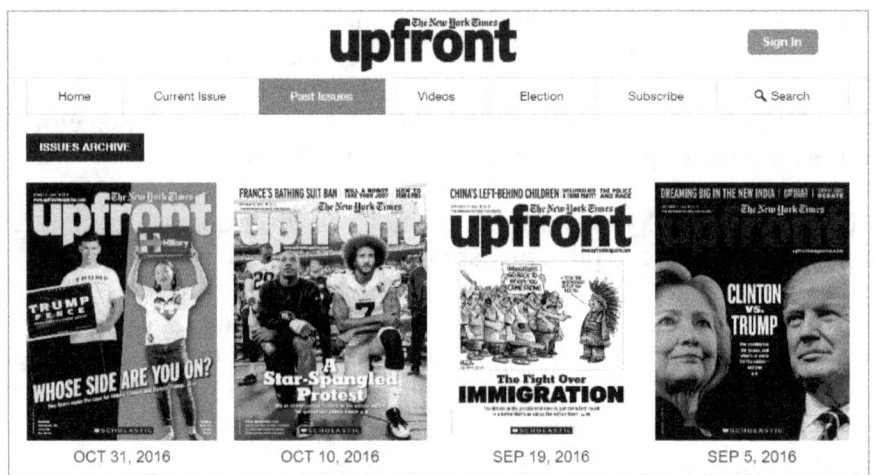

La revista para estudiantes The New York Times Upfront

The New York Times Upfront es una revista informativa dirigida a estudiantes de 14 a 18 años de edad que desde el mes de marzo de 1999 publican de manera conjunta el *Times* y la editorial educativa Scholastic. La revista sustituyó a Scholastic Update, que a su vez había sido el reemplazo años atrás de Senior Scholastic, la publicación original de Scholastic fundada en 1920, hace casi un siglo.

El objetivo de esta revista —que se edita cada quince días durante el curso escolar- es informar sobre la actualidad nacional e internacional con contenidos periodísticos pensados y adaptados específicamente para el público escolar. Aproximadamente tres cuartas partes de los contenidos de la revista están elaborados por periodistas del NYT.

Cada número de Upfront ofrece 16 páginas prácticas que sirven para que los profesores puedan preparar clases sobre temas tratados en la revista, plantear cuestionarios en el aula o proponer redacciones a los alumnos.

Upfront cuenta con su correspondiente edición digital, que incluye vídeos sobre varios de los temas abordados en la revista y otros contenidos digitales exclusivos.

The New York Times in Education
http://nytimesineducation.com/

Se trata de un servicio de pago que ofrece a profesores universitarios una gran variedad de recursos educativos organizados por áreas temáticas. Influyentes educadores de todo el mundo seleccionan y recomiendan artículos publicados en NYTimes.com sobre una gran variedad de temas concretos y explican las estrategias educativas que han aplicado utilizando estos materiales del *Times*.

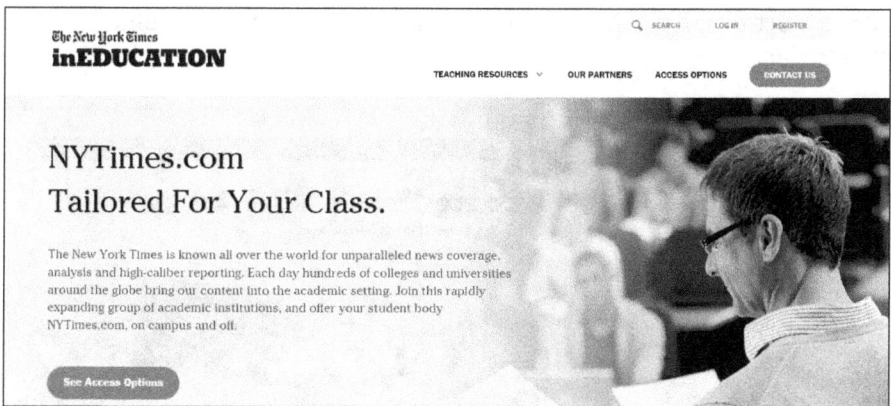

Existe también un programa que promueve el acceso de las escuelas a los contenidos de *The New York Times* que cubre todas las fases educativas -*elementary*, *middle* y *high school*- previas a la universidad.

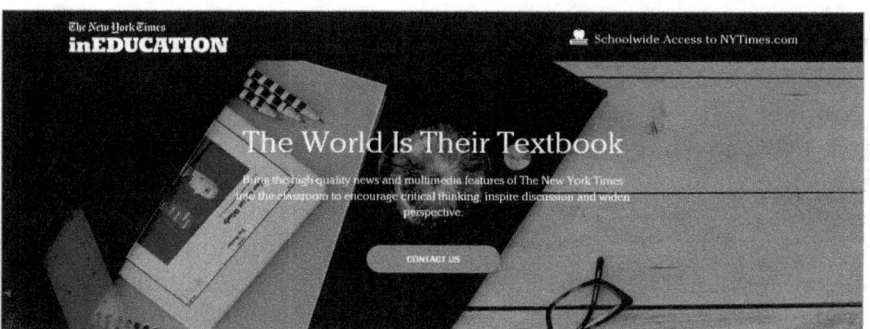

The New York Times in College
http://www.nytimes.com/college

El diario ofrece precios especiales a estudiantes y profesores de casi 1.300 campus de Estados Unidos para que se suscriban al diario tanto en formato impreso como digital. Gracias a estos acuerdos, cada día se distribuyen más de 120.000 ejemplares. En el caso del acceso digital, la oferta para los estudiantes es de 1 dólar a la semana, mientras que los profesores pagan 1,88 dólares semanales. La compañía prepara ofertas a medida para las universidades y *colleges* que estén interesados en el servicio. Adicionalmente, periodistas del *Times* participan de manera habitual en conferencias y charlar universitarias.

Promoción especial del *Times* dirigida a las universidades

The New York Times Student Journalism Institute

El Student Journalism Institute del *Times* es un programa formativo anual de dos semanas de duración, lanzado en el año 2003, que se ofrece a estudiantes que estén finalizando sus estudios de periodismo y que sean miembros de la National Association of Black Journalists (NABJ) o de la National Association of Hispanic Journalists (NAHJ). La edición de 2017 se realizará del 20 de mayo al 4 de junio de 2017 en la CUNY Graduate School of Journalism, ubicada junto a la redacción del *Times*. Este centro universitario es la sede del programa desde 2016. El periódico cubre todos los gastos de los alumnos seleccionados. El programa pretende descubrir nuevos talentos entre jóvenes periodistas e incrementar la diversidad racial en las redacciones.

Los estudiantes trabajan como periodistas aplicando los estándares de calidad del *Times* y bajo la supervisión de reporteros y editores del diario. Pueden participar en el programa como reporteros, editores, fotógrafos, productores web o diseñadores, o también realizando vídeos, gráficos interactivos o periodismo de datos. Por el programa han pasado ya 450 alumnos, muchos de los cuales trabajan actualmente en grandes medios, incluido *The New York Times*. Diversos alumnos de la edición de 2016 explicaron su experiencia en este vídeo. El director del The New York Times Student Journalism Institute es Richard G. Jones.

The New York Times College Scholarship Program

Este programa de ayudas, que se ofrece desde 1999, está dirigido a estudiantes de *high school* de los cinco barrios de la ciudad de Nueva York. Los alumnos seleccionados reciben una beca parcial para poder estudiar durante cuatro años en la universidad, además de un programa de tutorías y un verano de prácticas en *The New York Times*. La financiación procede de diversas fuentes privadas y de aportaciones que realizan los suscriptores del diario. En total, a principios de 2017 más de 200 alumnos habían disfrutado ya de esta ayuda.

Patrocinio de suscripciones para estudiantes

Uno de los programas que ha obtenido un éxito más remarcable últimamente es el del patrocinio de suscripciones para estudiantes. Lanzado en febrero de 2017, permite a cualquier persona donar la cantidad de dinero que quiera para patrocinar suscripciones digitales al *Times* dirigidas a estudiantes de escuelas públicas de Estados Unidos. Por cada suscripción patrocinada, el *Times* ofrece otra adicional.

En sus primeras semanas en funcionamiento, este programa alcanzó la cifra de 15.000 donantes induviduales, uno de los cuales aportó de manera anónima un millón de dólares. Gracias a las aportaciones recibidas, el *Times* anunció que a principios de marzo ya había 1,3 millones de estudiantes con acceso gratuito e ilimitado a NYTimes.com.

El *Times* intenta captar donaciones para que los estudiantes puedan acceder a sus contenidos a través de suscripciones patrocinadas.

The News Literacy Project
www.thenewsliteracyproject.org

The New York Times es uno de los diarios estadounidenses que participa en este programa educativo nacional cuyo objetivo es que los escolares aprendan a utilizar de manera crítica y activa los medios de comunicación. En el programa, dirigido a estudiantes a partir de 6º grado, intervienen periodistas de numerosos medios.

Student Journeys

Dentro de la amplia oferta de viajes a medida que ofrece **Times Journeys** se encuentran los **Student Journeys**, viajes educativos ofrecidos desde el año 2016 a alumnos de *high school* y realizados en colaboración con la empresa especializada en este mercado Putney Student Travel. Cada grupo de estudiantes viaja acompañado de un experto del *Times* en el tema respectivo.

En noviembre de 2016 el programa de Student Journeys incluía 14 viajes posibles a distintos países del mundo, cada uno de ellos centrado en un tema. Por ejemplo, los estudiantes podían viajar a China para conocer de cerca la economía de un mercado emergente o a Londres para descubrir el arte, el teatro, la comida o la moda a través de la crítica mirada de un experto. También podían ir a Cuba para descubrir su cultura y la pasión por el béisbol o su espíritu innovador a la sombra del embargo. O aprender en Alemania cómo está cambiando Europa. Ecuador, Australia, Italia, Vietnam y Laos, Colombia, los Alpes suizos, Oxford (Gran Bretaña) o Islandia eran otros de los posibles destinos.

EN RESUMEN:

- *The New York Times* presta una atención especial al mundo educativo. Quiere conectar desde el principio con los potenciales usuarios de sus productos y servicios en el futuro.

- Para lograrlo, desarrolla un amplio listado de programas e iniciativas que cubren todas las fases educativas de los jóvenes.

- The Learning Network ofrece desde 1998 multitud de recursos a alumnos y profesores para apoyar la formación de los estudiantes con contenidos del *Times*.

- La educación es uno de los tres temas seleccionados por la dirección del diario para apostar por nuevos planteamientos informativos multimedia.

- Desde el año 2015 el diario impulsa The School of The New York Times, una iniciativa con la que se ha metido de lleno en el campo de la formación en busca de nuevos ingresos.

- Junto a la editorial educativa Scholastic, el *NYT* publica desde 1999 la revista Upfront dirigida a estudiantes adolescentes.

- Existen ofertas especiales para escuelas, profesores y estudiantes para suscribirse tanto a la edición impresa como a la digital del *Times*.

- En 2016 se lanzó un servicio de viajes educativos

> internacionales dirigido específicamente a estudiantes de high school.
>
> - En febrero de 2017 el *Times* lanzó un nuevo programa de patrocinio de suscripciones para estudiantes. En las primeras semanas de funcionamiento, las donaciones realizadas por más de 15.000 personas permitieron dar acceso gratuito a NYTimes.com a más de 1,3 millones de escolares de escuelas públicas de Estados Unidos.

EPÍLOGO

58

"La chica más guapa de la fiesta"

En una redacción como la de *The New York Times*, formada por unos 1.300 profesionales y en la que conviven una larga lista de grandes y premiadas estrellas del periodismo con jóvenes promesas, es normal que exista una cierta rotación. Con cierta frecuencia, otros medios intentan atraer con ofertas atractivas y puestos de responsabilidad a periodistas de renombre del *Times*. Y, por su parte, el diario es un constante polo de atracción de profesionales que están triunfando en otros medios.

Entre los periodistas que han dejado *The New York Times* durante los últimos años para emprender nuevas aventuras profesionales aparecen nombres como los de David Pogue, que tras 13 años en el diario como columnista experto en tecnología y autor de un blog, fichó en 2013 por el portal Yahoo! para impulsar un nuevo canal tecnológico.

Otro caso es el del periodista especializado en televisión y medios digitales Brian Stelter, que fichó a finales de 2013 por la CNN. Allí dirige y presenta todos los domingos a las 11 de la mañana uno de los programas más interesantes de la televisión americana dedicado al mundo de los medios: Reliable Sources.

Uno de los movimientos que generó más ruido fue la marcha, en julio de 2013, de Nate Silver, creador en 2008 del popular blog FiveThirtyEight –incorporado a la web del *Times* en junio de 2010-, especializado en analizar datos para intentar explicar la actualidad política, económica, deportiva, científica o cultural. Silver vivió su gran momento en el *Times* con motivo de las elecciones presidenciales del año 2012. Sus predicciones electorales en las presidenciales de 2008 y de 2012 fueron extraordinariamente certeras y el blog se convirtió en una referencia ineludible para seguir esas elecciones. El día de las elecciones, el 27% de los usuarios del *Times* visitó el blog.

Convertido en una estrella mediática, Nate Silver quiso negociar con la entonces directora del *Times*, Jill Abramson, una mejora del acuerdo que tenía con el diario. En abril de 2014, en una entrevista concedida a la revista Out, Abramson desveló parte de la conversación que mantuvo con el abogado de Nate Silver, en un episodio que resume perfectamente el papel que juega el *Times*. El abogado le dijo que defender la posición de Silver era "como representar a la chica más guapa de la fiesta". Y la reacción de Jill Abramson fue la siguiente: "Lo miré con una ceja levantada y con voz inexpresiva le dije: 'Lo siento mucho, pero *The New York Times* es siempre la chica más guapa de la fiesta'. Lo creía entonces y lo creo ahora. Creo que *The New York Times* será siempre una marca increíble y que nuestro periodismo político continuará más fuerte que nunca".

No hubo acuerdo entre las partes y Nate Silver decidió llevarse su marca FiveThirtyEight a otro territorio en el que pudiera hacer crecer su proyecto. El 20 de julio de 2013 se hizo público su fichaje por ESPN, donde pudo ampliar el equipo dedicado a su web FiveThirtyEight.com, que a día de hoy es una de las principales referencias en el campo del periodismo de datos.

La respuesta del *Times* a la marcha de Nate Silver fue la creación, en abril de 2014, de la que se ha convertido en una de las secciones más innovadoras del mundo del periodismo de estos últimos años: The Upshot. (Este proyecto se analiza con detalle en uno de los capítulos de este libro).

Un fichaje que apareció en la portada de NYTimes.com fue el de la responsable del proyecto NYT Global, Lydia Polgreen, como nueva directora de The Huffington Post. Polgreen, de 41 años de edad, estaba considerada como una de las estrellas emergentes de la redacción del *Times*, donde había trabajado desde el año 2002 como corresponsal en diversas áreas geográficas –Sudáfrica, India y el Oeste de África- y como editora adjunta de Internacional antes de ocuparse de los proyectos de expansión internacional del *Times*. El director del diario, Dean Baquet, la definió como "una de las grandes jóvenes estrellas del *Times*". Polgreen fue la escogida por The Huffington Post para ocupar el puesto de máxima responsabilidad editorial que había dejado vacante la cofundadora del sitio, Arianna Huffington.

Unos días después, en uno de los podcasts de Times Insider, Lydia Polgreen explicó que dejar el *Times* había sido "la decisión más difícil" de su vida profesional, pero no podía dejar pasar "una oportunidad única en la vida" como la que se le había presentado.

En esa entrevista, Polgreen se refirió de manera muy clarificadora a la rotación profesional que existe en el diario: "Nadie en esta institución es irreemplazable. Esta institución tiene una gran fuerza de resiliencia y su genialidad es que todos trabajamos de manera colectiva para hacer realidad este milagro diario". Según dijo Polgreen, "hay mucho talento en este edificio" ya que "el *Times* siempre ha atraído a los mejores". Y en su opinión, "tenemos realmente muy poca rotación en la redacción. Muy poca gente se va". La nueva directora editorial del Huffington Post siguió explicando que "la gente que trabaja aquí (en el *Times*), particularmente los que están en puestos de mayor responsabilidad, ocupan mucho espacio. Yo tengo una gran personalidad, ocupo mucho espacio, y cuando yo me vaya, eso va a crear una oportunidad para que otras personas lo ocupen, y eso es fantástico. Necesitas este dinamismo, este cambio. Por supuesto te entristeces cuando alguien que te gusta particularmente se va, pero no sabes cuál es el coste de oportunidad cuando no tienes ese tipo de dinamismo en los puestos de dirección".

Otros profesionales destacados que en su día dejaron el *Times* han regresado años después para ocupar puestos muy relevantes. Este es el caso por ejemplo de James Bennet, máximo responsable de las páginas editoriales y de opinión de *The New York Times* desde mayo de 2016. Bennet (@JBennet) sustituyó en el cargo a Andrew Rosenthal, que se retiró tras ocupar durante una década este puesto.

Después de trabajar en el diario durante 15 años (de 1991 a 2006) como corresponsal en la Casa Blanca, responsable de las delegaciones de Detroit y Jerusalén o autor del *Magazine*, James Bennet había dejado el *Times* para convertirse en el director de la revista *The Atlantic* y en su presidente durante los dos últimos años. Una década después, regresaba al *Times* para ocupar un puesto de gran trascendencia: la dirección de sus páginas de opinión. Al anunciar su incorporación, el editor del *Times*, Arthur Sulzberger, Jr., dijo de Bennet que "es un talento extraordinario, conocido tanto por su curiosidad y capacidad de juicio periodísticas como por su originalidad y espíritu de innovación". Sulzberger alabó el trabajo realizado y los éxito logrados por James Bennet al frente de *The Atlantic* y explicó que siempre había tenido la esperanza de que algún día regresaría al *Times*.

59

Más de tres millones de suscriptores

Coincidiendo con el momento de cerrar la edición de este libro, el diario *The New York Times* decidió lanzar su primera campaña publicitaria en televisión en más de una década para apoyar su marca. Lo hizo con un anuncio que se estrenó en la noche de los Oscar, el 26 de febrero de 2017.

El espot, que en apenas unas horas acumuló más de cinco millones de reproducciones en YouTube, hablaba de la importancia de la verdad, "ahora más que nunca", como elemento esencial del periodismo: "Truth. It's more important now than ever". La campaña mostraba una serie de frases recogidas también en un anuncio publicado ese mismo domingo en la edición impresa del *Times*:

Truth.
It's more important
now than ever.

> **The truth is hard.**
> **The truth is hidden.**
> **The truth must be pursued.**
> **The truth is hard to hear.**
> **The truth is rarely simple.**
> **The truth isn't so obvious.**
> **The truth is necessary.**
> **The truth can't be glossed over.**
> **The truth has no agenda.**
> **The truth can't be manufactured.**
> **The truth doesn't take sides.**
> **The truth isn't red or blue.**
> **The truth is hard to accept.**
> **The truth pulls no punches.**
> **The truth is powerful.**
> **The truth is under attack.**
> **The truth is worth defending.**
> **The truth requires taking a stand.**
> **The truth is more important now than ever.**

Las frases utilizadas en la campaña publicitaria del *Times* lanzada en febrero de 2017.

La campaña pretendía fundamentalmente reforzar la apuesta del *Times* por el periodismo independiente y de calidad en un momento en el que el presidente de Estados Unidos, Donald Trump, estaba atacando con una extraordiaria dureza, sin precedentes en la historia, al sector de los medios de comunicación críticos con su política.

Unas semanas antes los directivos del *Times* habían anunciado que el diario había superado la cifra de los tres millones de suscriptores entre impresos y digitales. Jamás el diario había contado con tantos usuarios de pago. Ningún otro medio de comunicación en el mundo occidental cuenta con este número de lectores dispuestos a gastar su dinero para poder informarse sin restricciones a través del papel, la web, el móvil, la tableta y lo que el futuro depare. Y la meta del *Times* es seguir aumentando rápidamente esa cifra.

The New York Times es uno de los medios tradicionales que con más convicción está intentando combinar su creencia en los valores más sagrados del periodismo con una decidida y valiente apuesta por las nuevas tecnologías digitales. El tiempo dirá si la estrategia de reinvención impulsada por el actual editor del diario, Arthur O. Sulzberger Jr., y todo su equipo alcanza los objetivos marcados, aunque yo me atrevería a apostar por un futuro exitoso de esta poderosísima marca informativa. Por la vía y en el formato que sea, creo que *The New York Times* seguirá siendo, durante muchos años, una referencia esencial para aquellos que quieran estar bien informados.

Esta apuesta por la calidad debe ser la base –eso esperan los máximos dirigentes del diario– para que la compañía pueda seguir siendo un negocio sólido y rentable durante las próximas décadas. Este es el gran reto que afronta *The New York Times*.

www.ingramcontent.com/pod-product-compliance
Lightning Source LLC
Chambersburg PA
CBHW081110180526
45170CB00008B/2796